中国国际贸易学会"十二五"规划教材

跨境道路货物运输实务

主编　夏荣辉

编委　夏　阳　骆　炜

中国商务出版社

图书在版编目（CIP）数据

跨境道路货物运输实务/夏荣辉主编 . —北京：
中国商务出版社，2015.4
中国国际贸易学会"十二五"规划教材
ISBN 978-7-5103-1244-1

Ⅰ.①跨⋯ Ⅱ.①夏⋯ Ⅲ.①国际运输-公路运输-
货物运输-高等学校-教材 Ⅳ.①U492.3②F511.41

中国版本图书馆 CIP 数据核字（2015）第 076712 号

跨境道路货物运输实务

KUAJING DAOLU HUOWU YUNSHU SHIWU

夏荣辉 主编

出　　版：中国商务出版社
发　　行：北京中商图出版物发行有限责任公司
社　　址：北京市东城区安定门外大街东后巷 28 号
邮　　编：100710
电　　话：010－64515140　64245686（编辑二室）
　　　　　010－64283818（发行部）
　　　　　010－64263201（零售、邮购）
网　　址：http://www.cctpress.com
网　　店：http://cctpress.taobao.com
邮　　箱：cctp@cctpress.com　cctpress1980@163.com
照　　排：北京科事洁技术开发有限责任公司
印　　刷：北京密兴印刷公司
开　　本：850 毫米×1168 毫米　1/16
印　　张：19.5　字　数：45 千字
版　　次：2015 年 5 月第 1 版　　2015 年 5 月第 1 次印刷
书　　号：ISBN 978-7-5103-1244-1
定　　价：49.00 元

前　言

　　道路运输历史悠久，是海运、空运、陆运三大运输形式中经营最广泛、与人们日常生活最密切的物流活动。道路建设也随着人类物流活动范围的拓展，不断地延伸和完善。陆地国家之间贸易和人员往来的需要，跨境道路货物运输业务的不断拓展，使得我国与周边国家之间的经济贸易得到快速发展。

　　我国是大陆性国家，拥有 22000 千米的陆地国境线，与朝鲜、俄罗斯、蒙古国、哈萨克斯坦、吉尔吉斯斯坦、塔吉克斯坦、阿富汗、巴基斯坦、印度、尼泊尔、不丹、缅甸、老挝、越南等国家接壤。其中，有 8 个国家是无海运港口的内陆国家。我国经济的快速发展，对于能源和原材料的需求也在迅速增加，与周边国家的边民互市交易和国家之间的经贸交往增长很快。特别是这些国家大部分是资源丰富的国家，中国企业会越来越多地去投资建矿、建厂，建立我国的能源和原料海外基地。这些国家所需的大部分轻工日用品和机械设备也从我国采购，边境贸易日益繁荣。因此，我国已成为周边几个国家的第一大贸易伙伴。

　　由于我国经济实行改革开放政策，国民经济已融入国际经济一体化，随着保税货物的业务开展，保税工厂、保税区和自由贸易区已在我国各地建立起来，也将会逐渐发展到内陆边境地区，在和这些国家的国际经贸交往中，跨境道路货物运输成为最主要的运输方式之一。我国已与朝鲜、俄罗斯、蒙古国、哈萨克斯坦、吉尔吉斯斯坦、塔吉克斯坦、巴基斯坦等国签订双边或多边客货运输协定，与东盟各国开展大湄公河次区域客货跨境运输便利化；我国与周边国家的贸易额中约 30% 依靠国际道路运输完成。我国制定的道路运输法律、法规不断完善，将有利于我国道路运输经营者参与国际道路运输市场的竞争，但国际组织制定的 CMR 公约和 TIR 制度对我国开展国际道路运输有一定的影响。

2013 年以来，我国政府提出"丝绸之路经济带"和"21 世纪海上丝绸之路"的战略。"丝绸之路经济带"的一些区域，与我国经济结构有比较强的互补性，"一带一路"最终形成的是繁忙的国际物流大通道，"一带一路"的建设将有助于我国与世界各国人民共同构建更具延伸性的互利关系。

编写本书的目的在于介绍与跨境道路（公路）运输相关的基础知识，以及与国际货运代理业务相关联的进出口货物报关、报检手续的办理，这有利于道路运输经营者或其代理人开展跨境道路货物运输；同时也希望将此书编撰成一本适合交通运输及经济贸易类大专院校学生学习的专业教材，并适合从事物流行业的在职员工进行在岗培训教材，从而起到将道路运输的物流理论知识与实践运用相结合的桥梁作用。

本书的出版得到中国国际贸易学会副会长刘宝荣研究员，中国远洋物流有限公司孙军总经理、姬文山主任的关心与支持，在此深表谢意。在本书的编写过程中，得到中国道路运输协会国际合作部张光合主任的指导，并得到中国国际贸易学会、中国商务出版社的大力支持和鼓励，新疆中远国际货运有限公司、云南中远物流有限公司和哈萨克斯坦阳光运输公司等单位提供了在边境口岸开展国际货运代理业务的实际资料。编写过程中还得到业内专家和教授的指教，书中部分资料通过查找政府部门相关网站得以核实，使本书内容更加充实和实用。同时感谢出版社李学新副社长、赵桂茹主任、汪沁编辑的辛勤付出，感谢孙凤英同志对本书编写工作的支持。

由于编者收集资料未能齐全，书中的内容和理论叙述如有疏漏和错误之处，敬请各位教授和专家指正，以利今后修改。

编　者

2015 年 1 月

目录

第一章　道路货物运输基础

【本章导读】

　　本章分析了道路货物运输的基本概念，道路货物运输的发展动向，介绍道路货物运输的特点及服务范围、道路运输经营人，道路经营许可、货物运输的组织、经营整车货物运输、零担货物运输（班线）、特种货物道路运输、道路运输货物运价的制定原则等基础知识。

【学习目标】

　　通过本章的学习，了解道路货物运输的基本知识，加强对道路货物运输经营管理业务的学习，充分发挥道路货物运输的优势，开展道路货物运输业务；接受道路运输监督检查，合法经营道路货物运输。

第一节　道路货物运输的基本概念和特点

　　道路货物运输（这里主要指公路货物运输）是现代运输的主要方式之一（货物运输有三大运输方式，即空运、海运、陆运），是陆上货物运输的基本运输方式之一。

　　道路在国家的肌体内就像人体内的血管，不断地把物资（营养）输送到需要的地方，使国家各地区得到均衡发展。道路的发展也使人们的交往更加便利，加深了各民族之间相互了解，政令通畅，经济繁荣，促进国家的统一和领土完整。

　　目前，全世界机动车总数已达 4 亿多辆，在全世界现代交通网中，道路线长占 2/3，达 2000 万千米，道路运输所完成的货物运输量占整个货物运输量的 80％左右，货物周转量占 10％。在一些工业发达国家，特别是在欧盟国家之间道路运输的货物运输量、周转量在各种运输方式中都名列前茅，道路运输已成为一个不可或缺的组成部分。

　　我国的实质性社会和经济变革都与道路运输有一定的联系。例如，我国中西部地区经济迅速发展，人口流动、城市化和大都市带来的挑战，以及不同地区、不同人群生活水平差异不断缩减，国内外旅游日趋发达等现象，都与道路运输的发展有关。道路运输已成为国民生产和商品分配以及物流服务过程中不可取代的、至关重要的因素。没有道路运输，在我国经济中享有越来越重要地位的中小企业就难以生存，也无法求得发展。

在我国，道路运输是最市场化的行业之一，中小企业在道路运输领域内举足轻重。我国有约760多万辆商业性货车，载货总量将近4000万吨；从事道路货物运输的企业大约有500万家，从业人员达到2100多万人，其中专业司机达到1400万人；全国道路运输业完成的客运量、货运量分别占综合运输体系的90%和70%以上，道路运输在我国国内生产总值中所占的份额大于2%。道路运输是综合运输体系中从业人员最多、运输量最大、通达程度最深、服务面最广的一种运输方式，同时也是一种机动灵活、简捷方便的运输方式，在短途货物集散转运上，它比铁路、航空运输具有更大的优越性，尤其在实现"门到门"的运输中，其重要性更为显著。

伴随着商品市场经济的日益活跃，区域间经济交往和货物交流的日趋频繁；道路基础设施建设日新月异和道路条件的改善，道路网建设不断完善、汽车工业的不断进步，道路货物运输在综合运输体系中占有越来越重要的地位，道路货物运输在全社会货物运输中所占比重均有较大幅度的提高，货物运输平均运距也有所提高。

我国的改革开放政策打破了计划经济时期国有运输企业在运输市场中一统天下的局面，市场主体日趋多元化，道路货运市场也发生了巨大的变化；为了满足国民经济对公路运输的新需求，道路货物运输生产方式和经营内容不断扩展，包括传统的整车运输、零担运输以及集装箱、大件笨重货物、危险品货物运输等不断发展和完善，快件运输、社会性储运服务、供应链物流、进出口货物的保税仓储和运输等也崭露头角；中国与陆路相邻国家双边贸易和边境贸易的发展，都对道路运输经营活动产生影响，建立完善的管理道路运输和集散地设施的法律法规制度，对改变道路货物运输行业长期以来滞后于国民经济发展的现状起到了积极的作用。

到2012年末，中国公路总里程达423.75万公里，公路密度为44.14公里/百平方公里。

根据2013年国家新闻办公室发布的《国家公路网规划（2013—2030年）》，我国公路交通将承担全国78.2%的货运量和93.5%的客运量。

2013年，全国营业性货运车辆完成货运量307.66亿吨、货物周转量55738.08亿吨千米。全国完成水路货运量55.98亿吨、货物周转量79435.65亿吨千米。

2008—2012年全国公路货运量和水路货运量如图1—1所示。

图1—1　2008—2012年全国公路货运量和水路货运量

资料来源：《交通概况》，交通运输部综合规划司，2013年04月25日

随着道路运输市场的多元化和运力的快速发展，为车货双方提供配载、货运代理和货运信息的货运服务业应运而生，道路运输市场调控和管理体系已初步建立。

我国是大陆性国家，拥有 22000 千米的陆地国境线，与朝鲜、俄罗斯、蒙古国、哈萨克斯坦、吉尔吉斯斯坦、塔吉克斯坦、阿富汗、巴基斯坦、印度、尼泊尔、不丹、缅甸、老挝、越南国家接壤。其中有 8 个国家是无海运港口的内陆国家。我国经济的快速发展，对于能源和原材料的需求也在迅速增加，与周边国家的边民互市交易和国家之间的经贸交往增长很快。特别是这些国家大部分是资源丰富的国家，中国企业会越来越多地去投资建矿、建厂，建立我国的能源和原料海外基地。这些国家大部分的轻工日用品和机械设备也从我国采购，边境贸易日益繁荣。因此，我国已成为周边几个国家的第一大贸易国。

同时，我国政府正在着力打造新的"丝绸之路经济带"连接中亚和欧洲各国。由于我国经济实行改革开放政策，国民经济已融入国际经济一体化，随着保税货物的业务开展，保税工厂、保税区和自由贸易区已在我国各地建立起来，也将会逐渐发展到内地边境地区，在和这些国家的国际经贸交往中，跨境道路货物运输成为最主要的运输方式之一。虽然国际组织制定的 CMR 公约和 TIR 制度对我国开展国际道路运输有一定的制约，但我国已与朝鲜、俄罗斯、蒙古国、哈萨克斯坦、吉尔吉斯斯坦、塔吉克斯坦、巴基斯坦等国签订双边或多边客货运输协定，与东盟各国开展的大湄公河次区域客货跨境运输已实现便利化。我国制定的道路运输法律法规正不断完善，将有利于我国道路运输经营者参与经营国际道路运输市场的竞争。

一、道路货物运输术语

根据《中华人民共和国道路交通安全法》在第 119 条中用语的含义：

"车辆"：是指机动车和非机动车。

"机动车"：是指以动力装置驱动或者牵引，上道路行驶的供人员乘用或者用于运送物品以及进行工程专项作业的轮式车辆。

"非机动车"：是指以人力或者畜力驱动，上道路行驶的交通工具，以及虽有动力装置驱动但设计最高时速、空车质量、外形尺寸符合有关国家标准的残疾人机动轮椅车、电动自行车等交通工具。

"道路"：是指公路、城市道路和虽在单位管辖范围但允许社会机动车通行的地方，包括广场、公共停车场等用于公众通行的场所。这里的"道路"包括陆地上所有可以通行机动车、非机动车、骑乘者及步行人的道路。因此，道路运输在这里的含义既包括城市之间主干公路上的汽车运输，也包括支线公路、非机动车道路上的各种货物、旅客运输，还包括发生在城市、乡镇街道的种种运输活动。

道路货物运输：是按运输依托的运行途径来定义的。

汽车货物运输：货物是按运输使用的交通运输工具来定义的。

汽车是现代道路货物运输的运载工具，因此汽车货物运输和道路货物运输这两个概念通常互用；但是，道路货物运输的概念比汽车货物运输更广。

"道路货物运输经营"，是指为社会提供公共服务、具有商业性质的道路货物运输活动。道路货物运输包括道路普通货运、道路货物专用运输、道路大型物件运输和道路危险货物运输。

"道路货物专用运输"，是指使用集装箱、冷藏保鲜设备、罐式容器等专用车辆进行的货物运输。

二、道路货物运输的特点

（1）点多面广、流动分散。由于道路网密布全国城乡，覆盖区域大，因此，道路运输能满足各种需要。

（2）机动灵活、简捷方便的运输方式。道路运输的灵活性主要表现在批量、运输条件、时间和服务上。由于贸易商品种类繁多，有着不同的运输要求，而道路运输能体现出灵活便捷的组合方式、运输路线的选择和取送货物的及时性，使得道路运输发展的空间潜力不可限量。在短途货物集散运转上，它比铁路、航空运输具有更大的优越性，尽管其他各种运输方式各有特点和优势，但或多或少都要依赖公路运输来完成最终两端的运输任务。例如，铁路车站、水运港口码头和航空机场的货物集疏运输都离不开公路运输。

①在运输时间上，可以随时调度，装车和起运具有较大的机动性。

②在运输空间上，可以进行长、短途运输，不受区域限制。

③在批量上，既能满足大批量的运输，又能满足零散、小批量的集结运输。

（3）直达运输、减少货损货差。道路运输可以做到取货上门，送货到家，实现"门到门"的直达运输，减少中转环节和装卸次数，减少货损货差，送达速度快。

（4）投资少，资金回收期短。由于投入道路运输工具的原始资本较低，运输资本周转快，原始投资回收期短。

（5）道路运输也具有一定的局限性。道路运输的缺点是载运量小，运输过程中影响安全的不确定因素较多，车辆运行中震动较大，易造成货损货差事故，不适宜长距离运输。同时，运输成本费用较水运和铁路为高。

三、道路运输的服务范围

（1）道路运输作为一种独立的运输体系，通过单车或多车组合作业可以独立实现门到门运输，完成旅客和货物运输的全过程。目前，道路运输是世界各国家之间旅客出行和进出口货物运输的最重要的方式之一，特别是在欧洲大陆的国家之间，道路运输是旅客和货物运转的常用运输工具。我国与邻国之间，以及供应港澳物资和通过港澳中转物资的运输，很大部分也是由汽车运输独立承担的。

（2）道路运输为集疏运服务，可以配合船舶、火车、飞机等运输工具来完成运输的全过程，是港口、车站、机场集散货物的重要手段；其他运输方式往往要依赖汽车运输来最终完成两端的运输任务。

（3）参与多式联运。道路运输可以将两种或多种运输方式串联起来，实现多种运输方式的联合运输，做到进出口货物的"门到门"服务。

四、道路货物运输经营者

道路货物运输经营者是从事道路货物运输经济活动的主体。道路货运系统的经营主体一般是从事运输、仓储、配载、装卸、信息、货运代理及相关物流服务的经营者。

（一）道路运输企业

随着客户服务需求和道路运输服务日益呈现多元化趋势，道路运输企业既有纯粹的道路运输企业，也有借助于汽车运输工具和场站，从事零担、快件类物流企业，以及商业流通配送型物流企业和综合类物流企业。

（1）纯粹的道路运输企业。是指单纯从事运输的货运企业。这类企业的运输业务一般来源于合同单位或社会企业和商业的整车货物，不直接涉及货源组织，因而在整个物流链的分工中处于末端位置。

（2）商业流通配送型物流企业。主要是指为商业购物中心、便利店等流通企业提供商品配送的物流企业。对这类企业来说，仓库是其作业核心，一般来说，企业的网点不多，但网点仓库的面积较大，保管和出、入库货物量也相应较多，服务区域较广。

（3）零担、快件类物流企业。主要是指借助于汽车运输工具和场站，为社会大众提供以零担、快件服务为主的物流企业。一般来说，零担、快件类物流企业的货源以集零为整的方式组织，对仓储、加工要求不高，而对服务速度、服务质量要求较高，需要其组货和服务网络特别发达（面广、网点密度高），因而在整个服务过程中对信息化管理和车辆运输送达的时间也有很高的要求。

（4）第三方物流企业。主要是指为国际进出口贸易、工矿企业提供供应链服务的物流企业，具有提供从生产物流到销售物流一条龙服务的能力。这类企业具有物流供应链管理服务所需的基本功能，对信息管理系统要求很高，是整个供应链管理的核心，一般都具有一站式服务的能力。

（二）货运配载服务经营者

货运配载服务经营者是指为承托双方提供货源或车源信息，代车方组织货源，代理货方安排适合货物装载的车辆运输的从事中介服务业务的经营者，其利润来源是收取中介费用。

货运配载服务经营者的运营模式一般有以下三种。

（1）专做车的业务，主要吸收回程车源，同时还要掌握本地车源以备补充，在为货主提供车辆运输服务时，其利润来源是收取中介费用；有时也可以赚取运输差价。

（2）专做货的业务，重点在于从生产制造和贸易企业寻找和组织货源，为运输企业提供货源，其利润来源是收取中介费用；以及为货主寻找合适的车辆，有时可以赚取运输差价。

（3）提供中介服务，促成承/托双方达成运输交易，其利润来源是收取中介费用。

（三）货运信息（咨询）中心

货运信息（咨询）中心是指为车主和货主提供车、货信息或货运咨询服务的经营者，其利润来源是收取中介费用或咨询服务费。

（四）跨境道路货物运输国际货运代理人

跨境道路货物运输国际货运代理人是指接受发货人、收货人的委托，为其办理进出口道路货物运输相关服务的人，其服务内容包括揽货、仓储、中转、集装箱拼装拆箱、托运、结算运杂费、报关、报验、保险、相关的代理运输服务及接受咨询业务。

从事国际道路货运代理业务需要依法在当地工商局注册登记，并在当地商务主管部门或国际货物运输代理协会备案，取得国际道路货运代理资质的企业，既可以国际道路货运代理人身份开展公路货运业务，也可以道路运输独立经营人的身份开展跨境道路货运业务。

第二节　道路货运节点和场所

一、道路货运节点

道路货运节点，又称道路货运结点或接点，是指道路运输网络中运输线路的连接之处。道路货运节点大都是集管理、指挥、调度、信息、衔接及货物处理于一体的运输综合设施。

（一）道路货运站场

道路货物运输站（场），是指以场地设施为依托，为社会提供有偿服务的具有仓储、保管、配载、信息服务、装卸、理货等功能的综合货运站（场）、零担货运站、集装箱中转站、物流中心等经营场所。

（1）零担货运站。是经营零担货物运输服务的单位和零担货物集散的场所。

（2）集装箱中转站。具备装卸集装箱货物的设施，建有接受/发送货物的仓库，为集装箱货物装船前的集港运输和集装箱货物卸船后堆存、拆箱的中转场所。

（3）物流中心。是以交通运输枢纽为依托，建立起来的经营社会物流业务的货物集散场所；由于货运枢纽是一些货运站场构成的联网运作体系，实际上也是构成社会物流网络的节点。物流中心应基本符合下列要求：

①主要面向社会提供公共物流服务；

②物流功能健全；具有实现订货、咨询、取货、包装、仓储、装卸、中转、配载、送货等物流服务的基础设施、移动设备、通信设备、控制设备，以及相应的组织结构和经营方式时，就具备成为物流中心的条件。

③集聚辐射范围大；是组织、衔接、调节、管理物流活动的较大的物流据点

④存储、吞吐能力强，能为转运和多式联运提供物流支持；

⑤对下游配送中心客户提供物流服务。

这类物流中心也是构筑区域物流系统的重要组成部分。

（4）货物配载中心。是为从事运输的经营单位车辆、完成送货任务的回程空车和没有装满货物仍有装载空间的车辆配载合适货源的场所；或为货主的货物寻找汽车运输的

场所。

由于国际经济一体化的发展，互联网对完善信息网络化提供了便利，传统的贸易形式已不再拥有市场优势，加工贸易对降低物流成本的要求越来越高；单纯的运输和货运代理已不能顺应全球物流的发展，各种新兴从事物流活动的组织或场所的随势兴起，打破传统运输格局达到满足社会发展的需要：

（5）配送中心。

配送中心（Distribution Center）从供应者手中受理大量的多种类型货物，进行分类、包装、保管、流通加工、信息处理，并按众多用户要求完成配货、送货等作业。是从事配送业务且具有完善信息网络的场所或组织。应基本符合下列要求：

①主要为特定的用户服务；

②配送功能健全；

③辐射范围小；

④多品种、小批量、多批次、短周期；

⑤主要为末端客户提供配送服务。

（6）物流园区。

物流园区（Logistics Park）是为了实现物流设施集约化和物流运作共同化，或者出于城市物流设施空间布局合理化的目的而在城市周边等各区域，集中建设的物流设施群，与众多物流业者在地域上的物理集结地。它多是由政府主导并给予政策支持。

（7）物流基地。

物流基地（Logistics Base）是广义物流网络上的功能性基础地区，具备完成物流网络系统业务运作要求的规模性综合或专业特征物流功能。包括港口码头、机场、区域物流中心、铁路货站及交通（一级）枢纽。

（8）物流企业。

物流企业（Logistics Enterprise）至少从事运输（含运输代理、货运快递）或仓储一种经营业务，并能够按照客户物流需求对运输、储存、装卸、包装、流通加工、配送进行等基本组织和管理，具有与自身业务相适应的信息管理系统，实行独立核算、独立承担民事责任的经济组织。非法人物流经济组织可比照适用。

（二）道路运输枢纽

通过建设现代化高质量的道路网、发展有效的货物处理设施，确保中国内陆地区（首先中西部地区），达到"通达"目标。

道路运输枢纽是在道路运输网络的节点上形成的货流、信息流的转换中心。其中，国家道路运输枢纽是位于重要节点城市的国家级道路运输中心，与国家高速公路网共同构成国家最高层次的道路运输基础设施网络。截至 2010 年，全国建立 2600 多个货运集散地，其中一级 220 多个；人流集散中心 16 万多个，其中一级 520 多个。

国家道路运输枢纽主要由提供与周边国家之间、区域之间、省之间以及大中城市之间道路客货运输组织及相关服务的客货运输场站组成，是保障道路运输便捷、安全、经济、可靠的重要基础设施，是国家综合交通运输体系的重要组成部分。国家道路运输枢纽由客运枢纽场站和货运枢纽场站组成，提供道路交通运输服务。

二、物流活动的类别

（1）企业物流（internal logistics），是指货主企业在生产经营活动中所发生的物流活动。

（2）供应物流（supply logistics），是指为下游客户提供原材料、零部件或其他物品时所发生的物流活动。

（3）生产物流（production logistics），是指企业生产过程中发生的涉及原材料、在制品、半成品、产成品等的物流活动。

（4）销售物流（distribution logistics），是指企业在出售商品过程中所发生的物流活动。

（5）社会物流（external logistics），是指企业外部的物流活动的总称。

（6）军事物流（military logistics），是指用于满足平时、战时军事行动物资需求的物流活动。

（7）项目物流（project logistics），是指为特定项目的实施而提供物流活动的总称。

（8）国际物流（international logistics），是指跨越不同国家或地区之间的物流活动。

（9）虚拟物流（virtual logistics），是指为实现企业间物流资源共享和优化配置，以减少实体物流方式的基于信息技术及网络技术所进行的物流运作与管理。

（10）精益物流（lean logistics），是指在物流系统优化的基础上，剔除物流过程中的无效和不增值作业，用尽量少的投入满足客户需求，实现客户的最大价值，并获得高效率、高效益的物流。

（11）反向物流（reverse logistics），是指物品从供应链下游向上游的运动所引发的物流活动，也称逆向物流。

（12）回收物流（return logistics），是指退货、返修物品和周转使用的包装容器等从需方返回供方或专门处理企业所引发的物流活动。

（13）废弃物物流（waste material logistics），是指将经济活动或人民生活中失去原有使用价值的物品，根据实际需要进行收集、分类、加工、包装、搬运、储存等，并分送到专门处理场所的物流活动。

（14）保税物流（bonded cargo logistics），是指对符合海关监管条件的保税货物，根据货主的要求进行运输、仓储、分类、分拆、贴标、报关等。

第三节　道路货物运输和货运站经营许可

一、道路货物运输经营许可证

凡是在我国境内从事营业性道路运输的单位和个人，首先要在当地取得交通部门颁发的《道路运输经营许可证》和每车一份《道路运输证》；确定营业范围（客运、货运、危险品运输等）和营业场所，持《道路运输经营许可证》依法向工商行政管理机关办理有关登记手续；领取工商营业执照和税务发票。

根据道路运输经营范围建设经营场所必要的设施，主要包括供货物运输使用的汽车场站办公设施、停车场、修理车间、货物专用仓库、装卸机械等建筑物、场地及其他从事道路运输相关的生产作业、经营活动的场所。

从事道路运输经营的企业可分为公共型运输企业和自用型运输企业。

从专业运输的角度分类又可分为一般货物运输企业和危险品运输企业。

经营危险品运输的企业除在当地工商部门注册登记，确定危险品运输营业范围和营业场所，领取"营业执照"和税务发票外，还必须在注册登记所在地取得交通部门颁发的《危险化学品经营许可证》；必须得到公安消防部门的批准，按公安消防部门规定设计建设办公设施、停车场、修理车间、货物专用仓库、装卸机械等及其他从事道路运输相关的生产作业、经营活动的场所，在查验合格后方可经营。其经营场所一般建在人口稀少的地区，远离工厂企业、商业网点、机关团体和居民密集地区。

机动车载物应当符合该机动车核定的载重量，严禁超载；载物的长、宽、高不得违反装载要求，不得遗洒、飘散载运物。

二、道路货物运输业经营许可基本条件

（一）申请从事道路货物运输经营的，应当具备有与其经营业务相适应并经检测合格的运输车辆，车辆技术要求如下：

（1）车辆技术性能应当符合国家标准《营运车辆综合性能要求和检验方法》（GB18565）的要求；

（2）车辆外廓尺寸、轴荷和总质量应当符合国家标准《道路车辆外廓尺寸、轴荷及质量限值》（GB1589）的要求。

（二）有符合规定条件的驾驶人员：

1. 取得与驾驶车辆相应的机动车驾驶证；

2. 年龄不超过 60 周岁；

3. 经设区的市级道路运输管理机构对有关道路货物运输法规、机动车维修和货物及装载保管基本知识考试合格，并取得从业资格证。

（三）有健全的安全生产管理制度，包括安全生产责任制度、安全生产业务操作规程、安全生产监督检查制度、驾驶员和车辆安全生产管理制度等。

（四）经营零担货物运输（班线）开业条件

零担货物运输业户除达到（一）开业基本条件外，另外，还必须具备：

1. 经营零担货物运输需拥有五辆车以上。

2. 零担货物运输须使用防雨、防尘、防火、防盗的厢式专用车辆，并喷涂明显标志。

3. 零担货物运输业户应具有与经营规模相适应的搬运装卸设备。

4. 拥有五辆零担车的业户，其仓储面积应达到 200 平方米，超过五辆车者，每增加一辆车应增加仓储面积 20 平方米。

5. 仓储场地须具有防火、防盗、防潮设施。仓储场地须具有防火、防盗、防潮设施。

（五）经营大型物件运输开业条件

大型物件运输开业除达到（一）开业基本条件外，另外，还必须具备：

1. 从事大型物件运输经营的，应当具有与所运输大型物件相适应的超重型车组；至少拥有一辆运载三级以上长大笨重货的运输的专用车和相应的装卸设备。

2. 大件运输车辆驾驶员，须有 5 万公里安全行车里程的驾驶经历。

3. 大件运输企业至少应有一名中级职称的专业人员。

（六）经营集装箱运输开业条件

经营集装箱运输除达到（一）开业基本条件外，另外，还必须具备：

1. 须拥有一定数量的集装箱运输专用车。

2. 须拥有与经营规模相适应的集装箱装卸设备，车辆还应当有固定集装箱的转锁装置。

（七）经营危险货物运输开业条件

根据《汽车运输危险品管理规则》JT617－2004，经营危险货物运输除达到（一）开业基本条件外，另外，还必须具备：

1. 车辆安全技术状况应符合 GB7258 的要求。

2. 车辆技术状况应符合 JT/T198 规定的一级车况标准。

3. 车辆应配置符合 GB13392 的标志，并按规定使用。

4. 车辆应配置运行状态记录装置（如行驶记录仪）和必要的通讯工具。

5. 运输易燃易爆危险品货物车辆的排气管，应安装隔热和熄灭星火装置，并配装符合 JT230 规定的导静电橡胶拖地带装置。

6. 车辆应有切断总电源和隔离火花装置，切断总电源装置应安装在驾驶室内。

7. 车辆车厢底板应平整完好，周围栏板应牢固；在易燃易爆危险品货物时，应使用木质底版等防护衬垫措施。

8. 运输爆炸品的车辆，应符合国家爆破器材运输车辆安全技术条件规定的有关要求。

9. 运输液化气体、固体剧毒品和剧毒液体时，应使用不可移动罐体车、拖挂罐体车或罐式集装箱；罐式集装箱应符合 GB/T16563 规定的要求。

10. 运输危险品货物的常压罐体，应符合 GB18564 规定的要求。

11. 运输危险品货物的压力罐体，应符合 GB150 规定的要求。

12. 运输放射性货物的车辆，应符合 GB11806 规定的要求。

13. 运输需控温危险货物的车辆，应有有效的温控装置。

14. 运输危险货物的罐式集装箱，应使用集装箱专用车辆。

15. 停车场地要保证车辆出入顺畅，并具有有关部门批准允许停放危险货物运输车辆的证明。

16. 应设置一定数量的封闭型车库。

17. 危险货物运输车辆驾驶员须有 2 年以上安全驾驶经历或安全行车里程已达到 5

万公里以上，并持有危险货物运输岗位培训合格证；押运人员和装卸管理人员应持证上岗。

18.业务人员中至少应有一名具有初级职称为化工专业人员。

（八）经营冷藏保鲜、罐式容器运输开业条件

从事冷藏保鲜、罐式容器等专用运输的，除达到（一）开业基本条件外，另外，还必须具备与运输货物相适应的专用容器、设备、设施，并固定在专用车辆上。

三、申请提交材料

从事道路货物运输经营的，应当向县级道路运输管理机构提出申请，并提供以下材料。

（1）《道路货物运输经营申请表》；

（2）负责人身份证明，经办人的身份证明和委托书；

（3）机动车辆行驶证、车辆检测合格证明复印件；拟投入运输车辆的承诺书，承诺书应当包括车辆数量、类型、技术性能、投入时间等内容；

（4）聘用或者拟聘用驾驶员的机动车驾驶证、从业资格证及其复印件；

（5）安全生产管理制度文本，有健全的安全生产管理制度，包括安全生产责任制度、安全生产业务操作规程、安全生产监督检查制度、驾驶员和车辆安全生产管理制度等；

（6）法律、法规规定的其他材料。

四、货运站经营许可基本条件：

（一）申请从事货运站经营的，应当具备下列条件：

1.有与其经营规模相适应的货运站房、生产调度办公室、信息管理中心、仓库、仓储库棚、场地和道路等设施，并经有关部门组织的工程竣工验收合格；

2.有与其经营规模相适应的安全.消防、装卸、通讯、计量等设备；

3.有与其经营规模、经营类别相适应的管理人员和专业技术人员；

4.有健全的业务操作规程和安全生产管理制度。

（二）申请从事货运站经营的，应当向县级道路运输管理机构提出申请，并提供以下材料：

1.《道路货物运输站（场）经营申请表》

2.负责人身份证明，经办人的身份证明和委托书；

3.经营道路货运站的土地、房屋的合法证明；

4.货运站竣工验收证明；

5.与业务相适应的专业人员和管理人员的身份证明、专业证书；

6.业务操作规程和安全生产管理制度文本。

五、道路运输经营许可的批准

1.道路运输管理机构应当按照《中华人民共和国道路运输条例》、《交通行政许可实

施程序规定》和《道路货物运输及站场管理规定》（2009 年修正）规定范的程序实施道路货物运输经营的行政许可。

2. 道路运输管理机构对道路货运经营申请予以受理的，应当自受理之日起 20 日内做出许可或者不予许可的决定；道路运输管理机构对货运站经营申请予以受理的，应当自受理之日起 15 日内做出许可或者不予许可的决定。

3. 道路运输管理机构对符合法定条件的道路货物运输经营申请做出准予行政许可决定的，应当出具《道路货物运输经营行政许可决定书》，明确许可事项。

对符合法定条件的货运站经营申请做出准予行政许可决定的，应当出具《道路货物运输站（场）经营行政许可决定书》，明确许可事项。

在 10 日内向被许可人颁发《道路运输经营许可证》，在《道路运输经营许可证》上注明经营范围。

对道路货物运输和货运站经营不予许可的，应当向申请人出具《不予交通行政许可决定书》。

《道路运输经营许可证》如图 1—2 所示。

4. 被许可人应当按照承诺书的要求投入运输车辆。购置车辆或者已有车辆经道路运输管理机构核实并符合条件的，道路运输管理机构向投入运输的车辆配发《道路运输证》。

5 道路货物运输经营者应当持《道路运输经营许可证》依法向工商行政管理机关办理有关登记手续。

6. 道路货物运输经营者设立子公司的，应当向设立地的道路运输管理机构申请经营

图 1—2　道路运输经营许可证

许可；设立分公司的，应当向设立地的道路运输管理机构报备。

7. 从事货运代理（代办）等货运相关服务的经营者，应当依法到工商行政管理机关办理有关登记手续，并持有关登记证件到设立地的道路运输管理机构备案。

六、货物运输经营终止、变更许可事项

货物运输经营者需要终止经营的，应当在终止经营之日 30 日前告知原许可的道路运输管理机构，并办理有关注销手续。

道路货物运输和货运站经营者变更名称、地址等，应当向做出原许可决定的道路运输管理机构备案。

七、外商投资道路运输业管理规定

根据《中华人民共和国中外合资经营企业法》《中华人民共和国中外合作经营企业法》

《中华人民共和国外资企业法》以及有关法律、行政法规的规定，为促进道路运输业的对外开放和健康发展，我国允许外商、香港特别行政区、澳门特别行政区和台湾地区的投资者以及海外华侨在中国内地投资道路运输业，投资各方应当以自有资产投资并具有良好的信誉。为规范审批管理，特制定了《外商投资道路运输业管理规定》（以下简称《规定》）。

（一）经营道路运输投资形式

《规定》第3条：允许外商、香港特别行政区、澳门特别行政区和台湾省的投资者以及海外华侨在中国内地采用以下形式投资经营道路运输业。

（1）采用中外合资形式投资经营道路旅客运输；

（2）采用中外合资、中外合作形式投资经营道路货物运输、道路货物搬运装卸、道路货物仓储和其他与道路运输相关的辅助性服务及车辆维修；

（3）采用独资形式投资经营道路货物运输、道路货物搬运装卸、道路货物仓储和其他与道路运输相关的辅助性服务及车辆维修（本条所列道路运输业务对外开放时间由国务院对外贸易经济主管部门和交通主管部门另行公布）。

（二）外商投资道路运输业的立项申请及相关事项

设立外商投资道路运输企业，应当向拟设企业所在地的市（设区的市，下同）级交通主管部门提出立项申请，并提交以下材料。

（1）申请书，内容包括投资总额、注册资本和经营范围、规模、期限等；

（2）项目建议书；

（3）投资者的法律证明文件；

（4）投资者资信证明；

（5）投资者以土地使用权、设施和设备等投资的，应提供有效的资产评估证明；

（6）审批机关要求的其他材料。

拟设立中外合资、中外合作企业，除应当提交上述材料以外，还应当提交合作意向书（提交的外文资料须同时附中文翻译件）。

外商投资道路运输业的立项及相关事项应当经国务院交通主管部门批准。外商投资设立道路运输企业的合同和章程应当经国务院对外贸易经济主管部门批准。外商投资道路运输业应当符合国务院交通主管部门制定的道路运输发展政策和企业资质条件，并符合拟设立外商投资道路运输企业所在地的交通主管部门制定的道路运输业发展规划的要求。

（三）对投资道路运输业的审批

交通主管部门按下列程序对外商投资道路运输业立项和变更申请进行审核和审批。

（1）市级交通主管部门自收到申请材料之日起15个工作日内，依据本规定提出初审意见，并将初审意见和申请材料报省级交通主管部门。

（2）省级交通主管部门自收到上报材料之日起15个工作日内，依据本规定提出审核意见，并将审核意见和申请材料报国务院交通主管部门审批。

（3）国务院交通主管部门自收到前项材料之日起30个工作日内，对申请材料进行审核。符合规定的，颁发立项批件或者变更批件；不符合规定的，退回申请，书面通知申请人并说明理由。

（4）申请人收到批件后，应当在 30 日内持批件和以下材料向省级对外贸易经济主管部门申请颁发或者变更外商投资企业批准证书。

①申请书；

②可行性研究报告；

③合同、章程（外商独资道路运输企业只需提供章程）；

④董事会成员及主要管理人员名单及简历；

⑤工商行政管理部门出具的企业名称预核准通知书；

⑥投资者所在国或地区的法律证明文件及资信证明文件；

⑦审批机关要求的其他材料。

（5）省级对外贸易经济主管部门对上述材料初审后，将申请材料和初审意见报国务院对外贸易经济主管部门或者其授权部门。国务院对外贸易经济主管部门或者其授权部门收到申请材料后，在 45 日内做出是否批准的书面决定，符合规定的，颁发或者变更外商投资企业批准证书；不符合规定的，退回申请，书面通知申请人并说明理由。

（6）申请人在收到外商投资企业批准证书后，应当在 30 日内持立项批件和批准证书向拟设立企业所在地省级交通主管部门申请领取道路运输经营许可证，并依法办理工商登记后，方可按核定的经营范围从事道路运输经营活动。

（7）申请人收到变更的外商投资企业批准证书后，应当在 30 日内持变更批件、变更的外商投资企业批准证书和其他相关的申请材料向省级交通主管部门和工商行政管理部门办理相应的变更手续。

（8）申请人在办理完有关手续后，应将企业法人营业执照、外商投资企业批准证书以及道路运输经营许可证影印件报国务院交通主管部门备案。

（9）取得外商投资道路运输业立项批件后 18 个月内未完成工商注册登记手续的，立项批件自行失效。

（四）外商投资道路运输企业的经营期限

外商投资道路运输企业的经营期限一般不超过 12 年。但投资额中有 50% 以上的资金用于客货运输站场基础设施建设的，经营期限可为 20 年。

经营业务符合道路运输产业政策和发展规划，并且经营资质（质量信誉）考核合格的外商投资道路运输企业，经原审批机关批准，可以申请延长经营期限，每次延长的经营期限不超过 20 年。

申请延长经营期限的外商投资道路运输企业，应当在经营期满 6 个月前向企业所在地的省级交通主管部门提出申请，并上报企业经营资质（质量信誉）考核记录等有关材料，由省级交通主管部门审核后，报国务院交通主管部门，由国务院交通主管部门商对外贸易经济主管部门后批复。

（五）外商投资道路运输企业停业、歇业或终止

外商投资道路运输企业停业、歇业或终止，应当及时到国务院交通主管部门、对外贸

易经济主管部门或其授权部门和工商行政管理部门办理相关手续。

第四节　道路货物运输经营

一、货运站经营管理

货运站经营者应当按照经营许可证核定的许可事项经营，不得随意改变货运站用途和服务功能。

1. 货运站经营者应当依法加强安全管理，完善安全生产条件，健全和落实安全生产责任制。货运站经营者应当对出站车辆进行安全检查，防止超载车辆或者未经安全检查的车辆出站，保证安全生产。

2. 货运站经营者应当按照货物的性质、保管要求进行分类存放，危险货物应当单独存放，保证货物完好无损。

3. 货物运输包装应当按照国家规定的货物运输包装标准作业，包装物和包装技术、质量要符合运输要求。

4. 货运站经营者应当按照规定的业务操作规程进行货物的搬运装卸。搬运装卸作业应当轻装、轻卸，堆放整齐，防止混杂、撒漏、破损，严禁有毒、易污染物品与食品混装。

5. 货运站经营者应当严格执行价格规定，在经营场所公布收费项目和收费标准，各项服务标志醒目，严禁乱收费；货运站经营者不得垄断货源、抢装货物、扣押货物。

6. 进入货运站经营的经营业户及车辆，经营手续必须齐全；货运站经营者应当公平对待使用货运站的道路货物运输经营者，禁止无证经营的或证照不全的车辆进站从事经营活动，无正当理由不得拒绝道路货物运输经营者进站从事经营活动。

7. 货运站经营者经营配载服务应当坚持自愿原则，提供的货源信息和运力信息应当真实、准确。货运站经营者不得超限、超载配货；不得违反国家有关规定，为运输车辆装卸国家禁运、限运的物品。

8. 货运站经营者应当制定有关突发公共事件的应急预案。应急预案应当包括报告程序、应急指挥、应急车辆和设备的储备以及处置措施等内容。

9. 货运站经营者应当建立和完善各类台账和档案，并按要求报送有关信息。

二、货运经营管理

1. 道路货物运输经营者应当按照《道路运输经营许可证》核定的经营范围从事货物运输经营，不得转让、出租道路运输经营许可证件。

2. 道路货物运输经营者应当对从业人员进行经常性的安全、职业道德教育和业务知识、操作规程培训。

3. 道路货物运输经营者应当按照国家有关规定在其重型货运车辆、牵引车上安装、使用行驶记录仪，并采取有效措施，防止驾驶人员连续驾驶时间超过 4 个小时。

4. 道路货物运输经营者应当要求其聘用的车辆驾驶员随车携带《道路运输证》，《道路运输证》不得转让、出租、涂改、伪造。

5. 道路货物运输经营者应当聘用持有从业资格证的驾驶人员。营运驾驶员应当驾驶与其从业资格类别相符的车辆。驾驶营运车辆时，应当随身携带从业资格证。

6. 运输的货物应当符合货运车辆核定的载质量，载物的长、宽、高不得违反装载要求。禁止货运车辆违反国家有关规定超限、超载运输。禁止使用货运车辆运输旅客。

7. 超限运输的应当按照交通部颁布的《超限运输车辆行驶公路管理规定》办理相应的审批手续。从事大型物件运输的车辆，应当按照规定装置统一的标志和悬挂标志旗；夜间行驶和停车休息时应当设置标志灯。

8. 货物托运人应当按照有关法律、行政法规的规定办理限运、凭证运输手续。

9. 道路货物运输经营者不得运输法律、行政法规禁止运输的货物。道路货物运输经营者在受理法律、行政法规规定限运、凭证运输的货物时，应当查验并确认有关手续齐全有效后方可运输。

10. 道路货物运输经营者应当采取有效措施，防止货物变质、腐烂、短少或者损失。防止货物脱落、扬撒等情况发生，实行封闭式运输。

11. 道路货物运输经营者和货物托运人应当按照《合同法》的要求，订立道路货物运输合同。道路货物运输可以采用交通部颁布的《汽车货物运输规则》所推荐的道路货物运单签订运输合同。

12. 道路货物运输经营者应当制定有关交通事故、自然灾害、公共卫生以及其他突发公共事件的道路运输应急预案。应急预案应当包括报告程序、应急指挥、应急车辆和设备的储备以及处置措施等内容。发生交通事故、自然灾害、公共卫生以及其他突发公共事件，道路货物运输经营者应当服从县级以上人民政府或者有关部门的统一调度、指挥。

13. 道路货物运输经营者应当严格遵守国家有关价格法律、法规和规章的规定，不得恶意压价竞争。不得采取不正当手段招揽货物、垄断货源。不得阻碍其他货运经营者开展正常的运输经营活动。

三、道路运输监督检查

1. 道路运输管理机构负责对道路货物运输经营和货运站经营活动按照职责权限和法定程序进行监督检查。

2. 被监督检查的单位和个人应当接受道路运输管理机构及其工作人员依法实施的监督检查，如实提供有关情况或者资料。

3. 货物运输经营者在许可的道路运输管理机构管辖区域外违法从事经营活动的，违法行为发生地的道路运输管理机构应当依法将当事人的违法事实、处罚结果记录到《道路运输证》上，并抄报给发放道路运输经营许可的道路运输管理机构。

4. 道路货物运输经营者违反本规定后拒不接受处罚的，县级以上道路运输管理机构可以暂扣其《道路运输证》等道路运输管理机构颁发的相关证件，签发待理证，待接受处罚后交还。

5. 道路运输管理机构的工作人员在实施道路运输监督检查过程中，对没有《道路运输证》又无法当场提供其他有效证明的货运车辆可以予以暂扣，并出具《道路运输车辆暂扣凭证》。对暂扣车辆应当妥善保管，不得使用，不得收取或者变相收取保管费用。

6. 违法当事人应当在暂扣凭证规定时间内到指定地点接受处理。逾期不接受处理的，道路运输管理机构可依法做出处罚决定，并将处罚决定书送达当事人。当事人无正当理由逾期不履行处罚决定的，道路运输管理机构可申请人民法院强制执行。

四、道路货物运输的经营方式

在市场经济条件下，道路运输的组织形式一般有以下几种类别。

（一）公共运输业

公共运输企业（common carrier）专业经营汽车货物运输业务并以整个社会为服务对象，其经营方式有以下几种。

（1）定期定线。不论货载多少，在固定路线上按时间表行驶，如零担班车。

（2）定线不定期。在固定路线上视货载情况，派车行驶。

（3）定区不定期。在固定的区域为根据货载需要，派车行驶。

（二）契约运输业

契约运输业（contract carrier）是指按照承托双方签订的运输契约运送货物。与之签订契约的一般都是一些大的工矿企业，常年货运量较大而又较稳定。契约期限一般都比较长，短的有半年、一年，长的可达数年。按契约规定，托运人保证提供一定的货运量，承运人保证提供所需的运力。

（三）自用运输业

自用运输业（private operator）是指工厂、企业、机关自置汽车，专为运送自己的物资和产品，一般不对外营业。

（四）汽车货运代理

汽车货运代理（freight forwarder）既不掌握货源也不掌握运输工具。其以中间人身份一面向货主揽货，一面向运输公司托运，借此收取手续费用和佣金。有的汽车货运代理专门从事向货主揽取零星货载，加以归纳集中成为整车货物，然后自己以托运人名义向运输公司托运，赚取零担和整车货物运费之间的差额。

五、对货物的包装要求和计量

（1）托运人应按约定包装货物。托运人未按约定包装货物，不能保证货物运输安全的，承运方有权拒绝承运。约定由承运人对货物再加外包装时，包装费用由托运人支付。

（2）由于托运人的包装缺陷产生破损，致使其他货物或运输工具、机械设备被污染腐蚀、损坏或造成人身伤亡的，托运人应负赔偿责任。由承运人按约定对货物再加外包装的，发生上述问题，承运人应负赔偿责任。

（3）货物的计量。货物的体积和重量不仅直接影响载重量和载货容积的利用程度，还关系到有关库场堆放货物时如何充分利用场地面积和仓库空间等问题，而且还可能是确定运价和计算运费的基础，同时与货物的装卸、交接也有直接的关系。货物的计量包括货物丈量和衡重。

货物的丈量又称量尺，是指测量货物的外形尺度和计算体积。货物丈量的原则是：按货物的最大方形进行丈量和计算，在特殊情况下可酌情予以适当的扣除，某些奇形货物可按实际体积酌情考虑其计费体积。货物的量尺体积是指货物外形最大处的长、宽、高之乘积，即

$$V = L \times W \times H$$

式中：V——货物的量尺体积（立方米）；

L——货物的最大长度（米）；

W——货物的最大宽度（米）；

H——货物的最大高度（米）。

货物的衡重是指衡定货物的重量。货物的重量可分为净重、皮重和毛重（总重），货物衡重应以毛重计算。货物在重量原则上应逐件衡重，但因条件或时间限制，不具备逐件衡量的条件时，可采用整批或分批衡重，抽件衡重并求平均值等方法测得重量。

货物衡重可使用轨道衡、汽车衡（一种地秤）、吊钩秤、皮带秤、定量秤。

六、货物运输的组织环节

道路货物运输的组织环节主要包括办理托运、理货、查验道路、制订运输方案、签订运输合同、线路运输工作组织、运输统计和费用结算等。

（一）办理托运

托运人或其代理人向道路运输经营人办理托运：托运人或其代理人必须在托运单上填写货物的名称、规格、件数、件重、起运日期、收/发货人详细地址；货物运输过程需注意的事项。凡未按上述要求办理或运单填写不明确的，由此引发的运输事故，由托运人承担。

（二）理货

理货是道路运输经营人对货物的件数、质量、几何形状以及大件货物的重心位置事先了解，取得可靠的数据和图纸资料，通过分析，可确定货物超限的级别以及运输形式，查验道路和制订运输方案。理货数据是和托运人或其代理人核对的交货的依据。

（三）查验道路

承运超限货物在运输前应查验运输沿线全部的路面、路基、纵向坡度、横向坡度、弯道超高外的横坡坡度、道路的竖曲线半径、通道宽度、弯道半径、查验装卸货现场、倒载转运现场、沿线桥梁涵洞、高空障碍，查验沿线桥梁的承载重量、了解沿线地理环境及气候情况；根据查验的结果预测出作业时间，编制运行路线图，完成查验报告。

（四）制订运输方案

对于超限货物的运输，在充分研究分析理货报告、道路查验报告的基础上，制定安全可靠、可行的运输方案。包括：制订运输过程中的运行技术措施、确定车辆行驶速度、配置辅助车辆（如牵引车、挂车、游车及附件等）、制订货物装卸绑扎和加固方案等。

（五）签订运输合同

根据托运人填写的运单和承运人进行的理货分析、道路查验、制订运输方案的结果，承托双方签订书面形式的运输合同。其内容包括：明确托运货物的数据（超限货物的托运要明确托运方大件货物的数据和承运方运输车辆的数据）、运输起讫地点、运距与时间，明确合同生效时间，承托双方应负责的责任和义务，有关法律手续，运费结算和付款方式。

（六）线路运输工作组织

承运超限货物运输时，应成立临时性的运输工作小组，负责实施运输方案和对外联系（如需要联系公安、交通、公路管理等单位的支持和协助），组织大件货物运输工作所需的工作人员，如牵引驾驶员、挂车操作员、技术员、工具材料员、修理工、装卸工和安全员等，依照运输工作岗位职责和运输整体要求，协调工作，认真操作，保证超限货物运输安全到达。

（七）运输统计和运输费用结算

运输统计是指完成超限货物运输各项技术和经济指标，运输费用结算即完成运输工作后按运输合同结算运费和相关的费用。

七、道路运输货物运价的制定原则

为进一步规范道路运输价格管理，促进道路运输健康发展，2009 年 6 月 19 日，交通运输部、国家发展和改革委员会制定了《汽车运价规则》（以下简称《规则》）和《道路运输价格管理规定》；凡在中华人民共和国境内参与道路运输经营活动的道路运输经营者和旅客、货主，都应当遵守《规则》。《规则》规定的汽车运价包括汽车旅客运价和汽车货物运价。规定自 2009 年 9 月 1 日起施行。1998 年交通部、国家发展计划委员会颁布的《汽车运价规则》（交公路发〔1998〕502 号）同时废止。

同时，根据《道路运输价格管理规定》，国务院价格、交通运输主管部门负责制定全国道路运输价格管理政策，指导各地道路运输价格管理工作。县级以上地方人民政府价格、交通运输主管部门负责本行政区域内的道路以上价格管理工作。

道路运输价格管理以及道路运输经营者的价格行为，应当遵守本规定。《规则》第 6 条 "货物运输价格实行市场调节价"。第 7 条 "国防战备、抢险救灾、紧急运输等政府指令性旅客、货物运输实行政府定价"。规定自 2009 年 9 月 1 日起施行，1987 年交通部、国家物价局制定的《公路运价管理暂行规定》（〔87〕交公路字 681 号）同时废止。

此次制定的汽车运价是为了反映现行运输经营成本和市场供求关系，根据不同运输条件实行差别运价，合理确定汽车运输的比价关系。

货物运输价格实行市场调节价，汽车货物运价部分的制定原则如下。

（一）计价标准

1. 运价单位

（1）整批运输：元/吨千米。

（2）零担运输：元/千克千米。

（3）集装箱运输：元/箱千米。

（4）包车运输：元/吨位小时。

（5）国际道路货物运输涉及其他货币时，在无法折算为人民币的情况下，可使用其他自由兑换货币为运价单位。

2. 计费重量

（1）计量单位。

①整批货物运输以吨为单位。

②零担货物运输以千克为单位。

③集装箱运输以标准箱为单位。

（2）重量确定。

①一般货物：无论整批、零担货物计费重量均按毛重计算。整批货物吨以下计至 100 千克，尾数不足 100 千克的，四舍五入。零担货物起码计费重量为 1 千克，重量在 1 千克以上，尾数不足 1 千克的，四舍五入。

②轻泡货物：指每立方米重量不足 333 千克的货物。

A. 装运整批轻泡货物的高度、长度、宽度，以不超过有关道路交通安全规定为限度，按车辆核定载质量计算重量。

B. 零担运输轻泡货物以货物包装最长、最宽、最高部位尺寸计算体积，按每立方米折合 333 千克计算重量。

C. 轻泡货物也可按照立方米作为计量单位收取运费。

③包车运输按车辆的核定质量或者车辆容积计算。

④货物重量一般以起运地过磅为准。

⑤散装货物，如砖、瓦、砂、石、矿石、木材等，按重量计算或者按体积折算。

（二）计费里程

1. 里程单位

运输计费里程以千米为单位，尾数不足 1 千米的，四舍五入。

2. 里程确定

(1) 营运线路公路里程按交通运输部核定颁发的《中国公路营运里程图集》确定。（《中国公路营运里程图集》每三至五年修订一次，按最新版为里程确定依据）。《中国公路营运里程图集》中未标明的，由当地人民政府交通运输主管部门按照实际里程确定。

(2) 城市市区里程按照实际里程计算，或者按照当地人民政府交通运输主管部门确定的市区平均营运里程计算，具体由各省、自治区、直辖市人民政府交通运输主管部门确定。

(3) 国际道路旅客运输属于境内的计费里程以交通运输主管部门核定的里程为准，境外的里程按有关国家（地区）交通运输主管部门或者有权认定部门核定的里程确定。

具体价格按照经营者自主定价的原则由承托双方协商约定，进行市场化运作。

汽车运输经营者在制定货运价格时，应当遵循公平、合法和诚实信用原则，根据运输成本、市场供求状况以及社会承受能力等因素合理确定运价。在开展货物运输服务时，必须与托运人在平等自愿等价有偿的基础上签订货物运输合同，具体价格按照经营者自主定价的原则由承托双方协商约定。

（三）计时包车货运计费

计时包车货运计费时间以小时为单位，起码计费时间为 2 小时；使用时间超过 2 小时的，按实际包用时间计算。整日包车，每日按 8 小时计算；使用时间超过 8 小时的，按实际使用时间计算。时间尾数不足半小时的舍去，达到半小时的进整为 1 小时。

（四）计价类别

(1) 载货汽车按其用途不同，分为普通货车、专用货车两种。专用货车包括罐车、冷藏车及其他具有特殊构造的专门用途的车辆。

(2) 货物按其性质分为普通货物和特种货物两种。特种货物分为大型特型笨重物件、危险货物、贵重货物、鲜活货物四类。

(3) 集装箱按箱型分为国内标准集装箱、国际标准集装箱和非标准集装箱三类，其中国内标准集装箱分为 1 吨箱、6 吨箱、10 吨箱三种，国际标准集装箱分为 20 英尺箱、40 英尺箱两种。

(4) 道路货物运输根据营运形式分为道路货物整批运输、零担运输和集装箱运输。

（五）计价规定

1. 运价

(1) 政府指令性运输如军事、防汛抢险救灾物资等运输价格最高每吨/千米不超过 0.50 元，其他货物运输价格实行市场调节价格。

(2) 整批货物运价：指整批普通货物在等级公路上运输的每吨千米运价。

(3) 零担货物运价：指零担普通货物在等级公路上运输的每千克千米运价。

(4) 集装箱运价：指各类标准集装箱重箱在等级公路上运输的每箱千米运价。在计算货物运价时，应当考虑车辆类型、货物种类、集装箱箱型、营运形式等因素。

2. 运费计算

（1）整批货物运费＝整批货物运价×计费重量×计费里程＋车辆通行费＋其他法定收费

（2）零担货物运费＝零担货物运价×计费重量×计费里程＋车辆通行费＋其他法定收费

（3）重（空）集装箱运费＝重（空）箱运价×计费箱数×计费里程＋车辆通行费＋其他法定收费

目前，集装箱运输市场运价大都采用包箱费率，即从调运空箱到装货地点装货，送到指定目的地，一口价包括车辆通行费和其他法定收费，方便结算。

非标准箱的汽车运价参照相同箱型的基本运价，由承托双方议定。

集装箱运价与油品价格联动机制：2008 年 9 月 11 日，全国集装箱道路运输行业协会联席会议决定自 2008 年 10 月 1 日起，全国的集装箱运价将与油价联动，若油价涨，运价也将上调。

（4）包车运费＝包车运价×包用车辆吨位×计费时间＋车辆通行费＋其他法定收费。

（5）国际道路货物运输价格按双边或者多边汽车运输协定，根据对等原则，由经授权的交通运输主管部门协商确定。

（6）运费以元为单位。运费尾数不足 1 元的，四舍五入。

八、道路货物运单

道路货物运单是公路货物运输及运输代理的合同凭证，是运输经营者接受货物并在运输期间负责保管和据以交付的凭证，也是记录车辆运行和行业统计的原始凭证。道路货物运输可以采用交通部颁布的《汽车货物运输规则》所推荐的道路货物运单签订运输合同。

（一）公路货物运单

国内公路货物运单分为甲、乙、丙三种：甲种运单适用于普通货物、大件货物、危险货物等货物运输和运输代理业务；乙种运单适用于集装箱汽车运输；丙种运单适用于零担货物运输。

承、托运人要按道路货物运单内容逐项如实填写，不得简化、涂改。承运人或运输代理人接收货物后应签发道路货物运单，道路货物运单经承、托双方签章后有效。

1. 甲、乙种道路货物运单

第一联存根，作为领购新运单和行业统计的凭据。

第二联托运人存查联，交托运人存查并作为运输合同当事人一方保存。

第三联承运人存查联，交承运人存查并作为运输合同当事人另一方保存。

第四联随货同行联，作为载货通行和核算运杂费的凭证，货物运达、经收货人签收后，作为交付货物的依据。

运输危险货物必须使用在运单左上角套印"道路危险货物运输专用章"的道路货物运单（甲种），方准运行。

2. 丙种道路货物运单

第一联存根，作为领购新运单和行业统计的凭证。

第二联托运人存查联，交托运人存查并作为运输合同当事人一方保存。

第三联提货联，由托运人邮寄给收货人，凭此联提货，也可由托运人委托运输代理人通知收货人或直接送货上门，收货人在提货联收货人签章处签字盖章，收、提货后由到达站收回。

第四联运输代理人存查联，交运输代理人存查并作为运输合同当事人另一方保存。

第五联随货同行联，作为载货通行和核算运杂费的凭证，货物运达、经货运站签收后，作为交付货物的依据。

丙种道路货物运单与汽车零担货物交接清单配套使用。承运人接收零担货物后，按零担货物到站次序，分别向运输代理人签发道路货物运单（丙种）。已签订年、季、月度或批量运输合同的，必须在运单"托运人签章或运输合同编号"栏目注明合同编号，托运人委托发货人签章。批次运输任务完成或运输合同履行后，凭运单核算运杂费，或将随货同行联（第五联）汇总后转填到合同中，由托运人审核签字后核算运杂费。

道路货物运输和运输代理经营者凭运单开具运杂费收据。

（二）跨境道路货物运输运单

目前，跨境道路货物运输运单有以下两种。

（1）国际公路货物运输合同公约（CMR）运单。CMR运单适用于所有缔约国，不管缔约方住地和国籍，凡合同中规定的接管和交付货物的地点位于两个不同国家，其中至少有一个是缔约国者，CMR运单均适用之。

（2）中国与周边相邻国家，双方约定使用的是国际道路货物运单。

九、经营整车货物运输

整车散杂货物的运输，一般根据客户的需要，汽车运输公司可派车上门服务，到指定地点或仓库取货，送到客户指定的目的地卸货。

散杂货物商品种类繁杂，包装各异，一般指体积小、重量轻的货物，易于人工搬运。

装运散杂货物的车辆上必须备有供绑扎用的绳索和雨布。在接受散杂货物运输时应注意货物或货物包装承受压力的要求、可允许堆装的高度；装货时要注意堆垛整齐，排放靠紧，防止在运输过程中受颠簸、振动、撞击损坏；如轻重货物配载，重货堆应放在底层，轻泡货物堆放在重货上面；易损货物最好不要和其他货物拼装，如一定要安排拼装，应注意易损货物堆放的位置，避免受到挤压造成货物损坏；危险品货物不得与普通货物拼装；货物装载后应注意货物的绑扎，同时要给货物予以雨布遮盖，以防止在运输过程中由于颠簸和雨水浸湿而造成的货物损坏。

道路整车运输操作流程是指包括从托运货物开始，到交付货物完毕为止，所涉及的受理托运，货物装卸、起票、发车，货物运送与到达交付，运杂费结算，商务事故处理等作业环节在内的操作流程。

机动车辆在道路行驶过程中，根据道路标设安全行驶，不得违规超速和超载。

1. 机动车行驶不得超速

机动车上道路行驶车速，《道路交通安全法》第42条明确规定，不得超过限速标志标明的最高时速。

在《中华人民共和国道路交通安全法实施条例》中，专门规定了各种道路、各种车型和各种情形的最高时速。如在高速公路上小型客车在最内侧车道行驶最高不得超过120千米/小时，其他车辆不得超过100千米/小时，摩托车不得超过80千米/小时等。这些规定是法定的，具有强制执行力的，也是最主要的依据。其次是道路设计通行速度。这是确定最高限速的一个重要参考。

2. 机动车运载不得超载

根据国务院《道路交通管理条例》第30条规定"机动车载物，必须遵守下列规定：(1) 不准超过行驶证上核定的载质量……"

"超载"指汽车装载货物时超过汽车额定载重量，对超载的核定，主要关注的是汽车性能以及由此而引发的行车安全性。

超载标准的技术参数是根据车辆的装载能力来确定的，如载重量不满1000千克的小型汽车装载1200千克就是超载。

《道路交通管理条例》第8条规定，超载的执法主体是公安机关。

"超载"和"超限"的对客运和货运的不同之处：虽然两者在货物装载中均有超重、超高、超宽、超长的表述，但超载既有货物装载，又有客运超载；而超限只在货物运输中有，客运中没有超限的规定。

十、经营零担货物运输（班线）

零担货物是指一张货物运单（一批）托运的货物重量或容积不够装一车的货物（即不够整车运输条件）。是指托运一批次货物数量较少时，装不足或者占用一辆运输汽车进行运输在经济上不合算，而由运输部门安排和其他托运货物拼装后进行运输。运输部门按托运货物的吨千米数和运价率计费。

汽车零担货物运输作为公路货运的一种主要运输方式，为搞活经济、促进城乡物资交流、满足人民物质文化生活的需求，以及为增加道路运输企业的收入发挥了重要作用。

当一批货物的重量或容积不满一辆货车时，可与其他几批甚至上百批货物共用一辆货车装运时，称为零担货物运输。

零担货运经营方式可采用定线、定点、定班运输形式或定线、定点、不定班运输形式。经营方式经批准后，不得随意变更。

零担货物受理和零担货运站经营的业户，应在受理场所公布零担货运线路、站点、里程、班期表。运输部门按接受托运货物的千克/千米数和运价费率计价收费。

快件零担货运是指从货物受理的当天15时起算，300千米运距内，24小时以内运达；1000千米运距内，48小时以内运达；2000千米运距内，72小时以内运达。

特快专运是指应托运人要求即托即运，在约定时间内运达。

零担货运汽车通行时需携带《道路运输证》、运单、零担货运线路牌，以备查验。

（一）零担货运的优点

（1）零担货车一般设有专用车厢，具有防雨淋、防晒、防火、防盗、防尘的"五防"性能。

（2）灵活方便，适应商品经济发展的需要。零担货运不仅有以车就货，穿街走巷，取货上门，送货到门的灵活性；而且经营方式灵活多样，货物托运多至吨、少至千克，批量不限，一次托运，一次收费，全程负责，一车多主，集零为整，运送及时，方便生产生活，能较好地满足千家万户的需求，促进商品经济的发展。运输安全、迅速、经济。

（3）零担货班班期短，周转快，货源增加可以随时加班；农村集市贸易，时令鲜货还可以自行集组货源调用不定期零担货车。一般来说，汽车零担的运转速度较铁路、水路要快，因而也更合算。

（4）有利于建立货运网络，实现货畅其流。零担运输已遍及全国，为建立四通八达的全国货运网络，实现货畅其流打下了良好的基础。

（5）有利于提高运输工具效率，节约运力与能源。零担运输一般都实行"定运输线路、定沿线停靠点、定开车班期、定班次、定车型"等"五定"的组织管理模式。货源、车辆、人员相对稳定，往返配载概率大，有利于提高车辆运用效率，降低行车消耗，提高经济效益。

（6）商务作业是专人专职专责，运送是定车定人，商务事故少，安全系数高。

（二）汽车零担运输办理条件

凡不够整车运输条件的货物，可按零担货物托运。

零担托运规定：零担货物一件体积不得小于 0.02 立方米。但一件重量在 10 千克以上时，则不受此最小体积限制。零担货物每批件数不得超过 300 件。

下列货物不得按零担货物托运：

（1）冷藏加温运输的货物；

（2）规定限按整车办理的货物；

（3）易于污染其他货物的污秽品（经过卫生处理不致污秽其他货物的除外）；

（4）蜜蜂；

（5）不易计算件数的货物（如：矿石、煤矿、沙石等）；

（6）未装入容器的活动物；

（7）一件重量超过 2 吨、体积超过 3 立方米或长度超过 9 米的货物（发站认为不致影响中转站或到站卸车作业者除外）。

零担货物一般在公共作业场所组织运输。

个人托运物品按《个人物品运输办法》的规定办理。个人托运物品中禁止夹带金银珠宝、文物字画与贵重物品、有价证券、货币凭证和危险货物。

个人托运的物品除按规定拴挂货签、涂写与货签相同的标记外，还须在有包装的件内放入写有与货物运单记载一致的到站、收货人名称地址的字条。

（三）零担运输业务办理流程

零担货物受理、仓储、装卸、起运、中转、到达、交付等环节，要严格履行交接制度，分清责任。

1. 托运人办理手续

（1）办理零担货物运输，由托运人填写"汽车零担货物运输运单"。运单填写必须字迹清楚。

（2）托运人对货物自愿投保汽车货物运输险、保价运输的，应在运单中注明。

（3）托运人注明的特约事项，经承运人同意后，承托双方签章生效。

（4）零担货物的包装必须符合国家和交通运输部门的规定和要求。对不符合包装标准和要求的货物，应由托运人改善包装。对不会造成运输设备及其他货物污染和货损的货物，如托运人坚持原包装，托运人应在"特约事项"栏内注明自行承担由此可能造成的货损。

（5）托运危险物品时，其包装应严格遵守交通部颁发的《公路危险货物运输规则》；按承托双方协议办理运输易污染、易破损、易腐烂和鲜活物品，其包装必须严格遵守双方协议的规定。

（6）托运普通零担货物中不得夹带危险、禁运、限运和贵重物品。

（7）零担危险货物，不准与普通货物混装。

（8）托运政府法令禁运、限运以及需要办理公安、卫生检疫或其他准运证明的零担货物，托运人应同时提交有关证明。

（9）托运时，托运人应在每件货物两端分别拴贴统一规定注有运输号码的货物标签。需要特殊装卸、堆码、储存的货物，应在货物明显处加贴储运指示标志，并在运单"特约事项栏"内注明。

2. 承运人受理

（1）承运人受理零担货物运输业务，手续应简便。提倡上门服务，开展信函和电话受理业务。对符合零担货物运输基本要求，包装合格的货物，不得拒绝承运。

（2）承运人对受理的零担货物及其包装、运单、标签，应认真审核，对不符合要求和差错之处，应提请托运人改善和修正，并于重要修正处加盖托运人印章。审核无误后，在运单上加盖承运章。

（3）承运人对零担货物有疑义时，可以要求托运人拆包检查。

（4）承运人应将托运人提供的禁、限运货物及公安、卫生检疫等准运证明的名称和文号填入"起运站记载事项"栏内，并在证明上加盖承运章，必要时可将证明附于运单上，随货同行，以备查验，运达后一并交收货人。

（5）承运人对办理保价运输的货物，应在运单上加盖"保价运输"戳记，并按规定核收保价费。对有其他特殊要求的货物，必须严格遵守商定的运输条件和特约事项。

3. 货签标志

零担货物货签应使用坚韧的材质制作，货签内容、规格必须符合铁路统一的格式。每件货物使用两枚货签，分别粘贴、钉固于包装的两端。不宜粘贴或钉固时可使用拴挂方法。

为确保货物运输安全，针对货物性质的不同，货件应有不同要求的图式标志，标志图形必须符合国家标准—《包装储运图示标志》的规定。

危险零担货物还须使用危险货物包装标志。货件上原有的与本批货物无关的旧货签旧标志，托运人必须将其撤除或抹消。

4. 取消和变更

（1）已受理的货物在未起运前，托运人可以取消托运。承运人按规定核收取消托运手续费和其他已支出的费用。运费和其他尚未支出的费用退还托运人。托运人要求变更到站或收货人的，需办理变更手续，并换全（贴）货物标签。承运人按规定核收变更手续费，并由托运人承担由此给承运人造成的实际损失。货物已经起运的，不予办理取消和变更。

（2）由于承运人的责任而造成取消运输的，承运人免收手续费、退还全部运杂费，并承担由此给托运人造成的直接实际损失。

（3）货物运输过程中，由于自然灾害、道路阻塞而造成运输阻滞时，承运人应及时与托运人取得联系，分别按下列情况处理。

①托运人要求退运的，可免费运回，并退还去程未完成路段的运费。

②托运人要求绕道运送或变更到站的，运、杂费照实核收。

③托运人要求就地卸存自行处理的，退还未完成路段运费。

④货物在受阻处卸存期间承运人免费保管 5 天。在非承运人库场存放，保管费用由托运人负担。

5. 货物交接

（1）货物起运、中转、到达都要严格履行交接手续。由起运站分别签制直达、中转"汽车零担货物交接清单"，凭单交接验收，单货相符，交接双方签章。

（2）货物起运前发生短缺、残损，止起运站处理后方可起运；货物到达后发生票货差误，分别按下列办法处理。

①有票无货，到达站相符，交接双方在票单上签注，由到达站查询处理。到达站不符，交接双方在票单上签注，货票退回起运站。

②有货无票，到站相符，应予收货，交接双方在清单上签注，并通知起运站补发货票；到站不符，交接双方在清单上签注，货物退回起运站。

③货物短缺、残损（包装破损），不得拒绝收货。交接双方验货、复磅、记录签章、通知起运站，由到达站处理，由责任方赔偿。

④流向错误，越站错运，票、货退还起运站或货票标明的到站。

6. 货物中转

（1）零担货物应尽量直达运送。必须中转的，线路要合理。中转站对中转货物应优先发运，中转期限不得超过两个班期。

（2）零担站对外应公布中转站点。中转站应设专人负责中转货物，有条件的地方应设置中转专用仓库。

（3）中转站发现货物已经破损，应整修完好，并将整修情况记录于运单和交接清单上。

(4) 中转站发现票、货不符的货物，应将票、货退还起运站处理。

7. 货物交付

(1) 货物到达后，到达站应及时向收货人发出到货通知，并做好记录。收货人凭提货单取货，并应在提货单上加盖印章。到达站付货后也应在提货单上加盖"货物付讫"戳记后存查。

(2) 货物按件交付。包装破损，由交接双方清点复磅，发现货物短损由责任方赔偿。货签脱落，不易辨认的货物，必须慎重查明，方能交付。

(3) 提货单遗失，收货人应及时向到达站挂失。经确认后，可凭有效证件提货。货物若在挂失前已被他人持单取走，到达站应配合查找，但不负责赔偿。

(4) "到货通知"发出后一个月内无人领取货物或收货方拒收，到达站应向起运站发出"货物无法交付通知书"。超过一个月仍无人领取的，按国家经委经交（1986）727 号《关于港口、车站无法交付货物的处理办法》的有关规定处理。

8. 其他事项

(1) 零担货物运输的投保方式由托运人自愿选择，并在运单中注明。高档、高价值零担货物运输必须投保。

(2) 经营零担货运的业户要按要求填报零担货物运输统计报表。

第五节　特种货物道路运输

一、大型物件运输

大型物件运输是指从事符合下列条件之一的货物运输作业。

(1) 货物外形尺寸：长度在 14 米以上或宽度在 3.5 米以上或高度在 3 米以上的货物。

(2) 重量在 20 吨以上的单体货物或不可解体的成组（捆）货物。

机动车运载超限的不可解体的货物是指使用非常规车辆运载超重、超长、超宽、超高等特殊规格大型物件的道路汽车运输。大件货物运输具有不同于一般货物运输的特点。

《公路法》第 50 条规定："超过公路、公路桥梁、公路隧道或者汽车渡船的限载、限高、限宽、限长的车辆，不得在有限定标准的公路、公路桥梁、公路隧道内行驶……"超限标准的技术参数是根据公路的设计技术标准来确定的，不同等级的公路（含桥梁）其设计的限载标准是不同的。

超限是指汽车装载货物的尺寸超过其通过公路标准的限值，主要研究的是车辆装载与公路的关系，特别关注的是对公路的正常使用。

（一）超限货物的特点

(1) 装载后车与货物的总质量超过所经路线桥涵、地下通道的限载标准；

(2) 货物宽度超过车辆界限；

(3) 载货车辆最小转弯半径大于所经路线设计的弯度半径；

（4）装载高度超过 5 米；通过道路立交桥和人行过街天桥时，装载总高度超过桥下净空高度；通过无轨电车线路时，装载总高度超过 4 米；通过电气化铁路平交道口时，装载总高度超过 4.2 米；

机动车运载超限的不可解体的物品，影响交通安全的，应当按照公安机关交通管理部门指定的时间、路线、速度行驶，悬挂明显标志。在公路上运载超限的不可解体的物品，应当依照公路法的规定执行。

根据《公路法》第 8 条规定，超限的执法主体是交通主管部门或公路管理机构。

（二）超限货物的分类

超限货物包括：货物超高、超长、超宽、超重。

在承运这些货物时对运输工具、运输组织的要求不一样，为了运输安全和管理的需要，运输方式必须根据超限货物的特征进行安排。

1. 按货物规格分类

我国交通部门把道路运输的大型货物按其外形尺寸和重量（含包装和支承架）分为四级，见表 1—1。

表 1—1　大型物件分级

大型物件级别	质量（吨）	长度（米）	宽度（米）	高度（米）
一级	40～（100）	14～（20）	3.5～（4.0）	3.0～（3.5）
二级	100～（180）	20～（25）	4.0～（4.5）	3.5～（4.0）
三级	180～（300）	25～（40）	4.5～（5.5）	4.0～（5.0）
四级	300 吨以上	40 米以上	5.5 米以上	5.0 米以上

注：（1）括号内的数表示该项参数不包括括号内的参数。
　　（2）货物的质量和外廓尺寸中，有一项达到表列参数，即为该级别的超限货物；货物同时在外廓尺寸和质量达到两种以上等级时，按高限级别确定超限等级。
　　（3）超限货物的质量是指货物的毛重，即货物的净重加上包装和支撑材料后的总重量，一般以生产厂家提供的货物技术资料所表明的重量作为参考依据，是配备运输车辆的重要依据。

2. 按货物类型分类

（1）电力类大件设备。包括：大型火力发电设备中的发电机定子、转子、锅炉汽包、水冷壁、除氧水箱、高低压加热器、大板梁等；大型水力发电设备中的转轮、上下机架、转子、定子、主轴、座环、导水机构、闸门启闭机等；大型风力发电设备中的筒体、机舱、叶片等；大型核能发电设备中的发电机转子、定子以及主变压器、厂用变、联络变、电抗器等。

（2）化工类大件设备。包括：大型化工厂中的主要设备，如各种容器（槽、罐、釜等）、普通窑、塔器、反应器、换热器、普通干燥器、蒸发器、反应炉、分离设备以及离子交换设备等。

（3）其他类大件设备。包括：飞机、桥梁板、地铁、大型房屋、行车梁等。

（三）从事道路大型物件运输上户的资质

1. 大件货物运输承运人申请运输的要求

大件货物运输承运人申请运输应满足以下 4 项要求。

（1）具备合法的大件运输企业资质。

（2）拥有合法的大件运输车辆。

（3）能制订科学合理的大件运输方案。

（4）大件运输从业人员必须具备相应的从业资格。

2. 营业性道路大型物件运输业户的分类

营业性道路大型物件运输业户，按其设备、人员等条件，分为以下 4 类。

（1）一类：能承运一级大型物件；

（2）二类：能承运一、二级大型物件；

（3）三类：能承运一、二、三级大型物件；

（4）四类：能承运一、二、三、四级大型物件。

（四）道路大型物件运输实务

道路大型物件运输的复杂性、非常规性给运输成本的控制带来很大的难度。大型物件运输的成本不同于普通货物运输的成本，只是包括人工费、装卸费、燃料费、过路费。

大型物件运输前期的沟通、协商、勘测、设计、施工不同于普通货物运输，对于大型物件运输而言，运输的前期工作是重要的环节。只有做好运输的前期工作，才能保证运输顺畅。

1. 托运人办理托运

大型物件的托运人必须向已取得大型物件运输经营资格的承运人或其代理人办理托运，托运人在托运单（运单）上如实地填写大型物件的名称、规格、件数、件重、起运日期、起运地和终到地、收发货人名称及详细地址，以及运输过程中的要求和注意事项。托运人还应向承运人提交货物说明书，必要时应附有货物外形尺寸的三面视图，并以"＋"号注明货物重心位置及各部位的详细尺寸。凡未按上述规定办理大型物件托运或运单填写不明确，由此发生运输事故的，由托运人承担全部责任。

2. 承运人受理托运

大型物件运输承运人必须做到：根据托运人填写的运单和提供的有关资料，予以查对核实；对货物的件数、质量、几何形状以及大型物件的重心位置事先了解，取得可靠的数据和图纸资料，通过分析，可确定货物超限的级别以及运输形式；承运大型物件的级别必须与批准经营的类别相符，不准受理经营类别范围以外的大型物件。凡未按经营的类别规定受理大型物件托运，由此发生运输事故的，由承运人承担全部责任。

3. 承运人现场勘察，完成查验报告

承运人到大型物件启运地/目的地现场查看，可供装/卸大型物件的环境、操作范围、路面承受压力等安全数据。

承运超限货物在运输前应查验运输沿线全部的路面、路基、纵向坡度、横向坡度、弯道超高外的横坡坡度、道路的竖曲线半径、通道宽度、弯道半径、查验沿线桥梁涵洞、高空障碍，沿线桥梁的承载重量，了解沿线地理环境及气候情况。

根据查验的结果，考虑以下因素。

（1）对大型物件运输装卸地的工厂大门或车间大门是否能进入？是否需要拆工厂大门

或车间大门？

(2) 如大型物件需要通过水/陆联运，是否需要新建专用码头？

(3) 沿途桥梁是否需要加固、铺路、沿途砍树等一系列工程。这些工程的勘测、设计、开工建设，包括最后的拆除、复位，增加了大型物件运输的成本，而与有关部门的沟通、协调（如需要联系公安、交通、公路管理等单位的支持和协助），又产生开支，这些费用都将纳入预算成本。

(4) 研究沿途道路和气象条件对运输时的影响，选择适合运输的路线和运输时间。

最后综合以上各种因素，编制运行路线图，预测出作业时间，除运输外发生的各种费用开支，完成查验报告。

4. 制订运输方案

大型物件运输对管理人员专业化水平要求较高。作为一个特殊的运输领域，大型物件运输一直是高技术、高附加值、高收益的作业。因此，对大型物件运输企业的管理人员专业化水平要求非常高，对该领域所涉及公司产品的技术、性能以及使用中的特性要求相当熟悉。

对于超限货物的运输，在充分研究分析理货报告、道路查验报告的基础上，制订安全可靠、可行的运输方案。包括：制定运输过程中的运行技术措施、确定车辆行驶速度、配置辅助车辆（如牵引车、挂车、游车及附件等）、制订个性化的装卸方案、制订货物装卸绑扎和加固方案等。

5. 签订运输合同

根据托运人填写的运单和承运人进行的理货分析、道路查验、制订运输方案的结果，承托双方签订书面形式的运输合同。其内容包括：明确托运货物的数据（超限货物的托运要明确托运方大件货物的数据和承运方运输车辆的数据）、运输起讫地点、运距与时间（承运开始时间、终到时间），经由路线，由谁负责办理装运大件货物的车辆在运送途中需要修建便道或改拆建筑物的审批手续，以及因运输大型物件发生的道路改造、桥涵加固、清障、护送、装卸等费用的分担等做出明确的规定。承托双方应负有的责任和义务，有关法律手续，运费结算和付款方式，明确合同生效时间。

大型物件运输费用按交通主管部门和物价管理部门的有关规定，由承、托双方协商确定

6. 线路运输工作组织

承运超限货物运输时，应成立临时性的运输工作小组，负责实施运输方案和对外联系（如需要联系公安、交通、公路管理等单位的支持和协助），组织大件货物运输工作所需的工作人员，如牵引驾驶员、挂车操作员、技术员、工具材料员、修理工、装卸工和安全员等，依照运输工作岗位职责和运输整体要求，协调工作，认真操作，各司其职，保证超限货物运输安全到达。

7. 装载、卸载

大型物件运输的装卸作业，承运人应按约定的时间将车开到装卸地点，根据托运人的要求、货物的特点和装卸操作规程进行作业。托运人负责到装卸地点监装、监卸。在装卸

大件货物时应注意操作。

（1）货物的装卸应尽可能选用适宜的装卸机械，装车时应使货物的全部支承面均匀地、平衡地放置在车辆底板上，以免损坏车辆。

（2）载运货物的车辆，应尽可能选用大型平板车等专用车辆。除有特殊规定外，装载货物的重量不得超过车辆的核定吨位，其装载长度、高度和宽度不准超过规定的装载界限。

（3）支重面不大的笨重货物，为使其重量能均匀地分布在车辆底板上，必须将货物安置在纵垫木上，或相当于起垫木作用的设备上。

（4）货物的重心应尽量处于车底板纵、横中心线交叉点的垂直线上，严格控制横向移动和纵向移动。纵向位移在任何情况下，不得超过轴荷分配的设计规定的技术数据。

（5）重车重心高度应在规定限制内，若重心偏高，除应认真进行装载加固外，还应采取配重措施以降低其重心高度。运输车辆在行驶过程中应按道路管理部门规定限速行驶。

（6）在装运大型物件时，除应仔细加固捆扎、做好铺垫外，还应在其最长、最宽、最高部位设置安全标志，以引起来往车辆的注意。

在货物的装卸过程中，由于操作不当或违反操作规程，造成车货损失或第三者损失的，由承担装卸的一方负责赔偿。

8. 交付

在大型物件交付时，应要求收货人查验、核对，予以签收。

9. 运输统计和费用结算等

运输统计指对完成超限货物运输各项技术和经济指标进行汇总统计，作为企业内部业务资料留存档案。

完成运输工作后，承运人按运输合同向托运人结算运费和相关的费用。

（五）公路管理机构对大件货物运输的通行管理

（1）大件货物运输车辆未经公路管理机构批准，不得在公路上行驶。对大件货物运输车辆未经批准擅自行驶的路段，应由公路管理机构自行或委托相关机构进行勘测，确定损坏的公路、桥梁的项目、数量和程度，制订修复方案，计算修复费用，赔偿及修复费用由承运人承担，公路管理机构还应根据情况对承运人给予相应处罚。

（2）经批准进行大件货物运输的车辆，应当按照指定的时间、路线和速度行驶，悬挂明显标志。

（3）承运人不得涂改、伪造、租借、转让《超限运输车辆通行证》。

（4）大件货物运输车辆的型号及运载的物品必须与签发的《超限运输车辆通行证》所要求的规格保持一致。

（5）大件货物运输车辆通过桥梁时，时速不得超过 5 千米/小时，且匀速居中行驶，严禁在桥上制动或变速。

（6）四级公路、等外公路和技术状况低于三类的桥梁，不得进行大件货物运输。

（7）为保障大件货物运输车辆安全行驶及公路桥梁安全，路政管理部门在护送过程中，应在大件车辆通过桥梁时提前在 100 米外对来往车辆进行双向管制，待大件车辆驶离桥梁 100 米后，方可放行其他车辆。

（8）在公路上进行大件货物运输的承运人，应当自觉接受公路管理人员依法实施的监督检查。

二、危险货物运输

危险货物是指具有爆炸、易燃、毒害、腐蚀、放射性等特性，在运输、装卸和储存过程中，容易造成人身伤亡、财产毁损和环境污染而需要特别防护的货物。危险货物以列入国家标准《危险货物品名表》（GB 12268）的为准，未列入《危险货物品名表》的，以有关法律、行政法规的规定或者国务院有关部门公布的结果为准。根据交通部颁发的《汽车危险货物运输规则》定义：凡具有爆炸、易燃、毒害、腐蚀、放射性等性质，在运输、装卸和储存保管过程中，容易造成人身伤亡和财产损毁而需要特别防护的货物，均属危险货物（军运或国际联运另有规定的除外）。

道路危险货物运输车辆，是指从事道路危险货物运输的载货汽车。

道路危险货物运输，是指使用专用车辆，通过道路运输危险货物的作业全过程。运输爆炸品、固体剧毒品、遇湿易燃品、感染性物品和有机过氧化物时，应使用箱式货车运输，运输时应保证车门锁牢；对于运输瓶装气体的，应保证车厢内空气流通。

（一）危险货物分类

以国务院有关部门公布的结果为准。

按《GB 6499—86 危险货物分类和品名编号》的规定，并根据汽车运输特点，暂不设第 9 类（杂类），共分为以下 8 类。

第 1 类，爆炸品。

第 2 类，压缩气体和液化气体。

第 3 类，易燃液体。

第 4 类，易燃固体、自燃物品和遇湿易燃物品。

第 5 类，氧化剂和有机过氧化物。

第 6 类，毒害品和感染性物品。

第 7 类，放射性物品。

第 8 类，腐蚀品。

1. 爆炸物品

爆炸物品是指在外界作用下，能发生剧烈反应，瞬间产生大量气体和热量，使周边压力集聚上升发生爆炸，对周围环境造成破坏的物品；也包括无整体爆炸，但可产生燃烧、抛射的较小爆炸危险，或仅产生热、光、音响、烟雾等一种或几种作用的烟火物品。

运输爆炸品和需凭证运输的化学危险物品，应有运往地县、市公安部门签发的《爆炸物品准运证》或《化学危险物品准运证》。

在装卸爆炸物品过程中遵守有关场、库的规章制度，听从现场指挥人员的指挥，对货物轻拿轻放，严防跌落、摔碰、撞击、拖拉、翻滚、投掷、倒置等，以免发生着火、爆炸。

运输爆炸品货物时，禁止使用以柴油或煤气为燃料的机动车辆；装车前应将货箱清扫干净，押运人员应负责监装、监卸，数量交接清楚；按货物包装要求堆放，堆放要稳固、码平、紧凑，绑扎牢固。无论在何种情况下，雷管和炸药都不能同车装运，或两车在同时同一场所装卸。

长途运输爆炸物品路线应事先报请当地公安部门批准，按公安部门指定路线行驶，不得擅自改变行驶路线，车上无押运人员不得单独行驶；行驶中与其他车辆保持 50 米以上的安全距离，行车平稳。

2. 压缩气体和液化气体

压缩气体和液化气体是指压缩、液化或加压溶解的气体，并应符合下述两种情况之一者：临界温度低于 50℃时，或在 50℃时，其蒸气压力大于 291kPa 的压缩或液化气体。温度在 21.1℃时，气体的绝对压力大于 275kPa，或在 51.4℃时气体的绝对压力大于 715kPa 的压缩气体；或在 37.8℃时，雷德蒸气压大于 274kPa 的液化气体或加压溶解的气体。常见的特种容器瓶装的气体货物有氧气、氢气、氯气、氨气、乙炔、石油气等。本类货物分为以下三项。

(1) 易燃气体。例如，甲烷、乙炔。

(2) 不燃气体。本项货物是指无毒、不燃气体，包括助燃气体。例如，氧气、二氧化氮。

(3) 有毒气体。本项货物的毒性指标与第 6 类毒性指标相同。例如，硫化氢、氯气。

在装卸时必须严格遵守操作规范，徒手操作搬运气瓶，不准滚瓶，脱手传接，注意保护气瓶头阀，防止撞坏，采取有效的绑扎加固。

易燃气体不得与其他危险品配载；助燃气体不得与易燃、易爆物品及酸性副食品配载；有毒气体不得与易燃、易爆物品氧化剂和有机过氧化物、酸性腐蚀物品配载；同时有毒的液氨、液氯不得配载。

夏季运输除另有限运规定外，车上必须置遮阳实施，防止暴晒。液化石油气罐车应有导除静电拖地带。运输可燃有毒气体时，车上应备有相应的灭火和防毒面具。

3. 易燃液体

易燃液体是指易燃的液体、液体混合物或含有固体物质的液体，但不包括由于其危险特性列入其他类别的液体。其闭杯试验闪点等于或低于 61℃，但不同运输方式可确定本运输方式适用的闪点，而不低于 45℃，如乙醇、苯、乙醚、二硫化碳、油漆类及石油制品和含有机溶剂的制品等，主要危险是燃烧和爆炸。

(1) 低闪点液体。是指闭杯试验闪点低于 -18℃ 的液体。

(2) 中闪点液体。是指闭杯试验闪点在 -18℃ 至 <23℃ 的液体。

(3) 高闪点液体。是指闭杯试验闪点在 23℃ 至 61℃ 的液体。

运输易燃液体物品，确保绑扎紧固；车上人员不得吸烟，车辆不得接近明火或高温场所；装运易燃物品的罐车行驶时，导除静电拖地带应接地良好。夏季运输除另有限运规定外，车上必须置遮阳实施；不溶于水的易燃液体物品原则上不能通过越江隧道，应按当地有关部门的规定进行运输作业。

装卸作业时应认真检查包装的完好情况，发现鼓桶破损或漏透现象不能作业。

在装卸时必须严格遵守操作规范，对货物轻装、轻卸，严防货物碰撞；严禁摔损、倒置、重压等，货物堆放时应使桶口朝上、箱盖朝上，堆垛整齐、平稳。

易燃液体不能与氧化剂或强酸等货物同车装运，更不能与爆炸品、气体、易自燃物品拼车。

能溶于水的或含水的易燃液体不得与遇湿易燃品同车装运。

4. 易燃固体、自燃物品或遇湿易燃物品

易燃固体是指燃点低，对热、撞击、摩擦敏感，容易被外部火源点燃，燃烧迅速，并可能散发出有毒厌恶或有毒的气体的固体货物，如赤磷、磷的化合物、硫黄、萘、硝化纤维塑料等。

自燃物品是指自燃点低，在空气中易于发生氧化反应，放出热量并能自行燃烧的物品，如黄磷和油浸过的麻、棉、纸等其他物品。

遇湿易燃物品是指遇水或受湿时发生剧烈的反应，释放出大量的易燃烧的气体和热量的物品；有些不用明火，即能燃烧或爆炸，如钠、钾等碱金属、铯、锂、碳化钙、磷化镁、磷化钙、硅化镁电石等。

运输易燃固体、自燃物品或遇湿易燃物品时应注意安全装卸；轻装轻放，物品不能翻转，特别是含有稳定剂的包装件或内包装是易碎容器，应防止撞击、摔落、振动致使包装损坏而造成事故。

严禁与氧化剂、强酸、强碱、爆炸性货物同车装运。

货物堆码整齐、紧靠、平稳、不得倒置，防止稳定剂流失或易燃物品的洒漏。

行驶中要避开明火高温区域场所，防止外来明火飞到货物上。定时检查绑扎情况，注意防止包装渗漏造成事故隐患。

5. 氧化剂和有机过氧化物

氧化剂是指处于高氧化状态，具有强氧化性，易分解并释放出氧和热量的物质，含过氧基的无机物。这些货物本身不一定可燃，但能够导致可燃物燃烧，与松软的粉状可燃物能组成爆炸性混合物，对热、振动、摩擦较敏感，如氯酸钾、高锰酸钾、高氯酸、过硫酸钠等。

有机过氧化物是指分子组成中含过氧基的有机物，其本身易燃易爆、极易分解，对热、振动、摩擦较敏感，如过氧乙醚、过氧化二苯甲酰、过氧化乙基甲基酮等。

氧化剂、有机过氧化物的主要危险包括：氧化性、助燃性、爆炸性、毒害性、腐蚀性，其危险主要取决于物质本身，但危险的产生还要有一定的外部条件。

装卸时远离热源、明火，不能使用易产生火花的工具，切忌撞击、振动、倒置，轻装、轻卸，绑扎牢固，包装件之间应衬垫，垛码整齐，防止移动摩擦、严防受潮。雨雪天气装卸遇水易分解的氧化剂时，必须具备防水条件，才能进行装卸作业。装车后用雨篷严密封盖，防止货物受潮。

用钢瓶包装的强氧化剂如氯酸钾等不得堆垛，必须堆垛，包装之间一定要有安全衬垫措施。

装卸袋装卸氧化剂时禁止使用手钩，用手推车搬运时，不得从氧化剂撒漏物上面碾压，以防摩擦起火。

氧化剂对其他货物的敏感性强，禁止与有机过氧化物、有机物、可燃物、酸类货物同车装运。

行驶过程中或停车要远离明火、热源，严格控制车速，防止货物剧烈振动、摩擦。为安全起见，运输过程中人不可离开车。

6. 毒害品和感染性物品

毒害品是指进入人的机体后密集类达到一定量，能与体液和组织发生生物化学作用或生物物理变化，扰乱或破坏机体的正常生理功能，引起暂时性或持久性的病理状态，甚至危及生命的物品，如四乙基酸、氢氰酸及其盐、苯胺、硫酸二甲酯、砷及其化合物和生漆等，以及列入危险货物品名表的农药，如苯酚、甲醇。

感染性物品是指含有致病的微生物，能引起病态，甚至死亡的物质。

在装卸上述物品时，作业人员必须穿戴好防护服装、手套、防毒口罩或面具。防护用品每次使用后，必须集中清洗、集中储放。

装卸作业时，人尽量站在上风处，不能在低洼处久待；搬运时应轻拿轻放，尤其对易碎包装件或纸包装件不能摔损，避免损坏包装使毒物洒漏造成危害。

堆垛时要注意包装件的图识标志，不能倒置，堆垛要靠紧整齐，桶口、箱口向上，袋口朝里。小件易失落货物必须在装车后用篷布严盖，绑扎牢靠。

装卸人员不能在货物上坐卧休息，特别是在夏季衣衫汗湿，容易沾染有毒粉尘，不能用衣袖在脸上擦汗，以免毒物经皮肤导致中毒。如皮肤受到沾污，要立即用清水清洗干净。作业结束后要换下防护服，洗手洗脸后才能吃饭、抽烟。

要尽量减少与毒害品的接触时间，加强对作业人员的关注，发现有呼吸困难、昏迷的要立即送往医院抢治。

无机毒害物品除不得与酸性腐蚀品配载外，还不得与易感染性物品配载。有机毒害品不得与爆炸品、助燃气体、氧化剂、有机过氧化物等酸性腐蚀品配载。

在毒害品和感染性物品运输过程中，重要的是防止货物丢失，万一丢掉无法找回，应立即向公安部门报案，不能落入没有毒品知识和犯罪分子手中，避免酿成重大事故，危害社会。

行车要避开高温、明火场所，防止袋装、箱装毒品淋雨受潮；平稳驾驶，定时停车检查包装件的绑扎情况，谨防货物松动和丢失。

用过的篷布、被毒害品污染的工具及运输车辆，在未经消毒前不能继续使用，特别是装运过毒害品的车辆未经清洗前严禁装运食品或活动物。

7. 放射性物品

放射性物品是指有放射性的物品，如镭、铀、钴—60、硝酸钍、二氧化铟、乙酸铀酰锌、镭片等。根据国家标准规定，放射性物品是指放射性比活度大于 7.4×10000 Bq/kg 的物品，放射性物质有：块状固体、粉末、晶体、液体、气体等各种物理形态，如铀、钍的矿石及其浓缩物，未经辐射的固体天然铀、贫化铀以及表面污染物体。

放射性照射又称辐射，辐射防护的目的是保障辐射工作人员和广大居民的健康以及保护环境不受到污染，以使伴有射线和放射性物质的生产科研活动得以顺利进行。

射线对人体的照射有两种：一是人体处在空间辐射场中所受的外照射；二是摄入放射性物质对人体的某些器官组织形式的内照射，对这两种照射都要进行防护。

对放射性物品的配载，除特殊安排装运的货包外，不同种类的放射性物质可以混合储存、装运，但必须遵守总指数和间隔距离的规定。

放射性物品不能与其他各种危险品配载和混装，以防止危险品货物发生事故，造成对放射性物品包装的破坏，也避免辐射诱发其他危险品发生事故。

不受放射性物品影响的非危险品货物可以与放射性物品混合配货，放射性物品应与未感光的胶片隔离。

运输放射性货物（包括同位素空容器和作普通物品运输的装过放射性货物的空容器），应持有省、自治区、直辖市指定的卫生防疫部门核发的包装件表面污染及辐射水平检查证明书。

放射性化学试剂、制品和放射性矿石、矿砂等货物，其运输包装等级和放射性强度每次都相同时，允许一次测定剂量，再次运输时，可以提出原辐射水平检查证明书复制件。

符合下列情况者，可按普通货物运输。

（1）货物的部分配件或部分材料属于危险物品，经县、市交通运输主管部门会同有关部门确认在运输中不致发生危险，并在货物运单上注明的。

（2）根据国家《放射性物质安全运输规定》所规定的可按普通货物运输的放射性货物或装过放射性同位素的空容器，以及部分涂有放射性发光剂的工业成品。

（3）经发货人确认已经清洗、消毒、消除危险的空容器，并由发货人在货物运单上注明承担责任的。

8. 腐蚀品

腐蚀品是指能灼伤人体组织并对金属等物品造成损坏的固体或液体。例如，与皮肤接触在 4 小时内出现可见坏死现象，或温度在 55℃时，对 20 号钢的表面均匀年腐蚀率超过 6.25mm/a 的固体或液体。

腐蚀品按化学性质分为以下三项。

（1）酸性腐蚀品。例如，硫酸、盐酸、硝酸、氢碘酸、高氯酸、五氧化二磷、五氯化磷。

（2）碱性腐蚀品。例如，氢氧化钠、甲基锂、氢化锂铝、硼氢化钠。

（3）其他腐蚀品。例如，乙酸铀酰锌、氰化钾。

腐蚀品配载时，应注意以下几个方面。

（1）酸性腐蚀品与碱性腐蚀品不能配载；

（2）无机酸性腐蚀品与有机酸性腐蚀品不能配载；

（3）无机酸性腐蚀品不得与可燃品配载；

（4）有机酸性腐蚀品不得与氧化剂配载；

（5）硫酸不得与氧化剂配载；

（6）腐蚀品不得与普通货物配载，以免对普通货物造成损失。

装卸作业时要轻装轻放，防止撞击、跌落，禁止肩扛、背负、揽抱、钩拖腐蚀品。酸坛外包装要用绳子托底搬动，以防脱底、酸坛摔落，发生事故。

堆装时应注意知识标记，桶口、瓶口、箱盖朝上，不准横放倒置，堆垛要整齐，靠紧、牢固；没有封盖的外包装不得堆垛。

装卸现场应根据货物特征，备有清水、苏打水或稀醋酸，以应急之用。废弃物按规定处理，注意环境安全。

运输过程中，驾驶员要平稳驾驶车辆，特别是在载有易碎容器包装的腐蚀品的情况下，路面条件差、颠簸振动大而不能确保易碎品完好时，不要冒险通过。

（二）危险货物的包装和标志的位置

1. 危险货物的包装

由于危险品对人、动物、植物和环境产生毒害，危险品特征、形态、保管要求各异，所以危险品包装必须坚固、完整、严密不漏、外表面清洁，不黏附有害的危险物质，并应符合以下要求。

（1）包装的材质、规格、形式、方法和单件质量（重量）应与所装危险货物的性质相适应，并应便于装卸和运输。

（2）包装应具有足够的强度，其构造和封闭装置应能承受正常运输条件和装卸作业要求，并能经受一定范围的气候变化。

（3）包装的封口和衬垫材料应与所装货物不溶解、无抵触，具有充分的吸收、缓冲、支撑固定和保护作用。

（4）对必须装有通气孔的危险货物包装，通气孔的设计和安装应能防止所装货物泄漏或杂质进入，排出的气体不得造成危险或污染。

（5）容器灌装液体时，应留有足够的膨胀余量（预留容积应不少于总容积的5%）。

凡重复使用的包装，除应符合上述5条规定外，还必须符合下列要求。

①所装货物必须与原装货物无抵触。

②所装货物与原装货物的品名或性质不同时，必须将原包装的标记、标志覆盖，并重新标贴。

（6）危险货物成组包装必须具有能经受多次搬运的强度，并适合于机械装卸。

（7）盛装压缩气体和液化气体的压力容器，其设计、制造、检验、漆色、充灌应符合1979年国家劳动人事部发布的《气瓶安全监察规程》的规定。气瓶集装格应有防止管路和阀门受到碰撞的防护装置，总管路应装有总阀门，每组气瓶应有分阀门，气瓶、管路、阀门和接头不得松动移位。

（8）放射性货物运输包装应符合国家《放射性物质安全运输规定》的要求。

（9）国外进口危险货物的包装，如完整无损，符合安全运输要求的，应在运单上注明"进口原包装"字样，可按原包装运输。

（10）危险性质或消防方法相抵触的货物，不得混装在同一包装内。

（11）危险货物标志应标贴在包装件的明显部位上。集装箱和罐（槽）体应在显著部位标有相应加大的危险货物包装标志。

（12）对包装发生争议时，应当由国家授权的检验部门进行检验，合格的出具证明，并经有关省、自治区、直辖市交通运输主管部门认可后方可使用，并报交通部备案。

（13）放射性货物运输包装应符合国家《放射性物质安全运输规定》的要求。

2. 标志的位置

标志必须贴在明显处，使承运人、装卸人员和其他人员引起注意，安全操作，避免危险事故的发生。标志的位置规定如下。

（1）箱状包装：位于包装端面或侧面的明显处。

（2）袋、捆包装：位于包装明显处。

（3）桶形包装：位于桶身或桶盖。

集装箱、成组货物：粘贴 4 个侧面。

每种危险品包装件应按其类别贴相应的标志。但如果某种物质或物品还有属于其他类别的危险性质，包装上除了粘贴该类标志作为主标志以外，还应粘贴表明其他危险性的标志作为副标志，副标志图形的下角不应标有危险货物的类项号。

储运的各种危险货物性质的区分及其应标打的标志，应按 GB 6944、GB 12268 及有关国家运输主管部门规定的危险货物安全运输管理的具体办法执行，出口货物的标志应按我国执行的有关国际公约（规则）办理。

标志应清晰，并保证在货物储运期内不脱落。

标志应由生产单位在货物出厂前标打，出厂后如改换包装，其标志由改换包装单位标打。

（三）危险品运输资质的申领

根据有关规定，个体司机不得参与危险化学品车辆运输，从事危化品运输业务必须是成建制的企业，车辆拥有量在 5 辆以上，要有符合要求的停车场地，有安全防护环境保护和消防设备设施，车辆要求安装行驶记录或定位系统，车辆驾驶员和装卸管理人员以及押运人员要取得相应从业资格证，要有健全的安全生产管理制度。

道路运输企业拟载运爆炸物品、易燃化学物品以及剧毒、放射性等危险物品，必须在注册登记所在地取得交通部门颁发的《危险化学品经营许可证》；必须得到公安消防部门的批准，取得交通主管部门核发的道路运输证（须加盖道路危险货物运输专用章）、公安车管部门核发的有效行驶证、质量技术监督部门核发的有效槽罐质量检测合格证、剧毒化学品公路运输通行证（运输剧毒化学品），悬挂交通部门核发的危运标志灯牌，在证书齐全和运输危险品车辆查验合格后方可经营。

1. 运输经营许可条件

（1）从事道路危险货物运输经营条件。申请从事道路危险货物运输经营的，其专用车辆及设备应符合下列要求。

①自有专用车辆 5 辆以上。

②专用车辆技术性能符合国家标准《营运车辆综合性能要求和检验方法》（GB 18565）的要求，车辆外廓尺寸、轴荷和质量符合国家标准《道路车辆外廓尺寸、轴荷和质量限

值》（GB 1589）的要求，车辆技术等级达到行业标准《营运车辆技术等级划分和评定要求》（JT/T 198）规定的一级技术等级。

③配备有效的通信工具。

④有符合安全规定并与经营范围、规模相适应的停车场地。具有运输剧毒、爆炸和Ⅰ类包装危险货物专用车辆的，还应当配备与其他设备、车辆、人员隔离的专用停车区域，并设立明显的警示标志。

⑤配备有与运输的危险货物性质相适应的安全防护、环境保护和消防设施设备。

⑥运输剧毒、爆炸、易燃、放射性危险货物的，应当具备罐式车辆或厢式车辆、专用容器，车辆应当安装行驶记录仪或定位系统。

⑦罐式专用车辆的罐体应当经质量检验部门检验合格。运输爆炸、强腐蚀性危险货物的罐式专用车辆的罐体容积不得超过 20 立方米，运输剧毒危险货物的罐式专用车辆的罐体容积不得超过 10 立方米，但罐式集装箱除外。

⑧运输剧毒、爆炸、强腐蚀性危险货物的非罐式专用车辆，核定载质量不得超过 10 吨。

（2）从业人员要求。

①专用车辆的驾驶人员取得相应机动车驾驶证，年龄不超过 60 周岁。

②从事道路危险货物运输的驾驶人员、装卸管理人员、押运人员经所在地设区的市级人民政府交通主管部门考试合格，取得相应从业资格证。

（3）有健全的管理制度。安全生产管理制度，包括安全生产操作规程、安全生产责任制、安全生产监督检查制度以及从业人员、车辆、设备安全管理制度。

2. 非经营性道路危险货物运输条件

符合下列条件的企事业单位，可以使用自备专用车辆从事为本单位服务的非经营性道路危险货物运输。

（1）省级以上安全生产监督管理部门批准设立的生产、使用、储存危险化学品的企业。

（2）有特殊需求的科研、军工、通用民航等企事业单位。

（3）具备上述第（1）、第（2）条规定的条件，但自有专用车辆的数量可以少于 5 辆。

3. 提交经营申请材料

（1）从事道路危险货物运输经营的企业。申请从事道路危险货物运输经营的企业，应当向所在地设区的市级道路运输管理机构提出申请，并提交以下材料。

①《道路危险货物运输经营申请表》；

②拟运输的危险货物类别、项别及运营方案；

③企业章程文本；

④投资人、负责人身份证明及其复印件，经办人的身份证明及其复印件和委托书；

⑤拟投入车辆承诺书，内容包括专用车辆数量、类型、技术等级、通信工具配备、总质量、核定载质量、车轴数以及车辆外廓长、宽、高等情况，罐式专用车辆的罐体容积，罐体容积与车辆载质量匹配情况，运输剧毒、爆炸、易燃、放射性危险货物的专用车辆配

备行驶记录仪或者定位系统情况。若拟投入专用车辆为已购置或者现有的，应提供行驶证、车辆技术等级证书或者车辆技术检测合格证、罐式专用车辆的罐体检测合格证或者检测报告及其复印件；

⑥拟聘用驾驶人员、装卸管理人员、押运人员的从业资格证及其复印件，驾驶人员的驾驶证及其复印件；

A. 驾驶人员从事危险化学品运输，除了驾驶证外，应持有普通从业资格证两年后才可以办理《危险品运输从业资格证》，并且还需要有危险品运输资质的单位出面申请，然后经过培训考试合格后，才能够拿到从业资格证书。

B. 押运员/装卸员：经交通主管部门考核通过，并取得交通主管部门核发的道路危险货物操作证《危险品运输押运证》。

⑦具备停车场地、专用停车区域和安全防护、环境保护、消防设施设备的证明材料；

A. 经营和储存场所建筑物消防安全验收文件的原件及复印件。

B. 经营和储存场所、设施产权及租赁证明文件原件及复印件。

⑧有关经营安全生产管理制度文本；

⑨《危险化学品经营许可证申请表》一式2份和电子版；

⑩本单位事故应急预案，包括机构设置、人员分工、救护措施等；

⑪从事进出口等需要批准业务的企业须出具国家或市级主管部门的批准文件；

⑫发证机关要求提供的其他相关文件。

（2）非经营性道路危险货物运输的单位申请。申请从事非经营性道路危险货物运输的单位，向所在地设区的市级道路运输管理机构提出申请时，除提交上述规定的材料外，还应当提交以下材料。

①《道路危险货物运输申请表》；

②下列形式之一的单位基本情况证明：

A. 省级以上安全生产监督管理部门颁发的《危险化学品登记证》。

B. 能证明科研、军工、通用民航等企事业单位性质或者业务范围的有关材料。

③特殊运输需求的说明材料；

④经办人的身份证明及其复印件，所在单位的工作证明或者委托书。

（四）按规定年限接受年审

为保障道路危险货物运输安全，道路运输管理机构每年在规定时间和指定地点，对经营道路危险货物运输企业的车辆、场地、人员按规定年限进行审核，经营道路危险货物运输企业必须按规定年限接受年审，企业应按要求提交相关材料。并写出安全评价报告书，该报告书由有资质的评价单位制作，且报告中存在的问题已整改完毕。

（五）行政许可审批

（1）设区的市级道路运输管理机构应当按照《中华人民共和国道路运输条例》和《交通行政许可实施程序规定》以及本规定规范的程序实施道路危险货物运输行政许可，并进行实地核查。

（2）决定准予许可的，应当向被许可人出具《道路危险货物运输行政许可决定书》，注明许可事项，许可事项为运输危险货物的类别和项别、专用车辆数量及要求、运输性质；并在 10 日内向道路危险货物运输经营申请人发放《道路运输经营许可证》，向非经营性道路危险货物运输申请人颁发《道路危险货物运输许可证》。

（3）决定不予许可的，应当向申请人出具《不予交通行政许可决定书》。

（4）被许可人已获得其他道路运输经营许可的，设区的市级道路运输管理机构应当为其换发《道路运输经营许可证》，并在经营范围中加注新许可的事项。如果原《道路运输经营许可证》是由省级道路运输管理机构发放的，由原发证机关按照上述要求予以换发。

（5）被许可人应当按照限定的时间落实拟投入车辆承诺书。做出许可决定的道路运输管理机构已核实被许可人落实了拟投入车辆承诺书且专用车辆符合许可要求、罐体经质检部门检验合格后，应当为专用车辆配发《道路运输证》，并在《道路运输证》经营范围栏内注明允许运输危险货物的类别、项别。其中，对从事非经营性道路危险货物运输的，应当在其《道路运输证》上加盖"非经营性危险货物运输专用章"。

（6）道路运输管理机构不得许可一次性、临时性的道路危险货物运输。

（7）被许可人应当持《道路运输经营许可证》或者《道路危险货物运输许可证》依法向工商行政管理机关办理登记手续。

（8）中外合资、中外合作、外商独资形式投资道路危险货物运输的，应当同时遵守《外商投资道路运输业管理规定》。

（9）设立子公司。道路危险货物运输企业或者单位设立子公司从事道路危险货物运输的，应当向设立地设区的市级道路运输管理机构申请运输许可；设立分公司的，应当向设立地设区的市级道路运输管理机构报备。

（10）变更许可。道路危险货物运输企业或者单位需要变更许可事项的，应当向原许可机关提出申请，按照本章有关许可的规定办理。

（11）危险货物运输业务终止。道路危险货物运输企业或者单位终止危险货物运输业务的，应当在终止之日的 30 日前告知原许可机关，并在停业后 10 日内将《道路运输经营许可证》或者《道路危险货物运输许可证》以及《道路运输证》交回原发放机关。

（六）专用车辆、设备管理

道路危险货物运输企业或者单位应当按照《道路货物运输及站场管理规定》中有关车辆管理的规定，维护、检测、使用和管理专用车辆，确保专用车辆技术状况良好。

（1）装运危险货物的车辆技术状况应符合下列要求。

①车厢、底板必须平坦完好，周围栏板必须牢固，铁质底板装运易燃、易爆货物时应采取衬垫防护措施，如铺垫木板、胶合板、橡胶板等，但不得使用谷草、草片等松软易燃材料；

②机动车辆排气管必须装有有效的隔热和熄灭火星的装置，电路系统应有切断总电源和隔离火花的装置；

③车辆左前方必须悬挂黄底黑字"危险品"字样的信号旗；

④根据所装危险货物的性质，配备相应的消防器材和捆扎、防水、防散失等用具；

⑤装运危险货物的罐（槽）应适合所装货物的性能，具有足够的强度，并应根据不同货物的需要配备泄压阀、防波板、避阳物、压力表、液位计、导除静电等相应的安全装置；罐（槽）外部的附件应有可靠的防护设施，必须保证所装货物不发生"跑、冒、滴、漏"，并在阀门口装置积漏器；

⑥使用装运液化石油气和有毒液化气体的罐（槽）车及其设备，必须符合国家劳动人事部1981年发布的《液化石油气汽车槽车安全管理规定》的要求；

⑦应定期对装运放射性同位素的专用运输车辆、设备、搬动工具、防护用品进行放射性污染程度的检查，当污染量超过规定的允许水平时，不得继续使用；

⑧装运集装箱、大型气瓶、可移动罐（槽）等的车辆，必须设置有效的紧固装置；

⑨各种装卸机械、工属具要有足够的安全系数，装卸易燃、易爆危险货物的机械和工属具，必须有消除产生火花的措施；

（2）定期对专用车辆进行审验。设区的市级道路运输管理机构应当定期对专用车辆进行审验，每年审验一次。审验按照《道路货物运输及站场管理规定》进行，并增加以下审验项目。

①专用车辆投保危险货物承运人责任险情况；

②罐式专用车辆罐体质量检验情况；

③必需的应急处理器材和安全防护设施设备的配备情况。

（3）禁止使用报废的、擅自改装的、检测不合格的、车辆技术等级达不到一级的和其他不符合国家规定的车辆从事道路危险货物运输。

（4）除铰接列车、具有特殊装置的大型物件运输专用车辆外，严禁使用货车列车从事危险货物运输；倾卸式车辆只能运输散装硫黄、萘饼、粗蒽、煤焦沥青等危险货物。

（5）禁止使用移动罐体（罐式集装箱除外）从事危险货物运输。

（6）专用车辆应当到具备道路危险货物运输车辆维修条件的企业进行维修。

（7）用于装卸危险货物的机械及工属具的技术状况应当符合行业标准《汽车运输危险货物规则》（JT 617）规定的技术要求。

（8）罐式专用车辆的罐体应符合《钢制压力容器》（GB 150）、《汽车运输液体危险货物常压容器（罐体）通用技术条件》（GB 18564）等国家标准规定的技术条件。罐式专用车辆应当在罐体检验合格的有效期内承运危险货物。

（七）对从事危险货物运输企业和驾驶人员的要求

（1）道路危险货物运输企业或者单位应当严格按照道路运输管理机构决定的许可事项从事道路危险货物运输活动，不得转让、出租道路危险货物运输许可证件。

（2）非经营性道路危险货物运输单位从事道路危险货物运输经营活动。

（3）不得使用罐式专用车辆或者运输有毒、腐蚀、放射性危险货物的专用车辆运输普通货物。

（4）其他专用车辆可以从事食品、生活用品、药品、医疗器具以外的普通货物运输活动，但应当对专用车辆进行消除危险处理，确保不对普通货物造成污染、损害。

（5）危险货物不得与普通货物混装。

（6）专用车辆应当按照国家标准《道路运输危险货物车辆标志》（GB 13392）的要求悬挂标志。

（7）专用车辆应当根据所运危险货物的性质配备必需的应急处理器材和安全防护设施设备。

（8）道路危险货物运输企业或者单位不得运输法律、行政法规禁止运输的货物。

（9）专用车辆驾驶人员应当随车携带《道路运输证》。

（10）在道路危险货物运输过程中，除驾驶人员外，专用车辆上应当另外配备押运人员。押运人员应当对运输全过程进行监管。

（11）道路危险货物运输企业或者单位应当采取必要措施，防止危险货物脱落、扬散、丢失以及燃烧、爆炸、辐射、泄漏等。

（12）严禁专用车辆违反国家有关规定超载、超限运输。

（13）道路危险货物运输企业或者单位在运输危险货物时，应当遵守有关部门关于危险货物运输线路、时间、速度方面的有关规定。

（14）法律、行政法规规定的限运、凭证运输货物，道路危险货物运输企业或者单位应当按照有关规定办理相关运输手续。

（15）法律、行政法规规定托运人必须办理有关手续后方可运输的危险货物，道路危险货物运输企业应当查验有关手续齐全有效后方可承运。

（八）危险货物的托运和单证

（1）托运人或其代理人应向具有从事危险货物运输经营许可证的运输单位办理托运（普通运输企业不得办理危险品货物运输托运），严格按照国家有关规定包装，并向承运人说明危险货物的品名、数量、危害、应急措施等情况。需要添加抑制剂或者稳定剂的，应当按照规定添加。托运危险化学品的还应提交与托运的危险化学品完全一致的安全技术说明书和安全标签。危险性质或消防方法相抵触的货物必须分别托运。

受理托运时应认真核对运单上所填写货物的编号、品名、规格、件重、净重、总重、收发货地点、时间以及所提供的单证是否符合规定。

（2）未列入交通部《公路危险货物品名表》的危险货物，托运时应提交生产或经营单位的主管部门审核的《危险货物鉴定表》，经省、自治区、直辖市交通运输主管部门批准后办理运输，并由批准单位报交通部备案。

（3）盛装过危险货物的空容器，未经消除危险处理的，仍按原装货物条件办理托运，其包装容器内的残留物不得泄漏，容器外表不得沾有导致危害的残留物。

（4）要求使用罐（槽）车运输的危险货物，必要时托运人应提供有关资料或样品，并在运单上注明对装载的质量要求。

（5）高度敏感或能自发引起剧烈反应的爆炸性物品，未采取有效抑制措施的禁止运输。对已采取有效的抑制或防护措施的危险货物，应在运单上注明。需控温运输的危险货物，托运人应在运单上注明控制温度和危险温度，并与承运人商定控温方法。

（6）托运下列危险货物，应按以下规定办理。

①食用、药用的危险货物应在运单上注明"食用""药用"字样；

②托运"半衰期"短的放射性货物，应在运单上注明允许运送期限，其期限不得少于运输送达所需时间；

③装运危险货物，托运人应提交装箱证明书。

符合下列情况者，可按普通货物运输。

①货物的部分配件或部分材料属于危险物品，经县、市交通运输主管部门会同有关部门确认在运输中不致发生危险，并在货物运单上注明的；

②根据国家《放射性物质安全运输规定》所规定的可按普通货物运输的放射性货物或装过放射性同位素的空容器，以及部分涂有放射性发光剂的工业成品；

③经发货人确认已经清洗、消毒、消除危险的空容器，并由发货人在货物运单上注明承担责任的；

④凡属二级无机氧化剂、二级易燃固体、有毒固体物品、二级腐蚀性固体物品等危险货物，其内包装净重不超过 0.5 千克，每箱净重不超过 20 千克，其包装标志符合本规则规定，经托运人在货物运单上注明"小包装化学品"字样，一批发运量不超过 100 千克的；

⑤除爆炸品、烈性有机过氧化物和 4 条已有规定外，其他危险货物，其包装要求、限制数量经承托运双方共同商定，采取严密保护措施，确保运输过程中不致发生危害，并报请当地县以上交通运输主管部门批准的。

【示例 1—1】 危险品货物货物运单

危险品货物运单

客户名称											
产品信息	运输编号	送（提）货单号	产品名称	产品危类	温度下限	温度上限	温控要求	产品件数	净重	毛重	体积
装货	DO. No：				发货人：						
	联系人：				到达时间：						
	联系电话：										
	地点：										
	备注：										
卸货	DO. No：				收货人：						
	联系人：				卸货时间：						
	联系电话：										
	地点：										
	备注：										
车号	主车号				荷载吨位						
驾驶员姓名：			联系方式：					证件号码：			

＊请带齐相关货物资料，包括货物安全资料（MSDS）。

（九）危险货物运输

（1）三轮机动车、全挂汽车列车、人力三轮车、自行车和摩托车不得装运爆炸品、一级氧化剂、有机过氧化物；拖拉机不得装运爆炸品、一级氧化剂、有机过氧化物、一级易燃物品；自卸汽车除二级固体危险货物外，不得装运其他危险货物。

（2）承运人自受货后至送达交付前应负保管责任。货物交接双方，必须点收点交，签证手续完备。托运人安排押运人员押运的，承托双方应明确押运人员的权利和义务。

（3）运输危险货物时，必须严格遵守交通、消防、治安等法规。车辆运行应控制车速，保持与前车的距离，严禁违章超车，确保行车安全。对在夏季高温期间限运的危险货物，应按当地公安部门规定进行运输。

（4）载危险货物的车辆不得在居民聚居点、行人稠密地段、政府机关、名胜古迹、风景游览区停车。如必须在上述地区进行装卸作业或临时停车，应采取安全措施征得当地公安部门同意。运输爆炸品、放射性物品及有毒压缩气体、液化气体，禁止通过大中城市的市区和风景游览区。如必须进入上述地区，应事先报经当地县、市公安部门批准，按照指定的路线、时间行驶。

（5）运输危险货物必须配备随车人员。运输爆炸品和需要特殊防护的烈性危险货物，托运人须派熟悉货物性质的人员指导操作、交接和随车押运。危险货物如有丢失、被盗，应立即报告当地交通运输主管部门，并由交通运输主管部门会同公安部门查处。

（6）运输危险货物的车辆严禁搭乘无关人员，途中应经常检查，发现问题及时采取措施；车辆中途临时停靠、过夜，应安排人员看管。

（7）运输危险货物，车上人员严禁吸烟。运输忌火危险货物，车辆不得接近明火、高温场所。

（8）危险货物运输应优先安排，对港口、车站到达的危险货物应迅速疏运。行车人员不准擅自变更作业计划，严禁擅自拼装、超载。对装运一级易燃、易爆、放射性货物的车辆应优先过渡。

（9）货物运送要注意天气预报，掌握雨雪和气温的变化，遇有特殊注意事项，应在行车路单上注明。

（10）机动车载运爆炸物品、易燃易爆化学物品以及剧毒、放射性等危险物品，应当经公安机关批准后，按指定的时间、路线、速度行驶，悬挂警示标志并采取必要的安全措施。

（11）在危险货物运输过程中发生燃烧、爆炸、污染、中毒或者被盗、丢失、流散、泄漏等事故，驾驶人员、押运人员应当立即向当地公安部门和本运输企业或者单位报告，说明事故情况、危险货物品名、危害和应急措施，并在现场采取一切可能的警示措施，并积极配合有关部门进行处置。运输企业或者单位应当立即启动应急预案。

（12）道路危险货物运输企业或者单位应当为危险货物投保承运人责任险。

（十）危险货物的装卸

（1）危险货物的装卸作业，应当在装卸管理人员的现场指挥下进行。必须严格遵守操作规程、轻装、轻卸，严禁摔碰、撞击、重压、倒置；使用的工属具不得损伤货物，不准沾有与所装货物性质相抵触的污染物。货物必须堆放整齐、捆扎牢固，防止失落、撒漏、破损，防止混杂，禁止危险货物与普通货物混装、混放。操作过程中，有关人员不得擅离岗位。

（2）危险货物装车前应认真检查包装（包括封口）的完好情况，如装货时发现包装不良或不符合安全要求应拒绝装运，应由发货人调换包装或修理加固待改善后再运。在装卸过程中，如出现泄漏现象，应按规定的防护方法及时采取措施，以免损失扩大。如装运货物在运输或装卸时危及安全，承运人应立即报请当地运输管理部门进行处理。

（3）装运不同性质危险货物（包括按普通货物运输的危险货物）的按危险货物的要求配装。

（4）装运危险货物应根据货物性质，采取相应的遮阳、控温、防爆、防火、防震、防水、防冻、防粉尘飞扬、防撒漏等措施。

（5）装运危险货物的车厢必须保持清洁干燥，车上残留物不得任意排弃，被危险货物污染过的车辆及工属具必须按其操作要求洗刷消毒。未经彻底消毒，严禁装运食用、药用物品、饲料及活动物。

（6）危险货物装卸作业，应当在装卸管理人员的现场指挥下进行。

（7）危险货物装卸现场的道路、灯光、标志、消防设施等必须符合安全装卸的条件。罐（槽）车装卸地点的储槽口应标有明显的货名牌；储槽注入、排放口的高度、容量和路面坡度应能适合运输车辆装卸的要求。

（8）危险货物运达卸货地点后，卸货时发生货损货差，收货人不得拒收，并应及时采取安全措施，以避免扩大损失，同时在运输单证上批注清楚。司机、装卸人员返回单位后，应向调度汇报，及时处理。

（9）因故不能及时卸货，在待卸期间行车和随车人员应负责看管车辆和所装危险货物，同时承运人应及时与托运人或其代理人联系妥善处理。危及安全时，承运人应立即报请当地交通运输主管部门，并由当地交通运输主管部门会同公安、物资主管部门处理。

（十一）法律责任

（1）有下列情形之一的，由县级以上道路运输管理机构责令停止运输，有违法所得的，没收违法所得。运输货物属于危险化学品，违法所得 5 万元以上的，处违法所得 1 倍以上 5 倍以下的罚款；没有违法所得或违法所得不足 5 万元的，处 2 万元以上 20 万元以下的罚款。运输货物属于危险化学品以外的其他危险货物，有违法所得的，处违法所得 2 倍以上 10 倍以下的罚款；没有违法所得或者违法所得不足 2 万元的，处 3 万元以上 10 万元以下的罚款。构成犯罪的，依法追究刑事责任。

①未取得道路危险货物运输许可，擅自从事道路危险货物运输的；

②使用失效、伪造、变造、被注销等无效道路危险货物运输许可证件从事道路危险货物运输的；

③超越许可事项，从事道路危险货物运输的；

④非经营性道路危险货物运输单位从事道路危险货物运输经营的。

（2）道路危险货物运输企业或者单位非法转让、出租道路危险货物运输许可证件的，由县级以上道路运输管理机构责令停止违法行为，收缴有关证件，处 2000 元以上 1 万元以下的罚款；有违法所得的，没收违法所得。

（3）道路危险货物运输企业或者单位有下列行为之一，由县级以上道路运输管理机构责令限期投保；拒不投保的，由原许可机关吊销《道路运输经营许可证》或者《道路危险货物运输许可证》，或者吊销相应的经营范围。

①未投保危险货物承运人责任险的；

②投保的危险货物承运人责任险已过期，未继续投保的。

（4）道路危险货物运输企业或者单位未按规定维护和检测专用车辆的，由县级以上道路运输管理机构责令改正，处1000元以上5000元以下的罚款。

（5）道路危险货物运输企业或者单位不按照规定携带《道路运输证》的，由县级以上道路运输管理机构责令改正，处警告或者20元以上200元以下的罚款。

（6）道路危险货物运输企业或者单位、托运人有下列行为之一的，处2万元以上10万元以下的罚款；构成犯罪的，依法追究刑事责任。

①从事道路危险化学品运输的驾驶人员、押运人员、装卸管理人员未取得从业资格证的；

②托运人托运危险化学品，不向承运人说明运输的危险化学品的品名、数量、危害、应急措施等情况；或者需要添加抑制剂或稳定剂，交付托运时未添加的；

③运输、装卸危险化学品不符合国家有关法律、法规、规章的规定和国家标准，并未按照危险化学品的特性采取必要安全防护措施的。

（7）道路危险货物运输企业或者单位没有采取必要措施防止货物脱落、扬撒的，由县级以上道路运输管理机构责令改正，处1000元以上3000元以下的罚款；情节严重的，由原许可机关吊销《道路运输经营许可证》或者《道路危险货物运输许可证》，或者吊销相应的经营范围。

（8）道路危险货物运输企业或者单位已不具备开业要求的有关安全条件、存在重大运输安全隐患的，由县级以上道路运输管理机构责令限期改正；在规定时间内不能按要求改正且情节严重的，由原许可机关吊销《道路运输经营许可证》或者《道路危险货物运输许可证》，或者吊销相应的经营范围。

（9）道路危险货物运输企业或者单位擅自改装已取得《道路运输证》的专用车辆及罐式专用车辆罐体的，由县级以上道路运输管理机构责令改正，并处5000元以上2万元以下的罚款。

（十二）危险货物运输设施的建设和管理

1. 危险货物运输设施的建设

道路危险货物运输设施主要包括供危险货物运输使用的汽车场站、停车场、专用仓库等建筑物、场地及其他从事道路危险货物生产作业、经营活动的场所。一般建在人口稀少的地区，远离工厂企业、商业网点、机关团体和居民密集地区。按公安消防部门规定设计建设。

（1）危险货物的仓库或场地，必须符合《中华人民共和国消防条例》的有关规定，并经所在地区公安部门批准。

（2）危险货物的库、场或装卸现场，应配备必要的消防设施。库场必须通风良好，清洁干燥，周围应划定禁区，设置明显的警告标志；库场应配备专职人员看管，负责检查、保养、维修工作，并采取严格的安全措施。

2. 道路危险货物运输现场管理

道路危险货物运输现场管理主要是对道路危险货物运输的重点干线、车站、港口、仓库、工厂及有关物资单位相关场所的安全设备、环境条件、车辆进出程序、危险货物装卸、储存保管货物、生产组织及其他生产作业中的安全管理工作。为切实做好道路危险货物运输生产的安全管理，必须制定相应的管理规则、岗位责任制、工作标准、管理工作程序、危险品货物装卸操作规范等规章制度，并严格监督执行。

道路危险货物运输企业应健全运输现场安全管理网，各网点工作人员应掌握危险品货物运输有关法规和操作规范，在企业运输调度部门的统一负责下，做好安全、质量的监督，及时处理现场发生的问题。

运输、装卸危险货物的单位必须认真贯彻"安全第一、预防为主"的方针。建立健全安全和消防管理制度，对管理、行车人员应进行安全消防知识的教育和业务技术培训。具体措施如下。

（1）管理、行车人员必须掌握所装危险货物的消防方法，在运输过程中如发生火警应立即扑救，及时报警。

（2）装运爆炸品、易燃物品的车辆、机械及装过易燃物品而未经消除危险处理的空罐（槽），检修时不得动用明火，不得使用易产生火花的工具敲击。

（3）运输、装卸危险货物的单位，必须配备必要的劳动防护用品和现场急救用品。特殊的防护用品和急救用具应由托运人提供。

（4）进行危险货物装卸操作时，必须穿戴相应的防护用品，并采取相应的人身肌体保护措施；防护用品使用后，必须集中进行清洗；对被剧毒物品、放射性物品和恶臭物品污染的防护用品应分别清洗、消毒。

（5）承运危险货物运输的专业单位，应配备或指定医务人员负责对装运现场人员定期进行保健检查，并进行预防急救知识的培训教育工作。

（6）对直接从事危险货物运输生产的人员（包括现场人员）应根据国家劳动人事部门的规定发给保健津贴（食品）或岗位津贴。

（7）危险货物一旦对人体造成灼伤、中毒等危害，应立即进行现场急救，必要时迅速送医院治疗。

（8）在危险货物装卸、保管、储存过程中，应当根据危险货物的性质和保管要求，轻装轻卸，分区存放，堆码整齐，防止混杂、撒漏、破损，不得与普通货物混合存放。

三、集装箱货物道路运输

（一）集装箱定义

集装箱根据 ISO 及大多数国家的标准术语的定义，它是一种运输设备。

国际标准化组织制定了集装箱规范，力求使集装箱标准化得到统一。国际标准化组织不仅对集装箱尺寸、术语、试验方法等，而且就集装箱的构造、性能等技术特征做了某些规定。集装箱的标准化促进了集装箱在世界各国之间的流通，对国际货物流转的合理化起了重要作用。

根据国际标准化组织 104 技术委员会的规定，集装箱应具有以下条件：

（1）具有耐久性，其坚固强度足以反复使用。

（2）便于商品运送而专门设计的，在一种或多种运输方式中运输无须中途换装。

（3）设有便于装卸和搬运，特别是便于从一种运输方式转移到另一种运输方式的装置。

（4）设计时应注意到便于货物装满或卸空。

（5）内容积为 1 立方米或 1 立方米以上。

（二）集装箱运输的优点

集装箱运输在国际海运中发展迅速，由于海运集装箱运输需要道路运输的配合，道路集装箱运输可以做"门到门"装卸货物，再把集装箱货物送到码头装船；海运集装箱多式联运带动了铁路和道路集装箱运输的发展。

集装箱运输具有以下优越性。

1. 提高装卸效率，减轻劳动强度

集装箱运输扩大了运输单元，规范了单元尺寸，为实现货物的装卸和搬运机械化提供了条件。机械化，乃至自动化的发展明显地提高了货物装卸和搬运的效率；在提高装卸效率的同时，工人的体力劳动强度大幅度降低，但也提高了对作业人员的知识和技能要求。机械化和自动化作业方式的采用，使工人只需从事一些辅助性的体力劳动工作，肩扛人挑的装卸搬运方式已成为历史。

2. 减少货损货差，提高货运安全质量

采用件杂货运输方式时，由于在运输和保管过程中货物不易保护，尽管也可采取一些措施，但货损货差情况仍较严重，特别是在运输环节多、品种复杂的情况下，货物的中途转运捣载，使货物混票以及被盗事故屡屡发生。采用集装箱运输后，由于采用了强度较高、水密性较好的箱体对货物进行保护，因此，货物在搬运、装卸和保管过程中不易损坏，不怕受潮，货物途中丢失的可能性大大降低，货物完好率大大提高。

3. 缩短货物在途时间，加快车船周转

集装箱化为港口、场站的货物装卸、堆码的机械化和自动化创造了条件，标准化的货物单元使装卸、搬运动作变得简单而有规律，因此，在作业过程中能充分发挥装卸、搬运机械设备的能力，便于实现自动控制的作业过程。机械化和自动化可以大大缩短车船在港站停留时间，加快货物的送达速度。另外，集装箱运输减少了运输中转环节，货物的交接手续简便，提高了运输服务质量。

4. 节省货物运输包装，简化理货手续

集装箱箱体作为一种能反复使用的运输设备，能起到保护货物的作用，货物运输时的包装费用就可以降低。

在运输场站，由于集装箱对环境要求不高，节省了场站在仓库方面的投资。

此外，件杂货由于包装单元较小，形状各异，理货核对较为困难，在采用标准集装箱

运输时，可以按整箱理货、清点，因比节省时间，同时也节约了理货费用。

5．提高运输效率，节省货物运输费用

由于采用统一的货物单元，使货物运输中的换装环节设施的效能大大提高，从而降低了装卸成本。同时，采用集装箱运输，货物运输的安全性明显提高，使保险费用有所下降。

6．全球普遍采用，推动包装标准化

集装箱作为一种大型标准化运输设备在世界范围内的使用，促使了商品包装的进一步标准化。目前，中国的包装国家标准已接近 400 个，这些标准大多采用或参照国际标准，并且许多包装标准与集装箱的标准相适应。

7．统一运输标准，促进综合运输发展

现代集装箱运输系统则要求铁路、公路、水运、航空、港口、机场、场站、

仓储以及相关的海关、检验检疫、货主企业等方面协同组织，这是提高运输效率、降低运输成本的关键。这种需求与人们追求运输系统整个过程的效率，降低整个过程的运输成本的要求是一致的。

集装箱作为一种标准运输单元的出现，使各种运输工具的运载尺寸向统一的满足集装箱运输需要的方向发展，任何一种运输方式如果对于这种趋势熟视无睹的话，它将很难融入运输的大系统中。因此，根据标准化的集装箱设计的各种运输工具将使运输工具之间的换装衔接变得更加便利。所以，集装箱运输有利于组织多种运输方式的联合运输，促进了道路运输和铁路运输的合理化发展。

8．集装箱运输与信息化的结合

集装箱运输的优点之一是它的快捷性，而这种快捷性又必须有先进的信息技术作为支持。当今社会已经进入信息时代，运输信息的及时传递，可以实现运输过程组织的并行处理，从而加快了运输节奏。目前，我国航运业已经推广使用了 EDI（电子数据交换）技术，也促进了运输过程中的信息传递的无纸化。

9．促进道路集装箱化运输系统的发展

道路集装箱运输是实现国际多式联运的关键，也是集装箱运输优越性充分发挥的关键。道路集装箱运输主要包括公路运输和铁路运输。目前，各国的公路集装箱运输发展较快，高速公路网的发展为集装箱公路运输提供了良好的硬件条件。铁路集装箱运输在国外发展较快，中国的铁路集装箱运输正在向使用国际标准箱方向发展，在箱型、车辆、货物以及管理上与国际模式接轨。适应于多式联运的道路集装箱化运输系统正在进一步完善。

（三）集装箱分类

集装箱类型可以按照不同标准进行分类，如以制造材料不同或以尺度不同等进行分类。按集装箱的用途不同进行分类，以便使用者在工作中可以根据所运输的货物的不同来选择不同类型的集装箱。

1．按照箱主分类

按照箱主分类，集装箱分为承运人集装箱（C.O.C）和货主自备箱（S.O.C）两种。

（1）承运人集装箱（C.O.C）：承运人提供给发货人用于装运海运货物的集装箱，承

运人对此类箱拥有完全所有权。

（2）货主自备箱（S.O.C）：发货人自有箱，用于装运货物的集装箱，发货人对此类箱拥有完全所有权。

2. 按照箱型分类

按照箱型分类，集装箱分为 20 英尺箱、40 英尺箱、45 英尺箱。

3. 按照不同用途进行分类

（1）干货集装箱。除冷冻货、活的动物、植物外，在尺寸、重量等方面适合集装箱运输的货物，几乎均可使用干货集装箱。干货集装箱使用时应注意箱子内部容积和最大负荷，特别是在使用 20 英尺、40 英尺集装箱时更应注意这一点。干货集装箱有时也称为通用集装箱（General Propose Container，GP）。

（2）散装集装箱。散装集装箱主要用于运输豆类、谷物、硼砂、树脂等货物。散装集装箱的使用有严格的要求，如：每次掏箱后，要进行清扫，使箱底、两侧保持光洁；为防止汗湿，箱内金属部分应尽可能少外露；有时需要熏蒸，箱子应具有气密性；在积载时，除了由箱底主要负重外，还应考虑到将货物重量向两侧分散；箱子的结构易于洗涤；主要适用于装运重量较大的货物，因此，要求箱子自重应比较轻。

（3）冷藏集装箱。冷藏集装箱是指"装载冷藏货并附设有冷冻机的集装箱"。在运输过程中，启动冷冻机使货物保持在所要求的指定温度。箱内顶部装有挂肉类、水果的钩子和轨道，适用于装载冷藏食品、新鲜水果，或特种化工产品等。冷藏集装箱投资大，制造费用几倍于普通箱；在来回程冷藏货源不平衡的航线上，经常需要回运空箱；集装箱船上用于装载冷藏集装箱的箱位有限；同普通箱比较，冷藏集装箱的营运费用较高，除因支付修理、洗涤费用外，每次装箱前应检验冷冻装置，并定期为这些装置大修而支付不少费用。

在实际营运过程中，冷藏集装箱的货运事故较多，是由于箱子本身或箱子在码头堆场存放或装卸时所致；另外，发货人在进行装箱工作时，对箱内货物所需要的温度及冷冻装置的操作缺乏足够的谨慎。尽管如此，世界冷藏货运量中，使用冷藏集装箱运输的比重不断上升，近年来使用冷藏集装箱运输的冷藏货物数量已经超过了使用冷藏船运输的货物数量。

（4）敞顶集装箱。敞顶集装箱，实践中又称开顶集装箱，在集装箱种类中属于需求增长较少的一种，主要原因是货物装载量较少，在没有月台、叉车等设备的仓库无法进行装箱，在装载较重的货物时还需使用起重机。敞顶集装箱的特点是吊机可从箱子上面进行装卸货物，然后用防水布覆盖。目前，敞顶集装箱仅限于装运较高货物或用于代替尚未得到有关公约批准的集装箱种类。

（5）框架集装箱。框架集装箱这是以装载超重货物为主的集装箱，它省去箱顶和两侧，其特点是可从箱子侧面进行装卸。在目前使用的集装箱种类中，散货集装箱、罐式集装箱等，其容积和重量均受到集装箱规格的限制，而框架集装箱（Frat rack container，FR）则可用于装运那些形状不一的货物，如废钢铁、卡车、叉车等。框架集装箱的主要特点有：自身较重；普通集装箱是采用整体结构的，箱子所受应力可通过箱板扩散，而框架集装箱仅以箱底承受货物的重量，其强度很大；由于同样的原因，框架集装箱的底部较厚，所以相对来说，可供使用的高度较小，密封程度差。因此，框架集装箱在海上运输时必须装载在船舱内运输，在堆场存放时也应用毡布覆盖。同时，货物本身的包装也应适应这种集装箱。

（6）牲畜集装箱。牲畜集装箱是一种专门为装运动物而制造的特殊集装箱，箱子的构造采用美国农业部的意见，材料选用金属网使其通风良好，而且便于喂食，该种集装箱也能装载小汽车。

（7）罐式集装箱。罐式集装箱专门装运各种液体货物，如食品、酒品、药品、化工品等。货物由液罐顶部的装货孔进入，卸货时，货物由排出孔靠重力作用自行流出，或者由顶部装货孔吸出。

（8）汽车集装箱。汽车集装箱是专门供运输汽车而制造的集装箱，结构简单，通常只设有框架与箱底，根据汽车的高度，可装载一层或两层。

（四）集装箱的选择与检查

在进行集装箱货物装箱前，首先应根据所运输的货物种类、包装、性质及其运输要求，选择合适的集装箱。

1. 集装箱应具备的基本条件

要能够起到运输中保护货物等作用，集装箱应符合以下基本条件：符合 ISO 标准；四柱、六面、八角完好无损；箱子各焊接部位牢固；箱子内部清洁、干燥、无味、无尘；不漏水、漏光；具有合格检验证书。

2. 集装箱的选择

在国际海上集装箱运输中，集装箱种类、尺寸等规格各异，选择何种集装箱要根据货物的情况以及航线上所经港口的条件和运输路线的环境来决定。

选用集装箱时，货主或其代理人主要考虑的是根据货物的不同种类、性质、形状、包装、体积、重量，以及运输要求采用其合适的箱子。首先要考虑的是货物是否装得下，其次再考虑在经济上是否合理，与货物所要求的运输条件是否符合。

3. 集装箱卡车驾驶员在调箱时应对集装箱进行检查

集装箱在装载货物之前，都必须经过严格检查。一只有缺陷的集装箱，轻则导致货损，重则在运输、装卸过程中造成箱毁人亡事故。所以，对集装箱的检查是货物安全运输的基本条件之一。发货人、承运人、收货人以及其他关系人（集装箱卡车驾驶员）在相互交接时，除对集装箱本身进行检查外，还应以设备交接单等书面形式确认箱子交接时的状态。

通常，道路运输企业本身并不拥有集装箱，大多数是在接到货主或其代理人的指令（货主或其代理人在海运订舱确认后，船舶代理人发给货主或其代理人的集装箱设备交接单），取得集装箱设备交接单到指定集装箱堆场或码头调运空箱或重箱进行门到门运输，集装箱卡车驾驶员应对集装箱进行检查。检查时应做到以下几点。

（1）外部检查：对箱子进行六面察看，外部是否有损伤、变形、破口等异样情况（如有即做出修理部位的标志），如有就不能使用，应更换。

（2）内部检查：检查人员进箱内，对箱子的内侧进行六面察看，是否有漏水、有无污点、水迹等；关上集装箱门，箱内应密封、黑暗无光。对箱子的内侧进行六面察看，是否漏光等。如发现漏光，说明箱体有漏洞，不能使用，应更换。

（3）箱门检查：门的四周是否水密，门锁是否完整，箱门能否270°开启，如有就不能使用，应更换。

（4）清洁检查：箱子内有无残留物、污染、锈蚀异味、水湿。如不符合要求，应予以清扫、甚至更换。

（5）附属件的检查：对货物的加固环节，如板架式集装箱的支援、平板集装箱、敞棚集装箱上部延伸用加强结构等状态的检查。如有就不能使用，应更换。

（6）冷藏箱检查除上述要求外，还要检查是否制冷。

（五）经营道路集装箱运输工作人员应熟悉集装箱单证

由于道路集装箱运输是海运综合运输的一个重要环节，海运集装箱班轮对集装箱运输时效要求很严格，集装箱货物必须提前进港，按时装船，准时开航。对于道路运输企业来讲，必须熟悉与国际货运代理人指令的关联单证，才能做好集装箱货物运输的衔接工作。

1. 集装箱货物托运单（"场站收据"联单）

海上班轮运输以集装箱运输为主（件杂货运输占极小比重），为简化手续即以场站收据（Dock receipt，D/R）作为集装箱货物的托运单。"场站收据"联单现在通常是由国际货运代理企业缮制送交船公司或其代理人订舱，因此托运单也就相当于订舱单。

我国从1990年开始就进行集装箱多式联运工业性试验，简称"集装箱工试"。该项工业性试验虽已结束，但其中的三大单证的原理一直使用至今。三大单证是：出口时使用的"场站收据"联单、进口时使用的"交货记录"联单和进出口时都要使用的"设备交接单"联单。

现以在上海口岸进行的"集装箱工试"的"场站收据"联单为例，介绍其各联的设计和用途。

第一联：货主留底（早先托运单由货主缮制后将此联留存，故列第一联）；

第二联：船代留底；

第三联：运费通知（1）；

第四联：运费通知（2）；

第五联：装货单（Shipping order）；

第五联（附页）：缴纳出口货物港务申请书（由港区核算应收之港务费用）；

第六联（浅红色）：场站收据副本大副联；

第七联（黄色）：场站收据（Dock receipt）正本；

第八联：货代留底；

第九联：配舱回单（1）；

第十联：配舱回单（2）。

以上一套十张，船公司或其代理接受订舱后在托运单上加填船名、航次及编号（此编号俗称关单号，与该批货物的提单号基本上保持一致），并在第五联装货单上盖章，表示确认订舱，然后将二至四联留存，第五联以下全部退还货代公司。

货代将第五联、五联附页、六联、七联共四联拆下，作为报关单证之用，九或十联交托运人（货主）做配舱回执，其余供内部各环节使用。

集装箱货物托运联单虽有 10 联之多，但其核心单据为第五、六、七联。第五联是装货单，盖有船公司或其代理人的图章，是船公司发给船上负责人员和集装箱装卸作业区接受装货的指令，报关时海关查核后在此联盖放行章，船方（集装箱装卸作业区）凭以收货装船。第六联供港区在货物装船前交外轮理货公司，当货物装船时与船上大副交接。第七联场站收据俗称黄联（黄色纸张，便于辨认），在货物装上船后由船上大副签字（通常由集装箱码头堆场签章），退回船公司或其代理人，据以签发提单。

2. 集装箱预配清单

集装箱预配清单是船公司为出口集装箱运输管理需要而设计的一种单据，该清单格式及内容，各船公司大致相同，一般有定单号、船名、航次、货名、件数、毛重、尺码、目的港、集装箱类型、尺寸和数量、装箱地点等。货运代理人在订舱时或一批一单，或数批分行列载于一单，按订舱单内容缮制后随同订舱单据送船公司或其代理人，船公司配载后将该清单发给空箱堆存点，据以核发设备交接单及空箱之用。

3. 集装箱发放/设备交接单（道路经营企业驾驶人员应掌握）

集装箱发放/设备交接单（Equipment Interchange Receipt，EIR）是集装箱进出港区、场站时，用箱人、运箱人与管箱人或其代理人之间交接集装箱及设备的凭证，兼有发放集装箱的凭证功能，所以它既是一种交接凭证，又是一种发放凭证，对集装箱运输特别是对箱务管理起着巨大作用。它在日常业务中简称为"设备交接单"（EIR），是出口、进口集装箱运输中都需要使用的单证。

设备交接单使用时，应按照有关"设备交接单"制度规定的原则进行。设备交接单制度应严格要求做到一箱一单、箱单相符、箱单同行。用箱人、运箱人凭设备交接单进出港区、场站，到设备交接单指定的提箱地点提箱，并在规定的地点还箱。与此同时，用箱人必须在规定的日期、地点将箱子和机械设备如同交付时状态还给管箱人或其代理人，对集装箱的超期使用或租用，用箱人应支付超期使用费；对使用或租用期间发生的任何箱子及设备的灭失和损坏，用箱人应承担赔偿责任，相应费用标准也应做出明确规定。

"设备交接单"有多种用途，在集装箱货物出口运输中，它主要是货主（或货运代理人）领取空箱出场及运送重箱装船的交接凭证。

在集装箱货物运输情况下，货运代理人在向船公司或其代理人订妥舱位取得装货单后可凭其向船方领取设备交接单。设备交接单一式六联，上面三联用于出场，印有"出场OUT"字样，第一联盖由船公司或其集装箱代理人的图章，集装箱空箱堆场凭以发箱，一、二联由堆场发箱后留存，三联由提箱人（货运代理人）留存；设备交接单的下面三联是进场之用，印有"进场 IN"字样，该三联是在货物装箱后送到港口作业区堆场时重箱交接之用，其一、二两联由送货人交付港区道口，其中第二联留港区，第一联转给船方据以掌握集装箱的去向，送货人（货运代理人）自留第三联作为存根。

设备交接单有以下内容。

(1) 交接单号码:按船公司(船代)编制的号码填列。

(2) 经办日期:指制单日期。

(3) 经办人:要箱单位的经办人员。

(4) 用箱人:一般为订舱的货运代理单位名称。

(5) 提箱点:空箱存放地点。

(6) 船名、航次、提单号、货物发往地点须与关单相关项目一致。

(7) 经营人:指集装箱经营人,如属船公司营运箱,则填船公司名称。

(8) 尺寸、类型:可简写,如20/DC,意即20尺干货箱。

(9) 箱号:指提取空箱箱号。

(10) 用箱点:货运代理人或货主的装箱地点。

(11) 收箱点:出口装船的港口作业区。

(12) 运箱工具:集卡车号。

(13) 出场目的/状态:如提取空箱,目的是"装箱",状态是"空箱"。

(14) 进场目的/状态:如重箱进区,目的是"装船",状态是"重箱"。

(15) 出场日期:空箱提离堆场日期。

(16) 进场日期:重箱进入港口作业区日期。

设备交接单的下半部分是出场或进场检查记录,由用箱人(运箱人)及集装箱堆场/码头工作人员在双方交接空箱或重箱时验明箱体记录情况,用以分清双方责任。

空箱交接标准:箱体完好、水密、不漏光、清洁、干燥、无味,箱号及装载规范清晰;特种集装箱的机械、电器装置正常。

重箱交接标准:箱体完好、箱号清晰、封志完整无损,特种集装箱机械、电器装置运转正常,并符合出口文件记载要求。

4. 集装箱装箱单(道路经营企业驾驶人员应掌握)

集装箱装箱单(Container Load Plan,CLP)是详细记载集装箱内货物的名称、数量等内容的单据,每个载货集装箱都要制作这样的单据,它是根据已装进集装箱内的货物制作的。不论是由发货人自己装箱,还是由集装箱货运站负责装箱,负责装箱的人都要制作装箱单。集装箱装箱单是详细记载每一个集装箱内所装货物的唯一单据,所以在以集装箱为单位进行运输时,是一张极其重要的单据。

集装箱装箱单的主要作用有:作为发货人、集装箱货运站与集装箱码头堆场之间货物的交接单证;作为向船方通知集装箱内所装货物的明细表;单据上所记载的货物与集装箱的总重量是计算船舶吃水差、稳定性的基本数据;在卸货地点是办理集装箱保税运输的单据之一;当发生货损时,是处理索赔事故的原始单据之一;卸货港集装箱货运站安排拆箱、理货的单据之一。

目前,各港口使用的装箱单大同小异,上海港使用的集装箱装箱单一式五联,由装箱人(仓库、供货工厂)或装箱站(CFS)于装箱时缮制,其中一联由装箱人留存,四联随箱送装运港区,供港区编制集装箱装船舱位配置计划和船公司或其代理缮制提单等参考。

　　装箱单记载事项必须与场站收据和报关单据上的相应事项保持一致，否则会引发不良后果。例如，装货港错打与场站收据不符，港区有可能不予配装，造成退关；也有可能配舱错位，以致到达卸货港时无法从错置的舱架上把集装箱卸下；又如装箱单重量或尺码与报关单或发票不符，船公司按装箱单重量或尺码缮制提单、舱单，出口单位结汇时发生单、单不一致，不能结汇，此种情况，屡见不鲜，主要原因在于发货人托运时未向仓库或工厂取得正确数据，以致数字歧异，对此，发货人应加强注意。所装货物如品种不同必须按箱子前部（front）到箱门（door）的先后顺序填写。

【示例1—2】 **集装箱装箱单样式**

Reefer Tempera Required. 冷藏温度 ℃ F				**CONTAINER LOAD PLAN** 装箱单			
Class 等级	IMDGpage 违规页码	UN No. 联合国编号	Flash point 闪点	Port of Loading 装港	Port of Discharge 卸港	Place of Delivery 交货地	SHIPPER'S/PACKER'S DECLEARATIONS: We hereby declare that the container has been thoroughly cleaned without any evidence of pervious shipment prior to vanning and cargoes has been properly stuffed and secured
Ship's Name/Voy No. 船名/航次							
Container No. 箱号				Bill of lading No. 提单号	Packages & Packing 件数与包装	Gross Weight 毛重	Measurement 尺码 · Description of Cargo 货名 · Marks & Numbers 唛头
Seal No. 封号				Front 前			
Cont.Size 箱型 20' 40' 45'	Cont.Type 箱类 GP=普通箱 TK=油罐箱 RF=冷藏箱 PF=平板箱 OT=开顶箱 HC=高箱 FR=框架箱 HT=挂衣箱						
ISO Code For Container Size/Type 箱型/箱类 / ISO 标准代码							
Packer's Name /Address 装箱人/名称 地址 Tel. No. 电话号码				Rear 后			
Packing Date 装箱日期				Received By Drayman 驾驶员签收 及车号	Total Packages 总监数	Total Cargo Wt. 总重量	Total Meas. 总尺码 · Remarks 备注
Packed By 装箱人签名				Received By Terminals/ Date of Recept 码头收箱签收和收箱日期		Cont.Tare Wt 集装箱皮重	Cgo/Cont Total Wt / 货箱总重量

　　5. 集装箱货物提货单（"交货记录"联单）（道路经营企业驾驶人员应掌握）

　　在集装箱班轮运输中普遍采用"交货记录"联单以代替件杂货运输中使用的"提货

单"。"交货记录"的性质实际上与"提货单"一样，仅仅是在其组成和流转过程方面有所不同。

"交货记录"标准格式一套共五联：①到货通知书；②提货单；③费用账单；④费用账单；⑤交货记录。其流转程序如下。

（1）船舶代理人在收到进口货物单证资料后，通常会向收货人或通知人发出"到货通知书"。

（2）收货人或其代理人在收到"到货通知书"后，凭海运正本提单（背书）向船舶代理人换取"提货单"及场站、港区的"费用账单"联、"交货记录"联等四联。"提货单"经船代盖章方可有效。

（3）收货人或其代理人持"提货单"在海关规定的期限内备妥报关资料，向海关申报。海关验放后在"提货单"的规定栏目内盖放行章。收货人或其代理人还要办理其他有关手续的，也应办妥手续，取得有关单位盖章放行。

（4）收货人及其代理人凭已盖章放行的"提货单"及"费用账单"和"交货记录"联向场站或港区的营业所办理申请提货作业计划，港区或场站营业所核对船代"提货单"是否有效及有关放行章后，将"提货单""费用账单"联留下，作放货、结算费用及收费用的依据。在第五联"交货记录"联上盖章，以示确认手续完备，受理作业申请，安排提货作业计划，并同意放货。

（5）收货人及其代理人凭港区或场站已盖章的"交货记录"联到港区仓库，或场站仓库、堆场提取货物，提货完毕后，提货人应在规定的栏目内签名，以示确认提取的货物无误。"交货记录"上所列货物数量全部提完后，场站或港区应收回"交货记录"联。

（6）场站或港区凭收回的"交货记录"联核算有关费用。填制"费用账单"一式二联，结算费用。将第三联（蓝色）"费用账单"联留存场站、港区制单部门，第四联（红色）"费用账单"联作为向收货人收取费用的凭证。

（7）港区或场站将第二联"提货单"联及第四联"费用账单"联、第五联"交货记录"联留存归档备查。

（六）道路集装箱运输服务范围

目前，道路集装箱运输主要承担港口码头、铁路车站集装箱的集疏运业务和直达集装箱运输业务。

（1）海上国际进出口集装箱由港口向内陆腹地的延伸运输、中转运输以及在内陆中转站进行的集装箱交接、堆存、拆装、清洗、维修和集装箱货物的仓储、分发等作业。

（2）国内铁路集装箱由车站至收、发货人仓库、车间、堆场间的门到门运输及代理货物的拆装箱作业。

（3）沿海、内河国内水运集装箱由港口向腹地的延伸运输、中转运输或至货主间的短途门到门运输。

（4）内陆与港澳之间及其他边境口岸出入境的集装箱运输、接驳运输以及大陆桥运输。

（5）道路运输企业经营城市之间干线道路直达的集装箱运输。

（6）适用多式联运。

（七）经营道路集装箱运输应注意事项

经营道路集装箱运输对驾驶人员素质要求较高，具体表现在以下几个方面。

1. 负责集装箱箱体检查和交接

集装箱卡车驾驶员在调空箱前，应对箱体进行检查：交接责任的划分为，交接前由交方承担，交接后由接方承担，并在集装箱设备交接单上签字，领取完好集装箱装货；运输应保护集装箱不受损坏，送集装箱货物进场站时（或还箱），应与集装箱场站人员进行箱体交接，并在集装箱设备交接单上签字，证明完好归位（在集装箱货物交接过程中发现货损货差或箱体损坏等情况，交接双方要编制集装箱货运事故记录，并签字确认）。

同时，在集装箱装上半挂车时，驾驶员要将连接车板和箱体的钮锁锁上，防止在运输过程中集装箱发生位移跌落，造成事故；在卸集装箱时，驾驶员要先将连接车板和箱体的钮锁打开，才能卸箱。

在装运冷藏货物前，冷藏集装箱必须预冷达到冷藏货物运输要求的温度，长途运输，集装箱车辆必须有供电设备，一路制冷直至送达冷藏箱堆场或装船交接完毕。

2. 应熟悉集装箱进出口业务流程

货主或其代理人将装箱单和集装箱设备交接单交给道路集装箱经营人，道路集装箱经营人派单给集装箱卡车驾驶员开车去指定集装箱堆场调箱，到货主指定地点装货、签收、封箱，按时将重箱送到指定码头或场站，码头或场站签收回单，运输任务完成。

集装箱卡车驾驶员应熟悉集装箱进出口业务流程，有助于配合国际货运代理人办理进出口集装箱货物运输业务，提高服务质量，优质服务可以拓展企业的运输业务，增加企业的运输收入。

3. 应掌握一定的常用英语

集装箱卡车驾驶员应能看懂集装箱运输相关单证上的英文，核对待出运货物包装上的文字与装箱单上的内容是否相符，避免装错货物。

4. 应起到现场装货的理货员作用

集装箱卡车驾驶员在现场装箱时，应按照装箱单要求装运的货物，进行现场理货，并在装货结束时和发货人员共同将集装箱门关上和施封锁，在装箱单上签收。

5. 应是海关的现场监管员

集装箱卡车驾驶员对运输海关监管的货物，应起到海关监管员的作用；在运输过程中要保护好集装箱门上的封志，直至交到指定的海关监管地点。

6. 控制集装箱使用时限

由于集装箱免费使用期为10天，但船公司为加快集装箱周转一般只允许7天使用期，所以，在国际货运代理订舱后，把装箱信息通知道路集装箱运输经营人，并交给集装箱设备交接单；道路集装箱运输经营人调度集装箱驾驶员和车辆，到指定集装箱堆场调运空箱去指定地点（仓库/工厂）装货，一定要控制好集装箱使用时限，否则，集装箱超时使用将被罚超时使用费。

7.按时将出口集装箱送达指定码头装运

由于集装箱班轮运输，开航时间固定；集装箱卡车驾驶员要对道路行驶时间、装箱时间、海关通关时间、送箱进码头监管区待装船等时间进行合理安排。否则，将影响货物出运。

四、鲜活易腐货物运输

鲜活易腐货物是指在运输过程中需要采取制冷、加温、保温、通风、上水等特殊措施，以防止腐烂变质或病残死亡的货物或托运人认为须按活鲜货物运输条件办理的货物。

（一）鲜活易腐货物分类

1.活体动物

活体动物包括禽、畜、兽、蜜蜂、活鱼和鱼苗等。由于活体动物对环境的变化敏感性较强，不同于一般货物。交运的活体动物必须健康状况良好，无传染病，并具有卫生部门检疫证明。

活体动物运输注意事项如下。

（1）对于运往香港特别行政区和澳门特别行政区以及通过道路口岸出口到其他国家的活体动物，除有卫生部门检疫证明外，托运人或其代理人必须办妥海关手续，根据国家相关规定，办妥进出口和过境运输许可证，以及目的地国家所需要的一切文件。

（2）妊娠期的哺乳动物，一般不予收运，除非兽医证明动物在运输过程中无分娩的可能，方可收运；但必须对此类动物采取防护措施。

（3）对于动物与尚在哺乳期的幼畜同时交运时，只有大动物与幼畜可以分开时，方可收运。

（4）活体动物在运输过程中，由于自然原因而发生的病、伤和死亡，承运人不承担责任，除非证明由于承运人造成的责任。

（5）由于托运人的过失或违反承运人的运输规定，致使活体动物在运输过程中造成对承运人或第三者的伤害或损失时，托运人应付全部责任。

（6）动物在运输途中或到达目的地死亡（除承运人的责任事故外）所产生的一切费用，应由托运人或收货人承担。

①生猪、羊、牛的运输，要求不死亡、不伤残、不掉膘。装运生猪、羊、牛的车辆应选用经过清洗、消毒的车辆，凡装运过腐蚀性强烈的药物、化学物品、农药的车辆均不得使用。在运输过程中需押运人员沿途定时定量喂饲料、饮水，根据沿途的气温条件要采取防寒、防暑措施。

②活鱼运输。活鱼运输时，应装备大型专用水槽，水槽内盛水供活鱼生活，同时，要装备空气吹泡设备，不停地向水中注入新鲜空气以维持水中的氧气成分，防止因水中缺氧造成活鱼死亡；有经验的养殖者还会在水中放入1～2条凶猛鱼类（如黑鱼、桂鱼），让鱼害怕被吃掉而不停地游动，从而避免死亡。

2.易腐货物

易腐货物是指货物的价值与时间密切相关的货物。这类货物主要有以下两种。

（1）物品本身容易腐烂变质，对运输时间要求严格的货物，包括肉、鱼、蛋、奶、鲜水果、鲜蔬菜、冰、活鲜植物等，常见品名见"易腐货物运输条件表"。

（2）货物的价值与时间密切相关，对进入市场要求快的货物。某些商品进入市场时间越早，就能够抢占市场；希望在市场上处于最佳时机投放市场，可以赢得最佳经济效益。

易腐货物在鲜活货物中所占比例最大，按其温度状况的不同，又可分为以下 3 类。

（1）冻结货物。是指经过冷冻加工成为冻结状态的易腐货物，冻结货物的承运温度（除冰之外）应在－10℃以下。

（2）冷却货物。是指经过预冷处理后货物温度达到承运温度的易腐货物。冷却货物的原运温度，除香蕉、菠萝为 11～15℃外，其他冷却货物的承运温度在 0～7℃。

（3）未冷却货物。是指未经过任何冷冻工艺的处理，完全处于自然状态的易腐货物，如采集后以初始状态提交运输的瓜果、鲜蔬菜等。

（二）鲜活货物特点

（1）季节性强，运量波动性大。鲜活货物大部分是季节性生产的农、林、牧、副、鱼产品，水果集中在三、四季度成熟进入市场；水产品集中在春秋汛期收获；南菜北运集中在冬春两季。时间和产地相对集中，销售分散到全国各地，运输量不确定，给运输组织带来一定的困难。

（2）鲜活货物大多数是有生命的物质，受客观环境影响较大，对外界温度、湿度、卫生条件、喂食和生活环境都有一定的要求。冷了会冻坏，热了会腐烂，干燥会干缩。所以必须以最快的速度、在最短的时间内运达到，才能防止死亡和腐烂或通过时间获得市场价值，以获取更多的利润。

（三）冷藏运输工具

（1）冷藏保温车。是指不附加冷源的隔热车，在装车前预冷被运输货物，仅依靠被运输货物本身的显热量来维持整个过程中比较低的温度。主要运用于短途运输各类冻结货物（冻鱼、肉）、冷却货物、油脂、香肠、奶油、干酪及不发生冻结的货物（如浆汁、饮料、啤酒、矿泉水）等。

（2）冷藏车。是指附加冷源的制冷车。

根据被运输货物种类对温度要求的差别，冷藏运输可分为低温冷藏运输和冷冻运输。低温冷藏运输是指货物还未冻结或表面有一层薄薄的冻结层的状态下进行的货物冷藏运输（新鲜水果、蔬菜等），一般温度控制在－1～16℃左右，货物要求低温运输的目的主要是为了维持货物的呼吸以保持货物的鲜度。

冷冻运输（冻鱼、肉）一般温度控制在－10～－20℃左右。

（四）鲜活易腐品运输注意事项

（1）根据鲜活易腐品运输的特殊性，时间要求及时运达，托运人托运鲜活易腐品时，应在货物运单上的"货物名称"栏填记货物名称，并注明其品类编号、热状态、允许运输时限、温度控制要求和运输注意事项；允许运输时限必须大于所规定的运到期限 3 日以上，防止裸装承运。

（2）为了确保鲜活易腐品的运输质量，按一批办理运输的鲜活易腐品的运输条件以及所采取的运输方式应当相同。不同热状态的鲜活易腐品不能安排在同一车内运输。

（3）运输鲜活易腐品时，货物的质量、温度、包装和选用的运输车辆应符合"鲜活易腐品运输条件表"和"鲜活易腐品运输包装表"的规定。

（4）鲜活易腐品装车前，应检查车辆和制冷设备的完好性，对车厢内清洗和消毒以适合装运货物。并要求提前给车厢预冷；冷藏车的制冷设备一般都设计安装在车辆的前部（车厢与驾驶室之间），为保持冷冻温度在车厢内均匀分散，装运冷冻货物时在堆垛货物顶部和车厢顶部之间要留有10厘米的空隙，好让冷气流通到车厢后部，保持全车厢内制冷温度一致。

（5）运输过程中要严格要求驾驶员和押运员，根据运输合同内注明的温度对冷藏车内温度进行控制和记录。

【本章小结】

本章分别对道路货物运输的特点及服务范围、道路运输经营人，道路经营许可、货物运输的组织、经营整车货物运输、零担货物运输（班线）、特种货物道路运输、道路运输货物运价的制定原则等基础知识进行剖析。叙述了承载特种货物运输对车辆、人员的严格要求，运输、装卸、交接过程中应注意的事项，以及相关的法规和管理。

通过本章的学习，使学员清楚地认识到道路货物运输的要点，特别是对特种货物的性质和特点的剖析，强调承运特种货物运输应该严格遵照运输要求、操作规范和管理规定，防止特种货物在运输、装卸、交接过程中发生意外事故，保障特种货物运输和人命财产安全。

开展道路货物运输业务，应加强对道路货物运输经营管理业务的学习，接受道路运输监督检查，合法经营道路货物运输。

【本章关键词】

1. 机动车；
2. 道路货物运输；
3. 道路运输节点；
4. 零担货运站；
5. 货运配载中心；
6. 集装箱中转站；
7. 货运配载中心；
8. 物流中心；

9. 配送中心；

10. 物流基地；

11. 物流企业；

12. 大型车辆；

13. 集装箱车；

14. 冷藏车/保温车；

15. 箱式车；

16. 灌装车；

17. 货物积载因数；

18. 道路货物运单；

19. 超载运输；

20. 超限运输；

21. 零担货物运输；

22. 超限；

23. 危险货物；

24. 道路危险货物运输；

25. 爆炸物品；

26. 压缩气体和液化气体；

27. 易燃液体货物；

28. 易燃物品；

29. 自燃物品；

30. 遇湿易燃物品；

31. 氧化剂；

32. 有机过氧化物；

33. 毒害品；

34. 感染性物品；

35. 放射性物品；

36. 腐蚀品；

37. 集装箱；

38. 集装箱预配清单；

39. 集装箱发放/设备交接单；

40. 集装箱装箱单；

41. 鲜活易腐货物；

42. 活体动物；

43. 易腐货物；

44. 冷藏保温车；

45. 冷藏车。

【本章习题】

1. 道路货物运输的特点是什么？
2. 道路运输的服务范围有多大？
3. 道路货物运输经营者有哪些？
4. 何谓超重车辆？
5. 货物运输的组织流程是怎样的？
6. 零担货运经营方式可采用哪些形式？
7. 零担货运的优点有哪些？
8. 哪些货物不得按零担货物托运？
9. 超限货物的特点是什么？
10. 大件货物运输承运人申请运输应符合哪些要求？
11. 大件货物运输经营应持有何种许可证件方可经营？
12. 取得道路大件运输审批与发放通行证，应具备哪些条件？
13. 为什么大件货物运输车辆必须经公路管理机构批准才能在公路上行驶？
14. 简述道路大型物件运输办理流程。
15. 危险货物分哪几类？
16. 危险货物的包装有何特殊要求？
17. 从事危险品运输的企业取得何种许可证件方可上路行驶？
18. 如何管理危险品运输专用车辆和设备？
19. 托运危险货物应注意哪些事项？
20. 危险货物运输注意事项有哪些？
21. 危险货物的装、卸规范是什么？
22. 道路危险货物运输现场管理措施有哪些？
23. 集装箱运输有哪些优点？
24. 集装箱按照不同用途进行分类有哪些？
25. 要能够起到运输中保护货物等作用，集装箱应符合哪些基本条件？
26. 集装箱卡车驾驶员应对集装箱进行检查。检查时应注意哪些方面？
27. 经营道路集装箱运输对驾驶人员素质的要求有哪些？
28. 鲜活易腐品运输注意事项有哪些？

第二章　跨境道路货运与监管实务

【本章导读】

本章介绍了国际公路货物运输合同公约，道路货运行业监管机构的内容，道路货运许可条件、国际道路运输海关监管的内容以及进出境汽车载货清单制作与申报的相关内容。

【学习目标】

通过本章的学习，了解国际道路运输的经营许可，行车许可及直通港澳道路运输许可的相关办理程序，为以后进入国际道路运输创造条件。

第一节　国际道路运输行业组织概述

一、联合国欧洲经济委员会（UNECE）

在联合国欧洲经济委员会（UNECE）的协助下，欧洲国家之间签订了数百个双边决议和多边协议，并签订了将近 50 个国际协议和公约。通过制定国际公约，以国际法的形式对道路运输相关方面加以规范；以排除因国际道路运输涉及的利益主体较多，途经的外界环境复杂，沿途受各国法律法规的干扰，侵利道路运输的发展；这些多边协议和公约，目前已在世界范围内得到了广泛应用，UNECE 也由于在此领域的杰出贡献奠定了其领导地位。

二、国际道路运输联盟（IRU）

国际道路运输联盟（International Road Transport Union，IRU）成立于 1948 年 3 月 23 日，是目前国际道路运输行业最重要的非政府国际组织，其总部设在瑞士日内瓦，在莫斯科和布鲁塞尔分别设有办事机构。

IRU 的宗旨是在全球范围内保护道路运输行业的利益。IRU 接纳有关国家最具有代表性的道路协会为其正式会员［包括中国道路运输协会（CRTA）在内］，通过分布在五大洲 74 个国家的成员协会的网络作为道路运输行业的代言人，代表道路运输经营者的利益；同时，发展一些与道路运输有密切关系的行业作为其联系成员（如汽车、汽油、轮胎和车载导航信息系统的制造商，以及提供相关服务的供应商），利用联系成员的专有技术、作业经验和政治影响力来帮助自己更好地发展。

IRU 会员遍布全球，美国卡车协会（ATA）、德国物流与运输协会（BGL）等均为其会员。IRU 不但是全球道路运输行业的代言人，而且还是联合国、欧洲运输部长会议、石油输出国组织、世界银行、国际商会等国际组织的重要合作伙伴，在国际道路运输舞台上发挥着越来越重要的作用。作为道路运输行业的代言人和道路运输经营者利益的代表，IRU 下辖货物运输理事会、旅客运输理事会、国际便利运输公约（TIR 系统）管理部、IRU 学院、欧盟联系委员会、独联体联系委员会等主要机构及经济、法律、技术、信息、咨询工作委员会和其他众多专项工作团体。IRU 不仅通过获得联合国、欧盟、WTO、世界银行等国际组织授权与其建立战略合作伙伴关系开展工作，而且重点依靠其分布在各国的国家级道路运输协会会员及相关机构为道路运输行业服务，在国际社会享有非常高的威望，具有深远的影响力。

IRU 不仅是国际道路运输单证（TIR Carnet）的管理者和发行者，并且还是国际道路货物运输合同公约（CMR）、国际道路旅客和行李运输合同公约（CVR）、国际道路危险品运输合同公约（ADR）的制定者，在道路运输的各个领域都有深入的研究；IRU 为本行业企业提供一个与国际先进企业交流对话的机会；TIR Carnet 是 IRU 的一项重要工作，旨在简化汽车货物运输在海关的手续，方便货物过境运输，从而促进国际贸易的发展。加入 IRU，对我国加入 WTO 后参与国际运输业竞争与合作将起到十分积极的作用。

IRU 通过它的各国家级道路运输协会会员，代表着全世界范围内道路运输行业利益。以旅客道路运输、货物道路运输和出租汽车为基础，IRU 代表着从国际跨国企业到个体经营业户的利益。在所有能够影响道路运输行业发展的国际组织中，IRU 扮演着主导者的角色。IRU 通过制定最高水平的行业标准，提高运输安全，保护环境，保障人员和货物的正常流动，推动国际道路运输持续、健康的发展。

IRU 的章程突出两大目标：道路运输行业可持续发展和推动道路运输便利化；推动在全球范围内便利道路运输，保障其可持续发展，通过职业培训等手段促进行业的专业能力，提高业内服务质量。

IRU 从事的活动包括以下几个方面。

（1）促进其正式成员、联系成员间以及其他有关组织和工业部门之间的伙伴关系，以制定、发展并推广各方共同感兴趣的行业政策。

（2）观察世界各国所有能够影响道路运输行业的活动、立法、政策和事件，予以相应反馈并同有关方进行合作。

（3）就全球能源领域的挑战、国际竞争以及社会责任问题进行战略层面的反思，通过该组织的有关业务会员委员会和工作团体发挥各成员的专长和经验，寻找解决方案，推动出台有效的立法，落实有关法律法规，征求各方的需求和利益取得正确平衡。

（4）提供培训，以提高行业的专业素质和服务质量，确保道路运输领域的培训标准符合有关国际准则等。

IRU 推动国际货物运输、人员流动和国际贸易的发展，最主要的措施是主持管理或参与管理七项最核心便利运输公约，即道路交通公约；道路标志与信号公约；关于持有 TIR 单证国际货物运输海关公约；国际道路货物运输合同公约（CMR）；统一边境货物管理国际公约；临时进口商用道路车辆关务公约；集装箱关务公约。

IRU 是目前世界道路运输行业唯一的非政府、非营利国际组织，联合国已经授权 IRU 作为其国际顾问及合作伙伴。

三、中国道路运输协会

中国道路运输协会（CRTA）成立于 1991 年，由中国道路运输业及相关行业的企事业单位和团体自愿组成，是经国家交通部批准、民政部注册登记设立、具有法人资格的全国性社会团体，属行业性、非营利性组织。该协会代表中国道路运输行业于 2002 年 6 月 1 日在罗马尼亚首都布加勒斯特 IRU 第 28 届世界大会上，加入了 IRU，中国的加入将使 IRU 提出的关于建立新的丝绸之路的设想有可能成为现实。因为中国不仅是国际贸易大国，而且还是连接东南亚的桥梁，欧亚之间除了空运和海运外，道路运输也是一种有效的选择。中国加入国际道路运输联盟表明世界上人口最多的国家愿意更积极地参加国际贸易交往。我国在加入推动国际便利运输公约合作方面做出积极的贡献。

第二节　国际道路货物运输相关公约

一、国际道路货物运输合同公约（CMR）重点说明

在我国开展国际道路货物运输业务实践中，国外客户（买方）经常要求国内发货人（卖方）提供 CMR 运单。为了了解国际道路货物运输合同公约的性质，促进国际贸易的顺利开展，本节对 CMR 重点内容进行分析，同时，收录国际道路货物运输合同公约全文供参考和学习。

CMR 共分 8 章 51 条款，其中与国内道路运输不同之处的重点说明如下。

（一）适用范围

确定使用车辆和适用～CMR 运单的范围。

在 CMR 中，"车辆"是指在 1949 年 9 月 19 日道路交通公约第四条中所规定的机动车、拖挂车、拖车和半拖车。

（1）CMR 适用所有缔约国，不管缔约方住地和国籍，凡合同中规定的接管和交付货物的地点位于两个不同国家，其中至少有一个是缔约国者，CMR 均适用之，因为缔约国认识到国际道路运输需要一个制约国际道路运输的合同，特别是以营运车辆的道路货物运输的每一合同所使用的单证和承运人责任需要统一条件，有利于执行操作和管理。同时，也适用于属 CMR 范围内而由国家或政府机构组织所从事的运输。但缔约国不得以缔约国的边境运输或授权在运输活动中完全限于代表物权运单的缔约国区域外，以双边或多边的特殊协议来修改公约的任何规定。

（2）当载货车辆上的货物没有从车辆上卸下，而其部分路程由海上、铁路、内河或航

空接运（如载货车辆和货物在运输过程中，需要通过装上轮船、火车、飞机联合完成全程运输任务）时，则 CMR 依然适用于全程运输。CMR 运单不同于多式联运提单，多式联运提单是物权凭证，而 CMR 运单仅表示运输合同。

（3）如果公路承运人同时也是其他运输方式的承运人，则他的责任也应按 CMR 规定来确定，但就其以公路承运人和其他运输方式承运人的身份应作为两个不同当事人看待。

（4）CMR 不适用于的运输范围：按照任何国际邮运公约条款而履行的运输；丧葬运送；家居搬迁。

（二）承运人负责的对象

当承运人的代理人、受雇人或其他人在其受雇范围内行事，承运人应对这些代理人、受雇人和为履行运输而使用其服务的任何其他人的行为和不行为一如他本人的行为或不行为一样负责。

（三）运输合同的签订和履行

"运输合同应以签发运单来确认。无运单、运单不正规或丢失不影响运输合同的成立或有效性，仍受公约规定所制约"。

此条款说明 CMR 运单不是议付或可转让的单据，也不是所有权凭证。与海运提单相比，尽管国际道路货物运单也具有合同证明和货物收据的功能，但不具有物权凭证的性质。签发 CMR 运单是用以证明道路货运合同和货物已由道路承运人接管或装上道路运输工具的一种货运单证。仅表示确认运输合同的成立，以及承运人对运输合同的执行。因此，道路运单不能转让，只能做成记名抬头，货物到达目的地后承运人通知运单抬头人提货。CMR 运单必须记载下列事项：运单签发日期和地点，发货人、承运人、收货人的名称和地址，货物交接地点、日期，一般常用货物品名和包装方法，货物重量、运费，海关报关须知等。

【示例 2—1】CMR 国际道路货物运单（一式 4 联、也称联单）

CMR 国际道路货物运单

1）关税控制副本

2）发货人副本

3）收件人副本

4）承运人副本

1. 发件人名称 　　通信地址 　　国籍	国际道路货物运单（CMR） 　　　　　　No.
2. 收件人名称 　　通信地址 　　国籍	16. 承运人
3. 物品的发出地	17. 下一个承运人
4. 物品的接收日期和地点 5. 随附的文件	18. 承运人的保留条件和注解

（续　表）

6. 编号　　7. 件数　　8. 包装的种类　　9. 物品的名称 　　　共计： 种类　编号　信函，　　ADR 欧洲国际道路危险品运输公约			10. 统计号码	11. 毛重	12. 净重
13. 发件人指令（海关及其他官方处理意见）		19. 付费	发件人支付	币制	收件人支付
		运费			
		小计			
14. 偿付					
15. 运费支付指令		20. 其他的协定			
21. 发货时间 　　地点		24. 物品收到的日期 　　收件人的签字盖章			
22. 发件人签字盖章	23. 承运人签字盖章				

25. 包含过境点的关税距离测算 从____开始到____目的地 　千米			28. 运费计算				
			运送重量	计费等级	货品种类	货币单　运费率　保险 C. M. R
26. 承运人的缔约方是/不是/现 行费率的零售商					总计	
27	牌照号码　有效载荷　现行许可证号					
汽车		国家的	双边	欧盟		FrenchECO: 经济合作组织
拖车						

【示例 2－2】CHN 国际道路货物运单

CHN 国际道路货物运单　　　　　　　No: 0000001

1. 发货人 　名称 　国籍			2. 收货人 　名称 　国籍		
3. 装货地点 　国家　　　　　市 　街道			4. 卸货地点 　国家　　　　　市 　街道		
5. 货物标记和号码	6. 件　数	7. 包装种类	8. 货物名称	9. 体积（m³）	10. 毛重（kg）

（续　表）

11. 发货人指示				
a. 进/出口许可证号码：	从		在	海关
b. 货物声明价值				
c. 发货人随附单证				
d. 订单或合同号	包括运费交货点			
e. 其他指示	不包括运费交货点			
12. 运送特殊条件	13. 应付运费			
	发货人	运费	币别	收货人
14. 承运人意见				
15. 承运人	共计			
16. 编制日期 　到达装货　　　　时　　　　分 　离去　　　　　　时　　　　分 　发货人签字盖章 　承运人签字盖章	17. 收到本运单货物日期 18. 到达卸货　　　　时　　　　分 　离去　　　　　　时　　　　分 　收货人签字盖章			
19. 汽车牌号　　　车辆吨位 　司机姓名　　　　拖挂车号 行车许可证号　　　路单号	20. 运输里程 　过境里程 　收货人境内里程 　共计			
21. 海关机构记载：	22. 国际道路运输管理机构记载			

说明：（1）我国印制的国际道路货物运单，使用中文和相应国家文字印制。

（2）本运单一式五联单：第一联，存根；第二联，始发地海关；第三联，口岸海关；第四联，口岸运管机构，第五联，随车携带（如是过境运输可印制6～8联的运单，供过境海关留存）。

（四）第23条对承运人负责赔偿货物的限定

由于道路运输途经许多国家，如发生货损货差，各国法规不统一，无法解决赔偿问题。为了达到承托方协调统一，条款中对承运人赔偿货物的价值和短缺的赔偿额毛重每千克不超过25法郎解释比较详细，并将"法郎"意指重10/31克，其黄金纯度为900（‰）的金法郎来统一计算赔偿价值。

（1）如果根据本公约规定，承运人负责赔偿货物的全部和部分灭失时，这种赔偿应参照接运地点和时间货物的价值进行计算。

（2）货物的价值应根据商品交易所价格，或无此种价格则根据现行市价，或如无商品交易所价格或现行市价，则参照同类、同品质货物的通常货价决定。

（3）但该短缺的赔偿额毛重每千克不超过25法郎。"法郎"意指重10/31克，其黄金纯度为900‰的金法郎。

（五）连续承运人履行运输合同的规定

假如：我国第一承运人运送货物途经哈萨克斯坦到第三国，与发货方签订全程CMR运输单证，但实际情况是第一承运人必须在中哈边境将货物转移到哈方第二承运人车上运输到第三国边境，哈方第二承运人必须再转移货物到第三国承运人的车上送达目的地，那么，根据 CMR 公约："如受单一合同所制约的运输是由连续公路承运人履行，则其每一承运人为全部营运负责。鉴于其接受货物和运单，第二承运人和每个连续承运人即成为在运单条款中运输合同的当事人一方。"

二、《TIR 公约》对我国国际道路货物运输的影响

1949 年，欧洲一些国家出现了海关对跨国公路运输实行的便利监管措施，1975 年，在联合国欧洲经济委员会的主持下，制定了《1975 年国际公路运输公约》（又名《TIR 证国际货物运输海关公约》，以下简称《TIR 公约》）。

《TIR 公约》"第一条（a）'TIR 运输'是指根据本公约规定'TIR 程序'将货物从起运地海关运至目的地海关；（b）'TIR 作业'，应指一项 TIR 运输在缔约方从起运地或入境（沿途）海关到目的地或（出境）海关进行的 TIR 运输部分"，意味着当有若干个起运地或目的地海关设在同一个或几个国家时，在一个缔约方境内可能有一次以上的 TIR 作业。在这种情况下，在连续两个海关之间进行的国内段运输，不论起运地、目的地还是沿途海关，均可视为一次 TIR 作业。

加入 TIR 公约，要对每一家愿意加入的运输公司进行严格的资格审查程序，每一家新加盟的企业必须符合一定的严格条件，必须得到有关国家道路运输协会和海关机关所承认，并可由缔约方授权有关担保协会直接颁发或通过对应的协会颁发 TIR 证，且充当担保人。通过某一国家内能够代表承运人并得到该国海关授权的国家协会，担保承运人支付因 TIR 证运输作业过程中发生违章而可能产生的税费。这一全国担保协会不仅为本国持有 TIR 证的承运人提供担保，而且对持有其他国家协会签发的 TIR 证的外国承运人提供担保。如此，持有 TIR 证的公路运输卡车可以穿行于 TIR 国家之间，一般无须在各国边境停留并接受检查；各国协会的担保则构成一个联保系统，并国际道路运输联盟管理。该联保系统还得到了几家大保险公司的担保，由 TIR 执行理事会监督。

由于 TIR 证运输的便利，在该项制度诞生后的几十年间，已经发展到包括美国、加拿大、智利、乌拉圭等 68 个成员，截至 2008 年 TIR 证签发量达到 325 万张以上，各国海关批准使用 TIR 证的运输公司达到 43000 家以上。

目前，TIR 制度已在我国周边 6 个国家正式使用，其中俄罗斯和哈萨克斯坦是该制度的积极用户，巴基斯坦也正在积极考虑加入 TIR 公约。目前，我国没有加入 TIR 公约，所以，开展国际道路运输受到制约；如 TIR 公约能在我国得到落实，将对我国与邻国之间的多边公路运输带来明显的便利，使报关手续能够在出发地和目的地完成，不需要在边境口岸办理，通过缔约方第三国的过境运输也将会顺利通行。

三、中俄汽车运输协定

《中华人民共和国政府与俄罗斯联邦政府汽车运输协定》于 1992 年 12 月 18 日签订并于 1993 年 6 月 14 日生效。该协有效期为 3 年，到期如双方无异议，继续生效。按照协定，两国间定期和不定期的汽车旅客运输（包括游客）、货物运输通过两国相互开放的边

境口岸和道路进行，由在中国或俄罗斯登记注册的车辆承担。协定中所指的运输，只能由根据本国国内法律获准从事国际运输的承运者来担任；从事国际运输的车辆应具有各自国家登记的标志和识别标志；缔约双方的承运者的车辆在缔约另一方领土上时，必须遵守该国的交通规则及其他法律。有关货物运输主要条款如下。

（1）两国间的货物运输，应由持有缔约双方主管机关颁发的行车许可证的载货汽车或拖挂汽车来完成。每次货物运输应办理一次往返的行车许可证，如该许可证本身另有规定则除外。

（2）缔约双方的主管机关每年相互交换已商妥数量的货物运输行车许可证，许可证应有颁发行车许可证的主管机关的印章和负责人签字。行车许可证的交换程序由缔约双方的主管机关商定。

（3）如果空车或载货车辆的尺寸或重量超出缔约另一方国内所规定的限制，以及运送危险品，承运者应取得缔约另一方主管机关的特别许可证。对于特别许可证，如果规定了汽车的行车路线，则运输应按这一路线运行。

（4）下列运输项目不需办理行车许可证（进行本条规定的运输时，必须持有本国的行车路单）。

①为举办交易会和展览会而用的展品、设备和材料。

②为举办体育活动而用的交通工具、动物以及其他各种器材和财产。

③舞台布景和道具、乐器、设备以及拍摄电影、制作广播、电视节目所需用品。

④死者的尸体和骨灰。

⑤邮件。

⑥损坏的汽车运输工具。

⑦搬迁时的动产。

⑧按照本协定第7条的规定获得特别许可的货物。

从事技术急救的工程车辆无须办理许可。

（5）从事边境地区运输的货物运输和旅客运输的安排，应由缔约双方主管机关共同确定。

（6）承运者不得承运位于缔约另一方领土上两点之间的旅客和货物运输。

（7）承运者如果得到缔约另一方主管机关的特别许可，可以承运从缔约另一方领土出发到第三国以及从第三国到缔约另一方领土的运输。

（8）本协定中所指的货物运输，应采用各自参照国际通用货单格式的本国货单。

（9）从事旅客运输或货物运输的汽车驾驶员，应具有与其驾驶的车辆类别相符的本国或国际的驾驶证以及本国的车辆登记证件。

（10）协定所规定的许可证及其他证件，应随车携带，并应主管检查机关的要求出示。

（11）根据协定所进行的结算和支付，将按两国政府间的支付协定，或按缔约双方授权所签订的其他协议执行。

（12）由缔约一方承运者根据本协定在缔约另一方领土上从事的客货运输及承运这些运输的汽车车辆，免征办理协定所规定的运输审批手续费、公路使用与保养费、汽车车辆占有或使用税，以及运输收入和利润所得税。

（13）在根据协定所进行的运输中，对运入缔约另一方领土的下列物资相互免征关税，无须批准：

①各类运输车辆按额定油箱所装的在工艺和设计上与发动机供给系统有关的燃料。

②运输途中所必备数量的润滑油。

③用于维修国际运输车辆的备用零件和工具。

没有使用过的零备件，应运回国，而替换下来的备用件，应运出国，或者销毁，或者按缔约相应一方规定交出。

（14）根据协定规定所进行的客货运输车辆，承运者应提前办理该车第三者责任保险。

（15）运送动物和易腐货物，边防、海关和卫生检疫将予以优先查验。

（16）与本协定所述客货运输有关的具体问题，可直接由缔约双方的组织和企业协调。

（17）为确保协定的执行，缔约双方的主管机关应缔约一方建议，进行直接接触，协商解决客货运输许可证制度有关的问题，以及就使用已发放的许可证交流经验和交换信息。协定及缔约双方参加的多边和缔结的双边协定所不能调解的问题，将根据缔约每一方的国内法律解决。在解决和执行本协定过程中可能出现的一切争议，缔约双方将通过谈判和协商加以解决。

四、中蒙汽车运输协定

1991 年 6 月 20 日，中华人民共和国政府和蒙古人民共和国政府（以下称"缔约双方"）注意到两国经济贸易关系的发展，为在平等互利的基础上发展两国间的汽车运输合作达成协议；2011 年 6 月"缔约双方"在此基础上进行了修订。

对于两国间定期和不定期的汽车旅客运输（包括游客）、货物运输，通过两国相互开放的边境口岸和公路进行，由在中国或蒙古登记注册的车辆和获准的从事国际汽车运输的承运者来承担；从事国际运输的车辆，应具有各自国家登记的牌证和识别标志。有关货物运输主要条款如下。

（1）缔约任何一方的运输车辆，经营两国间汽车货物运输业务时，都必须具备各自主管机关颁发往返一次的行车许可证；行车许可证的交换程序，由缔约双方主管机关商定。

（2）缔约双方主管机关，每年应交换一次双方共同制定的统一格式的货物运输许可证，这些许可证应有缔约双方主管机关指定的汽车运输主管部门的印章和负责人的签字。

（3）从事国际运输的车辆，应具有各自国家登记的牌证和识别标志。

（4）如果空车或重车车辆的外形尺寸和重量超出缔约另一方国内所规定的限制以及运送危险品，承运者应取得缔约另一方主管机关的特别许可，方可进行；如特别许可规定了行车路线，则不能行驶其他路线，只能按已规定路线行驶。

（5）缔约一方允许缔约另一方的运输车辆通过其合法的货运代理人组织回程货载，但不得自行在该方国内揽货。

（6）缔约任何一方的运输车辆不得承运缔约另一方国家两个地区间的客货运输。

（7）缔约一方的承运者如果得到缔约另一方主管机关的同意，可以承运从本国出发经缔约另一方领土往返到第三国的客货运输。

（8）下列运输项目不需办理许可证（进行本条规定的运输项目时，必须持有本国的行车路单）。

①死者的骨灰或尸体。

②搬家时的动产。

③为举办展览和交易会而用的展品设备和材料。

④为举办体育活动而用的交通工具、动物以及各种器材和财产。

⑤为演出而用的舞台布景和道具、乐器、设备以及拍摄电影、制作广播、电视节目所需用品。

⑥邮件。

⑦损坏的汽车运输工具。

从事技术急救的工程车辆进入缔约另一方国境，无须办理许可证。

（9）缔约一方应将该方使用的主要证件及业务单据格式通知另一方，另一方应予以承认；许可证及有关单据都必须用中蒙两种文字印制，分别由填写方使用本国文字填写。

（10）从事旅客运输或货物运输的汽车驾驶员，应具有与其驾驶的车辆类别相符的本国或国际驾驶执照以及本国的车辆登记证；在出中国或蒙古边境前按有关规定办好个人证件。在缔约另一方领土上，必须遵守缔约另一方的有关法律及交通规则。

（11）运输费用的结算和支付办法，将按缔约双方间的支付规定进行。但缔约双方主管机关另有协议者除外。

（12）缔约一方对缔约另一方的承运者在两国间以汽车从事本协定规定范围内的客、货运输业务免交养路费，免征车辆占有使用税，以及运输收入和利润的一切税收。

（13）缔约双方从事两国间客、货运输的任何车辆都应办理车辆保险和第三者责任保险。

（14）运送牲畜及易腐货物的车辆，可以提前办理边防、海关和防疫检查手续，予以优先查验放行。

（15）缔约一方对缔约另一方客、货车辆携带的供本车在国际汽车运输途中使用的下列物资免征物资进口关税，无须批准。

①各类运输车辆按额定油箱所装的在工艺和设计上与发动机供给系统有关的燃料。

②在运输途中所必备数量的润滑油。

③用于维修国际运输车辆的备用零件和工具。

没有使用过的备件，原则上应该运回本国。用过的废件可以运回本国，或经许可后就地销毁。

（16）如果缔约一方的车辆或人员，在缔约另一方国内违反该方国家的有关法律规定，缔约另一方有权按本国的有关规定对违章者采取必要的措施，但缔约一方有权要求缔约另一方将所采取的具体措施情况向其通报。缔约双方将通过协商和交换意见的办法，解决因解释和执行本协定中产生的一切争议问题。

五、中亚国家的道路状况和规定公路运输中大件货物的政策

(一) 中亚的地理位置及范围

苏联解体后，关于"中亚"所指的范围仍引起广泛争论。一些学者提出将中亚地区分为广义的中亚和狭义的中亚。

广义的中亚是"东到蒙古国东境和内蒙古东部；南始伊朗和阿富汗的北部，印度、巴基斯坦西北，包括新疆、甘肃河西走廊等中国西北地区；西起里海，包括哈萨克斯坦、乌兹别克斯坦、吉尔吉斯斯坦、土库曼斯坦和塔吉克斯坦五国；北达西伯利亚南部米努辛斯克、克拉斯诺亚尔斯克一带。"

狭义的中亚以阿姆河和锡尔河西河流域为中心，苏联解体后，这一区域的哈萨克斯坦、乌兹别克斯坦、吉尔吉斯斯坦、土库曼斯坦和塔吉克斯坦五国政权已形成一个比较共同的政治文化区域，因而，狭义中亚一般来说是指中亚五国。

中亚五国中与中国接壤的有哈萨克斯坦，吉尔吉斯斯坦，塔吉克斯坦。

从以上的中亚的范围可以看出中亚的地理位置非常重要，它是连接亚洲和欧洲，太平洋和印度洋的陆路中心位置，对于陆路运输来讲是非常重要的通道，自古以来丝绸之路就通过中亚各国。

(二) 中亚国家的道路状况

1. 哈萨克斯坦的道路状况在整个中亚国家中算是比较好的，但也是以苏联时期所修建的道路为主干道，这些道路目前已经年久失修，道路上的沥青已经很薄，很多地方都已经露出砂石路面，只能勉强称之为硬实路面，哈国在独立后也修建了近 2000 公里的新公路，这些公路的修建水平相当于我国的二级公路水平。

2. 其他中亚国家的道路没有什么新公路，基本上是苏联时期的公路加以维护和保养至今的局面。只是整个中亚地区没有收费公路，也没有收费站，也算是运输中的一个成本的降低。

3. 在其他中亚国家中，吉尔吉斯斯坦和塔吉克斯坦国家中山区较多，公路多在山区及盘山公路间绕行，运输的难度比较大。

4. 乌兹别克斯坦和土库曼斯坦的道路以沙漠公路为主，气候相对比较干旱，但冬季运输影响不大。

5. 哈萨克斯坦北部因地理位置靠近俄罗斯，纬度比较高，冬季运输影响比较大。

(三) 中亚国家规定公路运输中大件货物的政策

1. 哈萨克斯坦对超限货物运输的规定

(1) 不可分割货物，要求只有不可分割货物才能办理超限手续；

(2) 车货总重超过 38 吨的货物属于超限货物，也就是说货物超过 24 吨就属于超重货物；

(3) 长超过 13 米，宽超过 2.5 米，高超过 2.8 米的货物属于超限货物；

(4) 全国统一超限标准，在货物的始发地就可办理到达目的地的全部超限手续；

（5）超限费用分为总体超重和轴载超重，总体超重是按照超过车货总重 38 吨以上的重量来计算的，轴载超重是根据超过规定的轴载重量计算，也就是我们常说的道路补偿费；

（6）货物超过 4 米，或者货物长度超过 25 米以上要求沿途交警押运。

2. 其他中亚国家的超限货物运输规定与哈萨克斯坦基本相同。

六、大湄公河次区域跨境运输协定

（一）大湄公河次区域南北经济走廊的建设

大湄公河次区域跨境运输协定正式名称是《柬埔寨王国政府、中华人民共和国政府、老挝人民民主共和国政府、缅甸联邦政府、泰王国政府及越南社会主义共和国政府间客货跨境运输便利协定》。正如该协定正式名称所示，所有大湄公河次区域国家均是该协定的签字国。

大湄公河次区域跨境运输协定是专为便利客货跨境运输设计、由所有大湄公河次区域成员采用的多边法律文件。该协定提出了实际措施，在中短期内简化规章制度，提高效率，在次区域范围内减少无形壁垒。该协定吸纳了其他双边和多边行动的指导原则，灵活考虑了次区域内每个国家的不同手续。该协定所参考的文件，包括现有的在各国证明了其有效性的国际条约，还考虑了东盟现行的类似倡议并与之保持一致。保证该协定与现有的关于跨境陆地运输便利措施国际条约相一致，并且与东盟国家达成的类似的协定相一致。

大湄公河次区域跨境运输协定是综合性多边法律文件，其中涵盖了有关跨境运输便利化的各个方面。包括：一站式通关；人员的跨境流动（如营运人员的签证）；运输通行制度，包括免除海关检验、保证金抵押、护送、动植物检疫；公路车辆将必须具备跨境通行的先决条件；商业通行权利的交换；基础设施，包括公路和桥梁设计标准、公路标识与信号。该协定将在签约国选定的和相互同意的线路和出入点上采用。

2004 年 8 月在金边举办的第八届大湄公河次区域交通论坛会议上，大湄公河次区域国家一致同意，在确定的 16 个跨境点中的 5 个试验点上，开始初步实施该协定。这 5 个试点如下：

（1）河口（中华人民共和国）—老街（越南）；

（2）巴维（Bavet）（柬埔寨）—莫拜（Moc Bai）（越南）；

（3）淡沙湾（Dansavanh）（老挝人民民主共和国）—老堡（Lao Bao）（越南）；

（4）波贝（Poipet）（柬埔寨）—阿叻年巴提（Aranyaprathet）（泰国）；

（5）穆达罕（Mukdahan）（泰国）—沙湾拿吉（Savannakhet）（老挝人民民主共和国）。

2008 年 3 月 31 日由柬埔寨、中国、老挝、缅甸、泰国、越南（以下简称"缔约各方"）于万象签署《大湄公河次区域经济走廊论坛机制谅解备忘录》，为加强大湄公河次区域（简称"GMS"）经济走廊建设，加速区域合作、实现本地区经济潜力最大化的一项基本战略以昆曼公路 3 号线老挝段的竣工和连接老挝和泰国的清孔—会晒大桥工程的实施决定为标志，南北经济走廊基础设施连接网建设已发展到一个新的阶段。

南北经济走廊的巨大潜力和战略意义，其定位为中国和东盟之间的主要贸易途径。考虑到南北经济走廊既涵盖了 GMS 区域内的最不发达地区，也涵盖了生态最敏感地区，因此，次区域合作有助于大大减少贫困并运到南北经济走廊地区更加均衡、可持续的发展。

南北经济走廊由连接 GMS 中、北部地区经济和人口中心的三条主要线路组成，即：穿过老挝和缅甸的昆明—清迈—曼谷陆路、水路一线；昆明—河内—海防一线；南宁—河内一线。

缔约各方同意积极促进、支持和寻求将南北经济走廊进一步发展为成熟的经济走廊，期待南北经济走廊的发展途径可以扩展到其他 GMS 走廊。

缔约各方各自建立一个常设的国家便利运输委员会，由一名部长或副部长或相当人士担任主席。委员会要包括与执行协定有关的所有各方的代表。

各国便利运输委员会的代表组成联合委员会。联合委员会对本协定的执行情况进行监督和评估，其将作为一个商讨问题和友好解决争端的论坛，还可向缔约各方提出建议并拟订本协定的修正案。

缔约各方要在过境口岸建设或改善所要求的基础设施并配备工作人员，以便保证按照规定迅速有效地完成跨境手续。

（二）跨境手续的便利化

缔约各方为推动大湄公河次区域跨境运输的发展，逐步采取以下措施，以简化和便捷跨境手续的办理。

1. 单一窗口检查

各有关主管部门（如海关、警察、移民、驾驶执照、农业、卫生检疫）应联合并同时对人员（护照/签证、驾驶执照、外汇、海关、卫生/流行病）、车辆（登记、行车适应性、保险）及货物（海关、质检、食品安全检验、卫生检疫、植物卫生保护、动物检疫）进行不同的检查和监管。

2. 一站式检查

边境双方国家的官员在履行职责过程中尽可能地互相协助。两个相邻国家的主管部门可同时进行检查。如当地地形不允许设置紧贴式边境检查站，缔约一方的监管官员应被允许到缔约另一方境内履行其职责。

3. 协调办公时间

缔约各方应协调其相邻的跨境监管机关的办公时间。

4. 提前交换信息和通关

缔约各方应互相合作允许提前交换信息和货物人员通关。

5. 对从事运输经营活动的人员的签证

缔约各方应给其他缔约方从事运输活动并需签证的国民颁发较长时间的多次入境、过境及出境签证。

6. 货物跨境运输免除海关检查、免缴保证金及免除护送

（1）缔约各方同意对过境货物免于：在边境的海关例行常规的检查；在国境内由海关护送；收取海关关税保证金。

（2）为此，缔约各方将共同建立适合的过境和内陆海关通关制度。

7. 过境运输

（1）缔约各方对往来于其他缔约方领土的过境运输给予通过其领土的自由。

（2）过境运输应免缴任何海关关税和税收。

（3）海关关税和税收以外的对过境运输收取的费用，逐步过渡到对过境运输收取的费用与所付出的成本相关。

8. 食品、动植物检验检疫

缔约各方在检查跨境货物时应符合世界卫生组织国际食品卫生法典，粮农组织、国际食品卫生法典和国际动物卫生组织的规定和相关的国际协定。

9. 运输特种货物的专门制度

（1）本协定不适用于对该备忘录附件一所定义的危险货物的运输。

（2）运输易腐货物，应对其办理跨境通关手续给予优先，以免不当延误。

10. 对道路车辆入境时的要求

道路车辆在其他缔约方入境依照规定的条件，缔约各方应允许在其他缔约方登记的车辆（无论左方驾驶或右方驾驶，无论为营利或自用或私营进行商业运营）进入其领土。

11. 从事跨境运输的车辆登记要求

（1）从事跨境运输的车辆应在其本国登记。

（2）车辆应具有识别标志（制造者商标、底盘及发动机序号），携带登记证书，在车辆后方及前方的牌照上显示其登记号码，并显示其登记国的辨别标志。

12. 车辆和集装箱技术要求

驶往其他缔约方境内的车辆和集装箱应满足在本国施行的设备安全和排放标准。涉及重量、轴重和尺寸的，驶往其他缔约方领土的车辆必须符合东道国的技术标准。

13. 车辆技术检查证书的承认

（1）往其他缔约方领土的车辆应处于良好的工作状态。

（2）本国负有责任对在其境内登记的道路适行性进行监督，在此基础上向其颁发技术检查证书。

（3）其他缔约各方承认这些技术检查证书。

14. 强制性第三者车辆责任保险

驶往其他缔约各方境内的机动车辆应符合东道国关于强制性第三者车辆责任保险的要求。

15. 驾驶许可证

缔约各方承认由其他缔约方根据 1985 年 7 月 9 日在吉隆坡签订的《承认东盟国家所发国内驾驶执照协定》所颁发的驾驶证。

16. 道路车辆的临时进口

缔约各方应允许在缔约另一方境内登记的机动车辆（以及供油箱内燃油、润滑油、维修所需品、合理数量的备件）的临时进口，而无须支付进口关税和进口税，无须交纳海关保证金，不受进口禁令和限制的约束，但需再次出口并遵守该备忘录附件八规定的其他条件。

17．商业交通权的交换

交通权应按以下两个步骤行使。

第一步：根据规定的条件，设于缔约一方的运输经营人可以进行以下运输经营活动。

（1）通过其他缔约方的过境运输。

（2）运抵另一方的运输。

（3）从另一缔约方运出的运输。

第二步：设于缔约一方的运输经营人可以根据自由市场机制从事进入、来自或穿越其他缔约方领土的运输经营活动。但是，国内运输权只能基于东道国的特别授权给予许可。

18．行车线路和入境口岸的指定

议定书一规定可允许的用于跨境货物和人员运输的行车线路和入出口岸。

19．对运输经营人的发证（专业准入）

（1）运输经营人应由其本国根据规定的标准发给跨境运输经营证。

（2）经营证不得由持有人出售或转让。

（3）东道国承认由本国颁发的经营证。

20．市场准入

（1）根据规定标准在其本国获得许可进行跨境运输的经营人有权进行本协定下的跨境运输经营活动。

（2）东道国应允许从事跨境运输的运输经营人为了便利其运营活动建立代表机构。

21．运输服务的市场自由

运输经营应逐步按以下两个步骤授权。

第一步：按规定，每一缔约方的国家便利运输委员会每年交换和颁发已同意数量的许可证。

第二步：本协定下运输经营活动的密度和能力不受本协定之外其他任何限制的制约。

22．运输价格

定价：跨境运输应自由定价并由市场机制确定，但须遵守反垄断限制及联合委员会的监督，以防定价过高或定价过低。

（三）国家法律法规的遵守与执行

（1）人员、运输经营人和车辆应遵守东道国的现行法律和法规。

（2）只有违法行为发生地的东道国主管部门才有行使当地法律和法规的权力。

（3）东道国可暂时或永久拒绝违反本协定或其国家法律、法规的人员、驾驶员、运输经营人或车辆进入其境。

（4）法律、法规和基础设施状况的透明度。缔约各方应备有以英语编写的与本协定规定的货物和人员跨境运输有关的其国家法律、法规、程序和技术信息的综合宣传册。

（5）无歧视待遇。在跨境运输中，缔约各方应对其他缔约方的车辆、货物和人员给予平等的不低于根据本协定规定给予第三国车辆、货物和人员的待遇。

（6）发生交通事故时的协助。当发生涉及来自另一缔约方的人员、运输经营人、车辆或货物的交通事故时，东道国应提供所有可能的协助，并尽快通知本国主管部门。

（7）多式联运。缔约各方通过洽商统一的多式联运责任制度、规定的多式联运经营人的最低资质要求以及集装箱海关特别制度，促进多式联运的经营。

（8）报文和程序。

①缔约各方承认报文和程序是影响过境运输效率的重要的时间因素和成本因素，同意将这些成本与延误保持在最低程度。

②因此缔约各方应：限制跨境运输所需报文的数量，尽可能减少有关程序和手续。为所有用于跨境运输的文件提供英文译文。使其文件与联合国贸易文件格式相一致。尽可能地将商品编码和说明与如该备忘录附件十五所列国际贸易通用的相一致。定期检查所有跨境运输所需文件和程序的必要性和实用性。废除任何多余的或无特定目的的文件及形式上的要求。在 2005 年前使所有度量衡单位与标准国际单位（国际现代公制单位）相一致。将任何要引入有关国际运输文件和程序的新增要求或修改提前通知其他缔约方。

目前，我国与周边的越南、柬埔寨、老挝已经签署了简化卡车通关手续的协定。协定规定，穿越 3 国的 22 条通道、十几处跨境关卡实现自由通行。

为保障各国道路运输经营者的利益，签约国之间以卡车和大客车等为对象相互发给对等数量的通行许可证，持有许可证的卡车等可以在 3 国间不卸下物品的情况下跨境自由通行，无须为完成海关通关和检疫手续，暂时卸下运输的物品。这种模式就是 TIR 国际运输模式。

第三节　我国对从事国际道路货物运输的许可

一、国内道路货物运输与国际道路货物运输

我国沿海港口的交通状况已像美国西部海岸线一样拥挤，对我国商品的出口造成严重影响。我国与周边陆路接壤的国家贸易交往日益繁荣，贸易量越来越大，道路运输和多模式的货运为我国国际贸易提供为数更多、更多样化、更畅通的运输渠道；直达目的地的客、货运任务也可以更快、更便宜、更有效地完成。

国际道路货物运输也称出入境汽车运输或过境运输，一般分为国内段运输和境外段运输。

国际道路货物运输以国内道路货物运输为基础，经过批准，通过国家开放的边境口岸和道路进行出入境的汽车运输。出境后涉及不同的国家道路运输的法律、法规以及货物的监管，与国内道路货物运输相比，国际道路货物运输的风险较大、运作复杂，同时还具有出入境监管等特征。

国际道路货物运输分为国际贸易货物出入境运输和国际贸易货物过境运输。

（1）国际贸易货物出入境运输。是指中国与其接壤的国家通过签订双边国际贸易汽车运输协定而开展的运输活动，通过国家开放的边境口岸和道路进行出入国境的双边汽车运输。

（2）国际贸易货物过境运输。是指根据相关国家政府间的有关协定，经过批准，通过第三国或多国国家开放的边境口岸和道路进行出入国境的多边汽车运输（通过第三国的领土，旅客、货物运输的起讫点均不在通过国）。

二、我国对国际道路运输经营者的经营许可

我国与周边国家发展双赢的对外贸易，尤其是发展中国西部地区同中亚各国、蒙古、俄罗斯等国之间的贸易，是我国对外经济政策中至关重要的内容。我国政府提倡开辟新丝绸之路，从我国至欧洲的道路运输经过中亚地区的距离为最短路线，开展国际道路运输合作，它有利于将"中国制造"产品出口打开通往西方的大门。

为规范国际道路运输经营活动，维护国际道路运输市场秩序，保护国际道路运输各方当事人的合法权益，促进国际道路运输业的发展，根据《道路运输条例》和我国政府与有关国家政府签署的汽车运输协定，制定《国际道路运输管理规定》，于 2005 年 6 月 1 日实施。规定省级人民政府交通主管部门负责组织领导本行政区域内的国际道路运输管理工作；省级道路运输管理机构负责实施国际道路运输经营许可；国际道路运输经营许可事项包括国际道路旅客运输（定期国际道路旅客运输、不定期国际道路旅客运输）、国际道路货物运输（普通货物运输、货物专用运输、大型物件运输）和国际道路危险货物运输。

国际道路运输坚持平等互利、公平竞争、共同发展的原则。

国际道路运输管理执行公平、公正、公开和便民化的原则。

开放国际道路运输业务有利于我国从事国际道路运输的企业开拓与其他国家之间的国际道路运输经营活动，繁荣国际贸易，促使国际道路运输管理更加便利化、国际化。

（一）申请从事国际道路运输经营的许可条件

申请从事国际道路运输经营活动的，应当具备下列条件。

（1）已经取得国内道路运输经营许可证的企业法人。

（2）从事国内道路运输经营满 3 年，且近 3 年内未发生重大以上道路交通责任事故（道路交通责任事故是指驾驶人员负同等或者以上责任的交通事故）。

（3）从事国际道路运输的驾驶人员，应当符合下列条件。

①取得相应的机动车驾驶证。

②年龄不超过 60 周岁。

③经设区的市级道路运输管理机构分别对有关国际道路运输法规、外事规定、机动车维修、货物装载、保管和旅客急救基本知识考试合格，并取得《营运驾驶员从业资格证》。

④从事道路危险货物运输的驾驶人员、装卸管理人员、押运人员经所在地设区的市级政府交通主管部门考试合格，取得相应从业资格证。

（4）拟投入国际道路运输经营的运输车辆技术等级达到一级。

①投入国际道路运输经营的运输车辆技术性能应当符合国家标准《营运车辆综合性能要求和检验方法》（GB 18565）的要求。

②投入国际道路运输经营的运输车辆技术等级应当达到《营运车辆技术等级划分和评定要求》（JT/T 198）规定的一级。

③投入国际道路运输经营的运输车辆外廓尺寸、轴荷和载质量应当符合国家标准《道路车辆外廓尺寸、轴荷及质量限值》（GB 1589）的要求。

④从事国际道路大型物件运输经营的，应当具有与所运输大型物件相适应的超重型车组。超重型车组是指运输长度在 14 米以上或宽度在 3.5 米以上或高度在 3 米以上货物的车辆，或者运输重量在 20 吨以上的单体货物或不可解体的成组（捆）货物的车辆。

⑤从事国际道路冷藏保鲜、罐式容器等专用运输的，应当具有与运输货物相适应的专用车辆，专用容器、设备、设施应当固定在专用车辆上。

⑥从事国际道路集装箱运输的，应当具有与运输集装箱相适应的车辆，并有固定集装箱的转锁装置。

（5）有健全的安全生产管理制度。

（二）申请从事国际道路运输应提交的材料

拟从事国际道路运输经营的，应当向所在地省级道路运输管理机构提出申请，并提交以下材料。

（1）国际道路运输经营申请表。

（2）《道路运输经营许可证》及复印件。

（3）法人营业执照及复印件。

（4）企业近 3 年内无重大以上道路交通责任事故证明。

（5）拟投入国际道路运输经营的车辆的道路运输证和拟购置车辆承诺书，承诺书包括车辆数量、类型、技术性能、购车时间等内容。

（6）拟聘用驾驶员的机动车驾驶证、从业资格证，近三年内无重大以上道路交通责任事故证明。

（7）国际道路运输的安全管理制度，包括安全生产责任制度、安全生产业务操作规程、安全生产监督检查制度、驾驶员和车辆安全生产管理制度等。

（8）从事危险货物运输的，还应当提交驾驶员、装卸管理员、押运员的上岗资格证等。

（三）企业《道路运输经营许可证》、车辆《道路运输证》的审批和发放

省级道路运输管理机构收到申请后，应当按照《交通行政许可实施程序规定》要求的程序、期限，对申请材料进行审查，做出许可或者不予许可的决定。

（1）决定予以许可的，应当向被许可人颁发《道路运输经营许可证》。不能直接颁发经营证件的，应当向被许可人出具《国际道路运输经营许可决定书》；在出具许可决定之日起 10 日内，向被许可人颁发《道路运输经营许可证》，《道路运输经营许可证》应当注明经营范围。

《道路运输经营许可证》和《道路运输证》中"经营范围"的填写：从事国际道路货物运输经营的，其"经营范围"按照省级道路运输管理机构行政许可决定的内容，分别填

写"国际道路普通货物运输""国际道路货物专用运输（项目）""国际道路大型物件运输（类别）""国际道路危险货物运输（类别、项别）"。其中：

①"国际道路货物专用运输"的"项目"中，应当在括号内分别标注相应项目"集装箱""冷藏保鲜""罐式"。

②"国际道路大型物件运输"的"类别"中，应当在括号内分别标注一、二、三、四类。

③"国际道路危险货物运输"的"类别""项别"中，应当在括号内分别按《危险货物分类和品名编号》（GB 6944）的规定标注相应类别和项别。危险货物分为1～9类，每一类中又分为若干项。

省级道路运输管理机构予以许可的，应当由省级交通主管部门向交通部备案。

（2）对国际道路运输经营申请决定不予许可的，应当在受理之日起20日内向申请人送达《不予交通行政许可决定书》，并说明理由，告知申请人享有依法申请行政复议或者提起行政诉讼的权利。

（3）非边境省、自治区、直辖市的申请人拟从事国际道路运输经营的，应当向所在地省级道路运输管理机构提出申请。受理该申请的省级道路运输管理机构在做出许可决定前，应当与运输线路拟通过口岸所在地的省级道路运输管理机构协商；协商不成的，由省级交通主管部门报交通部决定。交通部按照规定的程序做出许可或者不予许可的决定，通知所在地省级交通主管部门，并由所在地省级道路运输管理机构按照规定颁发许可证件或者《不予交通行政许可决定书》。

（4）被许可人应当按照承诺书的要求购置运输车辆。购置的车辆和已有的车辆经道路运输管理机构核实符合条件的，由道路运输管理机构向拟投入运输的车辆配发《道路运输证》。

超过承诺期限未履行投入运输车辆承诺的，道路运输管理机构应当通知被许可人6个月内投入车辆；超过承诺期限6个月不履行投入运输车辆承诺的，其经营条件已不具备，自动终止经营，道路运输管理机构应当撤销其相应的道路运输经营许可，并收回《道路运输经营许可证》。

配发《道路运输证》：省级道路运输管理机构应当核实被许可人购置的车辆或者已有的车辆，符合条件的，也可根据实际情况，委托车籍所在地市级道路运输管理机构配发国际道路运输车辆《道路运输证》。

（5）国际道路运输企业设立子公司的报备。

①国际道路运输企业设立分公司的，如总公司与分公司属同一省级道路运输管理机构管辖的，按照以下程序办理。

A. 国际道路运输企业应当向原《道路运输经营许可证》核发机关报备。

B. 省级道路运输管理机构在原《道路运输经营许可证》副本上"分支机构"栏予以注明，同时向分公司核发新的《道路运输经营许可证》副本，并出具分公司备案证明。

C. 国际道路运输企业凭备案证明、总公司的《道路运输经营许可证》正、副本复印件办理工商、税务登记手续。

②国际道路运输企业设立分公司的，如总公司与分公司不属同一省级道路运输管理机构管辖的，按以下程序办理。

A. 国际道路运输企业应当向分公司注册地的省级道路运输管理机构报备，并提供总公司《企业法人营业执照》《道路运输经营许可证》正本复印件和《道路运输经营许可证》副本（原件）。

B. 经核实，国际道路运输企业提供的材料真实，且符合从事国际道路运输经营活动条件的，省级道路运输管理机构应出具分公司备案证明，并向分公司核发《道路运输经营许可证》副本，同时函告总公司注册地省级道路运输管理机构。

C. 国际道路运输企业凭总公司《企业法人营业执照》《道路运输经营许可证》正本复印件和分公司备案证明、分公司《道路运输经营许可证》副本（原件）办理工商、税务登记手续。

D. 分公司需新增运输车辆的，分公司所在地的省级道路运输管理机构审核车辆条件后，符合要求的，配发《道路运输证》。也可根据实际情况，委托车籍所在地市级道路运输管理机构配发国际道路运输车辆《道路运输证》。

（四）运输车辆、人员的出入境手续办理

从事国际道路运输经营的申请人凭《道路运输经营许可证》及许可文件到外事、海关、检验检疫、边防检查等部门办理有关运输车辆、人员的出入境手续。

（1）驾驶人员、押运员、装卸工到所在地公安部门办理出国护照。

（2）驾驶人员、押运员、装卸工到口岸出入境人员检验检疫机关办理出入境人员检验检疫手续；办理进出口货物申报、查验、放行手续。

（3）到口岸海关办理海关监管车辆手续，办理进出口货物申报、查验、放行手续。

（4）到口岸边防检查部门办理人员、车辆出境放行手续。

（五）经营者变更、停业许可事项

国际道路运输经营者变更许可事项、扩大经营范围的，应当按照本规定办理许可申请。国际道路运输经营者变更名称、地址等，应当向省级道路运输管理机构备案。

国际道路旅客运输经营者在取得经营许可后，应当在180日内履行被许可的事项。有正当理由在180日内未经营或者停业时间超过180日的，应当告知省级道路运输管理机构。

国际道路运输经营者需要终止经营的，应当在终止经营之日30日前告知省级道路运输管理机构，办理有关注销手续。

三、国际道路运输运营管理

口岸道路运输管理机构根据《规定》对我国从事国际道路货物运输的经营者车辆以及外国国际道路运输经营者的车辆进行有效管理。

（一）对我国从事国际道路货物运输经营者的车辆的管理

（1）国际道路运输线路由起讫地、途经地国家交通主管部门协商确定。交通部及时向

社会公布中国政府与有关国家政府确定的国际道路运输线路。

（2）从事国际道路运输的车辆应当按照规定的口岸通过，进入对方国家境内后，应当按照规定的线路运行。

（3）从事国际道路运输的车辆应当标明本国的国际道路运输国籍识别标志。省级道路运输管理机构按照交通部规定的《国际道路运输国籍识别标志》式样，负责《国际道路运输国籍识别标志》的印制、发放、管理和监督使用。

（4）我国从事国际道路货物运输的经营者，应当使用《国际道路货物运单》。

（5）国际道路货物运输的价格，由国际道路货物运输的经营者自行确定，并经发货人确认。

（6）国际道路运输经营者应当使用符合国家规定标准的车辆从事国际道路运输经营，并定期进行运输车辆维护和检测。应当制定境外突发事件的道路运输应急预案。应急预案应当包括报告程序、应急指挥、应急车辆和设备的储备以及处置措施等内容。

（7）国际道路运输属于境内的计费里程以交通运输主管部门核定的里程为准，境外的里程按有关国家（地区）交通运输主管部门或者有权认定部门核定的里程确定。

（二）对外国国际道路运输经营者的车辆的管理

（1）外国国际道路运输经营者的车辆在中国境内运输，应当具有本国的车辆登记牌照、登记证件。驾驶人员应当持有与其驾驶的车辆类别相符的本国或国际驾驶证件。

（2）进入我国境内从事国际道路运输的外国运输车辆，应当符合我国有关运输车辆外廓尺寸、轴荷以及载质量的规定。我国与外国签署有关运输车辆外廓尺寸、轴荷以及载质量具体协议的，按协议执行。

（3）进入我国境内运载不可解体大型物件的外国国际道路运输经营者，车辆超限的，应当遵守我国超限运输车辆行驶公路的相关规定，办理相关手续后，方可运输。

（4）进入我国境内运输危险货物的外国国际道路运输经营者，应当遵守我国危险货物运输有关法律、法规和规章的规定。

（5）禁止外国国际道路运输经营者从事我国国内道路旅客和货物运输经营。

（6）外国国际道路运输经营者在我国境内应当按照运输合同商定的地点装卸货物。运输车辆，要按照我国道路运输管理机构指定的停靠站（场）停放。

（7）禁止外国国际道路运输经营者在我国境内自行承揽货物。

（8）对进出我国境内从事国际道路运输的外国运输车辆的收费，应当按照我国与相关国家政府签署的有关协定执行。

四、行车许可证管理

（一）国际道路运输实行行车许可证制度

行车许可证是国际道路运输经营者在相关国家境内从事国际道路运输经营时行驶的通行凭证。即给予国外车辆在本国道路行驶的交通权，其目的在于控制外国承运者的车辆进入本国的频次。

　　实行许可证制度的本质，一是合理分配不同国家的承运者的承运份额，实现承运者运输利益的合理分配；由于各国的法律制度、经济发展水平等原因，不同国家的承运者的运输成本存在差异，市场竞争原则决定了市场只会选择有竞争力的承运者。许可证制度往往会引发政府干预与市场机制间的矛盾，市场需求的波动性、客户对低成本运输的追求都会对许可证制度造成很大压力。因此，许可证数量问题也就成为有关国家运输合作谈判磋商的一个焦点问题。如采用开放国际道路运输市场方式，由市场自由选择承运者和运输频次，但各国为了保护本国的道路运输企业，采取控制进入本国的国外车辆的数量，减少环境污染，保障交通安全等限制。同时，不同国家道路运输承运人的经营能力不处于同一个竞争起点，比如，各国税费负担不一样，对驾驶员工作时间要求不一样等；要满足这些前提条件，实践证明非常困难。各国政府需综合平衡本国的运输利益、经贸利益及安全和环境保护等因素，本着相互信任、平等互利、共同发展的原则，通过友好协商开展运输合作。

　　我国从事国际道路运输的车辆进出相关国家，应当持有相关国家的国际汽车运输行车许可证。

　　我国制定的《国际汽车运输行车许可证》《国际汽车运输特别行车许可》的式样，由交通部与相关国家政府交通主管部门商定。边境省级道路运输管理机构按照商定的式样，负责行车许可证的统一印制，并负责与相关国家交换。交换过来的相关国家《国际汽车运输行车许可证》，由边境省级道路运输管理机构负责发放和管理。

（二）我国国际汽车运输行车许可证种类

　　我国国际汽车运输行车许可证分为《国际汽车运输行车许可证》A、B、C 和《国际汽车运输特别行车许可证》4 种。

　　1. A 种国际汽车运输行车许可证

　　用于定期旅客运输，一车一证，一年多次往返有效，年度使用完毕后，由省级国际道路运输管理机构收回。A 种国际汽车运输行车许可证由省级国际道路运输管理机构发放和填写。

　　2. B 种国际汽车运输行车许可证

　　用于不定期旅客运输，一车一证，在规定期限内往返一次有效，车辆回国后，由口岸国际道路运输管理机构回收。B 种国际汽车运输行车许可证由省级国际道路运输管理机构或授权的口岸国际道路运输管理机构发放和填写。

　　3. C 种国际汽车运输行车许可证

　　用于货物（含行包）运输，一车一证，在规定期限内往返一次有效，车辆回国后，由口岸国际道路运输管理机构回收。C 种国际汽车运输行车许可证由省级国际道路运输管理机构或授权的口岸国际道路运输管理机构发放和填写。

　　4. 国际汽车运输特别行车许可证

　　用于大型物件运输或危险货物运输，一车一证，在规定期限内往返一次有效。国际汽车运输特别行车许可证由省级国际道路运输管理机构或授权的口岸国际道路运输管理机构发放和填写。

（三）行车许可证的发放和管理

1. 我国从事国际道路运输进出境的车辆管理

（1）我国从事国际道路运输的车辆进出有关国家境内，应当持有有关国家的国际汽车运输行车许可证。

（2）非边境省区的国际道路运输企业应向拟通过边境口岸所在地的省级道路运输管理机构申领《国际汽车运输行车许可证》。

（3）《国际汽车运输行车许可证》《国际汽车运输特别行车许可证》实行一车一证，应当在有效期内使用。运输车辆为半挂汽车列车、全挂汽车列车时，仅向牵引车发放行车许可证。

（4）禁止伪造、变造、倒卖、转让、出租《国际汽车运输行车许可证》《国际汽车运输特别行车许可证》。

2. 外国从事国际道路运输进出我国的车辆管理

（1）外国从事国际道路运输的车辆进出我国，应当持有我国国际汽车运输行车许可证。

（2）在我国境内从事国际道路旅客运输经营和一般货物运输经营的外国经营者，使用《国际汽车运输行车许可证》。

（3）在我国境内从事国际道路危险货物运输经营的外国经营者，应当向拟通过口岸所在地的省级道路运输管理机构提出申请，由省级道路运输管理机构商有关部门批准后，同外国经营者的运输车辆发放《国际汽车运输特别行车许可证》。

五、国际道路运输监督检查机构

（1）县级以上道路运输管理机构在本行政区域内依法实施国际道路运输监督检查工作。

（2）口岸国际道路运输管理机构负责口岸地包括口岸查验现场的国际道路运输管理及监督检查工作。

口岸国际道路运输管理机构应当悬挂"中华人民共和国××口岸国际道路运输管理站"标识牌；在口岸查验现场悬挂"中国运输管理"的标志，并实行统一的国际道路运输查验签章。

道路运输管理机构和口岸国际道路运输管理机构工作人员在实施国际道路运输监督检查时，应当出示交通部统一制式的交通行政执法证件。

六、口岸国际道路运输管理机构在口岸具体工作

（1）查验《国际汽车运输行车许可证》、《国际道路运输国籍识别标志》、国际道路运输有关牌证等。

（2）记录、统计出入口岸的车辆、旅客、货物运输量以及《国际汽车运输行车许可证》；定期向省级道路运输管理机构报送有关统计资料。

（3）监督检查国际道路运输的经营活动。

（4）协调出入口岸运输车辆的通关事宜。

国际道路运输经营者应当接受当地县级以上道路运输管理机构和口岸国际道路运输管理机构的检查。

七、从事国际道路经营者违反《规定》应承担的法律责任

（1）我国从事国际道路经营者违反《规定》，有下列行为之一的，县级以上道路运输管理机构以及口岸国际道路运输管理机构责令停止经营；违法所得的，没收违法所得，处违法所得 2 倍以上 10 倍以下的罚款；没有违法所得或者违法所得不足 2 万元的，处 3 万元以上 10 万元以下的罚款；构成犯罪的，依法追究刑事责任。

①未取得道路运输经营许可，擅自从事国际道路运输经营的。

②使用失效、伪造、变造、被注销等无效道路运输经营许可证从事国际道路运输经营的。

③超越许可的事项，非法从事国际道路运输经营的。

（2）违反《规定》，非法转让、出租、伪造《道路运输经营许可证》《道路旅客运输班线经营许可证明》《国际汽车运输行车许可证》《国际汽车运输特别行车许可证》《国际道路运输国籍识别标志》的，由县级以上道路运输管理机构以及口岸国际道路运输管理机构责令停止违法行为，收缴有关证件，处 2000 元以上 1 万元以下的罚款；构成犯罪的，依法追究刑事责任。

（3）违反《规定》，国际道路运输经营者的运输车辆不按照规定标明《国际道路运输国籍识别标志》、携带《国际汽车运输行车许可证》或者《国际汽车运输特别行车许可证》的，由县级以上道路运输管理机构以及口岸国际道路运输管理机构责令改正，处 20 元以上 200 元以下的罚款。

（4）违反《规定》，国际道路运输经营者有下列情形之一的，由县级以上道路运输管理机构以及口岸国际道路运输管理机构责令改正，处 1000 元以上 3000 元以下的罚款；情节严重的，由原许可机关吊销道路运输经营许可证。

①不按批准的国际道路运输线路、站点、班次运输的。

②运输途中擅自变更运输车辆或者将旅客移交他人运输的。

③未报告原许可机关，擅自终止国际道路旅客运输经营的。

（5）国际道路运输经营者违反货物运输有关规定的，按照相关规定予以处罚。

（6）外国从事国际道路经营者在我国违反《规定》，将会按《规定》有关条款依法追究责任。

八、内贸货物跨境运输试点

2007 年，海关总署批准试点开展从我国东北出境，经俄罗斯再由海路前往我国东南沿海的"内贸货物跨境运输"。2010 年，该运输方式扩大到吉林省的企业，货物可以由公路运输经朝鲜罗津港再运往上海港、宁波港。2011 年，黑龙江经俄罗斯的跨境运输增加了公路运输的方式。

第四节　直通港澳道路运输的许可

为进一步加强对直通港澳运输车辆的管理，维护正常的直通港澳汽车运输市场秩序，依据 2002 年 6 月 7 日广东省政府办公厅发布的《直通港澳运输车辆管理办法》（粤府办〔2002〕39 号），经批准取得挂香港、澳门与内地两块牌照的直通车指标，从事广东省与香港特别行政区、澳门特别行政区之间的道路运输经营活动，其运输的起终点应分别在广东省境内和港澳地区。从事直通港澳客、货运输业务的公司、车辆和驾驶人员必须遵守国家有关法律、法规，坚持公平竞争，依法经营，严格按照经批准的合作或合资各方签订的合同或独资方签订的章程开展业务，严禁利用直通港澳运输车辆进行走私等非法活动。直通港澳运输车辆管理办法如下。

一、直通港澳汽车运输公司（以下简称"运输公司"）的设立条件

1. 审批机构

运输公司采用合作、合资或独资企业的形式设立，其设立、变更和延期，由省外经贸厅（口岸主管部门，以下统称省外经贸厅）按照外商投资的法律、法规进行审批。

2. 营业执照办理

广东省运输公司的营业执照由省工商行政主管部门依法办理，车辆牌证由省公安部门负责办理，运输市场经营许可证由省交通行政主管部门负责办理。

3. 合作期限

直通港澳货运公司的合作期限为 3 年，合作期满后，由参与合作的粤方提出申请，经当地外经贸局同意后，报省外经贸厅办理延期手续。

二、直通港澳运输车辆实行指标管理

（一）直通港澳运输车辆实行指标管理

（1）直通港澳运输车辆实行指标管理，其中入境运输车辆年度指标，由省外经贸厅会同省交通、公安部门提出方案，报省粤港澳直通车管理联席会议审定；出境运输车辆年度指标，由省外事、公安部门牵头组织省有关部门与港澳有关部门通过过境车辆技术会谈等渠道商定。

（2）直通港澳运输车辆指标调控，由省粤港澳直通车管理联席会议统一负责。

（3）直通客运车辆过境班次由省外经贸厅牵头组织省有关部门与香港有关部门通过粤港口岸合作会谈等渠道商定。

（4）经批准设立的运输公司，应自营业执照签发之日起计一个月内到当地主管税务部门备案，一年内（其中直通客运公司自取得过境班次之日算起）投入营运，否则由省外经贸厅收回车辆指标。

（5）运输公司自动放弃的直通港澳运输车辆指标，统一由省外经贸厅收回。交省粤港

澳直通车管理联席会议调剂安排，条件成熟时逐步实行公开招标。

（6）外商投资企业、对外加工装配企业自货自运厂车，由省外经贸厅会同省公安部门审批。

（7）其他省、市、区直通港澳运输车辆指标，由广东省粤港澳直通车管理联席会议分配给各省、市、区自行审批。

（二）指标有偿使用费和税费的缴纳

（1）香港入境直通货运车辆指标实行有偿使用，按规定缴纳车辆指标有偿使用费。缴费标准为 10 万港元/3 年。自货自运厂车不缴纳车辆指标有偿使用费，但不得参与社会营运，否则取消相应车辆指标。

（2）香港入境直通货运车辆指标有偿使用费由港方负责缴交，70％上缴省财政，30％交内地合作方（独资企业交粤方代理单位）。上缴省财政部分分 3 期缴交，每期各缴交 1/3，其中第一期于公司成立时或延期批文下达前缴交；第二期于公司合作期或新的合作期开始之日起计一年后的 15 日内缴交；第三期缴交时间依此类推。逾期缴纳者，按欠缴金额每天计收 3‰滞纳金。

（3）香港入境直通货运公司的设立和延期，须向省外经贸厅出示省财政部门开具的车辆指标有偿使用费缴款收据，申办延期的还须提供当地主管税务部门的完税证明，否则不予办理。

（4）香港入境直通货运车辆报停期间免交车辆指标有偿使用费。已缴纳的车辆指标有偿使用费，在下一缴费年度予以扣减。

（5）香港入境直通货运公司需放弃车辆指标的，应在下一年度车辆指标有偿使用费缴交时间的 3 个月前向省外经贸厅提出申请，经批准后可免交其余各年度车辆指标有偿使用费。

（6）其他省、市、区的直通港澳汽车运输公司车辆指标必须到广东省外经贸厅办理登记备案手续，经确认后，到广东省公安厅和海关办理车辆牌证及车辆入境手续。

其他省、市、区的香港入境直通货运车辆在广东省内揽运货物的，按前款有关规定向广东省财政缴交车辆指标有偿使用费，缴费标准为广东省同类车辆指标有偿使用费的 70％，自 2002 年 7 月 1 日执行。未按规定缴交车辆指标有偿使用费的，不得在广东省内揽运货物，一经发现，一律责令补缴车辆指标有偿使用费，补缴时间从该车辆投入营运之日起计。

（7）直通港澳运输车辆应按国家、省有关规定缴纳各种税费，购买直通港澳运输车辆第三者保险。拖欠各种税费超过半年的，由省外经贸厅取消相应车辆指标。

三、停运和变更

（1）运输公司需暂停车辆营运者，可向省外经贸厅提出报停申请，经批准后到有关部门办理相关手续。车辆报停期分 3 个月和 6 个月两类，报停期满后应及时办理恢复营运手续，否则作自动放弃车辆指标处理。

（2）运输公司变更合作单位，先由省外经贸厅在审批前提出意见，报省人民政府备案，省人民政府 15 天内无异议，省外经贸厅方可给予办理变更手续。

（3）运输公司车辆营运以及放弃、报停车辆指标等情况，由省外经贸厅每半年向省粤港澳直通车管理联席会议报告一次，同时抄送省有关部门。

四、走私行为的处理

为防止和打击利用直通港澳运输车辆进行走私活动，广东省外经贸、公安、交通、海关等有关部门密切配合，共同做好直通港澳运输车辆的管理工作。对发现利用直通港澳运输车辆进行走私活动的，除依法处理外，还视情况分别做如下处理。

（1）运输公司利用直通港澳运输车辆进行走私的，取消该公司全部直通车辆指标。

（2）外商投资企业及对外加工装配企业利用自货自运厂车进行走私的，取消该企业相应厂车指标，一年内不得重新申办。

（3）驾驶人员利用所驾驶的直通港澳运输车辆进行走私的，取消其驾车出入境资格，并取消该运输公司相应的车辆指标。

（4）托运人利用直通港澳运输车辆走私的，取消托运人在口岸办理方便通关等手续资格。

以上应作取消处理的直通港澳运输车辆指标（含厂车），由省外经贸厅负责取消。运输公司全部直通港澳运输车辆指标被取消的，依法责令其关闭，外经贸、公安、工商、交通等有关部门依法办理有关手续。凡涉嫌利用直通港澳运输车辆进行走私的，在立案调查期间暂停其从事直通港澳运输业务。

第五节　直通港澳出入境道路危险货物运输的管理规定

交通部《关于对直通港澳出入境道路危险货物运输有关问题的批复》（厅公路字〔2007〕165 号）中规定，直通港澳出入境危险货物运输应当具备相应的许可条件，申请从事出入境危险货物运输的经营者，应按规定的许可程序提出申请。

一、直通港澳出入境危险货物运输许可条件

（1）驾驶直通港澳出入境危险货物运输车辆的香港籍驾驶员，无须具备取得经营性道路旅客运输或者货物运输驾驶员从业资格 2 年以上的条件，可直接在深圳或珠海市交通主管部门按规定考取《道路危险货物运输从业资格证》。驾驶直通港澳出入境危险货物运输车辆的境内驾驶员，应按《道路危险货物运输管理规定》和《道路运输从业人员管理规定》取得《道路危险货物运输从业资格证》。

（2）从事直通港澳出入境危险货物运输的车辆，应按规定结合车辆年度审验，分别到深圳或珠海市进行每年一次的综合性能检测和技术等级评定。

（3）直通港澳出入境危险货物运输企业应具备与其经营范围、经营规模相适应的符合条件的停车场。停车场不在深圳或珠海市的，企业应提供停车场照片、地址和企业自有产权证明或有效租赁合同，并作出书面承诺。

（4）《道路危险货物运输管理规定》规定的其他许可条件。

二、直通港澳出入境危险货物运输许可程序

（1）申请从事出入境危险货物运输的经营者，应直接向广东省交通厅提出申请。

（2）广东省交通厅受理申请后，委托深圳、珠海市交通局对申请企业和车辆进行现场核查；现场在香港或澳门的，只核查书面材料及企业的相关承诺。受委托的交通局应当在15个工作日内将核查结果以书面形式报省交通厅。

（3）经审查符合许可条件的，广东省交通厅予以许可，并颁发相关道路运输许可证件。

三、新版《道路运输证》换发条件

（1）对持有旧版《道路运输证》，并由深圳或珠海交通局登记备案，在旧版《道路运输证》上加盖了出入境危险货物运输专用章的车辆，换发新版《道路运输证》，允许其继续从事经营活动直至报废。

（2）对新进入的车辆（包括报废更新车辆）或新申请从事直通港澳出入境危险货物运输的经营者，省交通厅将按照《危险化学品安全管理条例》和《道路危险货物运输管理规定》的规定进行审批和管理。

第六节 国际道路货运的海关监管

从事国际道路运输经营的申请人取得《道路运输经营许可证》及许可文件后，还需要到外事、海关、检验检疫、边防检查等部门办理有关运输车辆、人员的出入境备案登记手续。

海关总署于2001年9月3日发布了《中华人民共和国海关关于境内道路承运海关监管货物的运输企业及其车辆、驾驶员的管理办法》（以下称原办法）。

为了贯彻执行《中华人民共和国行政许可法》，转变职能，海关总署于2004年11月16日公布了《海关总署关于修改〈中华人民共和国海关关于境内道路承运海关监管货物的运输企业及其车辆、驾驶员的管理办法〉的决定》（以下称新办法），该办法于2005年1月1日起施行。与原办法对境内道路承运海关监管货物的运输企业及其车辆、驾驶员实行注册登记和年审制度相比，新办法不再实行《中华人民共和国境内汽车司机载运海关监管货物资格证》制度，而是对相关驾驶员实行备案登记制。

同时，生产型企业自有车辆及其驾驶员，需承运本企业海关监管货物的；承运过境货物境内段公路运输的境内运输企业及其车辆、驾驶员，比照本办法管理。

一、运输企业的注册登记

（1）承运海关监管货物的运输企业，应当具备以下资格条件。

①从事货物运输业务 1 年以上，注册资金不低于 200 万元人民币。

②按照《海关法》第 67、68 条规定，由具有履行海关事务担保能力法人、其他组织或者公民提供的担保。

③企业财务制度和账册管理符合国家有关规定。

④企业资信良好，在从事运输业务中没有违法前科。

（2）运输企业办理注册登记时，应当向海关提交下列文件。

①《承运海关监管货物境内运输企业注册登记申请表》。

②工商行政管理部门核发的《营业执照》复印件。

③交通运输管理部门核发的《道路运输经营许可证》复印件。

④技术监督部门核发的《中华人民共和国组织机构代码证》复印件。

⑤承运海关监管货物车辆的驾驶员名单及备案登记资料；企业更换驾驶员的，应当及时向海关办理驾驶员的变更备案手续，提交本条②、③、④项文件时，应同时出示原件供海关审核。

运输企业所在地主管海关对运输企业的资格条件及递交的有关证件进行审核，对合格者颁发《境内公路运输企业载运海关监管货物注册登记证书》（因证书外皮为白色，俗称白卡，以下简称《注册登记证书》）。运输企业应对所属车辆提供担保。

二、承运海关监管货物境内运输车辆注册登记

承运海关监管货物车辆应为厢式货车、集装箱拖头车或布面集装箱车辆，经海关批准可以为散装货车。上述车辆应当具备以下条件。

（1）用于承运海关监管货物的车辆，必须为运输企业的自有车辆，其《机动车辆行驶证》的车主列名必须与所属运输企业名称一致。

（2）厢式货车的厢体必须与车架固定一体，厢体必须为金属结构，无暗格，无隔断，具有施封条件，车厢连接的螺丝均须焊死，车厢两车门之间须以钢板相卡，保证施封后无法开启；有特殊需要，需加开侧门的，须经海关批准，并符合海关监管要求（集装箱式货车车厢应当符合《中华人民共和国海关对用于装载海关监管货物的集装箱和集装箱式货车车厢的监管办法》规定的标准，并获得中国船级社颁发的《集装箱式货车车厢批准证明书》）。

（3）集装箱拖头车必须承运符合国际标准的集装箱。

（4）布面集装箱车辆的布面应为结实帆布或涂有塑胶、橡胶，没有伸缩性的布，集装箱上有金属环，布面上有眼孔，金属环的间隔和眼孔的间隔不超过 20 厘米；穿越金属环与眼孔的绳索为直径 3 毫米以上的钢丝索或直径 8 毫米以上的包有塑料套的大麻或剑麻绳索，每条绳索为一整条，两端各有一个硬的金属尾套，尾套上有一空心铆钉贯穿绳索，以便于系海关封条上的线或带子；布面上用于装卸货物的开口地方，其两边应有适当重叠部分，并装有金属环和眼孔，以便于绳索穿过；布面不得遮蔽集装箱上的各种标志标识或核准牌。

（5）散装货车只能承运不具备加封条件的大宗散装货物，如矿砂、粮食及超大型机械

设备等。

（6）从事特种货物运输的车辆须递交主管部门的批准证件。

车辆注册登记，应由承运人或其代理人向海关提交下列文件。

（1）《承运海关监管货物境内运输车辆注册登记申请表》；

（2）公安交通管理部门核发的《机动车行驶证》复印件；

（3）运载危险品的车辆需提交加盖"道路危险货物运输专用章"的《道路运输经营许可证》和《道路运输营运证》的复印件；

（4）车辆彩色照片2张（要求：前方左侧面45°，4×3寸；能清楚显示车牌号码；车头及车厢侧面喷写企业名称）；

（5）箱式货车需提供中国船级社核发的《集装箱式货车车厢批准证明书》原件。

海关对车辆监管条件及相关文件进行审核，合格的，颁发《中华人民共和国境内汽车载运海关监管货物车辆准载证》（以下简称《准载证》）、《中华人民共和国海关境内汽车载运海关监管货物载货登记簿》（以下简称《汽车载货登记簿》），安装有卡口核放系统等信息化管理系统的口岸可以发放IC卡代替《汽车载货登记簿》（见图2—1）。

图2—1　中华人民共和国境内汽车载运海关监管货物载货登记簿

三、驾驶员备案登记

承运海关监管货物的驾驶员应当符合以下条件。

（1）具有中华人民共和国居民身份证。

（2）为运输企业职工。

（3）没有违法犯罪前科。

（4）遵守海关的有关管理规定。

驾驶员办理备案登记，应当向海关提交以下文件。

（1）《承运海关监管货物境内运输车辆驾驶员备案登记表》。

（2）驾驶员的国内居民身份证、《机动车驾驶员驾驶证》复印件。

（3）驾驶员彩色近照2张（规格：大1寸、免冠、红底）。

提交本条第（2）项文件时，还应同时出示原件供海关审核。

　　承运海关监管货物的驾驶员应当了解和熟悉海关法规及相关的监管规定，参加海关组织的各种业务培训。

　　运输企业、车辆年审工作于每年 5 月底前完成，海关按以上所规定的资格条件进行年审。对逾期不办理年审或年审不合格的运输企业、车辆，海关暂停其办理承运海关监管货物的手续；逾期 3 个月未年审的，海关视其自动放弃承运海关监管货物资格，并予注销，收回有关证件。

四、进出境公路车辆、运输工具负责人、运输工具服务企业备案

　　进出境公路车辆、运输工具负责人、运输工具服务企业应向当地进出境海关办理备案，备案表格如下：

【示例 2－3】进出境公路车辆备案表

进出境公路车辆备案表

填表单位（盖章）：　　　　　　　　　　　　　　　备案日期：　　　年　　月　　日

运输工具信息	国内车牌			发动机号	
	外籍车牌			车架号	
	国籍	车辆类型	厂牌型号	车身颜色	
	企业代码/身份证件号码	车辆登记证书编号		车辆用途	
	出厂日期	车辆自重		核定载重/载客量	
	批文号	批文有效期			
	批准车辆进出口岸				
	批准车辆行驶路线或范围				
随附单证栏	1. 车辆登记证书 2. 批文 3. 海关所需的其他随附单证_____				
海关批注栏	备案意见				
	复核意见				
	备注				

【示例2－4】运输工具负责人备案表

运输工具负责人备案表

填表单位（盖章）：　　　　　　　　　　　　　　　　备案日期：　　年　月　日

	企业中文名称	企业代码（组织代码证）
运输工具所属企业基本信息	企业英文名称	企业地址
	法定代表人	注册地国别
	联系人	联系电话/传真
随附单证栏		
海关批注栏	备案意见	
	复核意见	
	备注	

（背面）

【示例2－5】运输工具负责人所属各地分支机构情况一览表

运输工具负责人所属各地分支机构情况一览表

序号	分支机构名称	分支机构地址	联系人	联系电话/传真	备注

【示例2-6】运输工具服务企业备案表

运输工具服务企业备案表

填表单位（盖章）： 备案日期： 年 月 日

企业信息	企业中文名称	企业编码	
	企业英文名称	批准机关	批准文号
	企业法定代表人	批准时间	
	企业注册地址/企业经营地址		
	业务负责人	联系电话	
随附单证栏	□合作协议、经营模式、企业章程和内部财务管理制度 □符合海关监管要求的监管场所备案材料 □符合海关监管要求的计算机管理系统，能够向海关提供物料出入库、销售等信息		
海关批注栏	备案意见		
	复核意见		
	备注（海关核准经营范围）		

企业名称（签章）：

【示例2-7】备案变更表

备案变更表

日期： 年 月 日

变更指向	□运输工具备案表□运输工具负责人备案表□运输工具服务企业备案表	
	变更前	变更后
变更内容		
随附单证		
海关批注	初核意见	
	复核意见	
备注		

五、海关监管

由于国际加工贸易在我国各地保税物流园区的发展迅速，中国（上海）自由贸易试验区建设启动，海关监管运输的保税货物越来越多，为确保在运输过程中不出差错，海关对保税货物监管运输涉及的人、车、货物和行驶线路做出相关的规定。

（1）驾驶员在从事海关监管货物运输时，应出示《准载证》等相关证件，如实填报交验《汽车载货登记簿》；货物运抵目的地后，必须向目的地海关办理《汽车载货登记簿》的核销手续。

（2）驾驶员应将承运的海关监管货物完整、及时地运抵指定的监管场所，并确保海关封志完好无损，未经海关许可，不得开拆。

（3）《汽车载货登记簿》和《准载证》由车辆固定使用。

（4）实施卫星定位管理的车辆，卫星定位管理系统配套使用的身份证（IC）卡与《汽车载货登记簿》具有同等效力。

（5）承运海关监管货物的车辆应按海关指定的路线和要求行驶，并在海关规定的时限内运抵目的地海关。不得擅自改变路线、在中途停留并装卸货物。

（6）遇特殊情况，车辆在运输途中出现故障，需换装其他运输工具时，应立即通知附近海关，在海关监管下换装，附近海关负责及时将换装情况通知货物出发地和目的地海关。

（7）海关监管货物在运输途中发生丢失、短少或损坏等情事的，除不可抗力外，运输企业应当承担相应的纳税义务及其他法律责任。

（8）运输企业、驾驶员应妥善保管海关核发的有关证、簿，不得转借、涂改故意损毁。

（9）《注册登记证书》《汽车载货登记簿》《准载证》等相关证件需更新的，可凭原件向注册地海关申请换发新证、簿；如上述证、簿损毁、遗失或被盗的，经注册地海关审核情况属实的，予以补发。

（10）运输企业、车辆、驾驶员不再从事海关监管货物运输业务的，应向注册地海关交回《注册登记证书》《汽车载货登记簿》《准载证》等相关证件，办理手续。

（11）车辆更换（包括更换车辆、更换发动机、更换车辆牌照号码）、改装车体等，应按本办法规定重新办理注册登记手续。

六、法律责任

运输企业、驾驶员发生走私违规情事的，由海关按《中华人民共和国海关法》和《中华人民共和国海关行政处罚实施条例》的有关规定进行处罚。构成犯罪的，依法追究刑事责任。

运输企业、驾驶员，有下列情形之一的，由海关责令改正，可以给予警告。

（1）承运海关监管货物的车辆不按照海关指定的路线或范围行进的；

（2）承运海关监管货物的车辆到达或者驶离设立海关的地点，未按照规定向海关如实填报交验《汽车载货登记簿》或者办理核销手续的；

（3）承运海关监管货物的车辆在运输途中出现故障，不能继续行驶，需换装其他运输工具时，驾驶员或其所属企业不向附近海关或货物主管海关报明情况而无正当理由的；

（4）不按照规定接受海关对车辆及其所载货物进行查验的；

（5）遗失、损毁、涂改、转借海关核发的《载货登记簿》、《准载证》等相关证件，妨碍海关监管工作或者影响办理海关有关手续的；

（6）未经海关许可，擅自更换车辆（车辆发动机、车牌号码）、驾驶员改装车厢、车体的；

（7）运输企业出让其名义供他人承运海关监管货物的。

运输企业、驾驶员，有下列情形之一的，可以给予警告、暂停其 6 个月以内从事有关业务或者执业。

（1）有走私行为的；

（2）1 年内有 3 次以上重大违反海关监管规定行为的；

（3）管理不善致使保管的海关监管货物多次发生损坏或者丢失的；

（4）未经海关许可，擅自开启或损毁海关加施于车辆的封志的；

（5）未经海关许可，对所承运的海关监管货物进行开拆、调换、改装、留置、转让、更换标志、移作他用或进行其他处理的；

（6）有其他需要暂停从事有关业务或者执业情形的。

运输企业、驾驶员，有下列情形之一的，海关可以撤销其注册登记或者停止其从事有关业务：

（1）构成走私犯罪被司法机关依法处理的；

（2）1 年内有 2 次以上走私行为的；

（3）管理不严，1 年内 3 人次以上被海关暂停执业、取消从业资格的；

（4）因违反规定被海关暂停从事有关业务或者执业，恢复从事有关业务或者执业后 1 年内再次发生违反本办法规定的暂停从事有关业务或者执业情形的；

（5）其他需要撤销其注册登记或者停止从事有关业务的情形；

（6）对逾期不办理年审或年审不合格的运输企业、车辆，海关暂停其办理承运海关监管货物的手续；逾期 3 个月未年审的，海关视其自动放弃承运海关监管货物资格，并予注销，收回有关证件；

（7）运输企业被工商行政管理部门吊销营业执照或被交通运输管理部门取消道路货物运输资格的，海关注销其承运海关监管货物运输资格。

【本章小结】

通过本章学习，使学生了解国际公路货物运输合同公约，了解国际道路运输的经营许可，行车许可以及直通港澳道路运输许可的相关办理程序，为以后进入道路运输企业创造条件。

【本章关键词】

1. UNECE
2. IRU
3. CMR
4. "法郎"
5. 国际道路货物运输
6. TIR 公约

【本章习题】

1. CMR 的适用范围有多大？
2. CMR 运单签订的性质是什么？
3. CMR 公约中所指的承运人应负责的对象有哪些人？
4. 根据 CMR 公约规定，如发生货损货差，承运人负责赔偿货物的限定如何计算？
5. 根据 CMR 公约：如受单一合同所制约的运输是由连续公路承运人履行，如何分清其责任？
6. 当载货车辆上的货物没有从车辆上卸下，而其部分路程由海上、铁路、内河或航空接运，CMR 公约是否适用于全程？
7. 如果公路承运人同时也是其他运输方式的承运人，则他的责任是否也应按 CMR 公约规定来确定？
8. 运输合同应以签发运单来确认。无运单、运单不正规或丢失是否影响运输合同的成立或有效性？
9. 当待装货物在不同车内或装有不同种类货物或数票货物，发货人或承运人是否有权要求对使用的每辆车、每种货或每票货分别签发运单？
10. 当接管货物时，承运人应核对哪些内容？
11. 收货人是否有权自运单签发之时起处置货物？
12. 如果由于某种原因或者根据运单规定的条件，在货物到达指定交货地点前执行合同已经或成为不可能，承运人如何处置？
13. 承运人的责任是什么？
14. 如何界定货物延迟交付时间？
15. 如何界定货物已经灭失期限？
16. 当发货人把有危险性质的货物交付承运人，应向承运人说明哪些？
17. 公约中运输所引起的诉讼，应在哪里提交？
18. 按照 CMR 公约运输所引起的诉讼，其时效期限为几年？
19. 申请从事国际道路运输经营许可条件有哪些？

20. 申请从事国际道路运输应提交哪些材料？

21. 非边境省、自治区、直辖市的申请人拟从事国际道路运输经营的，应当在哪里提出申请？

22. 运输车辆、人员的出入境应办理哪些手续？

23. 我国国际汽车运输行车许可证种类有哪些？

24. 直通港澳运输车辆实行指标管理，由什么部门实施办理？

25. 香港入境直通货运车辆指标实行有偿使用吗？

26. 直通港澳出入境危险货物运输许可条件是什么？

27. 直通港澳出入境危险货物运输许可程序是什么？

28. 海关对保税货物监管运输涉及的人、车、货物和行驶线路做出的相关规定有哪些？

第三章　道路货物运输事故处理

【本章导读】

本章主要从法律角度阐明了道路货物运输托运人、承运人、收货人的权利、义务和责任，货物运输合同的订立，分析了货运事故的发生、事故的归责原则、事故的责任划分、承运人的免责条件和运输的责任限制；我国陆上运输货物保险的险种，保险的责任范围；事故处理与索赔。

【学习目标】

通过学习，使学员认识到道路货物运输托运人、承运人、收货人的权利、义务和责任，货物运输合同的订立的重要性；货物运输投保的作用，以及如何应对事故处理，正确对待事故发生，提供索赔单证，确保道路货物运输托运人、承运人、收货人的权利。

第一节　道路货物运输托运人、承运人、收货人的权利、义务和责任

货物运输合同的主体是托运人和承运人，但货物运输合同中涉及收货人。

（1）托运人：是将货物委托承运人运输的人，包括自然人、法人和其他组织。托运人可以是货物的所有人，也可以不是。（代理人：是代理托运人将货物委托承运人运输的人，或代理承运人接受托运人货物委托承担运输的人；其包括自然人、法人和其他组织，是中介组织）。

（2）承运人：是运送货物的人，多为法人，也可以是自然人、其他组织。

（3）收货人：货物运输合同涉及收货人，收货人是接收货物的人。收货人与托运人可以是同一人，但多为第三人。当第三人为收货人时，收货人就是货物运输合同的关系人，此时货物运输合同就是为第三人利益的合同。

一、托运人或其代理人的权利、义务和责任

(一) 托运人或其代理人的权利

(1) 要求承运方按照合同规定的时间、地点，把货物运输到目的地。

(2) 货物托运后，托运人或其代理人有权变更到货地点或收货人，或者托运时，有权向承运人提出变更合同的内容或解除合同的要求。但必须在货物未运到目的地之前通知承运人，并应按有关规定付给承运方所需的费用。

(二) 托运人或其代理人的义务

(1) 按约定向承运人交付运杂费。否则，承运人有权停止运输，并要求对方支付违约金。

(2) 托运人或其代理人对托运的货物，应按照规定的标准进行包装，遵守有关危险品运输的规定，并按照合同中规定的时间和数量交付托运货物。

(三) 托运人或其代理人的责任

(1) 未按合同规定的时间和要求提供托运的货物，托运人或其代理人或其代理人应按其价值的一定比例偿付给承运人违约金。

(2) 由于在普通货物中夹带、匿报危险货物，错报笨重货物重量等导致吊具断裂、货物摔损、吊机倾翻、爆炸、腐蚀等事故，托运人或其代理人应承担赔偿责任。

(3) 由于货物包装的缺陷产生破损，致使其他货物或运输工具、机械设备被污染腐蚀、损坏，造成人身伤亡的，托运人或其代理人应承担赔偿责任。

(4) 在托运人专用线或在港、站公用线、专用线自装的货物，在到站卸货时，发现货物损坏、缺少，在车辆施封完好或无异状的情况下，托运人或其代理人应赔偿收货人的损失。

(5) 罐车发运货物，因未随车附带规格质量证明或化验报告，造成收货人无法卸货时，托运人或其代理人应偿付承运人卸车等存费及违约金。

二、承运人的权利、义务和责任

(一) 承运人的权利

(1) 检查文件、货物权。

(2) 拒绝运输权。

(3) 向托运人、收货人收取运费、杂费权。

(4) 取得赔偿权，运输合同成立后，尚未履行或全面履行前，托运人或其代理人可单方中止合同或变更合同内容，在此情况下承运人有权要求托运人或其代理人赔偿。

(5) 货物留置权。托运人或其代理人或收货人不支付运费、保管费及其他运输费用，承运人有权留置相应货物。

(6) 货物提存权。承运人无法得知收货人或收货人无正当理由拒不提货的，承运人应及时与托运人或其代理人联系，在规定期限内负责保管货物并有权收取保管费用，对于超

过规定期限仍无法交付的货物，承运方有权向公证机关提出提存申请，将货物交给公证机关指定的保管人保管。对不易保管的依法拍卖变卖，扣除运杂费后提存余款。

（二）承运人的义务（在合同规定的期限内）

（1）选择合理运输路线的义务。

（2）及时、安全运送货物到托运人或其代理人指定地点的义务。

（3）按时向收货人发出货物到达通知的义务。

（4）按规定的期限，妥善保管货物的义务。

（三）承运人承担的责任

（1）不按合同规定的时间和要求配车、发运的，承运人应偿付甲方违约金。

（2）承运人如将货物错运至到货地点或接货人，应无偿运至合同规定的到货地点或接货人。如果货物逾期到达，承运人应偿付逾期交货的违约金。

（3）运输过程中货物灭失、短少、变质、污染、损坏，承运人应按货物的实际损失（包括包装费、运杂费）赔偿托运人或其代理人。

（4）承运人之间的连带责任。联运的货物发生灭失、短少、变质、污染、损坏，应由承运人承担赔偿责任的，由终点阶段的承运人向负有责任的其他承运人追偿。

（5）在符合法律和合同规定条件下的运输，由于下列原因造成货物灭失、短少、变质、污染、损坏的，承运人不承担违约责任。

①不可抗力；

②货物本身的自然属性；

③货物的合理损耗；

④托运方或收货方本身的过错。

三、收货人的权利和义务

（一）收货人的权利

（1）在货物运到指定地点后，有以凭证领取货物的权利；

（2）收货人有变更到站或变更收货人的权利。

（二）收货人的义务

（1）在接到提货通知后，应按时提取货物的义务；

（2）应缴清应付费用的义务；

（3）超过规定期限提货时，应向承运人交付保管费的义务。

四、货物运输合同

货物运输合同的形式应当是书面的，道路运输的托运单或者货物运单是道路运输货物合同的基本形式，其权利义务往往是依据法律、法规和规章来确认的。当事人也可以通过签订具体的书面合同明确各自的权利义务。

货物运单、托运单都是由承运人制定的货物运输凭证。

托运人在托运货物时，一般都要向承运人填写货物运单或者托运单。承运人根据托运人填写的内容与托运人提供的货物进行核对后，认为一致无误的即可办理承运手续。在零担货物运输中，通常用货物运单代替合同。

货物运单、托运单应载明下列内容：托运人、收货人、承运人名称及其详细地址；发站（港）、到站（港）；货物名称；货物包装、标志；件数和重量；承运日期；运到期限；运输费用；双方商定的其他事项。

双方当事人可以根据法律法规的规定，商定合同的具体内容。货物运输合同一般应当具备以下主要条款：合同主体条款，包括承运人、托运人、收货人名称等基本内容；运输条款，包括运输对象，货物运输要写明货物品名、种类、数量等；起运地、到达地名称；价格条款；违约责任条款；双方商定的其他条款。

【示例3-1】道路货物运输合同式样

道路货物运输合同

托运方：_____

地址：_____邮码：_____电话：_____

法定代表人：_____职务：_____

承运方：_____

地址：_____邮码：_____电话：_____

法定代表人：_____职务：_____

合同条款

第一条 货物名称、规格、数量、价款

第二条 包装要求

（注：托运方必须按照国家主管机关规定的标准包装；没有统一规定包装标准的，应根据保证货物运输安全的原则进行包装，否则承运方有权拒绝承运。）

第三条 货物起运地点

货物到达地点

第四条 货物承运日期

货物运到期限

第五条 运输质量及安全要求

第六条 货物装卸责任和方法

第七条 收货人领取货物及验收办法

第八条 运输费用、结算方式

第九条 各方的权利和义务

（一）托运方的权利和义务

1. 托运方的权利：

2. 托运方的义务：

（二）承运方的权利和义务

　　1. 承运方的权利：

　　2. 承运方的义务：

（三）收货人的权利和义务

　　1. 收货人的权利：

　　2. 收货人的义务：

第十条　违约责任

第十一条　托运方责任

第十二条　承运方责任

本合同正本一式二份，合同双方各执一份；合同副本一式　份。

托运方：＿＿＿＿＿＿＿＿＿＿＿＿＿＿＿＿＿＿＿＿＿＿＿

代表人：＿＿＿＿＿＿＿＿＿＿＿＿＿＿＿＿＿＿＿＿＿　年＿＿月＿＿日

承运方：＿＿＿＿＿＿＿＿＿＿＿＿＿＿＿＿＿＿＿＿＿＿＿

代表人：＿＿＿＿＿＿＿＿＿＿＿＿＿＿＿＿＿＿＿＿＿　年＿＿月＿＿日

第二节　运输保险和事故处理

一、保价运输

托运人有权决定货物是否保险或保价。货物保险由托运人向保险公司投保或由委托承运人代办。

选择保价运输时，申报的货物价值不得超过货物本身的实际价值；保价为全程保价，保价费按不超过货物保价金额的 0.7％ 收取。一张运单托运的全部货物只能选择保价或不保价。

保价运输又称为按声明价值运输，是指托运人在托运货物时向承运人声明货物的实际价值并支付保价费，承运人按照声明的价值承运，一旦发生货损，承运人按照声明价值赔偿。保价运输是承运人责任的一种方式，承运人按价值承运，就应当按价值赔偿；按重量承运，就应当按重量赔偿。重量赔偿的原则是按重量乘以每单位重量的赔偿额计算出赔偿总额；价值赔偿是以托运人声明价值为赔偿基础。保价运输有利于保护托运人的合法权益。

二、货运事故的发生

陆上货物运输涉及作业环节、道路状况、气象变化和交通事故。因此，在整个货物的运输、保管、接收和交付的过程中，经常会产生货物质量上的问题、货物数量上的问题、货方不及时提货的问题、承运人错误交付货物和迟延交付货物等问题。

货运事故是指在运输中，承运人在交付货物时发生的货物质量变差、数量减少的事件，主要指运输中造成的货物灭失或损坏，发生货损货差事故。因此，狭义上的货运事故是指运输中发生的货损货差事故。广义上的货运事故还可以包括运输单证差错、迟延交付货物、无单放货等情况。

三、货运事故的归责原则

货物运输合同归责原则基本上都采取严格责任原则。严格责任是指当一方给另一方造成了某种明显的损害，即应对此损害负责。与严格责任相对应的是过失责任，过失责任要求侵害人对损害须有故意或者过失，即有过错才负责任。严格责任主要考虑的是被告的行为与损害结果之间的因果关系，主观状态不是构成此种责任的要素。严格责任表面上看不考虑侵害人造成损害是出于何种心理状态，但实际上是采取的过错推定的办法，即从损害事实中推定侵害人是否有过错。但允许侵害人通过证明损害是由于受害人的过失、第三人的过失、自然因素等原因造成的，以减轻或者免除侵害人的责任。

四、货运事故的责任划分

运输中发生货运事故的原因有很多，其中大部分是由于承运人的原因所致。但是，实践中还有一些货运事故是由货方（托运人、收货人）、第三方（如发生交通事故等），甚至由于不可抗力所致。不同原因所导致的运输中的货物数量减少、质量变差的损失将由不同当事人承担，这里的当事人可能是运输合同、买卖合同、保险合同等不同合同中的当事人。运输合同中的当事人是承运人和托运人。只有了解货运合同下的责任分配问题，才能明确货运事故的责任划分。涉及承运人和托运人责任分配的主要问题包括承运人的责任期间等几个方面。

五、承运人的免责条件

货物运输合同中，对于承运人的免责条件通常是由法律直接规定的。合同法规定，承运人对于运输过程中货物的毁损、灭失承担损害赔偿责任，但承运人证明货物的毁损、灭失是因为不可抗力、货物本身的自然性质或者合理损耗以及托运人、收货人的过错造成的，不承担损害赔偿责任。有些运输部门对货物本身的原因和托运人、收货人的过错又作了细分，便于托运人和承运人确定责任范围。

六、运输的责任限制

合同法规定，货物的毁损、灭失的赔偿额，当事人有约定的，按照其约定；没有约定或者约定不明确，依照本法的规定仍不能确定的，按照交付或者应当交付时货物到达地的市场价格计算。法律、行政法规对赔偿额的计算方法和赔偿限额另有规定的，依照其规定。

七、我国陆上运输货物保险

陆上运输货物保险的险别分为基本险和综合险两种，此外，还有陆上运输战争险。

（一）基本险的责任范围

被保险货物在运输途中遭受以下灾害、事故时，保险公司应予以承保。

（1）因火灾、爆炸、雷电、冰雹、暴风、暴雨、洪水、地震、海啸、地陷、崖崩、滑坡、泥石流等意外事故所造成的全部损失或部分损失；

（2）由于运输工具发生碰撞、倾覆、出轨或隧道、码头坍塌等意外事故所造成的全部损失或部分损失；

（3）在装货、卸货或转运时因遭受不属于包装质量不善或装卸人员违反操作规程所造成的损失；

（4）如在驳运过程中，因驳运工具搁浅、触礁、沉没等意外事故所造成的全部损失或部分损失，按国家规定或一般惯例应分摊的共同海损的费用；

（5）在发生上述灾害、事故时，因纷乱而造成货物的散失及因施救或保护货物所支付的直接合理的费用。

（二）陆运综合险的责任范围

本保险除包括基本险责任外，保险人还负责赔偿以下损失。

（1）因受震动、碰撞、挤压而造成货物破碎、弯曲、凹瘪、折断、开裂或包装破裂致使货物散失的损失；

（2）液体货物因受震动、碰撞或挤压致使所用容器（包括封口）损坏而渗漏的损失，或用液体保藏的货物因液体渗漏而造成保藏货物腐烂变质的损失；

（3）遭受盗窃或整件提货不着的损失；

（4）符合安全运输规定而遭受雨淋导致的损失。

在陆上运输货物保险中，被保险货物在投保陆运险或陆运一切险的基础上，经过协商还可以加保陆上运输货物保险的一种或若干种附加险，如陆运战争险等。

（三）除外责任

由于下列原因造成保险货物损失的，保险人不负赔偿责任。

（1）战争或军事行动。

（2）核事件或核爆炸。

（3）保险货物本身的缺陷、自然损耗，以及货物包装不善。

（4）被保险人的故意行为或过失。

（5）全程是公路货物运输的，盗窃和整件提货不着的损失。

（6）其他不属于保险责任范围内的损失。

（四）责任期限

保险责任自签发保险凭证和保险货物运离起运地发货人的最后一个仓库或储运处所时起，至该保险凭证上注明的目的地的收货人在当地的第一个仓库或储存处所时终止。但保险货物运抵目的地后，如果收货人未及时提货，则保险责任的终止期最多延长至收货人接到《到货通知单》后的 15 天为止（以邮戳日期为准）。

（五）保险金额

保险价值为货物的实际价值，按货物的实际价值或货物的实际价值加运杂费确定。保险金额由投保人参照保险价值自行确定，并在保险合同中载明。保险金额不得超过保险价值。超过保险价值的，超过部分无效，保险人应当退还相应的保险费。

（六）索赔所需单证

被保险人向保险人申请索赔时，必须提供下列有关单证。

（1）保险凭证、运单（货票）、提货单、发货票。

（2）承运部门签发的货运记录、普通记录、交接验收记录、鉴定书。

（3）收货单位的入库记录、检验报告、损失清单及救护货物所支付的直接费用的单据。

收到被保险人的赔偿请求后，应当及时就是否属于保险责任做出核定，并将核定结果通知被保险人。情形复杂的，保险人在收到被保险人的赔偿请求并提供理赔所需资料后30日内未能核定保险责任的，保险人与被保险人根据实际情形商议合理期间，保险人在商定的期间内做出核定结果并通知被保险人。对属于保险责任的，在与被保险人达成有关赔偿金额的协议后10日内，履行赔偿义务。

（七）索赔

货物运输中发生了货损、货差后，受到损害的一方向责任方索赔和责任方处理受损方提出的赔偿要求是货运事故处理的主要工作。货主对因货运事故造成的损失向承运人等责任人提出赔偿要求的行为称为索赔。承运人等处理货主提出的赔偿要求的行为称为理赔。

1. 索赔提出的原则和条件

任何诉讼或者仲裁案件通常都是从索赔开始的。索赔时，索赔方应坚持实事求是、有根有据、合情合理、注重实效的原则。索赔方应该明白货运事故的索赔应根据运输合同的规定，其索赔对象是运输合同中的承运人。索赔人还应该清楚一项合理的索赔必须具备的条件。

2. 索赔对象的确定

发生货损、货差等货运事故后，通常应根据货物运输合同，由受损方向承运人提出赔偿损失的要求，即索赔对象是承运人。

3. 索赔的一般程序

各种运输方式下进行索赔的程序基本上是相同的，即由索赔方发出索赔通知、提交索赔函或索赔清单，进而解决争议。如果无法解决争议，则可以进入诉讼或仲裁程序。

4. 索赔单证

索赔人具有证明其收到的货物并不符合提单或者运单所记载的货物状态的举证责任，作为举证的手段，检验证书、商业票据和有关记录等，以便证明货损的原因、种类、损失规模及程度，以及货损的责任。具体的索赔单证明细见表3—1至表3—7。

表 3—1 货损货差责任（境内事故）单证列表

编号	单证名称	备　　注
1	索赔通知书	保险公司提供标准格式
2	损失清单	保险公司提供标准格式
3	货物运单或运输协议复印件	加盖公章
4	货运记录或由承运单位签发的货损证明	正本
5	受损货物的维修发票正本	部分损失需修复的
6	商业发票	原件、如复印件需加公章
7	致其他责任方的索赔函复印件	加盖公章
8	驾驶证、行驶证等	公路运输
9	交警证明	道路事故
10	公安机关证明	治安或刑事案件
11	检测（检验）报告	涉及品质、性能或品级等引起的全损或降级处理
12	权益转让书及赔款收据（三联）	保险公司提供标准格式
13	保险公司根据案情所索要的其他单证	（如有必要）

表 3—2 货损货差责任（境外事故）单证列表

编号	单证名称	备　　注
1	索赔通知书	保险公司提供标准格式
2	损失清单	保险公司提供标准格式
3	货物运单或运输协议复印件、租约。	加盖公章
4	商业发票	原件、如复印件需加公章
5	装箱单	原件、如复印件需加公章
6	购货协议/销售协议	复印件需加公章
7	致其他责任方的索赔函复印件	寄交责任方并提供保险人一份
8	出险原因及损失证明（理货报告/商检报告/SURVEYREPORT/交接记录、设备交接单等）	原件、为证明损失情况的单证，不要求全部提供，根据实际情况也可以提供其他有效单证，但出险单位须对其真实性负责。
9	收货人（或其代理人）与承运人（或其代理人）及相关方的交接验收记录	原件、本单证较为重要
10	赔款收据及权益转让书（中文/英文）（四联）	保险公司提供标准格式
11	保险公司根据案情所索要的其他单证	（如有必要）

表 3—3 额外费用损失部分单证列表

编号	单证名称	备　　注
1	索赔通知书	保险公司提供标准格式
2	损失清单	保险公司提供标准格式
3	货物运单或运输协议复印件	加盖公章
4	额外费用的损失部分（根据不同的损失提供不同的证明）	加盖公章
5	保险公司根据案情所索要的其他单证	（如有必要）

表 3—4　第三者责任部分单证列表

编号	单证名称	备　注
1	索赔通知书	保险公司提供标准格式
2	损失清单	保险公司提供标准格式
3	货物运单或运输协议复印件、租约	加盖公章
4	赔款收据及代位书	盖章和填写开户行、账号
5	证明出险事故原因及损失文件	
6	交警的责任认定书或调解书	道路事故
7	公安机关证明	治安或刑事案件
8	致其他责任方的索赔函复印件	加盖公章
9	向第三者支付赔款的收据及责任解除书以及与第三者签订的赔偿协议书	
10	保险公司根据案情所索要的其他单证	（如有必要）

表 3—5　涉及第三者财产损失须提供单证列表

编号	单证名称	备　注
1	受损财产价值证明（如购置发票）	加盖公章
2	受损财产修复和重置发票	加盖公章
3	受损财产修复和重置发票的明细单	加盖公章

表 3—6　涉及第三者人身伤害须提供单证列表

编号	单证名称	备　注
1	有关伤害资料记录（住院小结和病历卡）	加盖公章
2	劳动部门出具的伤残等级证明	加盖公章
3	误工和工资收入证明	加盖公章
4	医疗费及有关费用单据原件	加盖公章

表 3—7　物流服务费用损失部分单证列表

编号	单证名称	备　注
1	索赔通知书	保险公司提供标准格式
2	损失清单	保险公司提供标准格式
3	货物运单或运输协议复印件	加盖公章
4	物流服务费用损失的证明	加盖公章
5	物流协议	复印件
6	客户拒付物流服务费用通知书及说明拒付原因的书面证明	加盖公章
7	保险公司根据案情所索要的其他单证	（如有必要）

【本章小结】

通过本章学习，认识道路货物运输托运人、承运人、收货人的权利、义务和责任，了解订立货物运输合同的基本条款，对货运事故的发生，根据事故的归责原则来对事故的责任进行划分，承运人在事故发生后对照承运人的免责条件和运输的责任限制以及对运输货物的投保范围，协助保险人根据其保险的责任范围，正确对待发生的事故；托运人应提供正确的索赔单证，共同进行事故处理与索赔；确保道路货物运输托运人、承运人、收货人、保险人的权利。

【本章关键词】

1. 托运人
2. 承运人
3. 收货人
4. 货物运输合同
5. 货物运单、托运单
6. 保价运输
7. 货运事故
8. 保险价值
9. 索赔
10. 理赔
11. 索赔对象
12. 索赔单证

【本章习题】

1. 托运人或其代理人的权利有哪些？
2. 托运人或其代理人的义务是什么？
3. 托运人或其代理人的责任有哪些？
4. 承运人的权利有哪些？
5. 承运人的义务是什么？
6. 承运人承担的责任有哪些？
7. 收货人的权利有哪些？
8. 收货人的义务是什么？
9. 货物运输合同一般应当具备哪些主要条款？

10. 货物运输合同归责的原则是什么?
11. 我国陆上运输货物保险的险别分为几种?
12. 基本险的责任范围是什么?
13. 陆运综合险的责任范围是什么?
14. 保险人的除外责任是什么?
15. 保险责任期限多长?
16. 被保险人向保险人申请索赔时,必须提供哪些有关单证?
17. 索赔的一般程序是什么?

第四章　中国道路口岸

【本章导读】

　　本章主要介绍了我国与周边国家接壤的道路口岸目前可以实现的基本职能；各省道路口岸的位置分布、交通状况、主要进出口货物种类和进出口货物办理手续的差异。

【学习目标】

　　通过学习，了解我国与周边国家接壤的道路口岸目前可以实现的基本职能；各省道路口岸的位置分布、交通状况、主要进出口货物种类和进出口货物办理手续的差异，有利于开展国际贸易的交易和国际道路运输业务和国际货物运输代理业务。

第一节　我国等级公路的建设和道路口岸概述

一、我国等级公路的建设及其与国际道路的连接

（一）我国等级公路的建设

　　随着改革开放和商品经济的发展，我国公路交通事业在国民经济中的地位、作用和效益，日益为各方面所认识和接受。对于我国这样一个拥有 13 亿人口和 960 万平方千米国土面积的国家而言，交通对国民经济的发展具有基础性、先导性的作用。我国政府始终把发展交通运输作为国家经济建设的重点。政府已形成的理念是"经济发展，交通先行"，老百姓已形成的理念是"要想富，先修路"。

　　20 世纪 70 年代中期我国开始对青藏公路进行技术改造，20 世纪 80 年代全面完成，建成了世界上海拔最高的沥青路面公路。

　　我国在公路建设方面的成就主要表现在：公路里程增加，公路等级提高；公路科学技术取得巨大进步；公路养护管理有了新的进展。从 1988 年我国大陆第一条高速公路——长 18.5 千米的沪（上海）嘉（嘉定）高速公路建成通车，实现零的突破后，20 世纪 80 年代末，我国开始大规模建设高速公路，尽管起步晚，但取得了飞速发展。"八五"期间，

高速公路由"七五"末的 522 千米发展到了 2141 千米。进入"九五"期间，高速公路以年均 1000 多千米的速度增长。1998 年末，高速公路通车里程达到了 8733 千米，跃居世界第七位。农村公路建设也是一大亮点，中央提出的村村通车的方案也已经落实，乡镇通车率达到 100%。我国用短短的十年时间完成了西方一些国家几十年才能走完的历程。

从"八五"期间开始建设的'五纵七横'国道主干线全长 3.58 万千米，规划为二级以上公路标准，其中包含高速公路 2.48 万千米、一级公路 1500 千米、二级公路 9500 千米；至 2007 年"五纵七横"国道主干线已全线贯通。

"五纵"是指以下 5 条南北走向的国道主干线。

（1）黑龙江省同江至海南省三亚（5700 千米）。沿线主要城市有：同江、哈尔滨、长春、沈阳、大连、烟台、青岛、连云港、上海、宁波、福州、深圳、广州、湛江、海安、海口、三亚。

（2）北京至福州（2540 千米）。沿线主要城市有：北京、天津、济南、徐州、合肥、南昌、福州。

（3）北京至珠海（2310 千米）。沿线主要城市有：北京、石家庄、郑州、武汉、长沙、广州、珠海。

（4）内蒙古自治区二连浩特至云南省河口（3610 千米）。沿线主要城市有：二连浩特、集宁、大同、太原、西安、成都、昆明、河口。

（5）重庆至湛江（1430 千米）。沿线主要城市有：重庆、贵阳、南宁、湛江。

"七横"是指以下 7 条东西走向国道主干线。

（1）绥芬河至满洲里（1280 千米）。沿线主要城市有：绥芬河、牡丹江、哈尔滨、大庆、海拉尔、满洲里。

（2）丹东至拉萨（4590 千米）。沿线主要城市有：丹东、本溪、沈阳、锦州、秦皇岛、北京、张家口、集宁、呼和浩特、包头、银川、兰州、西宁、拉萨。

（3）青岛至银川（1610 千米）。沿线主要城市有：青岛、潍坊、淄博、济南、石家庄、太原、银川。

（4）连云港至霍尔果斯（3980 千米）。沿线主要城市有：连云港、徐州、商丘、开封、郑州、洛阳、西安、宝鸡、兰州、哈密、乌鲁木齐、石河子、奎屯、霍尔果斯。

（5）上海至成都（2970 千米）。沿线主要城市有：上海、南京、合肥、武汉、重庆、成都。

（6）上海至瑞丽（4090 千米）。沿线主要城市有：上海、杭州、南昌、长沙、贵阳、昆明、瑞丽。

（7）衡阳至昆明（1980 千米）。沿线主要城市有：衡阳、桂林、柳州、南宁、百色、昆明。

"十五"中期在"五纵七横"国道主干线系统规划的基础上，为了进一步适应国民经济快速发展和满足人民群众安全便捷出行的需求，交通部编制和上报了《国家高速公路网规划》，并于 2004 年年底经国务院审议通过。《国家高速公路网规划》简称为"7918"网，共 34 条路线，总规划里程为 8.5 万千米，包含了"五纵七横"国道主干线的全部 12 条路线，服务对象进一步扩展到了所有 20 万人以上城市和国家 4A 级旅游景区城市等，规划技术等级全部为高速公路。其中有 7 条从北京发出，分别为北京—上海、北京—台北、北京—港澳、北京—昆明、北京—拉萨、北京—乌鲁木齐、北京—哈尔滨；9 条南北纵向线；分别为鹤岗—大连、沈阳—海口、长春—深圳、济南—广州、大庆—广州、二连浩特—广州、包头—茂名、兰州—海口、重庆—昆明；18 条东西横向线，分别为绥芬河—满洲里、珲春—乌兰浩特、丹东—锡林浩特、荣成—乌海、青岛—银川、青岛—兰州、连云港—霍尔果斯、南京—洛阳、上海—西安、上海—成都、上海—重庆、杭州—瑞丽、上海—昆明、福州—银川、泉州—南宁、厦门—成都、汕头—昆明、广州—昆明。

（二）我国道路口岸与国际道路的连接

1. 中俄道路货运通道

（1）满洲里口岸—后贝加尔斯克—赤塔。俄罗斯赤塔市距满洲里市 400 多千米，赤塔州与中国满洲里和蒙古国接壤，首府赤塔市是中、俄、蒙公路、铁路和航空的交通枢纽。每天有大量货车穿越满洲里—后贝加尔斯克汽车口岸。

（2）绥芬河（东宁）口岸—波格拉尼奇内（波尔塔夫卡）—符拉迪沃斯托克（海参崴）。该线路全长 735 千米。

（3）密山口岸—俄罗斯图里洛格（口岸）、卡缅、哈洛里和乌苏里斯克六个城市。线路里程为 309 千米，行程大约四个小时可达乌苏里斯克。从乌苏里斯克再行 116 千米可直达俄罗斯滨海边疆区首府海参崴。

（4）黑山头、黑河、同江等口岸，在冰封期均可开展冰上汽车运输（汽车直接从冰冻的黑龙江上开行）。

2. 中蒙道路货运通道

（1）二连浩特至扎门乌德的公路客货运输。二连浩特至扎门乌德约 9 千米。

（2）天津、北京经二连口岸至蒙古国扎门乌德集装箱汽车运输。

（3）北京至乌兰巴托的国际汽车零担货物运输。该路全长约 1500 千米，主要由中国内蒙古宝昌运输公司和蒙古国运输邮电部货运调度中心经营。双方在蒙古国扎门乌德交接货物。

3. 中亚道路货运通道

（1）乌鲁木齐—阿拉山口—塞米巴拉金斯克（全程 1363 千米）。

（2）乌鲁木齐—霍尔果斯—阿拉木图。

（3）喀什—吐尔尕特—比什凯克。

（4）中国、哈萨克斯坦、吉尔吉斯斯坦、巴基斯坦四国于 2004 年的 4 月 13 日至 14 日在乌鲁木齐达成协议，签订了中—哈—吉—巴四国线路联运协定。按照四国政府签署的《过境运输协定》的规定，对过境运输车辆各成员国免征政府规定的过境费和通行费。在此过境运输线路上，各成员国车辆既可以进行全程运输，也可以进行区段运输。过境运输线路为：霍尔果斯口岸（中）—霍尔果斯口岸（哈）—阿拉木图（哈）—库尔塔伊口岸（哈）—阿克卓尔口岸（吉）—比什凯克（吉）—吐尔尕特口岸（吉）—吐尔尕特口岸（中）—喀什（中）—红其拉甫口岸（中）—苏斯特口岸（巴）—吉尔吉特（巴）—布达尔（巴）—哈森纳（巴）—伊斯兰堡（巴）—白沙瓦（巴）—拉瓦尔品等干港（巴）—卡拉奇港（巴）。

目前，中国正在重点建设以下 5 条通往中亚的公路运输走廊的国内路段。

（1）乌鲁木齐—阿拉山口口岸—阿克斗卡（哈）—卡拉干达（哈）—阿斯塔纳（哈）—彼得罗巴甫洛夫斯克（哈）—库尔干（俄）。

（2）乌鲁木齐—霍尔果斯口岸—阿拉木图（哈）—比什凯克（吉）—希姆肯特（哈）—突厥斯坦（哈）—克孜勒奥尔达（哈）—阿克套（哈）—欧洲。

（3）乌鲁木齐—库尔勒—阿克苏—喀什—伊尔克斯坦口岸—奥什（吉）—安集延（乌）—塔什干（乌）—布哈拉（乌）—捷詹（土）—马什哈德（伊）—德黑兰（伊）—伊斯坦布尔（土耳其）—欧洲。

（4）喀什—卡拉苏口岸—霍罗格（塔）—杜尚别（塔）—铁尔梅兹（乌）—布哈拉（乌）。

（5）卡拉奇港（巴）—白沙瓦（巴）—伊斯兰堡（巴）—红其拉甫口岸—喀什—吐尔尕特口岸—比什凯克（吉）—阿拉木图（哈）—塔尔迪库尔干（哈）—塞米巴拉金斯克（哈）—巴尔瑙尔（俄）。

4. 中国与东南亚国家道路货运通道

（1）广西东兴（经芒街）—广宁省会下龙市。

（2）广西凭祥（经谅山）—越南首都河内。从沿边公路（经水口或龙邦口岸）直达越南高平。

（3）广西防城港市港口区—越南广宁省生安县生安镇。

（4）广西凭祥市凭祥镇—越南同登市同登镇。

（5）广西龙州县龙州镇—越南高平市。

（6）云南昆明—越南河内。国际公路全长 664 千米，其中云南境内 400 千米，越南境内 264 千米。

（7）云南昆明—老挝万象。

（8）云南昆明—老挝琅勃拉邦。

（9）云南景洪—老挝万象。

（10）云南景洪—老挝琅勃拉邦。

（11）云南思茅—老挝万象。

（12）云南思茅—老挝丰沙里。

（13）云南红河州蒙自县—屏边县—南溪镇—河口县—越南老街市—保安县—文盘县往返线路。全长 301 千米，中国境内 180 千米，越南境内 121 千米。

（14）云南红河州个旧市—蔓耗镇—河口县—越南老街市—保安县—文盘县往返线路。全长 288 千米，中国境内 167 千米，越南境内 121 千米。

（15）云南红河州个旧市—蔓耗镇—河口县—越南老街市—沙巴往返线路。全长 203 千米，中国境内 167 千米，越南境内 36 千米。

（16）昆（明）曼（谷）公路全长 1855 千米。东起昆（明）玉（溪）高速公路入口处的昆明收费站，止于泰国曼谷。途经老挝境内南塔、波乔省，经会晒进入泰国清孔，在泰国境内经清莱、清迈最后抵达首都曼谷。全线由中国境内段（827 千米）、老挝段（247 千米）和泰国境内段（813 千米）组成。

（17）云南片马口岸—缅甸密支那。

（18）云南猴桥口岸—缅甸密支那。

（19）云南拉邦口岸—缅甸密支那。

（20）云南姐告口岸—缅甸曼德勒。

（21）云南南伞口岸—缅甸曼德勒。

（22）云南孟定口岸—缅甸曼德勒。

（23）云南沧源口岸—缅甸曼德勒。

（24）云南孟连口岸—缅甸曼德勒。

（25）云南打洛口岸—缅甸东枝、曼德勒。

（26）云南昆明—仰光国际公路，全长 1907 千米，云南境内 740 千米，缅甸境内 1167 千米。

（27）云南昆明—孟加拉国吉大港国际公路（经缅甸至南亚公路通道），全长 2482 千米，云南境内 698 千米，缅甸境内 543 千米，印度境内 617 千米，孟加拉国境内 624 千米。

二、道路口岸概述

道路口岸是供人员、货物、物品和交通工具直接出入国境（关境、边境）的公路跨境通道场所。道路口岸可以实现以下基本功能。

（1）对外贸易职能包括现汇贸易、易货贸易、转口贸易、过境贸易、技术贸易及服务贸易等。

（2）对外运输职能即担负进出口商品及过境人员的运输任务。

（3）管理职能包括为维护国家主权和利益，对出入境客、货流及运输工具行使管理、监督、检查职能和对口岸自身机构如海关、商检卫检、动植检的管理等。

（4）服务职能包括诸如仓储、邮电、通讯、银行、保险等为进出口贸易服务的业务等。

为实现上述功能，口岸通常设有口岸联检大楼、海关监管仓库、停车场及集装箱堆场及其他服务设施。

由于历史上受到陆路周边国家的政治和经济发展因素的影响，双边贸易量较小，因此我国许多道路口岸的仓库都存在规模小、设备简陋，现代化的物流装备也较少的问题，由于公路口岸运送的货物的体积比较小，重量轻，因此大多采用人力装卸搬运。落后的物流技术装备会严重影响口岸的通关效率。

近年来，我国与陆路周边国家以及中亚各国的友好往来不断加深，国际贸易货量不断增加，我国政府投入了大量资金用于道路建设，形成纵横交错的道路网络；位于边境的各省市、自治区为了本地区的经济发展，也对国家道路网投入地方道路的配套建设，加大力度投入道路口岸的建设，如口岸实施的配套建设，现代化的物流装备和物流基地的建设，工业园区的建设，大大地促进了边境贸易和国际贸易的发展，繁荣了地方口岸的经济。

第二节　道路口岸分布

我国有长达 22800 千米陆域边境线：自东北鸭绿江口至北部湾北仑河河口分别与朝鲜、俄罗斯、蒙古、哈萨克斯坦、吉尔吉斯斯坦、塔吉克斯坦、阿富汗、巴基斯坦、印度、尼泊尔、不丹、缅甸、老挝、越南等国家接壤，因而形成了许多不同国别的口岸。这些不同国别的口岸往往成对出现，相对应的口岸既有距离上的差别又有数量上的差别，其规模大小也是不一样的。

边境地区以少数民族居多，边民互相往来，有历史原因长期形成的边民集市、易货贸易、旅游购物、转口贸易、小额贸易等，交换各自所需产品（包括农产品及其加工品、杂货、日用品、轻工业品等）。这些贸易一般规模较小，适合于乡镇企业经营或民营企业经营。

随着国际贸易的发展，国家和企业之间进行的国际经济合作、承包工程、合资合作经营、独资经营和劳务输出等贸易活动日益繁多，边境陆地口岸不断扩展，我国和周边国家的边境陆地口岸和边民通道众多，为方便道路运输企业和国际货物运输代理企业工作，将我国主要边境口岸的情况从北往南介绍如下。

一、辽宁省

辽宁位于我国东北地区南部，濒临黄海、渤海，东与朝鲜一江之隔，与日本、韩国隔海相望，是东北地区唯一的既沿海又沿边的省份，也是东北东部地区对外开放的门户。

（一）辽宁省公路

辽宁区位优越、交通便利，是东北地区通往关内的交通要道和连接欧亚大陆桥的重要门户，是全国交通、电力等基础设施较为发达的地区。铁路营运里程达到 3939 千米，密度居全国第一。

公路通车总里程已超过 10 万千米，其中辽宁高速公路通车总里程突破 4000 千米，标志着全省高速公路体系的完善和"3 小时经济圈"的建成，沈阳绕城高速公路建成通车更拉近了省内其他城市与沿海城市的距离。沈阳绕城高速公路是国内智能化水平最高的绕城高速公路之一，也是辽宁第一条大规模采用太阳能节能技术的高速公路。沈阳绕城高速公路是国家高速公路网的重要组成部分，是沈阳连接 14 个省辖市的快速通道。目前已通车的高速有：京沈高速、沈海高速、辽中环线高速、沈丹高速、沈吉高速、沈彰高速、沈四高速、阜营高速、丹大高速、丹海高速、丹通高速、桓永高速、庄盖高速、抚通高速、新铁高速、土羊高速、锦朝高速、锦阜公路、铁朝高速、本辽高速、大窑湾疏港路、阜营高速、阜新—盘锦—营口高速、建昌至兴城高速等。

（二）辽宁省道路口岸进/出境货物的主要品种

出口货物主要品种为：机电产品、塑料、钢材、矿山机械、粮食、水果蔬菜、日用生活品、成套设备等。

进口货物主要品种为：木材、蚕丝、水产品、煤炭、铁矿粉、生铁、硅铁等。

（三）辽宁省道路口岸

辽宁省与朝鲜进行边境贸易道路口岸有两个。

1. 丹东道路/铁路口岸——新义州（朝方口岸）

国道 025，省道 201 通达。

丹东市，位于辽东半岛经济开放区东南部鸭绿江与黄海的汇合处，处于东北亚经济圈的中心地带，东与朝鲜的新义州市隔江相望。

丹东海关是国家设在丹东口岸对进出境活动进行监督管理的机关，负责办理丹东地区（除东港市）和本溪地区的海关业务，隶属于大连海关。太平湾海关隶属于丹东海关。

丹东海关监管点多、监管线长，业务齐全，既有公路、铁路进出口货物、人员监管，又有邮递物品、管道运输监管，以对朝边境贸易为主，也有一般贸易、加工贸易。出口货物主要有：钢材、矿山机械、粮食、水果蔬菜、日用生活品、成套设备等。进口货物主要有：煤炭、铁矿粉、生铁、硅铁等。

丹东公路口岸位于市区鸭绿江大桥旁边，是 1955 年经中朝双方商定，批准开放的国家一类口岸，也是我国与朝鲜半岛接壤的口岸中唯一可通行第三国人员的口岸。1966 年关闭，1981 年恢复通关。

公路客运由中朝双方按单、双月轮流营运，每天往返 2 次，主要接送两国边民和往返中朝的商务人员。该口岸允许持有效护照及签证或边民通行证的双方边民、货物和运输工具通过，允许持有效护照及签证的第三国公民、货物和运输工具通过。

丹东到朝鲜过境的车辆通常是在海关备案注册的封闭车辆，除对于特殊货物（大型设备，大体积货物等）需要使用大型的敞车，需要在海关做临时备案。驾驶车辆的司机必须有在海关和边防备案办理的长期出境证明，车辆和司机驾驶员需要每年到海关边防进行年度审核，审核通过后重新发证。

中国的车辆运输只能到朝鲜的新义州海关仓库，现在朝鲜的卸货能力一般，通常中国车辆下午 4 点到 9 点之间能卸货回到中国。朝鲜的车辆也只能到丹东指定的海关保税库。如果中国车辆需要到朝鲜的其他地区，需要重新换朝鲜的车辆才能到达，朝鲜中转的车辆不多，费用较高，建议直接使用火车。

中外客商、出境游客大多经过这个口岸进出境，每年进出境人员达 20 多万人次，进出境各类车辆达 7 万多辆，进出境货物达 100 万吨。

丹东铁路口岸的地点在丹东东站，是我国最大的铁路口岸之一，口岸设施功能齐全。

2. 太平湾口岸——方山里（朝方口岸）

省道 319 通达。

太平湾口岸位于辽宁省宽甸满族自治县太平湾镇，和朝鲜平安北道朔州郡方山里相对，该口岸允许持有效护照及签证或边境通行证双方公民、货物和运输工具通过。

宽甸地处中朝边境，朝鲜的苍城郡、碧洞郡、平安北道等"六郡二道"与宽甸隔江相望。宽甸境内的国家二类口岸现有四个：太平湾口岸、长甸河口口岸、哑巴沟口岸、拉古哨口岸，并有北江等部分临时口岸，边贸条件得天独厚。

二、吉林省

位于中国东北中部，处于日本、俄罗斯、朝鲜、韩国、蒙古与中国东北部组成的东北亚几何中心地带。北接黑龙江省，南接辽宁省，西邻内蒙古自治区，东与俄罗斯接壤，东南部以图们江、鸭绿江为界，与朝鲜隔江相望。东西长 650 千米，南北宽 300 千米。东南部高，西北部低，中西部是广阔的平原。

（一）吉林省公路

在吉林省纵横交织的公路网络中，有总里程近 10 万千米的国省干线。全省高速公路通车总里程已达到 2252 千米，横贯东西的珲乌高速公路，纵贯南北的京哈、大广、吉沈高速公路，为通达周边朝、俄、蒙等国家和黑龙江、辽宁、内蒙古等省（区）提供了畅通无阻的大通道。以长春为中心，高速公路呈放射状，直通吉林、四平、辽源、延边、白城、松原等市（州）和重要经济区；2015 年在建和即将开工的有营松、长双、嫩丹、通梅等 14 个项目，吉林省高速公路骨架网呼之欲出，高速公路在经济社会发展中的先导与支撑作用愈加凸显。

（二）吉林省道路口岸进/出境货物的主要品种

1982 年以来有 15 个道路口岸对俄和朝鲜进行易货贸易，并在位于集安市与朝鲜的满浦江市的在鸭绿江的红心岛上开办边民互市。

出口货物有：轻纺产品、大米、正粉、玉米和机电产品、煤炭等。进口货物有：木材、废钢等。

（三）吉林省道路口岸

全省有 15 个道路口岸、通道分布在中俄、中朝边境一线，其中，有两个中俄口岸，13 个中朝道路口岸、通道。

1. 中国—俄罗斯道路口岸

（1）珲春道路口岸—克拉斯基诺口岸（俄方口岸）。国道 302 通达。位于珲春市长岭子，与俄罗斯滨海边疆区克拉斯基诺镇相望，有公路相通，对面是克拉斯基诺口岸。可通行第三国人员。

（2）珲春铁路口岸—卡梅绍娃亚口岸（俄方口岸）。国道 302 通达。位于珲春市长岭子，与俄罗斯滨海边疆区哈桑区卡梅绍娃亚车站相望，有铁路相通，对面是卡梅绍娃亚口岸。1999 年 5 月开通试运行。

2. 中国—朝鲜道路口岸（13 个）

（1）南坪道路口岸—七星里口岸（朝方口岸）。省道 202 通达。

位于吉林省和龙市南坪镇，与朝鲜咸境北道茂山郡的七星里口岸相对，设立于 1929

年 12 月，1951 年对外开放，为国家客货双边口岸。口岸设有边防检查、海关、出入境检验检疫等联检机构。距和龙市 50 千米，距朝鲜茂山郡 12 千米。

2010 年南坪口岸进出口货物 53.3 万吨，出入境人数 3.2 万人次。

出口货物有：钢材、矿山机械、粮食、焦炭、汽油等；进口货物有：铁精粉、生铁、无烟煤、木材等。

（2）开山屯道路口岸—三峰（朝方口岸）。省道 202 通达。开山屯口岸位于龙井市开山屯镇境内，距龙井市 35 千米，隔图们江与朝鲜咸镜北道稳城郡三峰通检所相对。之间原有公路、铁路桥连接，现在铁路早已关闭，主要是公路运输。

1991 年以前开山屯口岸只作为边民过往口岸，1992 年 3 月经批准，实现了客货双通。

（3）长白道路口岸—惠山市（朝方口岸）。省道 302、303 通达。是国家一类口岸，位于吉林省白山市长白朝鲜族自治县。长白口岸升格为国家一类口岸后，建设了联检大楼、口岸广场、海关监管货场等 5 个重点项目。吉林长白口岸联检机构设有长白边防检查站、长白海关、长白出入境检验检疫局三个单位。新建口岸联检大楼双通道，分为东西两个楼，分别为出境和入境通道，出境和入境通道又分为货检和旅检通道，于 2008 年顺利通过省级预验收，其规模、功能、设备等各方面指标在中朝边境口岸位居前列。

（4）圈河道路口岸—元汀口岸（朝方口岸）。省道 201 通达。位于珲春市敬信镇圈河村，与朝鲜罗津先锋市元汀里隔图们江相望，有公路大桥相通，圈河口岸现为中朝国际客货运公路运输口岸，距图们江入海口 36 千米，距珲春市区 42 千米，距朝鲜罗津 51 千米，对面是朝鲜元汀口岸，连接圈河口岸和元汀口岸的跨境公路大桥始建于 1936 年，是中国连接朝鲜罗先经济贸易区的重要通道。新中国成立后一直作为国家二类口岸运行，后改为公务通道。

1998 年，经国务院批准，圈河公路通道升格为国家一类口岸，允许第三国人持有效证件通行。1999 年 11 月开始兴建圈河口岸基础设施，2000 年 12 月竣工交付使用，联检楼面积 4127 平方米，口岸年过货能力约 60 万吨，过客能力 60 万人次。

（5）图们铁路、道路口岸—南阳口岸（朝方口岸）。国道 302 通达。位于图们市，与朝鲜咸镜北道南阳区，隔图们江相望，分别有铁路、公路大桥相通，对面是南阳口岸。是我国对朝三大主要口岸之一，1999 年过货量约 80 万吨。可通行第三国人员。

（6）三合道路口岸—会宁口岸（朝方口岸）。省道 202 通达。位于龙井市三合镇，与朝鲜咸镜北道会宁市隔图们江相望，有公路大桥相通，对面是会宁口岸。

（7）南坪道路口岸—七星里口岸（朝方口岸）。省道 202 通达。位于和龙市南坪镇，与朝鲜咸境北道茂山郡七星里隔图们江相望，有简易桥相通，对面是茂山口岸。

（8）临江道路口岸—中江口岸（朝方口岸）。省道 303 通达。临江公路口岸位于白山市所属临江市，与朝鲜慈江道中江口岸隔鸭绿江相望，双方间有国境公路桥相连。对面是中江口岸。

（9）沙坨子道路口岸—庆源郡口岸（朝方口岸）。国道 302 通达。位于珲春市三家子满族自治乡境内沙坨子村，沙坨子口岸是吉林省通往朝鲜的重要陆路口岸，距珲春市区 11

千米。对面是朝鲜庆源郡口岸。有公路大桥相通,沙坨子口岸大桥始建于 1936 年,长 423 米,为 47 孔桥,其中中方占 39 孔。

作为国家二类口岸,沙坨子口岸是传统的民间贸易口岸,改革开放前,主要为双方达民探亲往来服务。自 1985 年起开始过货,沙坨子口岸设计年过货能力为 5 万吨,过客能力为 5 万人次,经过改造,高峰期过货能力可达 10 万吨,过客能力可达 10 万人次。

沙坨子口岸 2007 年被国家批准为国家口岸,口岸设施完善。

(10) 古城里道路口岸—三长口岸(朝方口岸)。省道 202 通达。位于和龙市崇善镇,与朝鲜两江道大红丹郡隔图们江相望,有公路桥相通,对面是三长口岸。

(11) 青石道路口岸—云峰口岸(朝方口岸)。国道 303 通达。位于集安市青石镇,与朝鲜慈江道慈城郡云峰区隔鸭绿江相望,有电厂大坝相通,对面是云峰口岸。

(12) 双目峰公务通道—双头峰公务通道(朝方口岸)。省道 203 通达。位于安图县双目峰,与朝鲜两江道三池渊郡双头峰相望,有沙石路相通,对面是双头峰公务通道。

(13) 集安铁路口岸—满浦口岸(朝方口岸)。国道 303 通达。位于集安市,是中国对朝三大主要口岸之一。与朝鲜慈江道满浦市隔鸭绿江相望,有铁路大桥相通,对面是满浦口岸。目前集安常年有货物和人员进出境的口岸有集安车站口岸(一类口岸)、老虎哨口岸(二类口岸)、青石口岸(临时口岸),这三个口岸除集安车站口岸条件较好外,其他两个口岸现场基础设施都比较简陋,不适于外贸发展需要。

主要出口商品由能源性商品、粮食、化肥等逐渐向化工产品、机械设备、建筑材料等转变。

三、黑龙江省

黑龙江省是中国最东北的省份。北部和东部以黑龙江和乌苏里江与俄罗斯接壤,西部与南部分别与内蒙古自治区和吉林省相邻,面积 45.4 万平方千米,是东北地区面积最大的省份。

(一)黑龙江省公路

截至 2012 年年底,全省公路总里程达到 159063 千米,公路网密度为 35.04 千米/百平方千米。其中按行政等级分有:国道 6984 千米,省道 9156 千米,县道 7930 千米,乡道 54699 千米,专用公路 15284 千米,村道 65010 千米。按技术等级分有:高速公路 4350 千米(含高速化公路 267 千米),一级公路 1424 千米,二级公路 9623 千米,三级公路 32182 千米,四级公路 81850 千米,等外公路 29803 千米。

黑龙江省与俄罗斯相邻的 5 个边疆区、州全部开通了国际道路客货运输,线路达 41 条。其中,货运线路 20 条,客运线路 21 条。

(二)黑龙江省道路口岸进/出境货物的主要品种

出口货物有:服装、鞋、纺织品、啤酒、牛肉、羽绒服装、大米、果树、建筑材料、轻工业品、煤等。进口货物有:原木、纸浆、化工原料、化肥、原钢、原铝、农机、生产资料等。

（三）黑龙江省道路口岸

全省有 5 个道路口岸，通道分布在中俄边境一线。

1. 绥芬河口岸—波格拉尼奇内（俄方口岸）

国道 301 通达。绥芬河市位于黑龙江省东南部，坐落在长白山北端，东与俄罗斯滨海边疆区接壤。绥芬河处于东北亚经济圈的中心地带，是中国通往日本海的唯一陆路贸易口岸。距俄远东最大的港口城市海参崴 230 千米，有一条铁路、两条公路与俄罗斯相通。通过俄罗斯的海参崴、纳霍德卡港口，连接中、俄、日、韩、朝等国家和地区陆海通道的关结点，是中国参与东北亚多边国际经济合作与竞争的"窗口"和"桥梁"。

绥芬河公路口岸位于 301 国道东端中俄边境线上，与俄罗斯滨海边疆区波格拉尼奇内区陆路接壤，是国家一类口岸，担负中俄贸易进出口中转分拨和客运任务。

绥芬河公路口岸是全国第一个由交通部门投资建设与管理的改革试点单位，集过境运输管理与口岸管理于一体。国家边检、海关、出入境检验检疫、交通 12 小时查验，外运、银行、工商、税务、旅游等部门都在现场办公，实行一条龙服务。客货检分流进行，红色通道和绿色通道同时通关，所有客货通关手续一次办完，快捷方便。目前，口岸年过货能力达 100 万吨，过客能力达 50 万人次，是中俄边境最大的公路口岸。

绥芬河火车站位于滨绥线终点，与俄罗斯符拉迪沃斯托克分局格罗迭克沃站接轨，是牡丹江铁路分局管辖范围内唯一的口岸站，是国家对俄贸易的重要陆路口岸，主要承担中俄国际联运和中外旅客运输任务。铁路口岸年货运通过能力达 900 万吨。

1999 年 6 月，经中俄两国政府外交换文，设立绥芬河中俄互市贸易区。

通过绥芬河口岸，经俄罗斯符拉迪沃斯托克、纳霍德卡、东方港港口群，国际陆海联运可直达日本、韩国、美国等国家和地区，被誉为连接东北亚和走向亚太地区的"黄金通道"。经过多年的建设和发展，绥芬河初步成为一个以国际区域物流为重点，以铁路运输为主体，以陆海联运为链接的区域性物流中心城市，这是投资者获取俄罗斯木材资源的可靠保障，也是绥芬河能够发展成为中国北方陆路最大的进口木材集散地的先决条件。随着转口贸易和加工贸易的不断发展，绥芬河国际陆海联运的物流实现规模化运营，物流的走廊和关节点将日趋畅达，进口俄罗斯木材加工复出口俄罗斯、日本、韩国、美国等国家和地区的国际化产业格局将更加清晰和广阔。

2. 东宁（三岔口）口岸—波尔塔夫卡（俄方口岸）

国道 206 通达。东宁口岸位于黑龙江省东南部，东与俄罗斯滨海边疆区接壤，是我国距俄罗斯远东最大的港口城市——符拉迪沃斯托克最近的一级陆路口岸，与俄罗斯陆路相接成网，铁路相通，又是中俄水陆联运的最佳路线。

历史上这里曾是中、俄、朝、日等国客商云集的地方。改革开放以后，与俄罗斯、哈萨克斯坦、乌克兰及其他独联体国家的 30 多个州、区 900 多家企业建立贸易往来，还同秘鲁、日本、韩国、意大利、港澳等国家地区建立了经济贸易关系。

1990 年口岸开通以来，东宁县充分发挥口岸、资源优势，大力发展口岸经济，兴建了对俄进出口工业园区、绥阳进口锯材加工园区和华宇工业园区，形成了以轻工产品、木材、食品加工和能源、生物制药、矿产开发为主导的外向型工业体系；建成了全国最大的黑木耳生产基地和黑龙江省最大的出口果菜生产集散基地，启动了建设中俄东宁—波尔塔夫卡互市贸易区商品交易中心，发展了亨源商城、天府商厦等对俄专营市场，辟建东宁地方铁路，构建了全方位开放的格局，使经济社会持续快速发展。

东宁已成为黑龙江省对俄贸易的龙头口岸。

3. 漠河口岸—加林达（俄方口岸）

国道 207 通达。漠河口岸为中国最北端的口岸。该处黑龙江水流充沛，有可停靠千吨级货轮的自然码头，是黑龙江上游重要的江运码头。明水期开展水上船舶运输，由此下行可达黑龙江沿岸港口；冰封期开展冰上汽车运输，有三级公路同黑漠公路相接。口岸距漠河县城西林吉火车站 183 千米，距最近的长缨火车站 100 千米。

漠河口岸对岸为俄阿穆尔州斯克沃洛迪诺区边境重镇加林达。

1989 年 4 月经中国国务院批准成为对外开放的国家一类口岸。1990 年 3 月经中苏两国政府换文确认为国际客货运输口岸。1993 年 9 月正式开通使用。漠河口岸建有近万平方米的查验单位办公、业务、生活用房及查验设施。

漠河口岸港口同俄罗斯阿穆尔州斯科沃罗丁诺区对应口岸加林达隔江相望，相距只有 1.5 千米；现有人口 7000 人左右，是自黑河开始黑龙江上游的最大居民点，加林达是俄小贝阿铁路的南端终点站，沿小贝阿铁路北上 66 千米，在斯克沃洛迪诺与西伯利亚铁路交会，再北上 270 千米至阿穆尔州第三大城市腾达同俄大贝阿铁路交会。小贝阿铁路是俄远东地区沟通西伯利亚铁路和大贝阿铁路重要通道，小贝阿铁路目前正继续向北延伸，终点是雅库特自治共和国的叶鲁文哥里市。加林达还有可同时停靠三个千吨级货轮的码头，铁路火车站距江边约 500 米左右配有塔式吊车，加林达还设有军用飞机场。

4. 黑河口岸—拉戈维尔申斯克市（俄方口岸）

黑河至大连的国道 202 贯穿黑河全市，是黑河的公路运输主干道。

黑河市所在地原为黑河镇，与俄罗斯阿穆尔州首府布拉戈维尔申斯克市隔江相望，是中俄长达 7000 千米边界线上唯一相对的姊妹城。

1987 年，黑河口岸在全国沿边地区率先重新打开了对苏联边境贸易的大门。1992 年，国务院批准黑河为首批沿边开放城市，并给予相应的优惠政策，黑河成为我国沿边开放的重要窗口。

黑河口岸机构健全，检查检验设施完善，并已形成完整的对外运输体系，具备年货运量 100 万吨，客运量 100 万人次的吞吐能力。黑河口岸现已成为水运、陆运和空运立体交叉，船舶、汽车、气垫船和飞机等多种运输形式相结合的多功能口岸。

黑河市口岸设在大黑河岛，海关、边检、检验检疫、船检、港检、外运等口岸管理服务部门齐全，是集国贸、地贸、边贸、民贸多功能于一体的国家一类口岸。大黑河岛位于黑龙江中方一侧，距黑河市区 70 米，距俄布市 750 米，总面积 0.87 平方千米，现已成为中俄边境线上规模最大、功能最全的商品集散地和对俄商品出口基地。

1997 年 3 月，省政府正式批准设立大黑河岛中俄边贸互市贸易区，赋予更加开放的政策；两国外交部签署了简体俄公民进入互市贸易区中方一侧手续的协议，为边民互市贸易注入了新的活力，现已在大黑河岛建设了占地约 12 万平方米的国际商贸城，是大黑河岛边民互市贸易区的贸易中心、洽谈中心和信息中心。

黑河边境经济合作区是 1993 年国务院批准的享有特殊优惠政策的国家级开发区，是以吸引国内外投资为主，发展面向国际市场的出口商品加工业和相应的第三产业的特殊经济区域。合作区首期开发面积 7.63 平方千米，分第三产业区、出口加工区、高新技术产业区和生活服务区。

出口商品以服装及衣着附件、家具及其零件、箱包及类似容器和鞋类为主。进口商品以电力、初级形状的塑料、大豆和纺织纱线、织物及制品为主。

5. 饶河道路口岸—比金（俄方口岸）

省道 307、210 通达。位于黑龙江省东部地区饶河县，饶河口岸是 1989 年经国务院批准的国家一类口岸，于 1993 年 9 月 21 日正式对外开放。是中俄及欧亚陆海联运的桥梁和联结东北亚区域经济合作的纽带，中俄贸易重要的大通道。

饶河口岸位于饶河镇南部，占地 500 平方米，距饶河镇 7 千米，与俄比金口岸相距 760 米，距比金市 17 千米，是内地通往俄罗斯远东地区的重要门户，也是对俄哈巴罗夫斯克地区唯一的陆运和冬季过货的国家一类客货口岸。饶河口岸具有运输周转快，货运质量高，基础设施完备，通关环境优越的特点，汽车不用二次装卸，节省了费用，减少了损耗，出关货物只需 4 到 5 小时即可到达哈巴地区，大大缩短了俄境内的运输距离，从而节省了大量运费。

比金口岸地处俄罗斯哈巴边区的交界处，为两边区共同口岸。在不到 100 千米的范围内，可直接辐射俄方 100 万人口。北可进入欧洲腹地，南可经海参崴江海联运大通道，客货运输条件得天独厚，可直接参与国际贸易。

2000 年中俄饶河—比金口岸正式开通，设计年过货量 100 万吨，日过客 400 人，日过车 400 台，是俄远东地区建设规模最大，内部设施最好，过货能力最强的现代化口岸。双边开展劳务合作，原材料进口及加工，发展外向型出口贸易和经济技术合作都极具潜力，极具互补性。

饶河—比金口岸必将成为黑龙江省东部地区中俄贸易重要的大通道，对俄经贸已位居全省第四位。

按照建设"东北亚经济贸易开发区"、"哈牡绥东对俄贸易加工区"的总体部署，饶河并于 2010 年 12 月末开通了乌苏里江上第一条口岸浮箱固冰通道。该通道的建成，延长了口岸通关时间，实现了四季通关，带动了口岸客流、物流的大幅增长。"十二五"期间将完成铁路、机场、乌苏里江大桥、港口及各类基础设施建设，进一步增强口岸在县域经济发展中的带动作用。

四、内蒙古自治区

内蒙古自治区位于中国北部边疆，东西直线距离 2400 千米，南北跨度 1700 千米，横跨东北、华北、西北三大区。土地总面积 118.3 万平方千米，占全国总面积的 12.3%，在全国各省、市、自治区中名列第三位。西南东与甘肃、宁夏、陕西、山西、河北、辽宁、吉林、黑龙江 8 省区毗邻，北与蒙古国、俄罗斯接壤，国境线长 4200 千米。

近年来，内蒙古自治区加大了对公路网络的建设力度，尤其加大了口岸公路的建设力度。2006 年至今，内蒙古已新建、改建省道 315 线达赉库布—策克口岸、阿木古朗—额布都格口岸、阿拉坦额莫勒—阿日哈沙特口岸等 6 条口岸公路，新建、改建项目总里程达 530.5 千米。

加快国际货物运输站场建设，满洲里、海拉尔、拉布达林、二连浩特货运市场初见成效，目前正在加快相关地区公路主枢纽的规划和建设，这将为中俄、中蒙国际道路运输提供仓储、转运等配套设施和基础条件，使其满足市场需求，形成货物运输网络。

在市场准入方面，内蒙古采取"严进宽出"的管理理念，对申请从事国际道路运输的企业宏观控制、严格审查，保证整个国际道路运输市场的供求平衡和参与国际道路运输企业的竞争实力。对批准从事国际道路运输的企业大力扶持，简化办事程序、加快通关速度。通过这些措施，各企业在市场中相互协调、互惠共赢，正逐渐形成有一定规模且相互衔接的国际道路运输网络。

通过不断规范内蒙古自治区国际道路运输市场，在客货运输量逐年攀升的情况下，内蒙古运管部门以市场为导向，以企业需求为出发点，打造西煤、东油、中商贸的国际道路货物运输网络。

随着中蒙道路运输事业的不断发展和深化，1991 年中蒙两国签订《中华人民共和国人民政府和蒙古国人民政府汽车运输协定》（以下简称《运输协定》），2008 年双方开始初步磋商，对《运输协定》进行修订，2009 年 7 月，中蒙双方代表团对《运输协定》议定书相关内容的修订进行了事务级会谈，并就其内容基本达成一致。

截至 2011 年 12 月 16 日，内蒙古公路总里程达到 15.7 万千米。一个全线贯通东西南北、联通俄罗斯和蒙古国的公路网络初步形成。"十二五"期间，国家重点支持内蒙古公路建设及有利于内蒙古综合运输体系发展的综合运输枢纽的建设。预计到 2015 年，内蒙古公路总里程将达到 17 万千米。

（一）内蒙古道路口岸进/出境货物的主要品种

1. 与俄罗斯边贸

出口货物有水果蔬菜、日用杂品、汽车等；进口货物有原木、铝材、聚氯乙烯、矿粉等。

2. 与蒙古国边贸

出口货物有水果蔬菜、化妆品、文化民族用品、五金机械、建材和医疗用品等；进口货物有木材、化肥、杂骨、废钢铁、钢铝、矿产等。

（二）内蒙古自治区道路口岸

内蒙古自治区现有对外开放的道路口岸 12 个：其中对俄罗斯开放的有 4 个口岸，对蒙古国开放的有 8 个口岸。

1. 对俄罗斯开放的 4 个口岸

（1）满洲里公路口岸—后贝加尔斯克（俄方口岸）。

国道 301 通达。内蒙古满洲里铁路口岸和公路口岸是中国最大的陆运口岸，可经俄罗斯通往东欧和西欧，被称为第一欧亚大陆桥"桥头堡"。该口岸铁路过货能力达 500 万吨，换装机械先进，拥有高水平的分拨、仓储条件。满洲里至后贝加尔斯克国际公路口岸有客运通关通道 4 条，货运通关通道 4 条。

2004 年，满洲里市投资 1123 万元对公路口岸进行了改建和扩建，其中新建货场及其通道 15.6 万平方米，实现了客货分流，使货运能力提高了一倍。

满洲里口岸建立出口加工高科技经济合作区和互市贸易区，是中国对俄蒙贸易中心和欧亚第一大陆桥重要口岸。从办理国际贸易、地区贸易、边境贸易和转口贸易着手，积极引进外资投入，以巩固提高对俄罗斯赤塔和西伯利亚市场的占有率为重点。积极深入中亚、欧洲市场，不断发展对俄、蒙、东欧国家和西方各国的全方位经贸关系。同时，广泛采用补偿贸易、多边贸易、转口贸易、合资经营和现汇贸易等搞活市场。

（2）二卡公路口岸（满洲里二卡农场）—阿巴该图（俄方口岸）。

国道 301 通达。中俄两国政府 1994 年签订的《关于中俄边境口岸协定》中共同确定开放的双边公路货物运输口岸。满洲里市已在二卡口岸完成了联检办公楼及双向八条通道设施的主体工程，俄方阿巴该图口岸的联检设施已完成场地平整、办公场所设计等工作。

（3）室韦（吉拉林）口岸—奥洛契（俄方口岸）。

省道 301 通达。位于中俄界河额尔古纳河中游东端，在室韦镇的西南 0.5 千米处，南距额尔古纳市所在地拉布达林镇 168 千米，西隔额尔古纳河与俄罗斯奥洛契口岸相对。奥洛契口岸辐射赤塔洲东北部九个区市，矿产资源丰富，木材蓄积量达 4.5 亿立方米。室韦口岸将成为进口俄罗斯木材的重要集散地，年过货量可达 60 万吨以上。

1989 年 4 月国务院批准室韦为国家一类口岸，1991 年 2 月 1 日正式对外开放。2001 年 10 月 1 日，室韦—奥洛契额尔右纳河界河桥正式投入使用，大桥长 310.59 米，宽 4.2 米。室韦口岸大桥建成投入使用后，口岸通过能力明显提高：年过货量将达到 60 万吨，年人员流量 20 万人次，年交通工具进出境 10 万辆次。

（4）黑山头口岸—旧楚鲁海图（俄方口岸）。

省道 301 通达。黑山头口岸位于额尔古纳市所在地拉布达林镇西南 62 千米处，距黑山头镇 12 千米，西隔中俄界河与俄罗斯的旧粗鲁海图口岸相望，两口岸垂直相距 1.5 千米。

黑山头口岸的地理位置优越，直接与俄罗斯赤塔州普里阿尔贡斯克区所属的旧楚鲁海图相对应，是中俄双方通商往来的便捷通道。

黑山头口岸距室韦口岸水路 250 多千米，陆路 230 千米，南距呼伦贝尔市 120 千米。1989 年国务院正式批准黑山头为国家一类口岸，1990 年黑山头口岸正式对外开放。

黑山头口岸所在辖区的额尔古纳市在呼伦贝尔市占有重要地位，是呼伦贝尔市对外开放"金三角"战略格局中的一级。而黑山头口岸又是呼伦贝尔市经济体制改革试验区沿边开放的前沿阵地，是参与东北亚经济圈的理想通道，不仅是呼伦贝尔市绿色产业产品对外出口的重要窗口，同时又是满洲里口岸货物分流的理想通道。

2. 对蒙古国开放的有 8 个口岸

（1）二连浩特公路/铁路口岸—扎门乌德口岸（蒙方口岸）。

国道 208 通达。二连浩特市地理位置优越，位于 208 国道起点和集二线的终点，距俄罗斯首都莫斯科 7623 千米，距蒙古国首都乌兰巴托 714 千米，距北京 720 千米，距呼和浩特 410 千米，是中国距离首都北京最近的陆路口岸，以北京为起点经二连到莫斯科比滨洲线近 1140 千米。它是连接欧亚大陆最便捷的大陆桥，交通十分便利。二连浩特市是我国与蒙古国接壤的唯一铁路口岸，是国家批准的首批 13 个沿边开放城市之一。二连浩特市面对蒙古国、俄罗斯及东欧国际市场，是我国向北开放的最前沿；背靠我国环渤海经济圈和呼包银经济带，有进口和出口两种资源流通方式，是内蒙古自治区乃至我国重要的进出口物资集散地，依托二连浩特公路/铁路口岸发展边境贸易、加工贸易、旅游贸易、服务贸易的条件优越。

进口货物有原油、木材、铜矿粉、铁矿石、钼矿粉等；出口货物：蒙古国国内消费的果蔬和日用品 70% 经由该市运入。

①公路口岸。二连浩特公路口岸新联检通道北出口与蒙古国边境相接，南出口经市区与 208 国道相连。新建联检区设有四进四出八通道，实现了客货分流。公路口岸新联检区集通关查验、仓储运输、生活服务于一体，可一次性完成报关报检和稽费征缴工作。设计最大通过能力为年过货量 240 万吨，年过客 300 万人次。新建公路口岸的运营极大提高了公路口岸的过货能力和通关效率。

②铁路口岸。二连浩特铁路口岸位于集二线终端，是中国通往蒙古国的唯一铁路口岸。铁路口岸现有宽准轨线路 117 条，其中宽轨为 52 条、准轨为 65 条，站区建有机减区、技协、泰达、木四、二连口岸海关监管场所五个仓储作业区，具有仓储、转运、换装等多种功能。各作业区内配有不同吨级的龙门吊、起重机、叉车等现代化的装卸机器。二连浩特铁路浩特口岸拥有亚洲最大的散堆装货场、换轮库和先进的 H986 火车检验系统，二连铁路浩特铁路口岸年过货能力达到 1000 万吨。

③中蒙两国实行联合监管。位于二连浩特的中蒙边境海关 2009 年 12 月 15 日开始试行联合监管，因此这是中国与哈萨克斯坦之后，第二个和毗邻国家开展联合监管的中国海关。

中蒙两国实行联合监管后，将为双边出入境货物及车辆等简化双边海关手续，提供便利通关条件，为中蒙两国的贸易往来和经济发展提供了一个快速便捷的大通道，这将极大地推动二连浩特口岸国际物流的快速发展，对于推进"中国二连浩特—蒙古乌兰巴托—俄罗斯的伊尔库斯科"国际经济走廊建设将起到重要作用。

由于蒙古国是内陆国家，没有出海口，所以从蒙古国扎门乌德口岸经二连浩特到天津海港的铁路线成为蒙古国货物进/出口海运的重要运输线之一，天津港也成为蒙古国货物进/出口的海运港口。

（2）策克道路口岸—西伯库伦口岸（蒙方口岸）。

省道 315 通达。位于内蒙古额济纳旗境内，距额济纳旗府达来呼布镇 77 千米，东距巴盟甘其毛道口岸 800 千米，西距新疆老爷庙口岸 1200 千米，与蒙古国南戈壁省西伯库伦口岸相对。对外辐射蒙古国南戈壁、巴音洪格尔、戈壁阿尔泰、前杭盖、后杭盖五个畜产品、矿产品资源较为富集的省区，是阿拉善盟对外开放的唯一国际通道，是内蒙古、陕西、甘肃、宁夏、青海五省区所共有的陆路口岸，同时也是内蒙古第三大口岸。

2005 年 6 月 29 日，国务院批准策克口岸为中蒙双边性常年开放陆路口岸，并设立边检、海关、检验检疫等查验机构。

策克道路口岸分设公路通道和铁路煤炭运输专用线通道。进口货物主要是蒙古国原煤。

（3）甘其毛都道路口岸—嘎顺苏海图（蒙方口岸）。

省道 212 通达。甘其毛都口岸位于内蒙古巴彦淖尔市乌拉特中旗境内，与蒙古国南戈壁省汉博格德县嘎顺苏海图口岸隔界相望，甘其毛都口岸是国家一类陆路常年开放口岸，是我国西部重要的对蒙贸易通道，是内蒙古自治区向北开放的重要口岸之一，位于中蒙第 703 号界碑处，距乌中旗政府海流图镇 130 千米。口岸已建成联检楼、边检营房，9 万平方米的海关监管场所，8 万平方米的互市贸易区和 33 万平方米的矿产品物流园区。经过十多年的建设发展，口岸日均过货量已突破万吨，于 2009 年 8 月获批成为我国对蒙古国第 6 个常年开放口岸。近年来，巴彦淖尔市大力实施向北开放战略，加强甘其毛都口岸基础设施建设，使口岸通关能力大幅提升，口岸过货量迅速增长。口岸的常年开放为口岸的旅游发展创造了条件。

（4）珠恩嘎达布其道路口岸—毕其格图（蒙方口岸）。

省道 204 通达。珠恩嘎达布其口岸位于内蒙古自治区锡林郭勒盟东乌珠穆沁旗嘎达布其镇境内，中蒙边境 1046 号界标处，与蒙古国苏赫巴托省毕其格图口岸相对。辐射蒙古国东方省和肯特省。对东乌旗及周边的赤峰市、通辽市、兴安盟、锡林郭勒盟等盟、市、旗的内引外联起到了推动作用。

1992 年，国务院批准珠恩嘎达布其口岸季节性对外开放，每年开放时间为 1、4、7、10 月的 1~20 日，全年开放 4 次共 80 天。

为给口岸常年开放提供便捷的交通运输条件，经国家发改委、交通部核准，乌里雅斯太镇至珠恩嘎达布其口岸 68 千米二级疏港公路已于 2007 年建成通车；珠恩嘎达布其口岸—乌里雅斯太镇—西乌旗巴彦乌拉镇铁路项目，已被列为巴新铁路二期工程（巴彦乌拉镇至辽宁阜新新邱的铁路项目简称巴新铁路）。蒙古国已开始乔巴山—珠恩嘎达布其口岸铁路预可研的编制工作，并开始在国内外积极寻求该铁路项目的建设经营合作伙伴。该铁路的出海口是锦州港，赤塔—博尔贾—乔巴山—珠恩嘎达布其口岸向南经赤峰市至最近的出海口锦州港即将成为继满洲里、二连之后第三条沟通欧亚大陆新的重要大通道和出海口，并将有效地缓解满洲里和二连口岸的货运压力，同时为我国实施走出去战略，开发境外资源提供重要保障。

（5）阿日哈沙特道路口岸—哈比日嘎口岸（蒙方口岸）。

省道 203 通达。阿日哈沙特口岸位于呼伦贝尔市新巴尔虎右旗阿敦础鲁苏木境内，在中蒙边境线 622 号界碑处，距新右旗所在地阿拉坦额莫勒镇 82 千米，与蒙古东方省乔巴山市哈比日嘎口岸相对，距蒙古东方省乔巴山市 120 千米。1992 年国务院批准阿日哈沙特为一类季节性口岸，同年 6 月 24 日正式对外开放。按照两国政府间的协定，阿日哈沙特口岸每年 1、4、7、10 月 1~20 日的 9：00~17：00（北京—乌兰巴托时间）开放。

阿日哈沙特口岸辐射的蒙古国东部三省（东方省、苏赫巴特省和肯特省）资源和自然生态条件富集，经济发展相对滞后，部分轻工业品难以满足自给，特别是粮食和蔬菜需要大量进口，对毗邻国家地区经济的依赖程度有增无减。而蒙古国的土地、森林、畜产、矿产和旅游等资源又是需要开发的项目。

经过近 10 年的建设与培育，阿日哈沙特口岸环境得到优化，口岸功能日益完善，通关费用明显降低，进出口货物流量逐年攀升，在中俄蒙三角经济区建设中的战略地位日益突出，成为我国向北开放的重要载体和桥梁。

（6）满都拉道路口岸—杭吉（蒙方口岸）。

省道 104 通达。满都拉口岸位于包头市达茂联合旗满都拉镇境内，中蒙边境 757 界碑处，处于呼包鄂经济辐射圈内。距旗政府所在地百灵庙镇 136 千米，距呼和浩特市 289 千米，距包头市 288 千米，是距自治区首府呼和浩特市和包头市最近的陆路口岸。满都拉口岸对应蒙古国杭吉口岸，距蒙古国首都乌兰巴托约 600 千米，距蒙古国东戈壁省赛音山达市 258 千米，距珠恩巴音火车站 213 千米，区位优势十分明显。

1992 年，满都拉口岸被批准为季节性对外开放二类口岸，2002 年 12 月 23 日实现首次开放。2009 年 2 月，国务院批准满都拉口岸对外开放，口岸性质为双边季节开放的公路客货运输口岸；同年，实现了对矿产品、机械设备和施工人员出入境的临时开放。2013 年 3 月 31 日，满都拉口岸常年对外开放，口岸基础设施完善。

满都拉口岸主要进口蒙古国额鞋苏泰铁矿石、煤炭、铜矿；出口大型运输车辆、机械设备和建筑材料等。

（7）阿尔山道路口岸—松贝尔（蒙方口岸）。

省道 203 通达。位于阿尔山市西部 45 千米的伊尔施镇，中蒙边界努木尔根河右岸门山处，与蒙古国东方省的松贝尔口岸相对。1992 年，阿尔山口岸被国家批准为二类口岸，口岸通关监管工作由满洲里海关负责。阿尔山毗邻的蒙方松贝尔苏木地处偏远，距离阿尔山市 275 千米，且有努木尔根界河相隔。中蒙阿尔山—松贝尔口岸大桥于 2007 年 5 月开工建设，2010 年启用通行。与此同时开工建设的口岸国门工程及口岸联检大楼同时完工，使阿尔山口岸具备了完全的开放能力。

（8）巴格毛都道路口岸—布敦毛都（蒙方口岸）。

省道 312 通达。巴格毛都公路口岸位于内蒙古自治区巴彦淖尔市乌拉特后旗潮格温都尔镇境内，中蒙边境 679 界碑附近，距旗府所在地巴音宝力格镇 143 千米，距市府临河区 193 千米，沿边境一线的川敖公路与潮格温都尔镇相通，其中 93 千米为边防公路。蒙古国一侧为南戈壁省布敦毛都口岸。

五、新疆维吾尔自治区

新疆维吾尔自治区位于中国西北边陲，面积 166 万平方公里，占中国国土总面积的 1/6，是中国面积最大的省级行政区。新疆地处亚欧大陆腹地，陆地边境线 5600 多千米，周边与俄罗斯、哈萨克斯坦、吉尔吉斯斯坦、塔吉克斯坦、巴基斯坦、蒙古国、印度、阿富汗等 8 个国家接壤，在历史上是古丝绸之路的重要通道，现在又成为第二座"亚欧大陆桥"的必经之地，战略位置十分重要。

（一）公路交通

新中国成立后 50 多年来，新疆的交通运输业发生了翻天覆地的变化。2014 年，新疆铁路营业里程 4914 千米。

到 2015 年，全区公路通车总里程达 17.5 万千米。2014 年新增克拉玛依—塔城、乌尔禾—福海渔场、福海—阿勒泰、乌苏—赛里木湖段 4 条高速公路通车。新疆高速公路通车总里程将达到 5000 千米，初步形成"四横两纵"高速公路骨架和"五横七纵"干线公路网络格局。作为国家实施沿边开放战略的重点省区，新疆已经逐步形成了沿边、沿桥（亚欧大陆桥）和沿交通干线向国际、国内拓展的全方位、多层次、宽领域的对外开放格局，成为中国向西开放的前沿。

（二）新疆道路口岸进/出境货物的主要品种

新疆边境有 33 个县市，14 个口岸。边贸面向独联体、中亚、巴基斯坦和蒙古国，还有边民互市的 10 个市场。

现汇贸易、边境小额贸易、来料加工、补偿贸易、旅游购物贸易等一系列灵活多样的贸易方式，使新疆的对外贸易蓬勃发展。

出口的货物主要有：工程机械，日用百货，车辆，石油设备、玉米、砂糖、棉毛织品、有色金属产品、活畜、冻牛肉、服装、保温瓶、塑料编织袋、电视机、音响、小拖拉机等。

进口的货物主要有：化肥、皮张、棉短绒、钢材、汽车配件、木材、废旧金属、矿产等。

在边境上，还合作办厂，开矿，开商店、饭店、旅馆，彩扩，种菜，修缮房屋、水暖工程和电气工程，中医针灸、按摩等。

（三）新疆维吾尔自治区道路口岸

新疆地处中国向西开放的前沿，与外国交界的几个主要城市有：阿克苏市、喀什市、伊宁市、塔城市、阿勒泰市等；设有对外开放的一类口岸 17 个，二类口岸 10 个，其中公路运输口岸 14 个。

目前，新疆已建成 16 条、总里程达 1676 千米、通往周边各国的口岸公路。新疆是我国开放公路口岸最多、客货运运输线路最多、营运里程最长的省区，目前与新疆开展道路运输业务的国家有 5 个。

新疆重视口岸的通关效率及辐射作用，这将有利于与周边国家发展互补型经贸往来，把边境贸易和对外合作做大做强，使新疆成为中国企业向西开放的"大通道"和"西大门"。

1. 新疆与哈萨克斯坦共有 7 个一类公路口岸

（1）阿拉山口道路/铁路口岸—多斯托克（哈方口岸）。

国内公路为 S205，国外公路为 A355。阿拉山口口岸位于新疆博尔塔拉蒙古自治州境内，是举世瞩目的新亚欧大陆桥中国的西桥头堡，是我国西部地区唯一的铁路、公路并举的国家一类口岸，距州政府所在地博乐市 73 千米。相对的口岸是哈萨克斯坦的多斯托克口岸（距阿拉山口 12 千米）。

随着新疆对外开放力度的不断加大和"大通关"模式的实施，2013 年阿拉山口公路口岸开始复苏并日益活跃，过货量不断上升，进出口的货物也增加了许多新品种。

阿拉山口口岸国际道路运输管理局坚持多措并举，营造高效、顺畅、宽松的通关环境，促进了口岸国际道路运输的快速发展。该局对手续齐全的车辆办理出入境道路运输单证最长不超过 3 分钟，查验、登记最长不超过 2 分钟；为节省运输业客户办理出入境手续的时间，该局根据规定，允许经营"单一品名"报关手续的代理公司，在该局工作人员的监督下自行填写国际货物运输行车路单；对特殊原因造成的特殊通关情况（转关车辆、特种运输车辆、特色农产品车辆），不论多晚都要及时办理手续，不允许出现车辆压港现象；2011 年上半年，阿拉山口公路口岸出入境车辆数及货运量都大幅提高，出入境 5288 车次，同比增长 20%，出入境货运量 53388 吨，同比增长 18%。

（2）霍尔果斯道路口岸—霍尔果斯（哈方口岸）。

国内公路为 G312 及连霍高速 G30，哈方公路为 A353。霍尔果斯口岸位于新疆伊犁哈萨克自治州霍城县，与哈萨克斯坦隔霍尔果斯河相望。距离乌鲁木齐约 660 千米。其口岸联检大厅距离中哈边境线只有 210 米，距离哈萨克斯坦霍尔果斯口岸也仅有 1.5 千米。

1983 年经政府批准恢复口岸对哈萨克斯坦和第三国开放，成为我国西部综合运量最大、功能最齐全的一类公路口岸。

精伊霍铁路、连霍高速公路、312 国道和中国—中亚天然气管道在这里为终结点。

（3）都拉塔道路口岸—科尔扎特（哈方口岸）。

国内公路为 S313，哈方公路为 A352。都拉塔口岸位于伊犁哈萨克自治州察布查尔锡伯自治县境内。对面为哈萨克斯坦阿拉木图州琼扎区，相对的口岸为科里扎特，距琼扎 150 千米。1992 年 8 月，中哈两国政府同意开放都拉塔口岸。1994 年 3 月，经国务院批准对外开放，口岸年过货能力可达 20 万吨、年客流量可达 15 万人次。

都拉塔口岸边民互市经国家海关总署和自治区人民政府批准，于 1999 年 9 月 26 日开业。市场位于察布查尔锡伯自治县边陲，距察布查尔锡伯自治县县城约 50 千米，距伊宁市 63 千米，距阿拉木图市 250 千米，距哈方科尔扎特口岸仅 3.8 千米，比其他口岸到阿拉木图少了 100 多千米。市场占地面积 11.9 万平方米，集仓库、停车场、"一关两检"查验配套设施及封闭式管理于一体，边民互市贸易已经开展。

（4）吉木乃道路口岸—迈哈布奇盖（哈方口岸）。

国内公路为 S319，哈方公路为 M38。吉木乃口岸是中国与哈萨克斯坦的边境口岸，并处在中国、哈萨克斯坦、俄罗斯、蒙古国四个国家的交界区，是我国与哈萨克斯坦、俄罗斯、蒙古国三国进行国际贸易最便捷的通道。

吉木乃口岸位于阿勒泰地区吉木乃县境内西部，距县城 23 千米，是一个有着 100 多年历史的老口岸。1992 年，我国政府正式批准重新开放吉木乃口岸。

与吉木乃口岸相对的是哈萨克斯坦东哈萨克斯坦州迈哈布奇盖口岸，距中方口岸 0.5

千米，距哈萨克斯坦斋桑市 60 千米，距东哈萨克斯坦州首府乌斯卡缅市约 500 千米，距俄罗斯 620 千米，交通十分便利，是新疆对哈萨克斯坦贸易的重要口岸。与吉木乃口岸毗邻的哈萨克斯坦、俄罗斯等国均处于高寒区域，矿产资源丰富，但果蔬、百货缺乏，大部分依赖进口。同时，随着阿勒泰地区旅游业的迅猛发展，中哈两国互往观光旅游的人数越来越多，开展出入境旅游，发展潜力巨大。

（5）巴克图道路口岸—巴克特（哈方口岸）。

国内公路为 S221，哈方公路为 A356。巴克图口岸位于新疆伊犁哈萨克自治州塔城地区境内，巴克图口岸对面为哈萨克斯坦共和国东哈州。巴克图口岸距塔城市 17 千米，距乌鲁木齐市 621 千米；距哈方巴克特口岸 800 米，距马坎赤市 60 千米，距乌尔加尔机场 110 千米，距阿亚库斯车站 250 千米。

巴克图口岸已有 200 年的通商历史，是中国西部通往中亚及欧洲的交通要道。1992 年，巴克图口岸正式对外开放。1994 年 3 月 14 日，巴克图口岸被国家批准为一类口岸；1995 年 7 月 1 日，口岸正式宣布对第三国开放，成为新疆三个向第三国开放的一类口岸（霍尔果斯口岸、阿拉山口口岸、巴克图口岸）之一。1993 年和 1994 年，分别开通了塔城市至哈萨克斯坦阿亚古兹市和乌卡市的国际客运班车。

（6）木扎尔特道路口岸—纳林果勒（哈方口岸）。

国内公路为 S212，哈方公路为 A351。木扎尔特陆运（公路）口岸位于新疆伊犁地区昭苏县西南 109 千米处，地处天山北麓，特克斯河上游，距新疆生产建设兵团农四师 74 团机关（坡马）西北 9 千米，距伊宁市 296 千米。对面为哈萨克斯坦共和国阿拉木图州纳林果勒区，对方口岸名称为纳林果勒口岸，两口岸相距 4 千米，距阿拉木图市 320 千米。

木扎尔特口岸在 1953 年以前曾作为中苏两国的临时过货点，一度是边民易货贸易的进出口货物集散地。1992 年 8 月，中哈两国政府签订协议，同意开放该口岸，允许中哈两国人员、交通工具和货物通行。1994 年 3 月经国务院批准对外开放。预测近期年过货量 5 万吨，年客流量 3 万人次。

（7）阿黑土别克道路口岸—阿连谢夫卡（哈方口岸）。

国内公路为 Z840，哈方公路为东哈边境公路。阿黑土别克陆运（公路）口岸位于阿勒泰地区哈巴河县境内，距哈巴河县城 117 公里，距阿勒泰市 284 公里，距乌鲁木齐市 829 公里。对面为哈萨克斯坦东哈州，阿连谢夫卡口岸与中方口岸隔河相望。

1992 年 8 月，中哈两国政府同意开放阿黑土别克口岸。1994 年 3 月，经国务院批准正式开放。口岸现正在筹建中，总体规划已经完成，目前尚未开通。预计开通后，年过货 2 万吨、出入境旅客 1 万人次。

2. 新疆与蒙古国之间道路口岸有 3 个

（1）塔克什肯道路口岸—布尔干口岸（蒙方口岸）。

位于新疆阿勒泰地区青河县境内，对面为蒙古国科布多省。从塔克什肯入境距青河县城 90 千米，距阿勒泰市 380 千米，距乌鲁木齐市 510 千米。口岸距中蒙边界线 15.5 千米。东部与蒙古国科布多省的布尔干县接壤，距对方布尔干口岸 25 千米，距布尔干县城 65 千米，距科布多省会约 265 千米。

青河县塔克什肯口岸于 1989 年 7 月正式通关贸易，为国家一类陆路口岸，是全国对蒙开放的第二大口岸，新疆对蒙开放的第一大口岸。通关贸易以来，每年都有大批的蒙古客商及国内外游客在口岸开展边贸互市、旅游购物，同时还有一定数量的游客自塔克什肯口岸进入后到新疆其他城市观光旅游、赈物消费。

塔克什肯口岸属国家一类双边季节性口岸，每年开放时间为 4 月至 12 月的下旬。

出口商品为钢筋混凝土公路桥涵管、水泥、沥青和机械设备，主要进口商品为冻鱼。

随着口岸的发展，蒙方西部五省对塔克什肯口岸的依赖性日渐增强，该口岸已成为其进口商品的集散地和最大的日用品、生活用品供应地。

（2）红山嘴道路口岸—大洋口岸（蒙方口岸）。

省道 230 线阿勒泰至红山嘴口岸，该口岸为双边季节性开放口岸。

红山嘴陆运（公路）口岸位于新疆阿勒泰地区福海县境内，距福海县城 240 千米，至中蒙边界线 2 千米。东与蒙古国巴彦乌列盖省接壤，距其省会乌列盖市 180 千米，从红山嘴出境距蒙古国大洋口岸 12 千米。

红山嘴口岸为公路口岸，地处年阿尔泰中段的崇山峻岭之中，历史上是中蒙贸易的通道。1991 年 6 月 24 日，中蒙两国政府同意开放红山嘴口岸。1992 年 7 月，经国务院批准对外正式开通。年过货运能力 1 万吨，旅客 1 万人次。红山嘴口岸为双边季节性开放口岸，允许中蒙双方人员、边贸货物和交通运输工具通行，居住在两国边境地区范围内的两国公民，可以凭边境通行证出入境，口岸开放时间为每年 8、9 月的 1～20 日，7 月的 1～10 日和 14～23 日，从红山嘴出境，距蒙方大洋口岸 10 千米，至萨格赛县城 160 千米，从红山嘴入境，距阿勒泰市 192 千米，距乌鲁木齐市 896 千米。

（3）老爷庙道路口岸—布尔嘎斯台（蒙方口岸）。

位于新疆哈密地区巴里坤哈萨克自治县三塘湖境内，与蒙古国戈壁阿尔泰省相邻，对面为蒙布尔嘎斯台口岸。从老爷庙入境距巴里坤县城 172，距哈密市 308 千米，距乌鲁木齐市 773 千米。老爷庙出境距蒙古布尔嘎斯台 57 千米，距布格特县城 280 千米，距戈壁阿尔泰省会阿尔泰市 484 千米。

1991 年 6 月 24 日，中蒙两国政府达成协议，开放老爷庙—布尔嘎斯台口岸。老爷庙口岸于 1992 年 3 月正式开通。口岸开放时间为每年 2、4、6、8、10、12 月的 11～30 日。口岸开放期间，中方工作时间为北京时间 10：00 至 18：00；蒙方工作时间为乌兰巴托时间 10：00 至 18：00（夏令时为 11：00 至 19：00）。

老爷庙口岸目前是个出口大于进口的口岸。据了解，老爷庙口岸是蒙古国几个省成品油的进口口岸之一，蒙古国重视这个口岸，在对蒙口岸中把它排在第三位。2003 年以前，成品油出口占到老爷庙口岸出口货物总值的 60% 以上，而蒙古国每年有几百吨羊绒和皮张输入中国。

3. 新疆与吉尔吉斯斯坦共有两个公路口岸

（1）吐尔尕特道路口岸—图噜噶尔特（吉方口岸）。

国内公路为 S212，吉方公路为 A365（图噜噶尔特口岸处于吉尔吉斯斯坦纳伦州，距吉尔吉斯斯坦共和国首都比什凯克 400 多千米）。

吐尔尕特口岸与吉尔吉斯斯坦的纳伦州接壤，位于我国乌恰县托云乡境内，是汉代丝绸之路上的一个重要驿站，但它作为两个主权国家的通商口岸始于 1881 年。1983 年 12 月 23 日口岸重新开放。吐尔尕特口岸现址占地 5 平方千米，口岸建设一期工程控制区 0.75 平方千米，现口岸于 1993 年 7 月开始建设，至 1995 年 11 月已全面完工。初步建成集仓储、查验、服务于一身，功能齐全、设备完善、服务一流的新型口岸。口岸设计年吞吐量 100 万吨，游客过境 50 万人次。

（2）伊尔克什坦道路口岸—伊尔克什坦（吉方口岸）。

国内公路为 S309，吉方公路为 A371。伊尔克什坦口岸位于新疆克孜勒苏柯尔克孜自治州乌恰县境内，与吉尔吉斯斯坦的奥什州毗邻。口岸距乌恰县城 150 千米，距阿图什市 250 千米。与伊尔克什坦口岸相对的口岸为吉尔吉斯斯坦的伊尔克什坦口岸，位于吉奥什州境内，从该口岸至吉国奥什州仅 210 千米。

伊尔克什坦口岸是古丝绸之路上的一个重要通道和驿站，于 1997 年 7 月 21 日临时开通过货，于 2002 年 5 月 10 日正式对外开放，允许中吉两国及第三国的人员、货物、交通工具通行，为常年开放口岸。

2010 年，鉴于中方承运的中吉间国际道路货物运输呈现上升趋势，应中方要求，吉方补充交换给中方 1000 份 C 种行车许可证，同时商定 2010 年度 B 种行车许可证代替 C 种行车许可证同样用于中吉间国际道路货物运输；今后，如有增加需求则于适当时期在吐尔尕特口岸另行交换。

4. 新疆与塔吉克斯坦共有 1 个口岸

卡拉苏道路口岸—卡拉苏（塔方口岸）阔勒买。

国内公路为 G314，塔方公路为 M41，塔方阔勒买口岸位于塔吉克斯坦戈尔诺巴达赫尚自治区穆尔加布区，距塔吉克斯坦穆尔加布市 70 千米，距塔吉克斯坦首都杜尚别约 830 千米。

卡拉苏口岸于 2004 年 5 月 25 日成立；2005 年出入境旅客 2400 人；2005 年出入境车辆 1000 辆；卡拉苏口岸及红其拉甫口岸隶属于塔什库尔干自治县（简称塔县）；卡拉苏口岸海拔 4600 米，塔什库尔干塔吉克自治县位于帕米尔高原东部，喀喇昆仑山北部。东与叶城县、莎车县交界，北与阿克陶县毗邻，南、西分别与克什米尔（巴基斯坦实际控制区）、阿富汗、塔吉克斯坦接壤（边境线长 808 千米）。

卡拉苏口岸按照国家一类陆路（公路）口岸的规划，设置的检查检验单位规定的基础设施进行建设，计划占地 5.4 万～8 万平方米。卡拉苏口岸为临时陆路口岸，卡拉苏口岸开通后，口岸年货运量可达 4 万吨、年客运量 3 万人次；5 年内过货量可达 8 万～10 万吨、客运量在 5 万人次以上。

5. 新疆与巴基斯坦共有 1 个口岸

红其拉甫道路口岸—苏斯特（巴方口岸）。

国内公路为 G314，巴方公路为 N35。红其拉甫口岸位于喀什地区塔什库尔干塔吉克自治县境内，距县城 130 千米，距喀什市 420 千米，距乌鲁木齐市 1890 千米。对方口岸是巴基斯坦苏斯特口岸，中巴两口岸相距 125 千米，距巴基斯坦北部地区首府古尔吉特

270 千米，距对方首都伊斯兰堡 870 千米。作为一个国家的一类口岸，红其拉甫口岸是以旅检业务为主，1985 年正式对巴基斯坦开放，1986 年对第三国旅客开放，设计年进出境人员 5 万人，口岸距离喀什 300 千米，距新疆首府乌鲁木齐 1787 千米。

红其拉甫口岸早在 1000 多年前就是著名的古丝绸之路上的一个重要关隘。历史上，这里一直是中国与西南亚以及欧洲经济、文化交流的重要通道。1982 年 8 月 27 日，经国务院批准口岸正式开放。1986 年 5 月 1 日，向第三国人员开放。口岸的年过货能力为 5 万吨、客运量为 5 万人次。

红其拉甫口岸地处祖国西部帕米尔高原的冰峰雪岭之中，是我国与巴基斯坦唯一的陆路进出境通道，也是通往南亚次大陆乃至欧洲的重要门户。由于气候原因，红其拉甫为季节性口岸，每年 5 月 1 日至 10 月 31 日对旅客开放，限旅游团组过境，零散旅客过境可延伸至 11 月 30 日。12 月 1 日至翌年的 4 月 30 日，除中巴两国邮政、贸易和特许人员外，对其他旅客关闭。口岸为客、货两用口岸，目前以旅游团组过境为主。口岸开放期间，双方口岸间对开旅游班车。

红其拉甫口岸开放以来，已接待了来自世界 100 多个国家和地区的 56 万多名旅客。

出口商品主要以日用百货、小家电以及少量对外承包工程设备等为主，进口商品主要以巴基斯坦干果（如巴旦木、松子、干椰枣）、海那、毛毯等民族特需品为主。贸易方式也由过去单一的易货贸易，发展到了信用证、外币现钞、出口货物收汇等结算方式。

穿过红其拉甫口岸的喀喇昆仑公路是一条连接中国西部与巴基斯坦的国际公路，英文简称为 KKH。喀喇昆仑公路北起中国新疆维吾尔自治区的城市喀什，穿越喀喇昆仑山脉、兴都库什山脉、帕米尔高原、喜马拉雅山脉西端，经过中巴边境红其拉甫口岸，南到巴基斯坦北部城市塔科特，全长 1224 千米。其中中国境内 415 千米，巴基斯坦境内 809 千米。喀喇昆仑公路是巴基斯坦北部地区的交通纽带，是通往首都伊斯兰堡及南部沿海地区的交通要道，对北部地区的经济发展具有重要意义。喀喇昆仑公路也是巴基斯坦国家公路网的组成部分，对于巴基斯坦的国家安全具有重要的战略和军事意义。同时这条公路还是亚洲公路网的组成部分，是中国通往巴基斯坦地区及南亚次大陆的交通要道。

（四）新疆维吾尔自治区海关电子报关操作

新疆维吾尔自治区关区海关于 2013 年 8 月 1 日开始试运行电子报关，报关企业需向海关购买申报系统及扫描仪，海关批准在企业办公室内的电脑上安装报关系统。报关流程为：企业自行录入报关单—申报—扫描纸质单证并上传—海关电子审单（如有疑问海关通知企业现场提交纸质单证）—选择查验—放行。

纸质单证目前还在使用，尚未完全停止。

2004 年，新疆全面改善了口岸通关条件，加强了口岸基础设施建设，特别是口岸信息化建设，全面实施口岸"大通关"。重点提高了通往巴基斯坦、吉尔吉斯斯坦、哈萨克斯坦等国的重要出口通道的服务能力，加强了过境口岸自由贸易区和重要的出口加工区通关建设。

例如，浙江企业经新疆喀什各口岸出口至中亚五国和巴基斯坦的货物一直以来都需要在新疆关区报关出口，从而给真正希望开拓中亚及周边市场的浙江企业带来了几大出口难题：退税时间长，影响企业资金流转；报关、单证流转不便；出现问题后沟通和解决不便。

由于互联网的发展，电子信息解决了长距离的及时沟通问题；通过实践和协调，由杭州海关、浙江国税、新疆海关及相关国际物流公司共同协调解决了此难题。杭州管辖区内的企业经新疆喀什各口岸出口至中亚及巴基斯坦可在杭州关报关，由新疆转关出口，浙江国税正常给予退税。

（五）口岸报关应提供的进/出口单证

（1）办理陆运出境通关手续需要提供的文件有：销售合同，发票，装箱单，出境货物换证凭单或凭单（法检货物），许可证（涉证货物），报关委托书，报检委托书。

（2）外方海关需要提供中方的报关单，国际联运运单，发票，装箱单，原产地证。

（六）涉外运输车辆出境运输资质及驾驶人员证件的办理

（1）目前，新疆各口岸基本都允许中方涉外运输车辆出境运输到外方口岸。此类车辆必须有国际道路运输资质，需要在国际道路运输管理局办理《国际道路运输许可证》，并在海关、商检对运输工具进行备案登记，并由海关发放运输工具的监管登记簿（俗称白卡）。

驾驶员需持有涉外司机签证和个人健康证。

驾驶员涉外司机签证在当地公安局出入境签证处办理。

驾驶员个人健康证在当地出入境卫生检疫局办理。

（2）内地的海关监管车辆，如果能在新疆的国际道路运输管理部门取得《国际道路运输许可证》，也可以出境。但现实操作比较困难。

（七）通关文件的文字要求

通关文件中的报关单为中文，国际联运运单为俄文，发票、装箱单为俄文，原产地证为俄文或英文。通关文件中的货物信息，如件数、重量、货物品名等需要与实际货物相符。

（八）货物查验

由于新疆是边境民族地区，商检对出口货物实行批批查验，所有出境货物都需要报检，并接受查验；乌鲁木齐海关对下辖关区实行选择查验，由布控中心根据出口企业类别及货物风险度筛选布控，被选中的货物需要连同运输工具一起前往海关指定的查验场地进行卸车查验。海关会按照布控的指令核实货物是否与单证相符，也会核查货物重量是否与报关单相符。

（九）危险品运输和大件货物运输

（1）危险品运输除了国内商检，海关具有相应的危险品通关手续（如商检的危险品包装运输许可证以及其他规定所需单证）外，出境运输车辆需办理《危险品运输许可证》，由国外运输管理机构办理，对驾驶员无其他特殊要求。

（2）大件货物运输，国内除正常手续外，需要在国际道路运输管理局办理超限设备罚款，缴纳罚款后方可正常出境。境外段也需要在当地的运输管理机构办理超限手续并缴纳相应的费用，如超限尺寸较大，需要境外交警押运。

（十）货主办理陆路出境手续需要提交的文件办理陆运出境通关手续需要提供以下文件：

外贸合同（中文，原件，1份），发票（中文，原件，2份），装箱单（中文，原件，2份），出境货物换证凭单或凭条（法检货物），木质包装除害证明（包装为木质需提供），许可证（涉证货物，需提供原件），报关委托书（原件，加盖出口企业公章），报检委托书（原件，加盖出口企业公章），境外所用发票（俄文，原件，1份），境外所用装箱单（俄文，原件，1份），原产地证。

（十一）内地转关货物在口岸出口手续的办理

1. 新疆各口岸都规定出境货物必须卸货落地在海关监管库，商检和海关都不对车上的货物进行查验，所以只要是在口岸报关的货物，必须落地。不落地的情况只有两种，转关和过境货物，转关是只在内地海关报关，凭转关关封到新疆出境口岸办理转关手续的，这种货物不允许落地，需等外方车辆入境后，直接倒装。过境货物同样如此。此类方式不需要在出境的新疆口岸再报关，口岸海关和商检只需要查验关封是否完好，以及监督倒装后即可放行。

2. 转关货物在内地海关报关后，需在口岸找一家代理报关行，委托其办理口岸的验放环节，在口岸不需要再报关。

（十二）国际货物运输代理公司的道路国际货物运输业务流程

出口货物进入海关监管场地—报检—报关—装车—放行—出境—境外口岸办理入境手续—境外运输—目的地卸货。新疆霍尔果斯口岸跨境道路运输货物代理通关操作流程如图4—1所示。

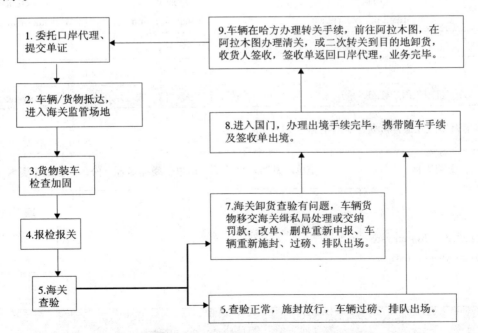

图4—1　新疆霍尔果斯口岸跨境道路运输货运代理通关操作流程

由于从事国际道路运输的车辆进出有关国家境内，应当持有有关国家的《国际汽车运输行车许可证》《国际汽车运输特别行车许可证》，实行一车一证，应并当在有效期内使用。《国际汽车运输行车许可证》《国际汽车运输特别行车许可证》数额是由当事国双方每年协商对等发放，双方国际道路运输企业通过边境口岸所在地的省级道路运输管理机构申领《国际汽车运输行车许可证》《国际汽车运输特别行车许可证》数额有限，所以，很多进/出境货物在运输到口岸海关指定场所后再换装到对方车辆上继续运输到目的地；货物换装车辆后，发货人或代理人和接受方共同在《货物交接单》签字/盖章确认（一式两份），一份《货物交接单》给发货人或代理人作为收货凭证，一份给接受方作为运费结算凭证。

【示例 4－1】：货物交接单

货物交接单 Акт сдача－приёма товаров			编号：
货 物 信 息 Информация товаров			
货物名称 Наименование товаров	件数 ОБЩОЕ КОЛИЧЕСТВО	车号	日期 Дата
			2012. 8. 12
承 运 车 辆 信 息 Информация грузовиков перевозки			
序号№	司机姓名 фамилия водителей	护照号 Номер паспорта	联系电话 Контактный тел.
1			
2			
ПЕРЕВОЗЧИК/承运人		**联 系 人 信 息 Информация контактных лиц**	
霍尔果斯欧亚通国际货运代理有限公司			
交接货物	箱单，发票，报关单，运单，委托函各一份。一份随车资料		
收货联系人 Контактное лицо получения товаров			联系电话 Контактный тел.
签 收 信 息 Информация приёма			

（续 表）

兹确认，以上货物外包装完整，件数无误。Ностоящим подтверждает то，что упаковка вышеприведенных товаров целостная，количество штук правильное. 工具手续齐全，车况良好。Инструменты формальности полное，хорошее состояние.	
收货单位签字/盖章：Подпись/печать организации получателя：	
如有任何问题，请注明如下：Если есть кокие-то вопросы，пожалуйста отметите ниже：	

收货单位签字/盖章：Подпись/печать организации получателя：

六、西藏自治区

西藏自治区地处世界上最大最高的青藏高原，平均海拔 4 千米以上，南隔喜马拉雅山脉与印度、尼泊尔、不丹、缅甸等国接壤，北部和东部与新疆、青海、四川、云南等省区毗邻。

西藏自治区边境线长 4000 余千米，有 200 多处通往尼泊尔、印度等国的山口通道。有边贸市场、口岸及边贸点 27 个，已开放的有近 10 个。

1992 年后面向南亚，西藏成为一个重要窗口。西藏已有 10 多个县设立了边贸区，实行优惠政策，形成个人、集体、国家一起上的边贸格局，由传统边民互市贸易逐步向政府间大型经贸合作发展。

（一）公路交通

青藏公路从青海省省会西宁市，经茶卡、都兰、格尔木到拉萨，全长 1214 千米，全线平均海拔在 4000 米以上，其中包括海拔 4837 米的唐古拉山口。青藏公路是世界上海拔最高、线路最长的柏油公路，全年畅通，是我国四条进藏公路中唯一有客运班车营运的线路，也是目前通往西藏路程最短、路况最好且最安全的公路。

新藏公路从新疆叶城到拉萨的新藏公路全长 2841 千米，大部分公路处于无人区内，无加油站，而且通讯也十分不便。路途所需时间至少在半个月以上。

川藏公路始于四川成都，经雅安、康定，在新都桥分为南北两线，南北两线间有昌都到邦达的公路（169 千米）相连。

滇藏公路从云南省下关市出发，经香格里拉，北至西藏芒康县，全长 800 千米。

中尼公路从尼泊尔的加德满都出发，经樟木友谊桥，进入西藏自治区的聂拉木县，过西藏第二大城市日喀则市，到达西藏自治区首府拉萨。全长 2415 千米。

2006 年通车的青藏铁路由青海省西宁市至西藏自治区拉萨市，全长 1956 千米。

（二）西藏自治区道路口岸进/出境货物的主要品种

出口货物主要有畜产品、地毯、轻工业品、食品；进口货物主要有汽车、植物油、摩托车等。

（三）西藏自治区道路口岸

西藏有边境县 21 个，边境乡 104 个，边境地区总面积 34.35 万平方千米，人口 40 余万。西藏同邻国及地区接壤的陆地边境线长 3 842 千米。全区共有 5 个国家边境口岸，已开放的边境口岸有亚东、樟木、普兰、吉隆、日屋。其中，樟木、普兰、吉隆口岸为国家一类边境口岸。

1. 亚东道路口岸

省道 204 通达。是西藏最大的对外通商口岸，来往商人较多，曾占西藏边贸的 80%。

该口岸距拉萨 460 千米，距印度加尔各答 410 千米，距甘托克 100 千米，距不丹廷布约 300 千米。

历史上亚东口岸是中印两国间最大的陆路通商口岸，也是西藏境内条件最好的国家一类口岸。1961 年在亚东设立海关和各类外贸机构，公路交通、能源、通信等基础条件基本具备。中印关系改善后，亚东又开始出现少量的边民互市贸易，并初具规模。不丹和印度边民在亚东帕里镇和下司马镇进行易货贸易。

2. 樟木镇道路口岸

中尼公路 318 国道通达。位于喜马拉雅山中段南坡，东、南、西面与尼泊尔接壤，为国家一级口岸处中尼公路之咽喉，距拉萨 736 千米，距加德满都 120 千米，是中国和尼泊尔之间进行政治、经济、文化交流的主要通道，是中国通向南亚次大陆最大的开放口岸。

由于樟木镇山高交通不便，中尼友谊桥头的"自由贸易市场"地理位置显得尤其特殊。出了樟木海关，距离中尼界河上的友谊桥还有 8.7 千米属于中国境内。因此，樟木口岸有着中国口岸独一无二的例外，出关不出国，入境不入关。根据中尼两国政府达成的协议，双方边民在双方边境 30 公里以内都可以自由出入。从樟木海关到中尼友谊桥头这段地方，尼泊尔边民出入可以不用办任何手续。在两国政府的协调下，双方自发地形成了一个自由贸易市场。2008 年 10 月海关已经迁移到友谊桥桥头（樟木口岸联检大楼）。

樟木口岸面对尼泊尔中腹地区，畅通的中尼公路推动了樟木边境贸易市场的发展和繁荣，地理上形成了从樟木口岸到日喀则、江孜、拉萨以至国内兄弟省区的连接。口岸交通方便，能源、通讯等基础设施基本保障，海关、银行、工商、联检、公安等管理机构健全，是个繁华集市，边贸活跃。

3. 聂拉木口岸

中尼公路 318 国道通达。位于中国西南边陲和尼泊尔边境，喜马拉雅山脉与拉轨岗日山脉之间，是西藏自治区边境县之一。聂拉木县东、北、西三面分别与定日、昂仁、萨嘎、吉隆 4 县交界，南与尼泊尔毗邻。

在中尼两国边境线上的开放口岸中，仅有聂拉木口岸直通公路。聂拉木口岸距离尼泊尔首都加德满都只有 90 多千米，318 国道终点，是国家一级陆路通商口岸。

国家、自治区、地区及部分省市在樟木镇设立了分支机构及贸易单位，初步显示出现代化城市的雏形。设有海关、商贸边检、医院、学校、藏胞接待办、外事旅游等 30 多个单位。在这里商贾云集，商品琳琅满目，边境贸易活跃，南来北往的客人多汇于此，素有西藏"小香港"的美誉。

随着青藏铁路的开通，"拉萨—樟木—加德满都"这条黄金旅游线也迎来了越来越多的旅行者。其中，位于中尼边境喜马拉雅山南麓的聂拉木口岸更是依托各方面的优势，成为这条线上的"热点"。由于拉萨和加德满都之间的班机价格较为昂贵，而在中尼两国边境线上的 5 个开放口岸中，也仅有聂拉木口岸直通公路，所以，口岸所在地——樟木镇就成为多数旅游者选择的"中转站"。

4. 普兰道路口岸

省道 207 通达。位于西藏阿里地区西南，地处喜马拉雅山段南坡，中、印、尼三国交界点，是境外两国居民朝拜西藏境内神山圣湖的必经之地，也是国际旅游者进出中国的通道之一。

普兰基础设施较为完备。在西藏交通"三纵二横六通道"中，普兰为一纵一横终点和六通道之一。经 219 国道距拉萨 1300 千米，距新疆叶城 1455 千米，至印度、尼泊尔边境均可通车，是印度与尼泊尔商人乐于光顾的地方。该口岸以易货贸易为主，阿里盛产的羊毛皮张等为境外商人热衷的俏货。各地还有传统贸易市场，也吸引了不丹等国的商人。

5. 吉隆道路口岸

国道 219 或 318 通达。中尼边境贸易的通道。位于日喀则地区吉隆县境内，喜马拉雅山中段南麓吉隆藏布下游河谷，与樟木口岸隔山为邻。1972 年被国务院批准为国家二类陆路口岸，曾经设有海关、商检等部门，后因樟木口岸的繁荣，吉隆口岸进出口贸易基本停止，海关、商检等部门随之撤销。1987 年国务院批准吉隆口岸为国家一类陆路口岸。交易除了以物易物外，多以尼币和人民币作为支付手段。

6. 日屋道路口岸

国道 318 通达。中尼传统的边境贸易通道。位于日喀则地区定结县境内，与尼泊尔的哈提亚市场相对。1972 年被国务院批准为国家二类陆路口岸。由于日屋至边境线（陈塘）不通车，口岸除民间小规模互市贸易往来外，并未真正通商。2002 年国家投资修建日屋至陈塘的公路，以推动日屋口岸的边贸发展。

7. 乃堆拉山口陆路贸易通道

省道 204 通达。位于中国西藏亚东县和印度的交界处，海拔 4500 米左右，是世界上海拔最高的公路贸易通道，也是中印之间条件较好的陆路贸易通道，每年 4~10 月适于车辆通行。

2006 年 7 月，这条中断 40 多年的边贸通道恢复，中印两国分别开放仁青岗边贸市场和昌古边贸市场。目前，仁青岗边贸市场开放时间为每年 5 月 1 日至 11 月 30 日的周一至周四，每天上午 10 时到下午 18 时。近年来，随着中印关系的改善，边贸已成为亚东县的支柱产业；同时，边贸带动旅游、餐饮服务、交通运输、房屋租赁等行业的不断发展，为亚东经济发展注入新的强大动力。2012 年亚东县参与边贸的人数达到近 1.7 万人次，边贸交易额实现 9784.89 万元。

七、云南省

地处中国西南边陲的云南与缅甸、越南、老挝三国接壤，国境线长达 4 060 千米。与云南省相邻的省区有四川、贵州、广西、西藏，北回归线从该省南部横穿而过。

（一）公路交通

截至 2012 年年底，云南省公路总里程达 21.94 万千米。其中，高速公路里程达 2943 千米，二级公路总里程达 10136 千米，农村公路总里程达 18.14 万千米；全省 94％的乡镇通畅，98％的行政村通达，36％的行政村通畅。2012 年全省公路货物周转量 702.51 亿吨，公路旅客周转量 470.20 亿人。

云南省抓住国家加大国道主干线改造和西部大开发省际通道建设力度的机遇，加速推进以昆明为中心、辐射全国及周边诸国的"七出省""四出境"高速公路网建设。"七出省"即昆明至攀枝花（四川通道）、昆明至水富（四川、重庆通道）、昆明至宣威普立（贵州通道）、昆明至富源胜境关（贵州通道）、昆明至罗平（贵州、广西通道）、昆明至罗村口（广西、广东通道）、昆明至德钦隔界河（西藏通道）。"四出境"即中越（昆明至河内）、中泰（昆明至曼谷）、中缅（昆明至瑞丽至皎漂）及经缅甸至南亚（昆明至密支那至雷多）的公路通道。

（二）云南道路口岸进/出境主要货物

边贸由小额贸易、边民互市和地方贸易三种形式组成，小额贸易的比例较大，从总体上看，有面向南亚、东南亚的边贸优势。与缅甸、老挝、越南有地方贸易往来，互补性强。

进出口货物品种达 1000 多种。出口货物主要有：纺织品、日用百货、建材、石化、机电产品、医药用品、烟糖酒等。进口货物主要有：木材、玉石、水海产品、矿产品、药材、橡胶、藤条等。

（三）云南省道路口岸

8 个国家一类口岸为：畹町、瑞丽、河口、金水河、猴桥、清水河、磨憨、天保；14 个二类口岸为：片马、腾冲、盈江、章风、南伞、孟定、孟连、打洛、景洪、思茅、麻栗坡、金平、滇滩、勐腊。此外还有 90 余个公开的边境通道和边民互市点等。边民相互往来的小道、水路等数不胜数。

云南已形成西、中、东三路较为集中的对外通道和口岸群体，构成了云南在地域上向周边三国全方位开放的基本格局。其中，西路以瑞丽、畹町为主，中路以勐腊为主，东路以河口为主。

1. 云南与缅甸

（1）瑞丽姐告口岸—木姐（缅甸口岸）。

国道 320 通达。瑞丽口岸位于云南西部，德宏州西南的瑞丽市，为国家一级口岸。地处 320 国道，经此出境与缅甸原两条交通主干线滇缅公路和史迪威公路相连通，对应缅甸木姐口岸。东南（邻缅甸掸邦）、西南（邻克钦邦）、西北毗邻缅甸，东连畹町、潞西，北接陇川，地处瑞丽江河谷盆地中。1987 年被国家确定为一类口岸。

瑞丽姐告口岸距德宏州芒市 10 千米，距昆明 896 千米，距缅甸对华贸易的主要口岸木姐仅 500 米，距缅甸木姐市 4.5 千米，距缅甸南坎镇 32 千米。姐告口岸公路与境外史迪威公路相接。瑞丽弄岛口岸与缅甸南坎镇隔江相望。

瑞丽除姐告、弄岛口岸外，中缅沿瑞丽江水道相通，有习惯性渡口 20 处，通道近 30 个，均设有海关监管站、边防检查站等机构。

瑞丽总人口 8.3 万人，傣族占 45.8%，汉族占 38.5%，景颇族占 12.6%，德昂、傈僳等民族占 3.1%，这些民族几乎都是跨境而居，语言相通，习俗相同。为适应边境贸易的发展，瑞丽交通、邮电、通信等基础设施建设迅速发展。建成了边境贸易市场、农贸市场和货物仓库区。

瑞丽有云南省内外开设的边境贸易商号 130 多家，长年经商者多达 5000 余人。

近年缅方边境贸易的对象从层次、范围上看变化很大。起初边境贸易对象主要是缅甸华侨私商。目前，缅方边境贸易伙伴对象包括缅甸国家贸易进出口公司、集体销售合作社、个体集团公司、缅甸私商以及边民等。

瑞丽边境贸易出口商品主要有针棉纺织品、机电产品、日用百货、医药器械、五金文化产品以及烟酒糖等；进口商品主要有农副产品及原材料等，如农产品、矿产品、水产品、光学元件、玉石成品、原木、锯材、热带水果、土特产品、海产品以及南药等。出口货物一般有：服装、鞋类、百货、电子、机电产品、电子产品、纺织品、贱金属、化学产品等。边境贸易提供的税利占财政收入的 80% 左右。

瑞丽口岸是目前中缅边境口岸中人员、车辆、货物流量最大的国家级一类口岸。中国货运车辆可以直接进入缅甸，出境驾驶人员需要办理的相关文件有：驾驶证、行驶证、道路运输证、驾驶行驶证、从业资格证书、过境代驾人员通行证、护照、健康证、车辆检验检疫或消毒证明、车辆保险。

过境货物中缅双方都需要过地磅。

通关文件的文字应为中/缅文。

中国出口需要的文件有：装箱单、商业发票、合同、商检（如需商检货物）、报关单、授权委托书、对外贸易合同。

缅甸进口需要的文件有：装箱单、商业发票、缅甸报关单、免税批文。

需要注意的问题有：外汇货款的安全问题，退税款的时间、数额问题，代理服务费问题等。

代理业务流程为：和业主接洽—项目考察—合同签订—国内接货—国内货物运输—口岸换装缅甸车—准备报关资料—中国出口报关—缅甸进口报关—缅甸运输监控—工地交接。

（2）畹町道路口岸—棒赛（缅甸口岸）。

省道 233 通达。位于云南省西部德宏傣族景颇族自治州南部，总人口两万多人，土地面积 95.34 平方千米，城区人口仅 5 千多人，是中国最小的城市之一。畹町口岸是国家一级口岸，与瑞丽省道连接，对应缅甸棒赛口岸。畹町与缅甸九谷镇有着边民自由往来、友好互市的悠久历史。

现在，一些东南亚的商人云集畹町，使畹町成了美国、日本、法国、印度、巴基斯坦、尼泊尔、孟加拉国的化妆品、首饰、工艺品、农副产品、珠宝玉器的物资集散地，成了十分繁华的边贸街。

畹町南侧，中缅交界的河上，是著名的两国界桥——畹町桥。该桥建于 1938 年，第二次世界大战时期里中国与国际往来的唯一陆上通道的界河桥，因此名声大震。现已修成宽敞牢固的钢筋水泥桥，每天有上千的两国商人、边民从桥上来来往往。从芒市到畹町，每天有数十班中巴车供游客搭乘，路况较好，沿途风光秀丽。

中国货运车辆可以直接进入缅甸，出境驾驶人员需要办理的相关文件有：驾驶证、行驶证、道路运输证、驾驶行驶证、从业资格证书、过境代驾人员通行证、护照、健康证、车辆检验检疫或消毒证明、车辆保险。

过境货物中缅双方都需要过地磅。

通关文件的文字应为中/缅文。

中国出口需要的文件有：装箱单、商业发票、合同、商检（如需商检货物）、报关单、授权委托书、对外贸易合同。

缅甸进口需要的文件有：装箱单、商业发票、缅甸报关单、免税批文。

需要注意的问题有：外汇货款的安全问题，退税款的时间、数额问题，代理服务费问题。

进口货物的常用品种有：农副产品、海产品、木材、首饰、工艺品、珠宝玉器，热带水果等。

出口货物的常用品种有：机电产品、纺织品、百货、药品、服装等。

（3）章凤道路口岸—达雷基（缅甸口岸）。

保龙高速公路转 G320 通达。中国与缅甸的第三个陆路通道章凤口岸为国家二类口岸。章凤口岸地处云南省西部，德宏州西南部，东邻潞西，南连瑞丽，北接梁河、盈江，距州府芒市 129 千米，距省府 856 千米，边境线长 50.899 千米，无天然屏障。

昆明进入安楚高速公路—杭瑞高速公路—保龙高速公路—G320 到达章凤口岸，出关后到达雷基口岸，雷基市距缅甸北部交通枢纽、"陆水联运"港口、商品集贸重镇八莫市 92 千米。从章凤口岸到达八莫后，南下经伊洛瓦底江水运可进出皎漂、仰光等沿途港口，直通东南亚、南亚、东非等世界各地；北上经水路、公路可直达密支那，并可经陆路直达印度雷多口岸。

1991 年 8 月 10 日，章凤口岸确定为国家二类口岸，如今，口岸联检楼、货场及查验附属设施一应俱全，国际人流、物流、资金流一直保持较好增长，形成了我国连接东南亚、南亚最便捷的陆水联运通道，成为我国与缅甸、印度、孟加拉国等国家进行贸易和文化交流的重要枢纽。

章凤口岸贸易辐射面广，对接缅甸雷基国家级口岸。随着口岸的交通、通信、能源及生产、生活等服务设施的不断完善，中国—东盟自由贸易区的建立和推进，章凤口岸贸易增长迅速，发展态势日益喜人。

进口商品主要有：藤条、木材、硅化石、玉石、农副土特及海产品、西瓜、荔枝等。出口商品主要有：针纺织品、棉纱、毛毯、日用百货、小五金、家用电器，大型水利、电力、农业机械、制糖、化肥生产设备等。

中国货运车辆可以直接进入缅甸，出境驾驶人员需要办理的相关文件有：驾驶证、（最好有出境证明）、道路运输证、从业资格证书、过境代驾人员通行证、护照、健康证、车辆检验检疫或消毒证明、车辆保险。

过境货物中缅双方都需要过地磅。

通关文件的文字应为中/英文或全英文

中国出口需要的文件有：装箱单、商业发票、合同、商检（如需商检货物）、报关单、提单、授权委托书；

缅甸进口需要的文件有：装箱单、商业发票、缅甸报关单、免税批文（如中国企业投资或承建项目需申请物资免进口关税所用）

（4）猴桥道路口岸——甘拜地（缅甸口岸）。

省道317通达。猴桥口岸是国家一级口岸。位于保山市腾冲县西部的猴桥镇，是中缅贸易的重要前沿，也是中国与南亚、东南亚相连的重要枢纽之一。它北与缅甸接壤，西与盈江县支那、盏西两乡毗邻，东与本县瑞滇镇、固东镇、马站乡相连，南与中和乡连接，国境线长72.8千米。镇政府驻地下街村，距腾冲县城54千米，距缅甸第三大城市密支那163千米，距最近的缅甸县城甘拜地仅31.5千米。著名的史迪威公路从镇内横穿而过，自古以来，这里就是祖国西南丝绸之路的必经之地和滇西通往印度支那半岛的要冲和最后一站。横跨槟榔江的公路桥是唯一一座连接中缅公路的桥梁，也是货物进出边境的必经之路；穿过并不算长的隧道，车辆进入缅甸境内，对面的是缅甸克钦邦第一特区。

随着中国—东盟自由贸易区的开放和腾冲至缅甸密支那二级油路的开通，猴桥口岸已经成为中国从陆路进入南亚地区的桥头堡。到2002年止，境内已开辟7条通往缅甸的边境，史迪威公路的重修使猴桥镇真正成为滇西对外开放的桥头堡。

对于持有边民证的当地居民无须申报就可以直接出关。

腾冲口岸允许中缅双方人员、车辆、货物持有效证照、签证或边境通行证通行。到达腾冲县城之后上S317直达猴桥口岸。出关后为缅甸甘拜地口岸，经过第二特区可进入缅北重镇密支那，自密支那南下可进入八莫、腊戌、曼德勒、仰光，北上可至欣贝洋、南拥、邦哨，抵达印度雷多。

中国货运车辆可以直接进入缅甸，出境驾驶人员需要办理的相关文件有：驾驶证、行驶证、道路运输证、驾驶行驶证、从业资格证书、过境代驾人员通行证、护照、健康证、车辆检验检疫或消毒证明、车辆保险。

过境货物中缅双方都需要过地磅。

通关文件的文字应为中/英文或全英文。

进口商品主要有：铁矿、原木、玉石、树根、竹子、铅锌矿等。

出口商品主要有：实木门、建筑材料、机械设备、配件、服装等。

（5）滇滩口岸—板瓦（缅甸口岸）。

省道 317 通达。位于腾冲县北部边境，距瑞滇乡政府驻地、腊幸温泉 11 千米，距县城 61 千米，距缅北经济特区板瓦仅 10 千米。

历史上滇滩就是一个商贸和军事重地，千百年来历经沧桑，但边民互市从未间断。改革开放以来，滇滩口岸从一片荒山野坝中奇迹般地迅速崛起，成为车水马龙的边境贸易集镇，在腾冲边境贸易中起着举足轻重的作用。

商品交易有木材、铁、铅、锌、锡矿等，其中木材年进口量占全县总进口量的 71.4%，年开采铁矿十万吨。

这里中外客商云集，公司、商号林立，饮食服务、文化娱乐设施齐备，边检管理、银行信贷等行业和部门应运而生，初步具备了一个边贸集镇的规模，成为我国西南边境独具魅力的商贸旅游口岸。

（6）孟定道路口岸—户板（缅甸口岸）。省道 319 通达。孟定口岸位于耿马傣族佤族自治县孟定镇人民政府所在地，与缅甸掸邦第一特区接壤，边境线长 47.35 千米。距耿马县城 83 千米。

孟定口岸是我国西南地区通往缅甸和东南亚的重要陆路通道，面积 350 平方千米。1957 年孟定口岸正式对外开展小额贸易进出口业务，1991 年 8 月被省政府批准为二类口岸。口岸得天独厚的地理位置优势、热带的自然风光、古朴文雅的民俗风情、丰富的旅游资源和热带经济作物使孟定口岸有"黄金口岸"之称。孟定口岸边境贸易辐射面广，公路通往国内外，交通十分便利。从清水河到缅甸重镇户板、滚弄分别为 15 千米和 24 千米，到缅北重要商品集散地腊戍为 161 千米，到缅甸仰光为 1136.9 千米，从盘姑公路到昆明为 750 千米。

孟定口岸自建成投入使用以来，一直是国内外经济贸易活动的窗口，对缅甸边境贸易的辐射面主要是第一特区（果敢同盟军）、第二特区（佤邦地区）、清水市、滚弄镇区、户板镇区、腊戍、佤城、仰光等 5 省 1 市 10 个镇区，经营方式也由以物易物小额贸易发展为边境贸易、转口贸易、大贸。近几年年平均贸易达 5 万吨、客流量 10 万余人次。

（7）南伞道路口岸—果敢（缅甸口岸）。

省道 231 通达。南伞口岸属于国家二类口岸，镇西邻缅甸果敢，明清时即有边民互市活动。今为中缅边民互市口岸，国境线 37.358 千米。南伞交通便利，有公路可直达耿马孟定、镇康县城、保山龙陵、缅甸果敢县城。是临沧地区与缅甸的重要边境贸易口岸之一，设有海关，商业繁荣，为云南重要互市口岸。镇郊 3 千米处置有中、缅两国界碑。

中国车辆可以直接进入缅甸境内，但是需要办理出口报关以及在缅甸办理相关手续，目前一般操作都是在边境换装缅甸车辆。

过境货物中缅双方都需要过地磅。

通关文件的文字应为中/英文。

中国出口需要的文件有：装箱单、商业发票、合同、商检（如需商检货物）、报关单、授权委托书；

缅甸进口需要的文件有：装箱单、商业发票、合同、缅甸报关单、免税批文（如中国企业投资或承建项目需申请物资免进口关税所用）

进口货物主要有：甘蔗、木材、矿石等。出口货物主要有：日用百货、机械设备、家电产品等。

（8）孟连口岸—邦康市（缅甸口岸）

省道 309 通达。孟连口岸为国家二级口岸，地处孟连县西南部，距省会昆明 690 千米，距普洱市 230 公里，距孟连县城 51 公里。口岸与缅甸掸邦第二特区政府（佤邦）邦康市隔江相望，是中缅两国交往的主要通道，也是我国通往东南亚各国的主要陆路通道之一，1991 年被批准列为二类口岸。

有 6 条陆路通道通往缅甸，其中有出境公路两条，即勐阿和芒信。县城经芒信通道至缅甸大其力为 360 千米，到泰国清莱府为 415 千米，或由景栋西行至仰光为 1347 千米，县城经勐阿通道至缅甸曼德勒为 586 千米。通过这些口岸还可以从缅甸公路转运部分与印度的进出口贸易货物。

边境地区常住居民，可以办理《中华人民共和国中缅边境地区出入境通行证》来往于中缅边境。中国车辆可以直接进入缅甸境内，但是需要办理出口报关以及在缅甸办理相关手续，目前一般操作都是在边境换装缅甸车辆。

过境货物中缅双方都需要过地磅。

通关文件的文字应为中/英文。

中国出口需要的文件有：装箱单、商业发票、合同、商检（如需商检货物）、报关单、授权委托书；

缅甸进口需要的文件有：装箱单、商业发票、合同、缅甸报关单、免税批文（如中国企业投资或承建项目需申请物资免进口关税所用）

进口货物主要有：甘蔗、木材、矿石等。出口货物主要有：建材、日用百货、机械设备、家电产品等。

（9）清水河—老街（缅甸口岸）。

省道 319 通达。位于耿马傣族佤族自治县孟定镇人民政府所在地，与缅甸老街管理委员会接壤，边境线长 47.35 千米。距县城 83 千米，孟定清水河口岸是我国西南地区通往缅甸和东南亚的重要陆路通道。

1957 年孟定清水河口岸正式对外开展小额贸易进出口业务，1991 年 8 月被省政府批准为二类口岸，2004 年 10 月 14 日被国务院批准为一类对外开放口岸。2007 年 11 月 7 日，口岸对外开放前的准备工作顺利通过国家级验收。

孟定清水河口岸边境贸易辐射面广。公路通往国内外，交通十分便利。从清水河到缅甸重镇户板、滚弄分别为 15 千米和 24 千米，到老街为 31 千米，均为柏油路。到缅北重要商品集散地腊戌为 160 千米，到缅甸仰光为 1136.9 千米；从盘姑公路到昆明为 750 千米。

孟定清水河口岸自建设投入使用以来，一直是国内外经济贸易活动的窗口，对缅甸边境贸易的辐射面主要是果敢、佤邦、清水河市、滚弄镇区、户板市、腊戌、佤城、仰光等，经营方式也由以物易物的小额贸易发展为边境贸易、转口贸易、大贸。

（10）片马道路口岸。

省道 316 通达。片马口岸是国家二类口岸，片马是中、缅两国间最大的陆路贸易口岸，南北西三面与缅甸毗邻，总面积 160 平方千米。境内最高海拔为赖勒保山的 3852 米，最低海拔为古浪坝的 1600 米，相对高度差为 2252 米。

口岸位于泸水县片马镇人民政府所在地，边界线长 64 千米，距泸水县城 96 千米，距缅甸北部城市密支那 224 千米，口岸有三条公路通向国外，交通十分便利。该口岸是中缅边界北段 10 号至 47 号界碑 638 千米长的边界线上唯一的一座口岸，成为我国滇藏两省区通往南亚的一个重要通道。从鲁掌上 S316 高速后可直达片马口岸。

中国货运车辆可以直接进入缅甸，需要的文件有：护照、健康证、车辆检验检疫或消毒证明、车辆保险、驾驶证、行驶证（最好有出境证明）。

过境货物中缅双方都需要过地磅。

通关文件的文字应为中/英文。

中国出口需要的文件有：装箱单、商业发票、合同、商检（如需商检货物）、报关单。授权委托书；

缅甸进口需要的文件有：装箱单、商业发票、合同、缅甸报关单、免税批文（如中国企业投资或承建项目需申请物资免进口关税所用）。

进口货物主要有：玉米、西瓜、树根、红木、铅锌矿；出口货物主要有：水泥、钢材、机械设备、配件、各种食品、服装等。

（11）打洛道路口岸—勐拉口岸。

省道 320 通达。该口岸位于西双版纳州勐海县西南部，1991 年批准为二类口岸，2007 年 11 月 13 日批准为国家一类口岸，国际公路客货运输口岸，中国打洛口岸对应缅甸勐拉口岸，是云南对缅重要的边境旅游口岸。

中国车辆可以直接进入缅甸境内，但是需出口报关以及在缅甸办理相关手续，目前一般操作都是在边境换装缅甸车辆。

进口货物主要有：矿、木材、农副产品、药材、化妆品等。出口商品主要有：纺织品、百货、针织品、五金机械、建材、副食品等。

（12）盈江口岸—拉咱（缅甸口岸）。

保腾高速转 S317 转 S233 通达。盈江县地处云南省西南部，德宏州西北部，西、西南、西北三面与缅甸山水相连，区域从西北 5 号界碑始至西南 39 号界碑，覆盖 9 个边境乡镇，国境线长 214.6 千米，距云南省省会昆明 760 千米，距德宏州州府 150 千米。

盈江口岸是与缅甸克钦邦接壤的陆路口岸之一，缅甸克钦邦位于缅甸东北部，西接实皆省，南连掸邦，北面与印度的阿萨姆邦、那加兰邦接壤，东部与中国德宏州、怒江州和保山市相邻。缅甸克钦邦地域辽阔，山清水秀，景色宜人，动植物资源极为丰富，矿藏种类多且储量丰富，有银、铁、铜、铅、煤、石英、云母等，是缅甸玉石的主要产地，有"翡翠之乡"的美誉。

盈江口岸于 1991 年 8 月 1 日批准为国家二类（省级）口岸，于 1993 年批准对第三国开放。盈江口岸具有得天独厚的区位优势。是内地通往缅甸、印巴各国的主要商道。从昆明上安楚高速—杭瑞高速—保龙高速—保腾高速—S317—S233 到达盈江，出关后到达缅甸拉咱口岸，从那邦出境 9 千米，就与著名的中印公路（史迪威公路）相连，沿中印公路向北 90 千米可达缅甸克钦邦首府密支那，往南 80 千米可至缅北贸易重镇八莫，从密支那北上 400 千米可达印度雷多，从八莫沿伊洛瓦底江航运南下至仰光进入印度洋。

中国货运车辆可以直接进入缅甸，需要的文件有：护照、健康证、车辆检验检疫或消毒证明、车辆保险、驾驶证、行驶证（最好有出境证明）。

过境货物中缅双方都需要过地磅。

通关文件的文字应为中/英文或全英文。

中国出口需要的文件有：装箱单、商业发票、合同、商检（如需商检货物）、报关单、授权委托书。

缅甸进口需要的文件有：装箱单、商业发票、缅甸报关单、免税批文（如中国企业投资或承建项目需申请物资免进口关税所用）。

进口货物主要有：珠宝、玉石、铁矿、木材、农副产品、水产品、中草药材等。出口货物主要有：机电产品、纺织品、建材、成品油、金属硅、铝锭、日用百货等。

2. 云南与老挝

（1）磨憨道路口岸—磨丁（老挝口岸）。

国道 213 通达。从景洪下高速后沿小磨（小勐养—磨憨）公路直达磨憨口，出关后到达老挝磨丁口岸，然后通过 13 号公路可以直达老挝最南部温卡姆口岸（老挝—柬埔寨边境）。

磨憨口岸位于西双版纳傣族自治州东部勐腊县境内，地处云南省最南端，西部与缅甸隔江相望，东南、西南与老挝毗邻。边境线长 740.8 千米，其中中缅段 63 千米，中老段 677.8 千米。

磨憨是国家一类口岸，是中老两国唯一的国家一类陆路口岸，也是中国和老挝之间唯一一个车辆、货物、人员等全部可以来往的口岸，中国货运车辆可以直接进入老挝；驾驶人员需要办理的出国相关文件有：护照、健康证（中国检验检疫需要查验，磨憨可办理）、车辆检验检疫或消毒证明、车辆保险、驾驶证、行驶证。另外，勐满、勐润、曼庄、尚勇等地有一些省级通道，持边境通行证人员和货物可以进出，但是持护照人员无法通行。

1992 年 3 月 3 日批准为国家一类口岸。1993 年 12 月 22 日，中老两国共同宣布正式开通磨憨—磨丁国际口岸。2000 年 6 月云南省人民政府确定了磨憨口岸为边境贸易区，并赋予优惠政策。2004 年 9 月 6 日，经国务院批准同意开展口岸签证工作。昆曼公路从该口岸出境，经老挝至泰国清莱府与泰国公路相连，直达曼谷。昆曼公路的全线贯通标志着中、老、缅、泰四国陆路物流圈已基本形成，南北经济走廊初见雏形，为下一步四国乃至延伸至柬埔寨、越南、马来西亚等国家开展跨境运输合作奠定了基础。

西双版纳有 5 条公路通往磨憨口岸，勐腊到老挝南塔市 120 千米。

该口岸以易货贸易居多。该口岸出口商品主要有针纺织品、五金、交电、化工产品、药品、建材、小型农机、水泥、钢材、机械设备、配件、各种食品、服装等，主要出口物资仍以中国在老挝投资项目所需各种物资为主。进口商品有胶合板、咖啡豆、芝麻、琥珀、安息香、玉米、薏米、西瓜、树根、红木、铅锌矿、镀锌铁皮等。

中国货运车辆可以直接进入老挝，需要的文件有：护照、健康证（中国检验检疫需要查验，磨憨可办理）、车辆检验检疫或消毒证明、车辆保险、驾驶证、行驶证。

货主或代理人在磨憨口岸办理货物陆路出/进境手续，需要提交文件。

通关文件的字体应为中/英文。

中国出口需要的文件有：装箱单、商业发票、合同、商检（如需商检货物）、报关单、报关代理授权委托书。

老挝进口需要的文件有：装箱单、商业发票、老挝报关单、免税批文（如中国企业投资或承建项目需申请物资免进口关税所用）。

需要注意的问题有以下几点。

①老挝13号公路从磨丁口岸开始至万荣段路况较差，路面较窄，坑洼不平，且绝大多数路况全部为S形弯道，货物如包装不牢固非常容易受损，所以要求货物外包装要坚固。

②需要商检货物需提前办好商检。

③报关所需单据最晚要和货物一起到达磨憨口岸。

④免税批文需要提前办理，否则货物到达磨丁口岸后无法免税进入老挝，如交关税会产生较大损失，如果等待批文办理会产生滞车费。

老挝免税批文如果每批次一办，大约需要20至30天时间；如果办理年度计划免税批文，前期准备资料、申请时间较长，但办好后会大大节省时间。

⑤货物从磨憨口岸进出境，中老双方都需要过地磅。

在当地口岸开展公路国际货物运输代理业务的流程为：和业主接洽—项目考察—合同签订—国内接货—国内货物运输—口岸换装老挝车—准备报关资料—中国出口报关—老挝进口报关—老挝运输监控—工地交接。

（2）磨丁黄金城特区。

国道213通达。1993年，中老两国决定将中国磨憨、老挝磨丁设立成两国的国家级口岸；中、老、泰三国联合修建的昆曼国际大通道将穿过磨丁口岸，辐射东南亚各国，由此为开发建设磨丁黄金城提供了必要条件。

磨丁黄金城特区距离老挝南塔省约50千米，距乌多姆赛98千米，距琅勃拉邦307千米，距首都万象730千米，距泰国清盛240千米，与磨憨口岸接壤，紧临国界，距中国西双版纳首府景洪220千米，距昆明708千米。

黄金城特区森林覆盖率高达93%以上，具有良好的自然景观和旅游资源。磨丁黄金城将会迅速进入东盟旅游规划圈内，与东盟各国联手开辟广阔的旅游市场。

3. 云南与越南

对越南地方贸易的主要公路口岸主要有云南省红河哈尼族彝族自治州的河口和金水河口岸等，红河的河口口岸是中越边界云南陆路口岸中货流量最大的口岸。

（1）河口道路口岸—老街（越方口岸）。

国道326，省道235、209通达。连接昆河高速G8011，对应越南老街口岸，与其连接的是越南国道。河口是国家一类口岸，位于云南省红河哈尼族彝族自治州东南部河口瑶族自治县，南与越南老街省的老街市、猛康县、巴沙县接壤，边境线长 193 千米。

河口口岸是云南省边境口岸距省会昆明最近的口岸，铁路距昆明 465 千米，公路 490 千米。该口岸与越南老街省省会老街隔河相望，滇越铁路使河口口岸成为云南对外交往的主要通道。

河口口岸允许汽车装运国际货物直接过境到国外口岸（货运汽车目前限越南老街省、河江省范围）。

需提交的文件材料是：道路运输证（中"车辆审验及技术等级记录"页中需盖车辆技术等级评定一级章）、车辆二级维护记录卡、驾驶行驶证、从业资格证书、过境代驾人员通行证。

过境货物在双方海关监管堆场均需要过地磅。

通关文件是使用中/越两国文字。办理陆运出境通过手续所需文件如下。

一般贸易方式下出口报关：发票、装箱单、出口报关委托书、出口报检委托书、对外贸易合同（复印件）。

在对外工程方式下出口报关：将上述文件中的对外贸易合同（复印件）替换为对外工程合同（复印件）。

在援外方式下出口报关：除一般贸易方式下所需的文件外还需商务部批文或其他相关部门出具的具有通关效力的文件。

另外，根据货物性状，需要增加如原产地证、产品说明、法检通关凭条等扫描资料附后。

需要注意的问题：应该注意单证齐全、单单相符、录入规范、提交及时。

双方口岸海关/商检/卫检等执法管理部门对进/出境货物在满足双方管理规定和法律制度的基础上对货物无特殊要求。

进口货物常用品种：水果、咖啡、大米、矿产、木材成品或半成品、橡胶等；出口货物产品品种：五金机电、工程机械设备、日用百货、电子产品等。

（2）金水河道路口岸—马鹿塘（越方口岸）。

省道 212 通达。金水河口岸原称那发口岸，位于红河州金平县南端。金平县与越南莱州省交界，国境线长 502 千米。金水河口岸与越南莱州马鹿塘口岸（也称巴南贡）仅一河之隔，有中越友谊桥相连。该口岸距越南莱州省莱州市 95 千米，距奠边府 195 千米，河内 580 千米，距越南封土县城三塘镇 54 千米，距老街省会 147 千米，距老挝边境 231 千米。直达个旧 159 千米，开远 210 千米，蒙自 208 千米，昆明 470 千米。口岸至县城 35 千米。

1993 年 2 月 25 日，金水河口岸被国务院批准为国家一类口岸，同年 11 月 10 日正式开放，同时批准成立了金水河边防检查站。年出入境人员流量 10 余万人次，货物 2 至 3 万吨。口岸联检机构健全。据统计，2014 年进出口货物货值大幅度增长，对外贸易额超过 1300 万美元，货量和出入境车辆实现增长，出入境人员达 17 万人次。

中国货运车辆可以直接进入越南。

需要文件有：道路运输证、车辆二级维护记录卡、驾驶行驶证、从业资格证书、过境代驾人员通行证、护照、健康证、车辆检验检疫或消毒证明、车辆保险。

过境货物在双方海关监管堆场均需要过地磅。

通关文件是使用中/越两国文字。

中国出口需要的文件有：出口货物报关单，相关的进出口许可证件，提单、发票、装箱单等有关商业单据、出口报关委托书、出口报检委托书、对外贸易合同。

越南进口需要的文件有：进口货物报关单，相关的进出口许可证件，提单、发票、装箱单等有关商业单据。

贸易规模小，进出口贸易无稳定货源。进口货物主要有：药材、玉米、矿产品、橡胶、草果、木薯、食品、稻谷、水产品、野生蔬菜、家具、农具等。出口货物主要有：建材、农药化肥、饲料、电池、水果、服装鞋帽、食品、大米、面条、布匹、糖酒、家禽、蔬菜等。

（3）天保道路口岸—清水河（越方口岸）。

省道 210 通达。天保口岸位于云南省文山州麻栗坡县南端老山脚下天保镇，与越南河江省河江市清水河口岸相邻，是云南进入越南和连接东南亚、南亚的重要陆路通道。

州府所在地文山至天保口岸的公路与越南 2 号国道相连接。口岸对内距麻栗坡县城 40 千米，距州府所在地文山 120 千米，距省城昆明 420 千米；对外距越南河江省城 24 千米，距越南首都河内 340 千米，距越南海防港 410 千米。是中国云南通往越南首都取道最直、里程最短的重要陆路通道之一。

天保口岸所在的麻栗坡县，与越南河江省的同文、安明、官坝、渭川、黄树皮、河江五县一市接壤，国境线长 277 千米。沿线分布有天保国家级口岸、两个省级口岸、13 条边民互市点、108 条边境通道。天保国家级口岸是全县全州的重点建设口岸，也是云南省建设的重要口岸之一。

1993 年 2 月 25 日，经国务院批准，天保口岸升格为国家一类口岸，正式成立了天保边防检查站。之后，边防、海关、商检等联检机构相继设立。

天保—清水河口岸双边经济交流、技术合作领域不断拓展，现已步入繁荣、活跃的良性轨道。在中越双方的共同努力下，1998 年实现了中国文山—越南河江车辆互通，为边境贸易和旅游的发展创造了较为便利的条件。

之后，两国商贸和旅游活动不断升温，双边经经济交流和技术合作领域不断拓展，口岸新规划面积为 2.5 平方千米，分为四大功能区，以船头大桥、盘龙河为界，东岸大桥以上为仓储加工区；大桥以下为旅游休闲度假区；西岸大桥以上为行政办公生活区；大桥以下为边境贸易区。

中国货运车辆可以直接进入越南。

需要文件有：道路运输证、车辆二级维护记录卡、驾驶行驶证、从业资格证书、过境代驾人员通行证、护照、健康证、车辆检验检疫或消毒证明、车辆保险。

过境货物在双方海关监管堆场均需要过地磅。

通关文件是使用中/越两国文字。

中国出口需要的文件有：出口货物报关单，相关的进出口许可证件，提单、发票、装箱单等有关商业单据、出口报关委托书、出口报检委托书。

越南进口需要的文件有：进口货物报关单，相关的进出口许可证件，提单、发票、装箱单等有关商业单据。

进口货物主要有：主矿产品、原木、胶合板、中药；出口货物主要有：电力、水果、机电产品、汽车等，主要出口物资以林业为主。

八、广西壮族自治区

广西壮族自治区位于华南地区西部，南濒北部湾、面向东南亚，西南与越南毗邻，边界线长 800 多千米。从东至西分别与广东、湖南、贵州、云南四省接壤。广西是西南地区最便捷的出海通道，在中国与东南亚的经济交往中占有重要地位。

2013 年 1 至 11 月，广西与越南进出口贸易总额达 107.6 亿美元，同比增长 27.2%。越南已连续 14 年成为广西的第一大贸易伙伴。广西与越南贸易额占广西贸易总额的 1/3，占广西与东盟贸易量的 4/5。由于边贸互市规模的不断扩大，边境小额贸易已成为主要贸易方式，2013 年 1 至 11 月，双方小额贸易进出口额达 97 亿美元，占双边贸易总额的 90.2%。

广西国家一类口岸总数达到 15 个，其中道路口岸有 8 个。

（一）公路交通

2010 年年底全区公路总里程 101782 千米，其中高速公路 2574 千米、一级公路 876 千米、二级公路 8646 千米、二级以上公路占公路总里程的 11.88%。

（二）广西道路口岸进/出境主要货物

出口货物主要有：纺织品、日用百货、建材、石化、机电产品、医药用品、烟糖酒等。进口货物主要有：木材、玉石、水海产品、矿产品、药材、橡胶、藤条等。

（三）广西壮族自治区道路口岸

广西壮族自治区与越南边境有道路口岸 8 个，凭祥友谊关口岸和东兴口岸是广西壮族自治区两大边贸口岸。

除与越南直接贸易外，还可以开展对柬埔寨、泰国、老挝、新加坡等国的转口贸易。

1. 凭祥友谊关道路/铁路口岸—同登（越南口岸）

南友高速 G7211，国道 322 通达。友谊关位于广西凭祥市西南端，322 国道终端穿过友谊关拱城门，与越南公路相接，是通往越南的重要陆路/铁路通道和国家一类口岸，凭祥口岸与凭祥市 G7211 南友高速连接；对应越南同登口岸，与越南同登省道连接，距凭祥市区 18 千米，距首府南宁 176 千米，距离越南谅山和首都河内分别为 18 千米和 200 千米。

友谊关口岸于 1951 年开通，1992 年 4 月 1 日，经国务院批准，恢复友谊关口岸对外开放。近年来，国家和自治区以及当地政府不断加大对友谊关口岸的基础建设投资力度，使友谊关口岸通关环境得到较大改善，对加快口岸的通关速度和发展口岸经济起到积极的推动作用。

随着西部大开发战略的深入实施，中国—东盟自由贸易区建设的不断深入，泛北部湾经济区的开放开发以及广西凭祥综合保税区的封关运行，友谊关口岸将成为中国与东盟人流、物流、资金流、技术流、信息流的陆路黄金大通道。

中国货运车辆可以直接进入越南（限越南同登省境内）。

需要办理的文件有：道路运输证、车辆二级维护记录卡、驾驶行驶证、从业资格证书、过境代驾人员通行证、护照、健康证、车辆检验检疫或消毒证明、车辆保险。

通关文件用中/越文（应该注意单正齐全、单单相符、单货相符、提交及时）。

中国出口需要的文件有：出口货物报关单，相关的进出口许可证件，提单、发票、装箱单等有关商业单据、出口报关委托书、出口报检委托书、对外贸易合同；

越南进口需要的文件有：进口货物报关单，相关的进出口许可证件，提单、发票、装箱单等有关商业单据。

货物进出境，中越都需要过地磅。

进口货物主要有：铜锭、棉纱、橡胶、矿产品、砧板、天然橡胶、棕油、木材、海产品等；出口货物主要有：热水瓶、自行车、手电筒、棉布、电风扇、普通收录机、小型农用机械、钢材、啤酒、饼干、果品等。

2. 东兴道路口岸—芒街（越南口岸）

省道 312 通达。东兴口岸位于广西防城港市东兴市区，东兴市位于中国大陆海岸线最西南端，东南濒北部湾，西南与越南接壤，是广西以及中国大西南通往东南亚最便捷的海陆通道，也是中国与越南唯一海陆相连的口岸；其对应口岸是越南芒街口岸。

东兴水陆交通便捷，市内的竹山港、潭吉港、京岛可与中国华南和越南各在港口通航。距南宁 188 千米，南宁/防城高速转防城/东兴一级公路可达。距越南广宁省首府下龙市 180 千米，首都河内 308 千米。是 1958 年建立的国家一类口岸，是我国边境线上的重要口岸之一，是国务院批准的沿边开放城市。

1992 年 9 月，国务院特区办批准东兴设立 4.07 平方千米的边境经济合作区，1996 年 4 月 29 日，国务院批准设立东兴市（县级），辖东兴、江平、马路三镇，陆地边境线长 33 千米，海岸线长 50 千米，总面积 481 平方千米，人口 12 万。是我国京族的唯一聚居地。

东兴政策优惠。拥有国家给予的沿边开放城镇、边境贸易、少数民族地区扶贫、侨务等方面的优惠政策可供利用。

口岸联检区分为左右两边验证出入境。右边是出境通道，左边是入境通道，中间是车辆出入通道。

3. 里火口岸

省道 312 通达。那良镇里火口岸位于防城港市西端那良与越南北峰山关口交界，距防城区政府所在地 90 千米，防城区那良镇里火村是紧靠防城区边境口岸的边境山区少数民族村，远近闻名的广西边贸互市点里火口岸坐落在村委会前方 50 米，边境大会战公路从旁经过；是防城区经国家批准开放的重要边境互市贸易口岸，同样享受国家给予边境地区的各项优惠政策。里火地处边陲，当地群众与越南边民有多年的民间习俗，20 世纪 50 年代是二类口岸，1991 年，广西壮族自治区人民政府与越南广宁省政府双方会谈，确定里火为中越双方边民互市贸易点，为发展对越边境贸易，我方加大口岸基础设施建设。目前，国内外商贾云集，贸易兴旺，是防城港市对越贸易的主要口岸之一。口岸的迅速发展，为边境互市贸易提供了极大的便利。

4. 爱店口岸—峙马（越南口岸）

国道 322 通达。是边境陆路二类口岸，地属广西宁明县爱店镇，位于中越边境广西东路 1223—1224 号界碑处，与越南峙马口岸相对，爱店口岸有沿边三级柏油公路与区内三条公路连接，往东距东兴市 190 千米；往南距越南禄平县 17 千米，距谅山市 34 千米，距海防市 200 千米，距越南首都河内 180 千米；往西距凭祥市友谊关 92 千米，往北距宁明县城 50 千米，距南宁市 185 千米。

爱店口岸中越边境贸易已有 100 多年历史。1991 年爱店口岸恢复开放以来，随着中越友好关系的改善和世界市场经济的发展，爱店口岸的边境贸易快速发展，人员及进出口贸易额逐年提升。

爱店口岸边境贸易十分活跃，交易的商品种类多达上千种，品种主要有农用机械、农用物资、建筑材料、五金交电、轻二机械构件、中草药材、农副产品等。特别是经过多年培育起来的爱店中草药材市场，已发展成为中越边境最大的中草药材集散地，2008 年中草药交易额为 36389.12 万元，占总贸易额的 40.96%。

爱店口岸成为国家对外开放一类口岸，在崇左市乃至广西整个边境的经济发展中将起着桥头堡的作用，成为越南乃至东盟各国与中国两大市场的人流、物流、资金流、信息流的中转站和集散地，成为中国—东盟的又一条大通道，对于推进中国—东盟自由贸易和北部湾经济区建设将发挥重要作用。

5. 浦寨道路口岸—新清（越南口岸）

国道 322 通达。位于中越边境的 15 号界碑，与越南谅山省文朗县接壤，西南连接越南谅山省新清口岸经济区，距广西凭祥市区 13 千米，距越南北部门户谅山省府 30 千米。浦寨边境贸易区于 1992 年开发建设，面积 2 平方千米，累计投资 5 亿元人民币，建有多套商业铺面。贸易区内农贸市场、水果交易市场、货场等市场服务设施较为齐全。

近年来，来自越南和国内 28 个省市自治区和港台地区的客商在此从事贸易，边贸成交额年均 10 亿元人民币。现在，一年四季都有越南、泰国等东南亚国家的水果经此销往全国各地，水果进口量约占全国的 15%。

6. 水口道路口岸—驮隆（越南口岸）

省道 319 通达。是国家一类口岸，属于沿边公路口岸，位于龙州县西端，水口镇境内，与越南高平省复和县驮隆口岸仅一河之隔，是广西对外开放的四大公路口岸之一，进入越南及东南亚国家的重要通道。

水口口岸是广西最早的通商口岸，于 1792 年即对外开放，在中国与越南交往史上占有重要的地位。1993 年 12 月 1 日，水口口岸重新恢复开通。

自口岸恢复对外贸易以来，进出口贸易逐年增加，逐步成为中越贸易的物流中心。据统计，2006 年经驮隆口岸的进出口额仅 2240 万美元，2010 年则达 1 亿 4000 万美元，4 年增长了 6 倍。我国亚热带及温带水果经水口口岸出口越南持续快速增长，已连续几年在该口岸出口商品中占据绝对优势地位，成为该口岸的特色出口商品。水口口岸水果对越出口额连年高速增长的主要原因有：一是毗邻的越南驮隆口岸为目前其国内农产品进口税费最为优惠的口岸，水口口岸因此成为水果交货地的最佳选择；二是水口口岸基础设施日趋完善，功能日益增强，通关环境不断优化的效应显现；三是口岸较低的地方性收费吸引了众多客商；四是口岸海关坚持"把关"与"服务"并举，从实际出发，针对口岸出口货物的特点，推行"全天候，无假日"的通关制度，方便企业办理通关手续，加快通关速度，降低贸易成本，极大地促进了贸易效率。

主要进出口货物有：水果、铁矿、锰矿、焦炭、水果、黄豆、机械设备及日用品等。

7. 龙邦道路口岸—雄国（越南口岸）

省道 213 通达。龙邦口岸位于靖西县城南部中越边境 94 号界碑北侧约 30 米处，与越南高平省茶岭县的越南雄国口岸相对应。龙邦口岸是百色市唯一的国家一类口岸（在建），是桂西、滇东、黔南通往越南及东南亚各国的便捷陆路通道之一。

龙邦口岸交通便利，形成了以二级公路为主干、三级油路为支架的公路交通网络。

1996 年 8 月 20 日，龙邦口岸作为二类口岸恢复开通。2003 年国务院批准龙邦口岸升格为国家一类口岸。

目前龙邦口岸设有海关、检验检疫、边检等口岸查验部门，负责对进出口货物、人员、车辆进行监管。

进出口的主要商品有：铁矿、锰矿、钛矿以及农副产品、木材、机械设备、建筑材料、农资、家用电器、绿豆、水果、牲畜（黄牛）和日用百货等，共 20 大类 100 多个品种。越南铁矿已成为靖西县边贸进口的主要商品，龙邦口岸已经成为广西进口越南铁矿量最大的陆路边境口岸。

8. 平孟道路口岸—朔江（越南口岸）

省道 320 通达。平孟口岸位于那坡县南部距平孟镇政府所在地不到 200 米的中越边界第 114 号界碑处，与越南高平省河广县朔江口岸相依，是广西最西面的国家一类陆路边境口岸，也是百色市 3 个边境口岸之一，为中国和越南双边公路客货运输口岸。

广西那坡县与越南的高平、河江两省所辖的河广、通农、保乐、保林、苗皇等 5 县接壤，边境线长达 207 公里。平孟口岸距那坡县城 76 千米，距百色市 240 千米，离广西首府南宁 320 千米；距云南省富宁县城 126 千米；距越南首都河内 280 多千米。平孟口岸通往国内外的公路均是三级以上的柏油路，向东可直达靖西、南宁，走沿边公路可直通凭祥、东兴、防城港，向北可达云南省的富宁、昆明等地。

平孟镇处于广西对接中国—东盟自由贸易区的陆路交通线上，是通往越南及东盟各国的陆路交通要道，边境线长 74 千米，有平孟、念井两个边民互市点。

从平孟口岸出入境的货物主要有：玩具、铁矿、锰矿、铝矿、木材、大米、豆类、土特产品、药材、机电产品、饲料、啤酒、饮料、纸张、布匹、五金等，其中玩具和药材是这个口岸的主要大宗交易货物。

九、深圳与香港

1. 文锦渡道路口岸

文锦渡口岸位于深圳和香港之间，是以供港鲜活产品过境为特点的公路客、货运综合性公路口岸，是供港鲜活产品的重要通道，内地的供港鲜活商品经该口岸出境。除了已领有通行证的私家车、货车及长途汽车外，现时旅客亦可经由文锦渡来往香港及深圳。

由于文锦渡口岸位于深圳市中心，深圳市政府现正与香港政府计划于香园围/莲塘设立新口岸取代。

文锦渡口岸是改革开放前深圳仅有的两个陆路口岸之一。1978 年经国务院批准对外开放。改革开放前，文锦渡只是供港鲜活商品的贸易口岸，经过多年来的不断改造，目前口岸区域占地面积 13 万多平方米，共有 20 条汽车检查通道，其中，小汽车、客车检查通道两条（出、入境各 1 条），货车检查通道 18 条（入境 10 条，出境 8 条）。另有 12 条出入境旅客检查通道（出、入境各 6 条）。口岸的总体设计是：日汽车流量 10000 辆次，日旅客流量 3000 人次。

货检每日 7 时开闸，22 时关闸，运行 15 小时；旅检每日 7 时开闸，22 时关闸，运行 15 小时。

2. 沙头角管制站/沙头角口岸

位于深圳市盐田区沙头角镇西面，东接沙头角保税区和盐田港，北邻梧桐山公路隧道，距深圳市区 12 千米。是香港和中国大陆的出入境管制站，约占年跨界流量的 8%。沙头角出入境口岸适合前往大、小梅沙，盐田，沙头角，南澳等地旅客使用；但因出入境香港的沙头角区域需要特殊通行证，通常只有货运车辆在此过境。沙头角口岸是服务于深圳市盐田、龙岗及珠江三角洲东部地区的辅助性客货综合性口岸。

1984 年，国务院批准沙头角口岸对外开放，1985 年 3 月建成使用，2005 年 1 月 28 日启用新的口岸跨境大桥。

口岸管理区占地面积约 4.2 万平方米，其中入出境旅客查验场地 5700 平方米，入出境货物查验场地 3.6 万平方米。旅检大厅设在口岸区中间，东侧是出境货检场，西侧是入境货检场。共设有出入境车辆检查通道 8 条（出、入境各 4 条），查车台 15 个；出入境旅客查验通道 16 条（出、入境各 8 条）。

沙头角口岸原设计车辆日通过能力 1500 辆次、人员 1500 人次。

旅客通道和车辆通道皆为每日 7 时开闸，22 时关闸，运行 15 小时。

3. 皇岗道路口岸

皇岗口岸位于广东省深圳市福田区南端，与香港新界落马洲边境管制站隔河相对，是深圳与香港之间的 5 个一线口岸之一，距离到市中心较其他口岸最近。皇岗口岸是配合广深高速公路建设新开设的口岸，西临广深高速公路起点，是深港西部的交通枢纽。皇岗口岸 1985 年 5 月开始建设，1989 年 12 月 29 日货运部分启用通车，1991 年 8 月 8 日客运部分开通使用。

皇岗口岸是目前中国规模最大的客货综合性公路口岸，也是全国最大的陆路口岸之一，每天过境的车辆都在 2 万台左右。同时，它也是旅客过境口岸，是深圳市除了罗湖口岸以外最繁忙的口岸。

皇岗口岸区域占地面积 101.6 万平方米，其中监管区 65.3 万平方米，监管区分东、西两个场地，东场为货检场地，西场为客车和旅检场地。

货检场东侧为入境查验场，西侧为出境查验场；旅检大厅东西向排列，东侧为入境大厅，西侧为出境大厅，大厅两侧为客车通道。

共设有入出境车辆检查通道 52 条，其中小汽车检查通道 12 条，货车检查通道 40 条，其中，出、入境各 20 条（边检实行"快捷通"后建设了 10 条通道）；旅检查验通道 50 条，其中，出、入境各 25 条。设计通过能力为车辆 5 万辆次（标准车），旅客 5 万人次。

　　皇岗口岸是中国唯一全天候通关的口岸。旅检和货检均全日通关，其中货检正常通道早晨7时开闸，晚22时关闸，但晚22时至24时保留6条通道运行（进2出4）。

4. 深圳湾道路口岸

　　深圳湾口岸位于深圳市南山区蛇口东角头的一块填海地，占地117.9公顷。是深圳市与香港之间的一个陆路边境口岸，于2007年7月1日启用。口岸设有车辆转线设施，以配合香港和中国内地相反的行车方向，通过深港西部通道的深圳湾公路大桥连接香港新界西北部的鳌磡石。

　　此关口特别之处在于其实行"一地两检"，即香港及内地边防人员在同一所大楼内进行检查工作；双方人员分别在不同的相近的地点，替旅客办理检查工作，不会只由任何一方负责，从而节省时间。

　　口岸通关时间约为早上06：30至晚上24时。

　　由于香港是国际自由贸易港口，海运和空运航线众多，广东地区很多客户会选择送散货去香港，散货入仓/集拼后出口，或从香港派集卡车拖空箱来内地装货，过口岸海关办理出境报关手续，到香港进码头或直接装船出运。

　　出口货物过口岸报关应提供如下报关文件：合同、发票、装箱单、代理报关委托书、货物出境通关单、代理报检委托书、许可证及海关需要提供的其他文件等。

十、珠海与澳门

1. 珠海拱北道路口岸

　　拱北口岸拱北位于珠海市东南部，毗邻澳门，陆路与澳门相连，地理位置特殊，是全国第二大口岸重地，仅次于深圳罗湖口岸。是广东省珠海市与澳门特别行政区其中一个陆路出入境口岸，亦是唯一一个可供步行前往的出入境口岸。

　　拱北海关通关时间是7时至24时。

2. 横琴道路口岸

　　横琴口岸位于广东省珠海市横琴镇境内，有莲花大桥通往澳门路氹边检大楼。横琴口岸建筑呈对称布局，南北两翼分别是出境查验厅和入境查验厅，停车场亦呈南北对称分布。

　　横琴口岸于1999年6月建成，2000年3月28日正式通关。

　　货车通关时间为8时至20时；旅客及客车（小汽车）通关时间为9时至20时。

十一、对来往港澳汽车货物运输快速核放

　　2008年起，由承运人或其代理人，在车辆进境前或出口货物报关单申报前，向海关申报载货清单电子数据，海关应用卫星定位管理设备和电子封志等监控手段实施途中监控，实现了对车辆及其所载货物在公路口岸的自动快速核放。

　　货主应提供的相关单证如下：

　　（1）代理报关委托书（一份）；

　　（2）装箱单，发票，合同（各一式两份正本）；

　　（3）报关单（一份）；

（4）海关需要提供的其他单证。

【本章小结】

通过本章学习，使学员了解我国与周边国家接壤的道路口岸目前可以实现的基本职能；各省道路口岸的位置分布、交通状况、主要进出口货物种类和进出口货物办理手续的差异；有利于开展国际贸易的交易、国际道路运输业务和国际货物运输代理业务。

【本章关键词】

1. 道路口岸
2. 边民集市

【本章习题】

1. 道路口岸应具备哪些基本职能？
2. 辽宁省有几个主要道路口岸？
3. 吉林省有几个主要道路口岸？
4. 黑龙江省有几个主要道路口岸？
5. 内蒙古自治区有几个主要道路口岸？
6. 新疆维吾尔自治区有几个主要道路口岸？
7. 西藏自治区有几个主要道路口岸？
8. 云南省有几个主要道路口岸？
9. 广西壮族自治区有几个主要道路口岸？
10. 对香港的道路运输有几个主要道路口岸？
11. 对澳门的道路运输有几个主要道路口岸？

第五章 检验检疫

【本章导读】

本章介绍检验检疫机构及其任务，检验检疫证单的分类及其作用，检验检疫证单出证，原产地证书的办理，出入境货物的报检程序，出入境报检的时限和地点，电子报检的工作流程，《出境货物报检单》《入境货物报检单》的填制规范。

【学习目标】

国际货运代理为收发货人代办进出口货物的检验检疫是其提供的全方位货运代理服务的项目之一，国际货运代理人必须了解我国有关检验检疫的法律法规、业务操作流程。

第一节 检验检疫机构及其任务

一、检验检疫机构及其任务

中华人民共和国国家质量监督检验检疫总局（以下简称国家质检总局）是中国出入境检验检疫的执法部门。国家质检总局是国务院主管全国质量、计量、出入境商品检验、出入境卫生检疫、出入境动植物检疫和认证认可、标准化等工作，并行使行政执法职能的直属机构；质检总局设在省、自治区、直辖市以及进出口商品的口岸、集散地的出入境的检验检疫局（简称直属局）及其分支机构（简称分支局）管理所负责地区的进出口商品质量检验工作。

我国国家质检总局作为官方检验检疫机构，对有关进出口商品的工作承担着三项主要职责。

（1）对进出口商品实施法定检验。

（2）办理进出口商品的鉴定业务。

（3）对进出口商品的质量和检验工作进行监督管理。

对进出口商品检验工作进行的监督管理，主要包括由国家质检总局对其指定或者认可的检验机构的进出口商品检验工作进行监督管理，并可对其检验的商品抽查检验；对不属于法定检验的商品进行抽查检验；向列入《法检目录》的出口商品生产企业派检验人员，参与监督出口商品出厂前的质量检验工作；对重要的进出口商品及其生产企业实行质量许可证制度等。

二、检验检疫业务的种类

买卖双方在办理货物交接手续时，通常并不直接接触。因此，对于商品的品质等内容无法当面交代清楚，需要通过有资格的、无利害关系的第三者进行检验或鉴定后，出具一定的证明文件，方可作为买卖双方交接货物和结算货款的依据。同时为了保证出口商品的质量，维护出口商品在国际市场上的声誉，增强出口产品的竞争力，我国《商检法》也明确规定：对列入《法检目录》的进出口商品或其他法律、行政法规规定的须经检验检疫机构检验的进出口商品，必须经指定机构检验合格后，才能进出口。因此，进出口商品的检验检疫是对外贸易合同履行的一个基本环节。

我国的商品质量检验业务按检验目的的不同，分为法定检验和公证鉴定业务两类。

（一）法定检验

1. 法定检验：是指对有关国家法律、行政法规规定了有强制性标准的，或者其他必须执行的检验标准的进出口商品，依照法律、行政法规规定的检验标准进行的检验。属法定检验的商品包括列入《法检目录》的商品，以及根据《商检法》、《食品安全法》、《动植物检疫法》、《国境卫生检疫法》等法律、法规规定或根据国际上的双边、多边规定，必须实施检验和检疫的进出口商品等。法定检验是一种强制性检验，检验的内容包括商品的品质、规格、数量、重量、包装以及是否符合安全卫生要求，检验结果是海关放行与否的依据之一，即须实施法定检验的货物，未经检验或检验不合格的，不发放通关单，抽查海关将不予放行。法定检验必须由检验检疫机构进行。

2. 抽查检验：检验检疫机构对法定检验以外的进出口商品实施抽查检验，抽查检验不合格的，不发放通关单，海关将不予放行。

（二）公证鉴定业务

所谓公证鉴定业务，是指国家质检总局根据对外贸易关系人或者外国检验机构的委托，办理进出口商品检验、鉴定，并出具检验结果证明的业务。鉴定的内容包括商品的质量、数量、重量、包装、海损鉴定、集装箱检验、进口商品的残损鉴定、出口商品的装运技术鉴定、货载衡量、产地鉴定、价值鉴定以及其他鉴定业务。在我国可以办理鉴定业务的机构包括我国的国家质检总局及其各地的检验检疫机构，以及国家质检总局批准的其他检验机构，这些检验机构可以是官方的，也可以是非官方的。

鉴定业务的申请人为对外贸易关系人，除了买方或卖方外，还可以是运输、保险、仓储、装卸等有关方面的人员。

三、检验检疫证单的分类及其作用

（一）检验检疫证单的种类

根据"三检合一"机构改革后的新情况，为了促进原有"三检"业务的深度融合，更加方便外贸，促进外向型经济发展，国家出入境检验检疫局组织对检务进行改革，统一设计了一套检验检疫证单。

检验检疫证单共有 57 种，分为两大类。

1. 证书共 30 种，分为 11 类

（1）检验类（9 种格式）。

①检验证书。适用于证明出境货物的品质、规格、数量、重量、包装等。证书的具体名称根据需要打印，如品质证书等。

②丝检验证书。适用于证明丝类的品质、品级及公量。具体又分为：生丝品级及公量证书、捻线丝品级及公量证书、绢丝品质证书、双宫丝品级及公量证书、初级加工丝品质及重量证书、柞蚕丝品级及公量证书等 6 种。

③鉴定证书。适用于出入境货物、运输工具、集装箱、价值等的鉴定业务。

④啤酒花证书。适用于输入欧盟啤酒花的检验。

（2）卫生类（2 种格式）。

①卫生证书。适用于检验符合卫生要求的出境食品以及其他需要实施卫生检验的货物。

②健康证书。适用于食品及其加工原料（化工产品、纺织品、轻工品）等与人、畜健康有关的货物的检验。

（3）兽医类（4 种格式）。

①兽医（卫生）证书。适用于符合输入国家或者地区和中国有关检疫规定、双边检疫协定及贸易合同要求的出境动物产品。

②兽医（卫生）证书共 3 种，包括分别适用于输往俄罗斯的牛肉、猪肉和动物性原料。

（4）动物检疫类（1 种格式）。

动物卫生证书。适用于符合输入国家或者地区和中国有关检疫规定、双边检疫协定以及贸易合同要求的出境动物的检疫；也适用于符合检疫要求的出境旅客携带的伴侣动物，以及供港澳动物的检疫。

（5）植物检疫类（2 种格式）。

①植物检疫证书，适用于符合检疫要求的出境植物、植物产品以及其他检疫物。

②植物转口检疫证书，适用于从输出方运往中国转口到第三方（包括到港、澳、台等地区）的符合检疫要求的植物、植物产品以及其他检疫物。

（6）运输工具类（4 种格式）。

①"运输工具检疫证书"，适用于经检验检疫合格的出入境运输工具。出入境检验检疫陆路通道电子车卡如图 5—1 所示。

图 5—1　出入境检验检疫陆路通道电子车卡

②运输工具卫生检疫证，适用于出入境卫生检疫时没有染疫的或不需要实施卫生处理的交通工具。

③运输工具卫生证书，适用于申请电讯卫生检疫的交通工具，包括船舶、飞机、火车等。

④除鼠证书/免予除鼠证书，除鼠证书适用于实施鼠患检查后，发现鼠患，并进行除鼠的交通工具；免予除鼠证书适用于实施鼠患检查后，未发现鼠患亦无须采取任何除鼠措施的运输工具。

（7）检疫处理类（2 种格式）。

①熏蒸/消毒证书，适用于出入境动植物及其产品、包装材料、废旧物品以及其他需要实施检疫处理的货物。

②运输工具检疫处理证书，适用于对出入境运输工具实施的熏蒸、消毒、灭蚊，包括对交通工具，员工及旅客用食品、饮用水以及运输工具的压舱水、垃圾、污水等项目实施检疫处理。

（8）人体健康类（2 种格式）。

①国际旅行健康证书，适用于出入境旅客。

②国际旅行预防接种证书，适用于出国国际旅行人员。

（9）进口货物类（5 种格式）。

①检验证书，适用于不符合检验要求的入境货物及货主有要求或交接、结汇、结算要求的进口货物。证书的具体名称根据需要打印，如品质证书等。

②卫生证书，适用于入境食品、食品添加剂、食品容器、食品包装容器、食品包装材料和食品用工具及设备等。

③兽医卫生证书，适用于经检疫不符合要求的入境动物产品。

④动物检疫证书，适用于经检疫不符合要求的入境动物。

⑤植物检疫证书，适用于经检疫不符合要求的入境植物、植物产品以及其他检疫物。

（10）产地类（4 种格式）。

①普惠制原产地证，适用于向普惠制给惠国出口的受惠商品。

②一般原产地证，适用于向普惠制给惠国出口的非受惠商品以及向非普惠制给惠国出口的商品。

③加工、装配证明书，适用于在中国进行的制造工序不足，未能取得中国原产地证的出口货物。

④转口证明，适用于经中国转口，不能取得中国原产地证的外国货物。

（11）其他类（2 种格式）。

①空白证书（单面），适用于规定格式以外的情况。其免责条款有 2 种。

②空白证书（双面），适用于需要正反面打印的证书。其免责条款只有 1 种，如输欧水产品和肠衣的卫生证书等。

2. 凭单共 27 种，分为 5 类

（1）申请类（10 种）。

①入境货物报检单，适用于入境货物（包括废旧物品）、包装铺垫材料、集装箱等及

外商投资财产鉴定的申报。

②出境货物报检单，适用于出境货物（包括废旧物品）、包装铺垫材料、集装箱等的申报。

③出境货物运输包装检验申请单，适用于法检出境货物运输包装性能检验和危险货物包装的使用鉴定的申请。

④航海健康申报书，适用于出入境船舶船方向口岸检验检疫机关提供的书面报告。

⑤船舶鼠患检查申请书，适用于由船方或船方代理人填写，并加盖船方公章（如无公章，由船长或船方代理负责人签字），口岸出入境检验检疫机关据以实施鼠患检查的申请。

⑥入境检疫申明卡，适用于入境旅客健康申明和携带物申报。

⑦预防接种申请书，适用于预防接种的申请。

⑧更改申请单，适用于报检人申请更改、补充或重发证书以及撤销报检等。

⑨普惠制产地证明书申请书，适用于申请普惠制产地证明书。

⑩一般原产地证明书/加工装配证明书申请书，适用于申请一般原产地证、加工装配证或转口证。

（2）通关类（2种）。

①"入境货物通关单"（格式2—2，一式四联），适用于入境受检物通关，包括调离海关监管区（只适用于异地检验检疫的货物）。

②出境货物通关单"（一式两联）。适用于国家法律、行政法规规定必须检验检疫的出境货物（包括废旧物品、集装箱、包装铺垫材料）。此单仅供通关使用。

【示例5—1】出境货物通关单

出境货物通关单

编号：

1. 发货人			5. 标记及号码
2. 收货人			
3. 合同/信用证号		4. 输往国家或地区	
6. 运输工具名称及号码		7. 发货日期	8. 集装箱规格及数量
9. 货物名称及规格（以下空白）	10. H.S. 编码（以下空白）	11. 申报总值（以下空白）	12. 数/重量、包装数量及种类（以下空白）
13. 证明 上述货物业经检验检疫，请海关予以放行。 本通关单有效期至　　年　月　　日（检验检疫专用章） 　签字：　　　　　　　　　日期：　　年　月　日			
14. 备注			

（3）结果类（5种）

①进口机动车辆随车检验单（一式三联）。适用于进口机动车辆检验。

②出境货物运输包装性能检验结果单（一正两副）。适用于检验合格的出境货物包装性能检验。

③出境危险货物包装容器使用鉴定结果单（一正两副）。适用于证明包装容器适合装载出境的危险货物。

④集装箱适载检验结果单。适用于装运出口易腐烂变质食品集装箱的适载检验。

⑤放射监测/处理报告单（一式两联），适用于对放射性物质实施的监测或处理。

（4）通知类（3种）。

①入境货物检验检疫情况通知单（一正两副），适用于对入境货物分港卸货或集中卸货分拨数地的检验检疫。此单仅限于检验检疫系统内部使用。

②检验检疫处理通知书（一正一副），适用于对运输工具（含饮用水、压舱水、垃圾和污水等）、集装箱、货物、废旧物品、食品的检疫处理以及放射性检测。

③出境货物不合格通知单（一式两联），适用于经检验检疫不合格的出境货物、包装等。

（5）凭证类（8种）。

①入境货物检验检疫证明，适用于经检验检疫合格的法检入境货物（不含食品，食品暂用格式卫生证书），是进口检验检疫合格后的凭证。

②进口机动车辆检验证明（一正一副），适用于进口机动车辆换领行车牌证。

③出境货物换证凭单及附页〔一正一副），对未正式成交的出境商品，经预验符合申请人要求的，签发此单。正式出境时，出入境检验检疫机关凭此单核对无误并符合要求时予以换发证书或通关单，此单用于在检验检疫系统的换证；对一些特殊商品必须在本局换证的，在备注栏内加注"仅限于本局换证"的字样。此单也适用于内地检验检疫，口岸查验换证的情况。

④抽/采样凭证（一式四联），适用于检验检疫机关抽取/采集样品。

⑤出入境人员携带物留验/处理凭证（一式两联），适用于对出入境旅客携带动植物及其产品的留验或没收处理。

⑥出入境人员留验/隔离证明（一式两联），对染疫人签发隔离证书（隔离时间根据医学检查结果而定）；对染疫嫌疑人签发习验证书。本证书在留验隔离期满后签发。

⑦境外人员体格检查记录验证证明（一式两联），适用于对外籍人士、港澳台人员、华侨和非居住在中国境内的中国公民在境外经全面体格检查后所出具的体检记录的验证，合格者签发此证书。

⑧预防接种禁忌证明（一正一副）适用于出境人员中需实施预防接种而其本人又患有不适于预防接种的禁忌疾病的情况。

（二）检验检疫证单的作用

上述各种检验检疫证单是针对不同商品的不同检验项目而出具的，它们所起的作用基本相同。

（1）检验检疫证单是证明卖方所交货物的品质、数量、包装及卫生条件等方面是否符合合同规定，证明履约的依据。如检验证单中所列结果与合同或信用证规定不符，银行有权拒绝议付货款。

（2）检验检疫证单是办理索赔和理赔的依据。如果买方所收到的货物经指定的检验检疫机构检验与合同规定不符，买方须在合同规定的索赔有效期内，凭指定检验检疫机构签发的检验检疫证单向有关责任方提出索赔。

（3）检验检疫证单是海关通关放行的依据。凡属于法定检验检疫范围的商品，必须向海关提供检验检疫机构签发的检验检疫通关单，否则，海关不予放行。进口国海关根据本国法律对属于法定检验检疫范围的商品，要求进口商提供出口国检验检疫机构签发的出口商品检验检疫证书，方予办理进口手续；否则，将强制进行重新检验检疫，并产生昂贵的检验检疫费用，或将货物退回原出口国，或将货物就地销毁。

（4）检验检疫证单是卖方办理货款结算和结汇的依据。当规定在出口国办理检验检疫、进口国复验时，一般都规定，卖方在向银行办理货款结算时，在所提交的单据中，必须包括检验检疫证单。

四、装船/车前检验业务介绍

装船/车前检验（Pre-Shipment Inspection，PSI）起源于 20 世纪 60 年代初期，是 WTO 框架下的一种法定进口贸易核查措施，通常由进口国政府有关部门，如中央银行、财政部、商业部、外贸部联合颁布法令，指定一家或数家国际检验机构对其本国进口货物在出口国实施强制性的装船前检验。国际检验机构签发的清洁报告书是银行议付、海关征税和放行货物的有效凭证之一。

（一）装船/车前监管主要工作内容

装船前监管内容通常包括以下 4 个方面。

（1）检验货物的品质、数量、重量、包装等与检验授权文件是否相符，必要时对经检验合格的货物进行监视装载。

（2）核查货物海关编码（HS CODE），根据进口货物的性质，确定其海关税则类别及相应税率。

（3）评估货物价格，以便进口国准确征税。

（4）签发检验证书。

（二）实施装船/车前检验的目的

（1）检验货物的品质、数量、重量、包装等是否符合申请授权相关文件的要求，防止商业欺诈行为。

（2）控制偷税/漏税、骗税/套汇等不法行为。

（3）防止走私行为和禁止违禁物品的输入。

（三）未经检验检疫的货物到港引起的后果

在实施 PSI 装船前检验的国家，未经装船前检验检疫的货物到港将引起的后果有以下几种。

（1）进口商可能会被进口国海关处以 1～2 倍货物 FOB 价值的罚款。

（2）货物被退回出口国。

（3）货物到指定自由港卸货实施检验检疫。

（四）办理出口货物 CISS 业务的程序

CISS 业务的具体检验出证程序因贸易国别及贸易方式的不同而有所不同。在直接贸易方式下的具体程序如下。

（1）出口方向进口方提供形式发票。

（2）出口方凭形式发票向进口国有关当局申请办理进口手续。

（3）进口国有关当局批准并签发进口许可证。

（4）进口方将进口许可证连同形式发票交有关公证鉴定机构驻进口国办事机构，办理检验手续。

（5）驻进口国的办事机构审核进口许可证并登记，然后向出口方寄交检验通知书，要求出口方提供商务单据。

（6）出口方在货物备妥后，填写好检验通知书回执并连同信用证、合同、商业发票、装箱单、厂检报告/厂检测试报告、出口货物明细单等有关单据，及时向当地的检验机构申报检验，并预约检验日期与地点。

（7）有关商检公司接到出口方检验通知单回执联后，审核报验单据，并派出检验员按约定的时间赴约定地点执行检验。

（8）检验合格后，出口方办理出运手续并在提单签发后立即向有关检验机构补交正本提单复印件、最终商业发票等。

（9）有关检验机构对所有商业单据的各项内容进行全面审核并作出价格比较、核定，如未发现问题，最后出具清洁报告书或其他相应的证书；如在检验和审核单据的过程中发现问题，检验机构将可能签发不可议付报告书。

五、检验检疫证单出证

（一）出证

（1）对经预检合格的出口商品，直属检验检疫局或分支局只签发"预检结果单"或"出境货物换证凭单"，供货物出运前换证用；正式出境时，出入境检验检疫机关凭此单查验核对无误并符合要求时予以换发证书或"出境货物通关单"，此单供海关通关放行时使用。

出口商品检验检疫证单，一般用中／英文签发，除非进口国（或地区）政府要求证书文字使用本国语言的，检验检疫机构视情况办理。

对信用证支付方式下要求提供的检验证单，必须注意以下几点。

①商检申请人必须是信用证的受益人。

②发货人、受货人，除非信用证另有规定，可不用填写，因为检验证书是公证证明，对任何合法持有人都具有同等效力。

③品名、数量、包装单位、唛头等必须与发票完全一致，以符合单单一致的要求。

④出证日期必须早于提单的签发日期，同时提单日期又必须在检验证书的有效期内。因此，出证日期最好是略早于装船日期。

⑤有些国家对我国出口的动植物产品，规定使用固定格式的兽医/卫生检验证书。

⑥有些国家对我国出口的农、畜产品，当地海关规定，必须出具卫生检验证书，由承运人转交目的港卫生局。进、出口国海关凭我国检验检疫机构出具的检验检疫放行单验放。有些进口国政府要求我方签发的检验证书经对方领使馆签证后，方可有效使用。

（2）进口商品经过检验和鉴定后，根据有关贸易合同和申请人的要求，对外签发品质、包装、重量、数量、货载衡量、载损鉴定、监视卸载、验残、海损鉴定等证书。对进口商品品质，重量检验不合格的，或贸易合同规定凭检验检疫机构的检验结果进行结算的，对外签发检验检疫证单；经检验合格的进口商品，对内签发检验情况通知单。

（二）证单有效期

检验检疫证单一般应以检讫日期作为签发日期。出境货物的出运期限及检验检疫证单的有效期如下。

（1）一般货物为 60 天。

（2）植物和植物产品为 21 天，北方冬季可适当延长至 35 天。

（3）鲜活类货物为 14 天。

（4）换证凭单以标明的检验检疫有效期为准。

出口企业在取得检验检疫证单或放行通知单后，必须在检验检疫证单规定的有效期内报运出口，超过期限必须重新申请报检才能出口。

值得一提的是，出口商品经检验后，如果较长时期内不出口，商品的质量就有可能发生变化，原来检验的结果可能就不能完全反映商品的实际情况。因此，各种重要的出口商品均规定适当的检验有效期，自验讫日期起开始计算，凡超过检验有效期的，原发的检验证单应即失效。该批商品如仍需出口，必须重新办理报验。为了保证出口商品检验结果的有效性，国家质检总局对不同种类出口商品在同一格式的"出口货物换证凭单"上标明了不同的有效期。根据《出入境检验检疫签证管理办法》第 30 条第 6 项，"换证凭单以标明的检验检疫有效期为准"。

（三）延长证单的有效期

如换证凭单或电子转单尚未超过证单有效期，且货物未超过检验检疫有效期，符合更改条件，允许企业申请更改证单，延长证单的有效期。

（四）证单更改、补充或重发

检验检疫证单签发后，若证单内容与合同及信用证的规定有出入或情况发生变化，需更改或补充检验检疫证单内容，属于申请人责任的，应填写更改申请单，注明更改原因和要求，经检务部门审核同意后给予更改或补充，更改、补充涉及检验检疫内容的，须经施检部门核准。品名、数（重）量、检验检疫结果、包装、发货人、收货人等重要项目更改后与合同、信用证不符的，或者更改后与输出、输入国法律法规规定不符的，均不能更改。

申请重发证单的，应收回原证单；不能退回的，要求申请人书面说明理由，由法定代表人签字、加盖公章，并在指定的报纸上声明作废，经检务部门负责人审批后，可重新签发。

更改、补充或重发的证单延用原证编号，更改证书（Revision）在原证编号前加"R"，补充证书（Duplicate）在原证编号前加"S"，重发证书（Duplicate）在原证编号前加"D"；并根据情况在证书上加注"本证书/单系×××号证书的更正/补充"或"本证书/单系×××号证书的重本，原发×××号证书/单作废"。

（五）分批出境货物的凭单管理

分批出境的货物，经施检部门核准分批，在"出境货物换证凭单"正本上核销本批出境货物的数量并留下影印件备案，检务部门办理分批通关、出证手续。换证凭单正本由检务部门退回报检人，整批货物全部出境后，报检人应交回换证凭单正本，由检务部门存档。

六、原产地证书的办理

（一）原产地的概念

原产地是货物的来源地，指产品的产地。在国际贸易中，原产地是指货物的原产国或原产地区，英文为"the Origin of Goods"，是指货物的生产、加工、制造、出土或出产地。

（二）原产地规则的概念

原产地规则是各国为了确定贸易中商品的原产地（即原产国家或地区）而制定的法律、法规和普遍实施的行政命令及措施。

原产地规则是国际贸易中的一个法律问题。它是国际贸易中一项重要的规则，涉及各个国家（地区）的经济利益，体现各国（地区）对外贸易政策，是各国（地区）确定货物的真正的生产或制造地，以及发放原产地证的法律依据。简而言之，它是确定商品原产于哪一个国家（地区），即确定商品"国籍"的原则。

（三）原产地证的定义

原产地证是各国根据相关的原产地规则签发的证明商品原产地，即货物的生产地或制造地的一种具有法律效力的证明文件，是商品进入国际贸易领域的"护照"，证明了商品的经济国籍。它是进口国对进口货物确定税率待遇，进行进口贸易统计，实行数量限制和控制从特定国家进口的主要依据。在国际贸易中，原产地证是进口国政府实行进口管理和对不同国家征收差别关税时需要审查的一种极为重要的文件。

（四）原产地证在国际贸易中的作用

（1）是确定税率待遇的主要依据。

（2）是进行贸易统计的重要依据。

（3）是实施进口数量控制、反倾销、反补贴等外贸管理措施的依据。

（4）是控制从特定国家进口货物，确定准予放行与否的依据。

（5）是证明商品内在品质或结汇的依据。

（五）原产地证种类

根据原产地规则的不同，原产地证可分为优惠原产地证和非优惠原产地证，优惠原产地证主要用于享受关税减免待遇，非优惠原产地证主要用于征收关税、贸易统计、保障措施、歧视性数量限制、反倾销和反补贴、政府采购等方面。

根据用途不同，原产地证又可以分为普遍优惠制原产地证、一般原产地证、区域性优惠原产地证和专用原产地证 4 类。

（1）普遍优惠制原产地证：适用于向普惠制给惠国出口的受惠商品。

（2）一般原产地证：适用于向普惠制给惠国出口的非受惠商品以及向非普惠制给惠国出口的商品。

①加工、装配证明书，适用于在中国进行的制造工序不足，未能取得中国原产地证的出口货物。

②转口证明，适用于经中国转口，不能取得中国原产地证的外国货物。

（3）区域性优惠原产地证：区域性优惠原产地证是具有区域性优惠贸易协定的国家官方机构签发的享受成员国关税减免待遇的凭证。自由贸易区优惠原产地是区域性优惠原产地证的主要形式。目前我国已签发的区域性优惠原产地证有《亚太贸易协定》优惠原产地证、中国—东盟自由贸易区优惠原产地证、中国—巴基斯坦自由贸易区优惠原产地证和中国—智利自由贸易区优惠原产地证。区域性优惠原产地证上所列的产品应是优惠贸易协定项下的产品。签证依据为各区域性优惠贸易（自贸区）原产地规则。

①《亚太贸易协定》优惠原产地证。

②中国—东盟自由贸易区优惠原产地证。该优惠原产地证采用专用证书格式 Form E。

③中国—巴基斯坦自由贸易区优惠原产地证。

④中国—智利自由贸易区优惠原产地证。该优惠原产地证采用专用证书格式 Form F。

⑤中国—新西兰自由贸易区优惠原产地证。

⑥中国—新加坡自由贸易区优惠原产地证。

（4）专用原产地证：专用原产地证是国际组织或国家根据政治和贸易措施的需要，针对某一特殊行业的特定产品规定的原产地证。专用原产地证上所列的商品均属某一特殊行业的某项特定产品，这些产品应符合特定的原产地规则。签证依据为我国政府与外国政府签订的双边协议规定。

（六）证书有效期

（1）中国出口货物原产地证的有效期为自签发日起 1 年。

（2）普惠制原产地证的有效期：有些给惠国对格式 A 证书的有效期作了规定。例如，欧盟和瑞士规定证书的有效期为自签证机构签发之日起的 10 个月内；日本、俄罗斯、乌克兰、白俄罗斯规定证书有效期为自签证机构签发之日起的 1 年内；加拿大规定为进口之日起两年之内。其他给惠国未做出具体规定。

（3）区域性优惠原产地证的有效期：中国—东盟自由贸易区原产地证、中国—智利自由贸易区原产地证、中国—新西兰自由贸易区原产地证和中国—新加坡自由贸易区原产地证的有效期为自签发之日起 1 年；《亚太贸易协定》原产地证和中国—巴基斯坦自由贸易区原产地证未做出明确规定。

（七）使领馆认证

1. 使领馆认证的概念

近几年，在商业单证方面的使领馆认证，作为许多国家的非关税壁垒手段之一，正悄然兴起。使领馆认证（Legalization by Embassy or Consulate）是指一国外交机构及其授权机构在涉外文书上确认其本国公证机关或某些特殊机关的印章或该机关主管人员的签字属实；它是一个国家驻另一个国家的大使馆或领事馆，根据本国出入境法律、法规的有关规定，对进入本国的人或货物的有关证明文件所进行的核实，以确认这些文件上的最后一个签字或印章属实，并签字盖章的过程。经过认证的证书具有域外法律效力，可被文件使用国有关当局所承认。使领馆认证包括民事认证和商业认证。民事认证，包括对婚姻、学历、出生、收入证明等的认证；商业认证，包括对外贸合同、商业发票、提单、检验检疫证书、原产地证、保险单等单证的认证。由于使领馆认证在国际贸易中所涉及的全部为商业认证，因此本节我们重点介绍使领馆商业认证。

国际贸易中除了关税以外的所有限制外国商品进口的人为措施均称为非关税壁垒，包括对进口商品在产地、价格、担保、质量和技术规格、卫生及安全等方面的限制。而使领馆认证恰恰是对出口商品的产地、价格、质量等方面进行的限制，实际上就是进口国对别国出口商品设置的非关税贸易壁垒。

2. 使领馆认证的一般程序

（1）申请人填写认证申请书，将所需认证的证书提交给外交部领事司认证处并缴纳相应的认证费用。

（2）外交部确认后交给驻华使领馆认证加签。

（3）经使领馆认证加签后的证书由原路返回外交部认证处。

（4）外交部将认证后的证书交还给申请人。

（八）普惠制原产地证书的办理

普惠制（GSP）是发达国家给予发展中国家出口制成品和半制成品（包括某些初级产品）普遍的、非歧视的、非互惠的一种关税优惠制度。"普惠制原产地证"是根据普惠制给惠国原产地规则和有关要求签发的原产地证，是受惠国货物出口到给惠国时享受普惠制关税待遇的官方凭证。普惠制证书采用国际统一的证书格式 Form A。

1. 注册登记制度

在我国境内依法设立的有进出口经营权的企业，从事"来料加工""来样加工""来件加工"和"补偿贸易"业务的企业、外商投资企业（以下统称申请人）均可向国家质检总局所属各直属检验检疫机构或分支机构申请领取原产地证书，但在申领原产地证书之前，必须先进行注册登记。

（1）注册（备案）登记条件。

企业注册（备案）登记。根据规定，签证机构对申请优惠产地证的企业实行注册登记制度，对申请非优惠产地证的企业实行注册备案登记制度。

产品注册登记。符合以下原产地标准的产品才能进行注册（备案）登记。

①完成原产品或含有非原产品成分，但经过国内实质性加工改造，符合相应的原产地标准的产品。

②产品及其包装、说明书等物品上没有出现中国以外的国家或地区原产品标记，也没有出现香港、澳门和台湾地区的原产地标记的产品。

企业申请原产地证应由指定该企业的原产地证申报员办理，原产地证申报员是经申请人（企业法人）授权，代表申请人签署、申领原产地证的人员。原产地证申报员必须经过检验检疫机构培训，通过原产地证申报员资格考核认可，接受注册、变更、年审等管理。

（2）注册（备案）登记应提供的资料。

申请人向签证机构办理企业注册（备案）登记时，应提供下列资料："原产地证注册登记申请表"；营业执照；"对外贸易经营者登记表"或"中华人民共和国进出口企业资格证书"；外商企业应同时提供"中华人民共和国外商投资企业批准证书"；"组织机构代码证"；"原产地证申报员授权书"；出口产品相关资料；一般贸易产品的出口合同、国内购销合同、信用证；加工贸易产品的生产加工合同；材料、零部件的购买合同、发票；"产品成本明细单"、"异地货物原产地调查结果表"；签证机构要求的其他资料。

签证机构在受理注册（备案）登记申请后，对申请人提供的材料进行审核，并派人员对申请企业及其注册（备案）产品进行实地调查，对符合注册（备案）条件的企业，予以颁发"原产地证注册（备案）登记表"。

（3）年度审核。

企业年审：原产地证注册（备案）登记有效期为1年。有效期满后，签证机关需对其进行年度审核，合格的给予办理年审合格手续，审核不合格的取消注册（备案）登记资格。年审包括资料审核和实地调查。

申报人员年审：检验检疫机构结合申报员日常差错记录和工作情况对其进行年审。经审查合格的，其"原产地证申报员证"有效期延长1年；审查不合格的申报员应参加检验检疫机构组织的产地证业务培训，经考试合格并通过重新审核的，其"原产地证申报员证"有效期延长1年。未申请审核或经审核不合格的，其"原产地证申报员证"不予延长。

2. 申请办理原产地证和签证要求

（1）正常申请要求。

申请人应于货物出运前向签证机构申请办理原产地证，并提交以下资料：原产地证明书申请书；按规定填制的原产地证；出口的商业发票副本；对含有非原产地成分或签证机构需核实原产地真实性的货物，申请人还应提交"产品成本明细单"；异地货物，申请人应提交货源地签证机构出具的"异地货物原产地调查结果单"；合同、信用证、报关单海关手册等其他签证机构要求的文件。

申请人应对提交资料的真实性负责。

进口方要求在商业发票或其他单证上对货物原产地做出声明的，对于完全原产的货物，申请人可在发票或其他单证上备注声明；对含有非原产成分的货物，申请人必须申领原产地证后方可做出原产地声明。

（2）特殊申请要求。

补发证书的申请要求如下。特殊情况下，申请人可在货物出运后申请办理补发原产地证。申请补发原产地证的，除提交正常申请所需的资料外，还应补充以下资料：补发原产地证申请书；申请补发证书原因的书面说明；货物出口报关单、提单等资料；签证机构要求提供的其他证明文件。

对于补发证书，签证机构在证书的签证机构使用栏注明"补发"（Issued Retrospectively）；中国—东盟自由贸易区原产地证在第 12 栏、中国—巴基斯坦自由贸易区原产地证在第 13 栏注明"补发"。《亚太贸易协定》原产地证允许货物出运后 3 天内、中国—智利自由贸易区原产地证允许在货物出运后 30 天内补发，证书上无须注明"补发"字样，逾期不予签证。补发证书的申请日期、签证日期与实际申请、签发日期一致。

对于已出运货物，签证机构若无法核实其原产地，不予签发原产地证。

重发证书的申请要求如下。已签发的证书正本遗失或毁损，申请人可在证书有效期内提交"原产地证更改/重发申请书"，申请办理重发证书。签证机构在签证机构使用栏加注"此证系××××年××月××日所签发的××××××号证书的复本，原证书作废"（This Certificate is in Replacement of Certificate of Origin No. . . . Dated. . . Which is Cancelled），并加注"副本"（Duplicated）字样。重发证书的申报日期和签证日期分别填实际申请日期和签发日期。

中国—东盟自由贸易贸区原产地证和中国—巴基斯坦自由贸易区原产地证要求，申请单位在产品出运后 1 年的期限内持原证书第 3 副本（中巴证书持第 2 副本）向原签证机构申请重发的，可签发重发证书。签发重发证书时，签证机构在证书第 12 栏（中巴证书第 13 栏）加注"经证实的真实复制本"（Certified True Copy）。

更改证书的申请要求如下。申请人要求更改已签发的证书内容的，应在证书有效期内提交"原产地证更改/重发申请书"，申请办理更改证书，并退回原证书正本。签证机构经核实后，方可签发新证书。原证书遗失或毁损的，应按上述遗失证书的有关要求处理，同时由签证机构在证书签证机构使用栏注明"××××年××月××日签发的第×××××·×号证书作废"（The Certificate of Origin No. . . . Dated. . . is Cancelled），证书的申报日期和签证日期分别为更改时的实际日期。如货物已经出口，还应按后发证书的有关要求处理。

参展货物的申请要求如下。参加国外展览的货物，申请人可凭参展批件申请原产地证。申请时，应提交出国展览批件、展品清单、原产地证申请书和原产地证。证书上应注明展览会的名称和地址。

【示例 5-2】 中国—东盟自由贸易区优惠关税原产地证书

中国—东盟自由贸易区优惠关税原产地证书正本（第二副本/第三副本）

1. 产品运自（出口商名称、地址、国家）： 2. 产品运至（收货商名称、地址、国家）：	编号： 　　　中国—东盟自由贸易区 　　　　　优惠关税 　　　　原产地证书 　　　（申报与证书合一） 　　　　　表格 E 签发 ———————————— 　　　　　　（国家） 　　　　　　见背页说明

3. 运输工具及路线（已知）： 离港日期： 船舶名称/飞机等： 卸货口岸：	4. 官方使用 □ 给予优惠待遇； □ 不给予优惠待遇（请注明原因） ——————————————— 进口成员方有权签字人签字

5. 项目编号	6. 包装唛头及编号	7. 包装件数及种类；产品名称（包括相应数量及进口成员方 HS 编码）	8. 原产地标准（见背页说明）	9. 毛重或其他数量及价格（FOB）	10. 发票编号及日期

11. 出口商声明 下列签字人声明上述资料及申报正确无讹，所有产品产自 ——————————————— （国家） 且符合中国—东盟自由贸易区原产地规则所规定的原产地要求，该产品出口至 ——————————————— （进口国） 地点和日期，有权签字人的签字	12. 证明 根据所实施的监管，兹证明出口商所做申报正确无讹。

13. □ 补发　　　　　　□ 展览 □ 流动证明　　　　□ 第三方发票	地点和日期，签字和发证机构印章

填表注意事项有以下几点：

① 为享受中国—东盟自由贸易区优惠关税协议下的优惠待遇而接受本证书的缔约各方

有：文莱、柬埔寨、中国、印度尼西亚、老挝、马来西亚、缅甸、菲律宾、新加坡、泰国、越南。

②条件：出口至上述任一方的产品，享受中国—东盟自由贸易区优惠关税协议下优惠待遇的主要条件是：必须是在目的国可享受关税减让的产品；必须符合产品由中国—东盟自由贸易区任一方直接运至进口方的运输条件，但如果过境运输、转换运输工具或临时储存仅是由于地理原因或仅出于运输需要的考虑，运输途中经过一个或多个中国—东盟自由贸易区非缔约方境内的运输亦可接受；必须符合下述的原产地标准。

③原产地标准：出口到上述国家可享受优惠待遇的货物必须符合下列要求之一。

符合中国—东盟自由贸易区原产地规则三的规定，在出口成员方完全获得的产品。

除上述第（1）项的规定外，为实施中国—东盟自由贸易区原产地规则二（二）的规定，使用原产于中国—东盟自由贸易区非缔约方或无法确定原产地的材料、零件或产物生产和加工产品时，所用材料、零件或产物的总值不超过生产或获得产品船上交货价格的60％，且最后生产工序在出口方境内完成。

符合中国—东盟自由贸易区原产地规则二规定的原产地要求的产品，且该产品在一方用作生产在其他一个或多个缔约方可享受优惠待遇的最终产品的投入品，如最终产品中中国—东盟自由贸易区成分总计不少于最终产品的40％，则该产品应视为原产于对最终产品进行生产或加工的一方；或者符合中国—东盟自由贸易区原产地规则附件二的产品特定原产地标准的产品应视为在一方进行了充分加工的货物。

若产品符合上述标准，出口商必须按照表5—1中规定的格式，在本证书第8栏中标明其产品申报享受优惠待遇所依据的原产地标准。

表5—1 证书中第一国生产或制造的详情及填写说明

本表格第11栏列名的第一国生产或制造的详情	填入第8栏
出口国完全生产的产品（见上述第3款第（1）项）	"完全获得"
符合上述第3款第（2）项的规定，在出口方加工但并非完全获得的产品	单一国家成分的百分比，例如40％
符合上述第3款第（3）项的规定，在出口方加工但并非完全获得的产品	中国—东盟累计成分的百分比，例如40％
符合产品特定原产地标准（PSR）的产品	"PSR"

④每一项商品都必须符合规定：应注意一批货物中的所有产品都必须各自符合规定，尤其是不同规格的类似商品或备件。

⑤产品名称：产品名称必须详细，以使验货的海关官员可以识别。生产商的名称及任何商标也应列明。

⑥协调制度编码应为进口方的编码。

⑦第11栏"出口商"可包括制造商或生产商。作为流动证明时，"出口商"也包括中间方的出口商。

⑧官方使用：不论是否给予优惠待遇，进口方海关必须在第4栏做出相应的标注（√）。

⑨流动证明：作为流动证明时，按照签证操作程序规则十二条的规定，第 13 栏中的"流动证明"应予以标注（√）。成员方的原始签证机构名称、签发日期以及原始原产地证书（Form E）证书的编号也应在第 13 栏中注明。

⑩第三方发票：当发票是由第三国开具时，第 13 栏中的"第三方发票"应予以标注（√）。该发票号码应在第 10 栏中注明。开具发票的公司名称及所在国家等信息应在第 7 栏中注明。

⑪展览：当产品由出口方运至另一方展览并在展览期间或展览后销售给一方时，按照中国—东盟自由贸易区原产地规则二十二的规定，第 13 栏中的"展览"应予以标注（√）。展览的名称及地址应在第 2 栏中注明。

⑫补发：在特殊情况下，由于非主观故意的差错、疏忽或者其他合理原因，可按照中国—东盟自由贸易区原产地规则十一的规定补发原产地证书（Form E）。

⑬栏中的"补发"应予以标注（√）。

（九）电子签证申请和签证要求

电子签证是签证机构对申请单位通过电子网络以电子方式申报的原产地证进行电子审签的行为。为方便办理原产地证，申请人可采用电子申报的方式申办原产地证。

申请人应使用签证机构指定的电子签证用户端软件，统一采用原产地业务电子管理系统，利用国家质检总局中国检验检疫电子业务服务平台进行通信；申请人应保证传输的数据真实、准确，承担因提供不真实数据而导致原产地证出现差错的一切责任和后果。

签证人员通过原产地业务电子管理系统对企业端发送证书进行审核签证的流程如下：

（1）申请人通过专用申报软件进行原产地证发送。

（2）数据经总局电子业务服务平台集中后进入相关审签点，管理系统根据自动审单规则进行系统自动校验，系统自动校验内容包括是否是申请单位；其产品、证书类别是否已注册（备案）；证书号是否符合编码规则；证书号、发票号是否重号；申请和签证日期是否早于发票日期等。如出现错误，系统将证书退回，并发送错误回执至企业端以便申报人员进行相关修改。

（3）经系统自动校验后，签证人依据不同证书的签证要求在机上进行审核，审核内容包括品名、金额、数量等各项证书内容是否真实、准确，重点是审核产品的原产地标准、申请书、发票等相关内容是否齐全、正确。若发现错误，则向申请人发送修改退单回执，并将错误项明细反馈给申请人，申请人修改后可重新发送；若证书正确无误，则向申请人发送正确回执；若产品不符合原产地标准或签证要求，则发送退单回执，不予签证。对更改、重发或其他需特殊处理的证书，签证人员初审后，发送缓审回执，待收到相关文件后再进行审核。

（4）申请人收到正确回执后，按规定打印证书，并持打印完毕的证书、申请书、出口货物商业发票副本及其他相关的资料，到签证机构领取证书。根据要求，更改、重发及更改重发证书还须提交原证正本、情况说明、遗失声明等相关文件。在领取原产地证时，申请人应在证书相应位置上签名并加盖中英文印章。签名、印章必须与注册（备案）登记档案上的一致。签证人员确认后在证书上签字并加盖签证印章。

第二节　报检程序

检验检疫签证流程包括受理报验、计费、收费、施检部门出具结果和证稿、核签、检务审核证稿、制证单、校核、发证单、归档等全过程。

一、出入境货物的报检程序

（一）出境报检

实行先检验检疫，后放行通关：即法定检验检疫的进出境货物的收发货人或其代理人向检验检疫机构报检，检验检疫机构受理并计收费后，转检验检疫部门实施必要的检验、检疫、消毒、熏蒸、卫生除害等。对产地和报关地一致的出境货物，检验合格后取得《出境货物通关单》；对产地和报关地不一致的出境货物取得《出境货物换证凭单》，凭《出境货物换证凭单》在出口口岸的检验检疫机构换取《出境货物通关单》；对出境货物检验检疫不合格的，检务部门将出具《出境货物不合格通知单》。

（1）应填写出境货物报检单并提供对外贸易合同（售货确认书或函电）、信用证、发票、装箱单等必要的单证，出口生产企业代外贸出口单位报检的，须有外贸出口单位出具的委托书。

（2）除按上述条款规定外，下列情况报检时还应按要求提供相关文件：凡实施质量许可、卫生注册登记或其他需经审批的，应提供相关证明。

（3）出境货物须经生产者或经营者检验合格并加附检验合格证或检测报告。

（4）申请重量鉴定的，应加附重量明细单或磅码单。凭样成交的货物，应加附重量明细单或磅码单。

（5）出境人员应申请办理国际旅行健康证明书及国际预防接种证书。

（6）运输工具、集装箱出境的，应提供相关检疫证明，并申报有关人员的健康状况。

（7）生产出境危险货物包装容器的企业，必须申请包装容器的性能鉴定。生产出境危险货物的企业，必须申请危险货物包装容器的使用鉴定。

（8）危险货物出境时，必须提供危险货物包装容器性能鉴定结果单和使用鉴定结果单。

（9）申请一般原产地证书或普惠制原产地证书的，应提供整套缮制完毕的产地证书、出口商业发票等资料；含进口成分的产品，还必须提交"含进口成分受惠商品成本明细单"。

（10）特殊物品出境，应提供相关的审批文件。

（11）申请鉴定和委托检验，视不同的申请项目，参照以上有关条款执行。

（二）入境报检

（1）应填写入境货物报检单，并提供合同、发票、提单等有关单证。

（2）除按上述条款规定外，下列情况报检时还应提供相关文件。

①凡实施安全质量许可、卫生注册或需经其他审批的，应提供相关证明。

②货物品质检验的还应提供国外品质证书或质量保证书、产品使用说明书及有关标准和技术资料；凭样成交的，须加附成交样品；以品级或公量计价结算的，应同时申请重量鉴定。

③废物入境的还应提供国家环保部门签发的"进口废物批准证书"和经认可的检验检疫机构签发的装运前检验合格证书等。

④申请残损鉴定的还应提供理货残损单、铁路商务记录、空运事故记录或海事报告等证明货损情况的有关单证。

⑤申请重（数）量鉴定的还应提供重量明细单、理化清单等。

⑥货物经收、用货部门验收或其他单位检测的，应随附验收报告或检测结果以及重量明细单等。

⑦动植物及其产品入境的，在提供贸易合同、发票、产地证书的同时，还必须提供输出国或地区的官方检疫证书；需经入境检疫审批的，还应提供入境动植物检疫许可证。

⑧植物及其产品过境的，应持货运单和输出国或地区的官方检疫证书；动物过境的，还应提交国家质检总局签发的动物过境许可证。

⑨运输工具、集装箱入境的，应提供出口国或地区的官方检疫证明，并申报有关人员的健康状况。

⑩入境旅客、交通员工携带伴侣动物的，应提供入境动物检疫证书及预防接种证明。

科研等特殊需要输入禁止入境物的，必须提供国家质检总局签发的特许审批证明。特殊物品入境的，应提供相关的批件或规定的文件。

（3）入境货物一批到货分拨数地的，由口岸检验检疫机构出证。因特殊情况不能在口岸进行整批检验检疫的，可办理异地检验检疫手续，由口岸检验检疫机构汇总有关检验检疫机构出具的检验检疫结果后出证；口岸无到货的，由到货最多地的检验检疫机构汇总出证，如需口岸检验检疫机构出证的，应由该口岸检验检疫机构负责组织落实检验检疫和出证工作。

二、出入境报检的时限和地点

（一）出境货物报检时限

（1）出境货物最迟应于报关或装运前7天到检验检疫机构相关部门报检，对于个别检验检疫周期较长的货物，应留有相应的检验检疫时间。如在产地检验后，需要在异地报关地检验检疫机构出具通关单的，还应考虑在出口口岸检验检疫机构查验换单的时间。

（2）出境的运输工具和人员应在出境前报检或申报。

（3）输出动物，出境前需经隔离检疫的，应在出境前60天预报，隔离前7天报检。

报检人对检验检疫证单有特殊要求的，应报检单上注明并交附相关文件。

（二）货物入境报检时限

（1）货物入境报检应在入境前或入境时向入境口岸、指定的或到达站的检验检疫机构办理报检手续；入境的运输工具及人员应在入境前申报。

（2）入境货物需对外索赔出证的，应在索赔有效期前不少于 20 天内向到货口岸或货物到达地的检验检疫机构报检，如预计时间不够，报检单位应向国外发货人要求延长索赔期。

（3）输入微生物、人体组织、生物制品、血液及其制品或种畜、禽及其精液、胚胎、受精卵的，应当在入境前 30 天报检。

（4）输入其他动物的应当在入境前 15 天报检。

（5）输入植物、种子、种苗及其他繁殖材料的，应在入境前 7 天报检。

（6）大宗散装商品、易腐烂变质商品、废旧品、进口卸货发现有破损、短缺的商品在卸货口岸检验检疫机构报检。

（7）其他入境货物，在入境前或入境时向报关地的检验检疫机构办理报检手续。

（8）审批、许可证等有关政府批文中规定检验检疫地点的，在规定的地点报检。

（三）其他报检注意事项

要求报检人在报检填写时必须符合有关法律法规和国际贸易通行做法，用词准确，文字通顺，符合逻辑，并应按规定的规范拟制。做到书写工整、字迹清晰，不得涂改，填制项目完整准确，单单一致，并加盖报检单位印章，同时提供与出入境检验检疫有关的单证资料。

（1）报检人对所需检验证书的内容如有特殊要求的，应预先在检验申请单上申明。

（2）报检人应预先约定抽样检验、鉴定的时间并提供进行抽样和检验鉴定等工作的条件。

（3）已报检的出口商品，如国外开来信用证修改函有涉及与商检有关的条款，报检企业必须及时将修改函送交商检机构，办理更改手续。

（4）报检人因特殊原因需撤销报检时，经书面申明原因后，可以办理撤销。

（5）委托办理报检手续的，须填写统一格式的"出入境检验检疫报检委托书"。

（6）为了简化手续、方便出口经营单位报检工作，通常报检人可以用信用证分析单、报关单及其他单证替代"出口检验申请单"。

（7）发货人的货物经产地检验检疫机构检验合格后，产地检验检疫机构签发《出境货物换证凭条》供出口换证使用，发货人可以持该换证凭条到口岸检验检疫机构办理出境验证，经验证取得《出境货物通关单》，海关凭此通关单放行。

（四）入境货物报检应提供的单据

（1）入境时，应填报"入境货物报检单"并提供合同、发票、提单等有关单证。

（2）下列情况报检时应按要求提供相关文件。

①凡报检安全质量许可、卫生注册或其他需要审批审核的货物，应提供相关证明。

②凡报检品质检验的应提供国外品质证书或品质保证书、产品说明书、有关技术资料、有关标准资料；凭样品成交的，须附加成交样品。

③报检入境废物时，还要提供国家环保部门签发的进口废物批准证书和经认可的检验

检疫机构签发的装运前检验合格证书等。

④申请重量、数量鉴定的还应提供重量明细单、理货清单等。

⑤申请残损鉴定的还应提供货物残损单、铁路商务记录单、空运事故记录单、海运海事报告单等证明情况的法定单证。

⑥报检入境运输工具、集装箱时，应提交检疫证明，并申报有关人员情况。

⑦入境特殊物品的，应提供有关的批件或规定的文件。

⑧因科研等特殊需要，输入禁止入境物，必须提供国家质检总局签发的特许审批证明。

⑨入境的动植物及其产品，在提供贸易合同、发票、产地证书的同时，还须提供输出国家或地区官方的检疫证书，需办理入境检疫审批手续的，还应提供入境动植物检验检疫许可证。

⑩过境动植物及其产品报检时，应持货运单和输出国家或地区官方的检验检疫证书，运输动物过境时，还应提交国家质检总局签发的动植物过境许可证。

（五）出境货物报检应提供的单据

（1）出境货物时，应填写"出境货物报检单"，并提供外贸合同、销售确认书或订单；信用证或有关函电；生产单位的厂检结果单原件；检验检疫机构签发的"出境货物运输包装性能检验结果单"正本。

（2）凭样品成交的，须提供样品。

（3）产地与报关地不一致的出境货物，在向报关地质检局申请"出境货物通关单"时，应递交产地检验检疫局核准的电子"出境货物换证凭条"。

（4）按国家法律、行政法规的规定实行卫生注册和质量许可的出境货物，必须提供检验检疫局批准的注册编号或许可证编号。

（5）出口危险货物时，必须提供"出境货物运输包装性能检验结果单"正本联和"出境危险货物运输包装使用鉴定结果单"正本联。

（6）出境特殊物品的，根据法律、法规规定，应提供相关审批文件。

第三节　电子报检

电子报检是指报检人使用电子报检软件，通过国家质检局业务服务平台，将报检数据以电子报文方式传输给检验检疫机构，经国家质检总局业务管理系统和检务人员的处理后，将受理报检的报验信息反馈给报检人，实现远程办理出入境检验检疫报检的行为。

一、申请开通电子报检业务手续

1. 申请电子报检的报检人应符合的条件

（1）已在检验检疫机构办理报检人登记备案或注册登记手续的。

（2）具有经检验检疫机构培训考核合格的报检员。

（3）具备开展电子报检的软硬件条件。

（4）在国家质检总局指定机构办理电子业务开户手续。

2. 报检人申请电子报检时应提供的资料

（1）报检人的登记备案或注册证明复印件。

（2）《电子报检登记申请》。

（3）《电子业务开户登记表》。

检验检疫机构应及时对申请人开展电子报检业务的报检人进行审核。经审核合格的报检人可以开展电子报检业务。

二、电子报检的一般工作流程

电子报检的一般工作流程为：报检—施检—计费—放行。

1. 报检环节

（1）对报检数据的审核采取"先机审、后人审"的程序进行。企业发送电子报检数据后，电子审单中心按计算机系统的数据规范和有关要求，对数据进行自动审核，对不符合要求的，反馈错误信息；符合要求的，将报检信息传输给检验检疫工作人员。该工作人员人工进行再次审核，符合规定的，将成功受理的报检信息同时反馈报检单位和施检部门，并提示报检企业与相应的施检部门联系检验检疫事项。对于不符合规定的，在电子回执中注明原因，连同电子报验信息一并退回申报企业。

（2）出境货物电子报检后，报检员应按受理报检的要求，在机构施检时交报检单和随附单据。

（3）入境货物电子报检后，报检员按报检要求，在领"入境货物通关单"时交报检单和附件。

（4）电子报检人对已发送的报检申请需要更改或撤销报检时，应发送更改或撤销报检申请，检验检疫机构按有关规定办理。

2. 施检环节

报检企业接到"报检成功"信息后，按信息中的提示与施检部门联系检验检疫的具体事项，如检验检疫时间、内容、地点等，在现场检验检疫时，持电子报检软件打印出报检单和随附单据提交施检人员审核；不符合要求的，施检人员将要求企业立即更改，并反馈信息给受理报检部门。

3. 计收费

报检单位应持报检单办理计费手续并及时缴纳检验检疫费。

4. 签证放行

对于实施检验检疫核准符合检验检疫要求的进出境货物，检验检疫机构按规定放行。

三、电子转单与电子通关

电子转单是指通过系统网络，将产地检验检疫机构和口岸检验检疫机构的相关信息相互连通，即出境货物经产地检验检疫机构将已经检验检疫合格的相关电子信息传输到出境地口岸检验检疫机构；入境货物经入境地口岸检验检疫机构签发的"入境货物通关单"相关电子信息传输到目的地检验检疫机构实施检验检疫的监管模式。

1. 出境电子转单程序

（1）产地检验检疫合格后，产地检验检疫机构及时将相关信息传送到电子转单中心。传送内容包括报检信息、签证信息及其他相关信息。

（2）产地检验检疫机构向出境检验检疫关系人以书面方式提供报检号、转单号和密码。

（3）出境地检验检疫关系人凭报检单号、转单号及密码等到出境地口岸检验检疫机构申请"出境货物通关单"。

（4）出境口岸检验检疫机构应出境货物的货主或代理人的申请，提取电子转单信息，签发"出境货物通关单"，并将处理信息反馈给电子转单中心。

（5）按《口岸查验管理规定》需要核查货证的，出境货物的货主或代理人应配合出境地口岸检验检疫机构完成检验检疫工作。

实际办理出境电子传单时的情形及注意事项见表5—2。

表5—2　实际办理"出境电子转单"时的注意事项

情　形	注意事项
暂不实施电子转单的情形	出境货物产地预检，但出境口岸不明确的
	出境货物需要到口岸检验检疫机构报批的
	出境货物按规定需要在口岸检验检疫机构出证的
	出境货物产地预检后，发生更改内容的
	其他有关规定不适合电子转单的
实施电子转单后查验的	报检单位应配合口岸机构查验，
	一般口岸查验核查货证比例为申报查验批次的3%～5%
实施电子转单后更改，口岸机构予以更改的情形	对运输造成的包装破损或短装等原因需要减少数量、重量的
	需要在出境地口岸更改运输工具名称、发货日期、集装箱规格和数量
	申报总额按有关比例换算或变更申请总值不超过10%的
	经口岸检验检疫机构和产地检验检疫机构同意更改的有关内容

2. 入境电子转单程序

（1）对入境口岸办理通关手续、需到目的地实施检验检疫的货物，口岸检验检疫机构通过网络将相关信息传送到电子转换中心。传送内容包括报检信息、签证信息和相关内容。

（2）入境口岸检验检疫机构以书面方式向入境关系人提供报检号、转单号和密码。

（3）目的地检验检疫机构应按时接收国家质检总局电子转单中心发出的相关电子信息，并反馈收到的信息。

（4）入境地检验检疫关系人凭报检号、转单号及密码向目的地口岸检验检疫机构申请检验检疫。

（5）目的地检验检疫机构根据电子转单信息，对入境检验检疫关系人未在规定期限内办理报检的，将有关信息通过国家质检总局电子转单中心反馈给口岸检验检疫机构，采取相关措施处理。

四、电子通关

电子通关是指采用网络信息技术，将检验检疫机构签发的出入境货物通关的电子数据传输到海关计算机业务系统，海关计算机业务系统将报检报关的有关数据进行对比后，确认数据相符合给予放行的通关形式。

与传统的出入境关系人必须凭纸面通关单到海关办理通关放行手续相比，采用电子通关后，检验检疫机构可将放行信息直接传到海关，海关经审核无误即可放行，这样不仅方便了企业，加快了通关速度，做到了信息共享、方便、快捷、准确，而且还可以有效地遏制不法分子伪造、变造通关单的不法行为。

第四节　出境货物报检单、入境货物报检单填制规范

一、出境货物报检单填制规范

《出境货物报检单》由国家质量监督检验检疫总局统一印制，填制规范如下：

（1）编号（No.）：由检验检疫机构受理人指定，前 6 位为检验检疫机构机关代码，第 7 位为报检类别代码，第 8、9 位为年代码，第 10 位至 15 位为流水号。

（2）报检单位（Declaration Inspection Unit）：经国家质检总局审核，获得许可、登记，并取得国家质检总局颁发的《自理报检单位备案登记证明书》或《代理报检单位备案登记证明书》的企业，本栏填报报检单位的中文名称，并加盖与名称一致的公章，或在检验检疫机构备案的报验专用章。

（3）报检单位登记号（Register No.）：报检单位在国家质检总局备案或注册登记的代码。本栏填 10 位数代码。

"联系人"栏填报检人员姓名；"电话号码"栏填报检人员的联系电话。

（4）报检日期（Declaration Inspection Date）：检验检疫机构接受报检当天的日期。

本栏填制的报检日期统一用数字来表示，而不用英文等来表示。

（5）发货人（Consignor）：外贸合同中的供货商，或商业发票上的出票人。

本栏分别用中、英文对照分行填报发货人名称。

（6）收货人（Consignee）：外贸合同中的收购商，或商业发票上的受票人。

本栏分别用中、英文对照分行填报收货人名称。

（7）货物名称（中/外文）（Description of Goods）：被申请报检的出入境货物名称、规格、型号、成分及英文对照。

本栏应按合同、信用证、商业发票中所列商品名称的中、英文填写。

注意：废旧物资在此栏内须注明。

（8）H. S. 编码（H. S. Code）：海关《协调商品名称及编码制度》中所列编码，并以当年海关公布的商品税则编码分类为准。本栏填报 10 位商品编码。

（9）产地（Origin Area）：货物生产地、加工制造地的省、市、县名。

本栏填报出境货物生产地的省、市、县的中文名称。

（10）数/重量（Quantity/Weight）：以商品编码分类中计量标准项下的实际检验检疫数量、重量。

本栏按实际申请检验检疫的数/重量填写，重量还须列明毛/净/皮重。

注意：本栏可以填报 1 个以上计量单位，如第一计量单位"个"；第二计量单位"千克"等。

（11）货物总值（Amount）：出境或入境货物的商业总值及币种。

本栏应与合同、发票或报关单上所列货物总值一致。

注意：本栏不需要填报价格术语如"CIF"或"FOB"等。

（12）包装种类及数量（Number and Type of Declaration）：货物实际运输外包装的种类及数量。

本栏应按照实际运输外包装的种类及对应数量填报，如"136 箱"等。

注意：实际运输中为方便装卸，保护外包装，常用托盘运输包装，这时除了填报托盘种类及数量以外，还应填报托盘上装的包装数量及包装种类。

（13）运输工具名称号码（Means of Conveyance）：载运出境货物运输工具的名称和运输工具编号。

本栏填制与实际出境运输工具的名称及编号，如船舶名称及航次等。

注意：实际报检申请时，若未定运输工具的名称及编号时，可以笼统填制运输方式总称。如填报"船舶"或"飞机"等。

（14）合同号（Contract No.）：对外贸易合同、订单、形式发票等的号码。

本栏填报的合同号应与随附的合同等号码一致。

（15）贸易方式（Means of Trading）：该批货物的贸易性质，即买卖双方将商品所有权通过什么方式转让。

本栏填报与实际情况一致的贸易方式。常见的贸易方式有"一般贸易""来料加工贸易""易货贸易""补偿贸易"等多种贸易方式。

（16）货物存放地点（Place of Goods）：出口货物的生产企业所存放出口货物的地点。

本栏按实际填报具体地点、厂库。

（17）发货日期（Shipment Date）：货物实际出境的日期。

按实际开船日或起飞日等，填报发货日期，以年、月、日的方式填报。

（18）输往国家（地区）（Destination Country/Area）：出口货物直接运抵的国家（地区），是货物的最终销售国。

本栏填报输往国家（地区）的中文名称。

（19）许可证/审批号（Licence No./Approve No.）：凡申领进出口许可证或其他审批文件的货物，应在本栏填报有关许可证号或审批号。

（20）生产单位注册号（Manufacture Register No.）：出入境检验检疫机构签发的卫生注册证书号或加工厂库的注册号码等。

本栏填报实际生产单位的注册号（10位数）。

（21）起运地（Place of Departure）：本栏填报出境货物最后离境的口岸或所在地的中文名称，如"上海口岸"等。

（22）到达口岸（Final Destination）：出境货物运往境外的最终目的港。

本栏最终目的港预知的，按实际到达口岸的中文名称填报，最终到达口岸不可预知的，可按尽可能预知的到达口岸填报。

（23）集装箱规格/数量及号码（Type of Container，Container Number）：集装箱规格是指国际标准的集装箱规格尺寸；集装箱的数量是指实际集装箱数量，而不是作为换算标准箱；集装箱号码是指国际集装箱的识别号码，其组成规则是箱主代号（3位字母）＋设备识别号（"U"为海运集装箱）＋顺序号（6位数字）＋检测号（1位），如TGHU8491952。

本栏填报实际集装箱数量、规格、箱号，如"1×20'/TGHU8491952"。

（24）合同、信用证订立的检验检疫条款或特殊要求：在合同中订立的有关检验检疫的特殊条款及其他要求应填入本栏。

（25）标记和号码（Marks and Number of Packages）：货物的标记号码，又称为货物的唛头，主要用于识别货物。本栏应根据实际合同、发票等外贸单据上相同内容填报。

注意：如没有唛头应填报"N/M"，不可以空缺。

（26）用途（Purpose）：从以下9个选项中选择符合实际出境货物用途来填报：种用或繁殖；食用；奶用；观赏或演艺；伴侣动物；试验；药用；饲用；其他。

（27）随附单据（划"√"或补填）（Attached Files in √）：按照实际随附的单据种类划"√"或补充填报随附单据。

（28）签名（Signature of Authorized Signatory）：由持有《报检员证》的报检员手签姓名。

（29）检验检疫费用：由检验检疫机构计费人员核定费用后填写，如熏蒸费和消毒费等。

（30）领取证单：报检人在领取证单时填写领证日期和领证人签名。

【示例5-3】中华人民共和国出入境检验检疫出境货物报检单

中华人民共和国出入境检验检疫出境货物报检单

报检单位（加盖公章）　　　　　　　　　　　　编号：_____

报检单位登记号：　　　联系人：　　　电话：　　　报检日期：　　年　　月　　日

发货人	（中文）		企业性质（划"√"）	□合资□合作□外资
	（外文）			
收货人	（中文）			
	（外文）			

货物名称（中外文）	H.S. 编码	产地	数量/重量	货物总值	包装种类和数量

运输工具名称号码		贸易方式		货物存放地点	

（续　表）

合同号			信用证号		用途	
发货日期		起运国家（地区）		许可证/审批号		
起运地		到达口岸		生产单位注册号		
集装箱规格、数量及号码						

合同、信用证订立的检验 检疫条款或特殊要求	标记及号码	随附单据（划"√"或补填）	
		□合同	□包装性能结果单
		□信用证	□许可/审批文件
		□发票	□
		□换证凭单	□
		□装箱单	□
		□厂检单	□

需要单证名称（划"√"或补填）		＊检验检疫费	
□品质证书　＿＿正＿＿副	□植物检疫证书　＿＿正＿＿副	总金额（人民币元）	
□重量证书　＿＿正＿＿副	□熏蒸/消毒证书　＿＿正＿＿副		
□数量证书　＿＿正＿＿副	□出境货物换证凭单		
□兽医卫生证书　＿＿正＿＿副	□出境货物通关单	计费人	
□健康证书　＿＿正＿＿副	□		
□卫生证书　＿＿正＿＿副	□	收费人	
□动物卫生证书　＿＿正＿＿副	□		

报检人郑重声明： 　1. 本人被授权报检。 　2. 上列填写内容正确属实，货物无伪造或冒用他人的 厂名、标志、认证标志，并承担货物质量责任。 　　　　　　　　　　　签名＿＿＿＿＿＿＿	领取证单	
	日期	
	签名	

注：有＊号栏由出入境检验检疫机关填写。

二、入境货物报检单填制规范

（1）编号：由检验检疫机构报检受理人员填写，前 6 位为检验检疫局机关代码，第 7 位为报检类别代码，第 8 位、第 9 位为年代码，第 10 位至 15 位为流水号。

（2）报检单位登记号：报检单位在检验检疫机构登记的号码。

（3）联系人：报检人员姓名。电话：报检人员的联系电话。

（4）报检日期：检验检疫机构实际受理报检的日期。

（5）收货人：外贸合同中的收货人，应中英文对照填写。

（6）发货人：外贸合同中的发货人。

（7）货物名称（中/外文）：进口货物的品名，应与进口合同、发票名称一致，如为废旧物应注明。

（8）H. S. 编码：进口货物的商品编码。以当年海关公布的商品税则编码分类为准。

（9）产地（国家/地区）：该进口货物的原产国家或地区。

（10）数/重量：以商品编码分类中标准重量为准。应注明数/重量单位。

（11）货物总值：入境货物的总值及币种，应与合同、发票或报关单上所列的货物总值一致。

（12）包装种类及数量：货物实际运输包装的种类及数量，如需包装还应注明材质及尺寸。

（13）运输工具名称号码：运输工具的名称和号码。

（14）合同号：对外贸易合同、订单或形式发票的号码。

（15）贸易方式：该批货物进口的贸易方式。

（16）贸易国别（地区）：进口货物的贸易国别。

（17）提单/运单号：货物海运提单号或空运单号，有二程提单的应同时填写。

（18）到货日期：进口货物到达口岸的日期。

（19）起运口岸：货物的起运口岸。

（20）入境口岸：货物的入境口岸。

（21）卸毕日期：货物在口岸的卸毕日期。

（22）索赔有效期：对外贸易合同中约定的索赔期限。

（23）经停口岸：货物在运输中曾经停靠的外国口岸。

（24）目的地：货物的境内目的地。

（25）集装箱规格、数量及号码：货物若以集装箱运输应填写集装箱的规格、数量及号码。

（26）合同订立的特殊条款以及其他要求：在合同中订立的有关检验检疫的特殊条款及其他要求应填入此栏。

（27）货物存放地点：货物存放的地点。

（28）用途：本批货物的用途。自以下 9 种选项中选择：种用或繁殖；食用；奶用；观赏或演艺；伴侣动物；试验；药用；饲用；其他。

（29）随附单据：在随附单据的种类前划"√"或补填。

（30）号码：货物的标记号码，应与合同、发票等有关外贸单据保持一致。若没有标记号码则填"N/M"。

（31）签名：由持有报检员证的报检人员手签。

（32）检验检疫费：由检验检疫机构计费人员核定费用后填写。

（33）领取证单：报检人在领取检验检疫机构出具的有关检验检疫证单时填写领证日期和领证人姓名。

报检人要认真填写"入境货物报检单"，内容应按合同、国外发票、提单、运单上的内容填写，报检单应填写完整、无漏项，字迹清楚，不得涂改，且中英文内容一致，并加盖申请单位公章。

【示例5-4】中华人民共和国出入境检验检疫入境货物报检单

中华人民共和国出入境检验检疫入境货物报检单

报检单位（加盖公章）   * 编号：

报检单位登记号：   联系人：   电话：   报检日期： 年 月 日

发货人	（中文）				
	（外文）				
收货人	（中文）				
	（外文）				

货物名称（中外文）	H. S. 编码	产地	数量/重量	货物总值	包装种类和数量

运输工具名称		贸易方式		货物存放地点	
合同号		信用证号		用途	
发货日期		起运国家（地区）		许可证/审批号	
起运地		到达口岸		生产单位注册号	
集装箱规格、数量及号码					

合同订立的特殊条款以及其他要求	标记及号码	随附单据（划"√"或补填）	
		□合同	□包装性能结果单
		□信用证	□许可/审批文件
		□发票	□
		□换证凭单	□
		□装箱单	□
		□厂检单	□

需要单证名称（划"√"或补填）		* 检验检疫费
□品质证书 ___正___副 □植物检疫证书 ___正___副		总金额（人民币元）
□重量证书 ___正___副 □熏蒸/消毒证书 ___正___副		
□数量证书 ___正___副 □出境货物换证凭单		
□兽医卫生证书 ___正___副 □通关单		计费人
□健康证书 ___正___副 □		
□卫生证书 ___正___副 □		
□动物卫生证书 ___正___副 □		收费人

报检人郑重声明：	领取证单
1. 本人被授权报检。	
2. 上列填写内容正确属实，货物无伪造或冒用他人的厂名、标志、认证标志，并承担货物质量责任。	日期
签名_____	签名

  注：有 * 号栏由出入境检验检疫机关填写

【本章小结】

  通过本章的学习，主要了解检验检疫机构及其任务、检验检疫证单的分类及其作用、检验检疫证单出证、原产地证书的办理、出入境货物的报检程序、出入境报检的时限和地点、电子报检的工作流程，出境货物报检单和入境货物报检单填制规范。

收发货人及其代理人必须了解我国有关检验检疫的法律法规、业务操作流程，才能顺利办理进出口货物运输业务。特别是国际货运代理为收发货人代办进出口货物的检验检疫是其提供的全方位货运代理服务。

【本章关键词】

1. 国家质检总局
2. 法定检验
3. 公证鉴定业务
4. 原产地证
5. 普惠制（GSP）
6. 普惠制原产地证

【本章习题】

1. 我国国家质检总局作为官方检验检疫机构，对有关进出口商品的工作承担着主要职责是什么？
2. 我国的商品质量检验业务按检验的目的不同可分为几类？
3. 中国出口货物原产地证的有效期为多长？
4. 申请办理原产地证，应提交哪些资料？
5. 简述货物出境报检程序。
6. 简述货物入境报检程序。
7. 简述出境货物报检时限。
8. 简述货物入境报检时限。
9. 入境货物报检应提供哪些单据？
10. 出境货物报检应提供哪些单据？

第六章　口　岸　通　关

【本章导读】

本章主要介绍关税的含义与特点、进出口货物的通关监管制度、进出口货物的通关程序、进出境货物征税、进出口货物报关单的填制等内容。

【学习目标】

进出口货物的收发货人及其代理人应熟悉和遵守海关法，熟悉进出口货物的通关监管制度、进出口货物的通关程序、进出境货物征税、进出口货物报关单的填制才能正确地办理进出口货物贸易。

国际货运代理为收发货人代办进出口货物的通关业务，是其提供的全方位货运代理服务的项目之一，因此，国际货运代理人必须了解我国海关的法律法规、业务操作流程。

海关是设在关境上的国家行政管理机构，它的基本职责包括货运监管、稽征关税、查缉走私和统计业务。关境是指一国的海关法令、规章所管辖的领域，实施同一部海关法的区域。各类形式的经济特区都具有设在"关境之外"的共同特点，但是由于经济特区内的许多业务活动仍要受到海关监管，因此仍属关境范围。例如，经海关批准的保税货物的储存、加工、装配等业务活动享有保税待遇，但该项经营活动按照规定又必须限定在海关监管区内。

第一节　关　税

关税是由政府设置的海关依法对进出境商品向进出口商征收的一种税收。

关税是一种间接税，与所得税、财产税一类的税收不同；进出口商缴纳的税款作为成本的一部分将追加到货价上，最后转嫁到消费者头上。正因为这种间接税特征，所以关税税率越高，就越能起到限制进口的作用，所谓关税壁垒，就是指高额的进口税。

关税与其他国内税收的显著区别在于，它具有涉外性。关税是贯彻一国对外经贸政策的重要工具，可以通过调整关税结构来调节进出口商品结构和贸易差额。关税也是贸易谈判的重要武器，在中美双方知识产权谈判及其他贸易谈判中，实施贸易报复与反报复的行为主要是通过实施或不实施特别关税进行的。

一、海关税则

海关税则，是指由政府通过立法程序公布实施、海关凭以执行、按商品类别排列的关税税率表及有关的规章。海关税则的内容以税率表作为主体，通常还包括有关计征的规章，许多国家把税则列为国家关税的组成部分，由此可以看出，海关税则是关税的强制性、无偿性、预定性的具体体现。

国际上著名的税则目录有《海关合作理事会税则目录》（CCCN），又称《布鲁塞尔税则目录》。该税则目录以商品的自然属性为主，结合加工程度将全部商品分为 21 类、97 章。在栏目的税号与对应的商品名称之间列有相应的联合国《国际贸易标准分类》（SITC）号列，便于在海关管理时也可用于贸易统计。该税则目录曾被大多数国家普遍采用。

CCCN 与用于贸易统计的"国际贸易标准"使用各自的商品分类目录，虽有对照但仍存在很大不便。为了取得进一步的协调和统一，海关合作理事会设立了一个专门委员会，以原 CCCN 为核心，参照 SITC，制定了新型的、系统的、多用途的国际贸易商品分类体系《协调制度》。该商品分类体系可以兼顾海关税则、贸易统计、运费计算、单证简化及普惠制利用等诸多方面。我国也自 1992 年起开始采用。

由于《协调制度》为世界上各国普遍采用，因此商品编码分类制度具有广泛的规范性、统一性。但是海关税则中的税率栏及其关税结构显然是不统一的。有的国家在一个税则号列下只设一栏税率，适用于来自任何国家的商品，没有差别待遇，称为单式税则。除了极少数发展中国家使用单式税则外，大多数国家使用两栏或两栏以上税率，即使用复式税则。复式税则采用高低不同的税率，实行差别待遇。目前发达国家多使用两栏以上的复式税则。

二、海关通关系统《商品综合分类表》的正确使用

我国作为世界贸易组织成员与世界贸易组织其他成员签订了有关关税互惠协议。我国从事国际贸易进出口业务和报关业务的企业应正确地使用《商品综合分类表》，合理地缴纳进出口货物的关税。在套阅《商品综合分类表》时应理解表内有关栏目的说明。

（1）《商品综合分类表》的第一列为"商品编号"，其前八位代码与海关税则中的税则号列和《统计商品目录》中商品目录编号完全一致，第九、第十位代码是根据进口环节税、进出口暂定税和贸易管制的需要而增设的。商品编号未增列第九位、第十位时，用"0"补齐十位。

"商品编号"栏有 * 的，表示：

①该项商品实施年度暂定税率，凡从世界贸易组织成员与我国有双边互惠协议的国家或地区进口的货物，即按暂定税率（可查看我国海关每年公布的进口商品暂定关税税率表，如《2010 年进口商品暂定税率表》），从其他国家或地区进口的货物仍按规定的普通税率征税。

②该项商品实施出口商品暂定税率（可查看我国海关每年公布的出口商品关税、暂定及特别关税税率表，如《2010 年出口商品关税、暂定及特别关税税率表》）。

（2）《商品综合分类表》的第二列为"商品名称及备注"，它是为适应通关系统的需要，由海关税则和《统计商品目录》中的"货物名称"缩减而成，括号内的文字是对该商品名称的补充描述。

（3）《商品综合分类表》的第三列为"进口关税税率"，栏内数字表示关税的百分比，对从世界贸易组织成员与我国订有双边互惠协议的国家或地区进口的货物，按最惠国税率待遇，对从其他国家或地区进口的货物按普通税率征税。

$$进口关税税额＝到岸价格×进口关税税率$$
$$出口关税税额＝离岸价格/（1＋出口关税税率）×出口关税税率$$

（4）《商品综合分类表》的第四列为"增值税率"，仅有 13 和 17 两栏，栏内数字相应地表示为该项商品的进口环节增值税率为 13％或 17％。

$$增值税税额＝（到岸价格＋关税税额＋消费税额）×增值税税率$$

（5）《商品综合分类表》的第五列为"计量单位"。

（6）《商品综合分类表》的第六列为"监管条件"，该栏目的代码表示该项商品在一般贸易进出口时需要向海关提交的监管证件。具体代码所表示的证件可查阅《监管证件代码表》。

表 6－1 为商品综合分类表中部分商品。

表 6－1　商品综合分类表部分商品

商品编码	商品名称及备注	进口税率（%）		增值税率（%）	计量单位	监管条件
		最惠国	普通			
0101210010	改良种用濒危野马	0.0	0.0	13.0	千克/头	AFEB
1212211000	海带（不论是否碾磨）	20.0	70.0	13.0	千克	AB
1517100000	人造黄油（但不包括液态的）	30.0	80.0	17.0	千克	AB
7612901000	铝制易拉罐及罐体	30.0	100.0	17.0	千克	A
9609101000	铅笔	21.0	80.0	17.0	千克/百支	B

注：《商品综合分类表》中的税则号别，每年都会根据国际贸易商品的变化而进行微调，报关时应根据当年公布的《商品综合分类表》填写。在查阅《商品综合分类表》时，表中的监管条件可以查《监管证件代码表》。

《监管证件代码表》（见表 6－2）由两部分组成，即监管证件代码和监管证件名称。

例如，代码"1"，为进口许可证，如果某一商品编号后注有监管证件"1"，则说明在一般贸易项下该种商品需申领进口许可证（其他代码以此类推）。

表 6－2　监管证件代码表

监管证件代码	监管证件名称	监管证件代码	监管证件名称
1	进口许可证	O	自动进口许可证（新旧机电产品）
2	两用物项和技术进口许可证	P	固体废物进口许可证
3	两用物项和技术出口许可证	Q	进口药物通关单
4	出口许可证	R	进口兽药通关单
5	纺织品临时出口许可证	S	进出口农药登记证明

（续　表）

监管证件代码	监管证件名称	监管证件代码	监管证件名称
6	旧机电产品禁止进口	T	银行调运现钞进出境许可证
7	自动进口许可证	U	合法捕捞产品通关证明
8	禁止出口商品	W	麻醉药品进出口准许证
9	禁止进口商品	X	有毒化学品环境管理放行通知单
A	入境货物通关单	Y	原产地证明
B	出境货物通关单	Z	音像制品进口批准单或节目提取单
D	出/入境货物通关单（毛坯钻石用）	c	内销征税联示单
E	濒危物种允许出口证明书	e	关税配额外优惠税率进口棉花配额证
F	濒危物种允许进口证明书	q	国别关税配额证明
G	两用物项和技术出口许可证（定向）	r	预归类标志
H	港澳 OPA 纺织品证明	s	适用 ITA 税率的商品用途认定证明
I	精神药物进（出）口准许证	t	关税配额证明
J	黄金及其制品进出口准许证或批件	v	自动进口许可证（加工贸易）
L	药物进出口准许证	x	出口许可证（加工贸易）
M	密码产品和设备进口许可证	y	出口许可证（边境小额贸易）

三、进出口商品归类总规则

货主或报关人员在办理货物进口手续前，查询商品在税则目录上的归类时，遵循以下规则。

规则一：类、章及分章的标题，仅为查找方便而设；具有法律效力的归类，应按税目条文和有关类注或章注确定，如税目、类注或章注无其他规定，按以下规定确定。

规则二：

（1）税目所列货品，应视为包括该项货品的不完整品或未制成品，只要在进口或出口时该项不完整品或未制成品具有完整品或制成品的基本特征，还应视为该项货品的完整品或制成品（或按本款可作为完整品或制成品归类的货品）在进口或出口时的未组装件或拆散件。

（2）税目中所列材料或物质，应视为包括该种材料或物质与其他材料或物质混合或组合的物品。税目中所列某种材料或物质构成的货品，应视为包括全部或部分由该种材料或物质构成的货品。由一种以上材料或物质构成的货品，应按规则三归类。

规则三：当货品按规则二第（2）条或由于其他原因看起来可归入两个或两个以上税目时，应按以下归类：

（1）列名比较具体的税目，优先于列名一般的税目。但是，如果两个或两个以上税目都仅述及混合或组合货品所含的某部分材料或物质，或零售的成套货品中的某些货品，即使其中某个税目对该货品描述得更为全面、详细，这些货品在有关税目的列名应视为同样具体。

（2）混合物、不同材料构成或不同部件组成的组合物及零售的成套货品，不能按照规则三第（1）条归类时，在本款可适用的条件下，应按构成货品基本特征的材料或部件归类。

（3）货品不能按照规则三第（1）条或第（2）条归类时，应按号列顺序归入其可归入的最末一个税目。

规则四：根据上述规则无法归类的货品，应归入与其最相类似的货品的税目。

规则五：除上述规则外，本规则适用于下列货品的归类：

（1）制成特殊形状仅适用于盛装某个或某套物品并长期使用的照相机套、乐器套、枪套、绘图仪器盒、项链盒及类似容器，如果与所装物品同时进口或出口，并通常与所装物品一同出售的，应与所装物品一并归类。但本款不适用于本身构成整个货品基本特征的容器。

（2）除规则五第（1）条规定以外，与所装货品同时进口或出口的包装材料或容器，如果通常是用来包装这类货品的，应与所装货品一并归类。但明显可重复使用的包装材料和包装容器可不受本款限制。

规则六：货品在某一税目项下各子目的法定归类，应按子目条文或有关的子目注释以及以上各条规则来确定，但子目的比较只能在同一数级上进行。除本税则目录条文另有规定的以外，有关的类注、章注也适用于本规则。

四、征税税种

征税有进口税、出口税和过境税，一般在海关税则中都有载明。

（一）进口关税

进口关税是进口国海关在外国商品输入时，根据海关税则征收的关税，是指一国海关以进境货物和物品为征收对象所征收的关税，在国际贸易中，一直被各国公认为是一种重要的对本国经济的保护手段。征收的进口关税其中包括外国货物由自由贸易区、保税区等提出运往进口国国内市场销售而在税境所征收的部分。进口关税是关税中最基本的税种，它与"进口税费"有区别，"进口税费"包括进口关税和对进口货物征收的其他国内税费。进口货物在海关办理征税手续放行后，应视为国内商品，与本国商品同等对待，同样应缴纳应征的国内税费，这些国内税费通常在进口时由海关征收，但它不是关税。

1. 进口关税的税率

从进口关税的税率栏目来看，我国的进口关税设置有最惠国税率、协定税率、特惠税率、普通税率、关税配额税率等，对进口货物在一定的限期内可以实行暂定税率。但一般以普通税率和最惠国税率两种为主，也称为复式税率；普通税率即最高税率，最惠国税率比普通税率低，而且差幅往往很大。

（1）最惠国税率：适用原产于与我国签订有最惠国待遇原则的贸易条约或协定的国家或地区所进口的货物，以及原产于我国境内的进口货物。

（2）协定税率：适用原产于与我国签订含有关税优惠条款的区域性贸易协定的国家和

地区的进口货物。

（3）特惠税率：适用原产于与我国签订含有特殊关税优惠条款的区域性贸易协定的国家和地区的进口货物。

（4）普通税率：适用原产于除与我国签订（1）、（2）、（3）以外的国家或地区的进口货物及原产地不明的进口货物。

适用最惠国税率的进口货物有暂定税率的，应适用暂定税率。适用协定税率、特惠税率的进口货物有暂定税率的，应从仁适用税率。适用普通税率的进口货物有暂定税率的，不适用暂定税率。

2. 征收标准

进出口货物品种繁杂，计征关税须有统一标准作为计税的基准。征收标准不同，相应有了不同的计税方式。

（1）从量税：以货物的计量单位（如重量、数量、容量等）作为计税标准的一种关税计征方法。以每一计量单位货物的应征税额为税率，由于对标准化的商品所征的税是固定的，所以在计征时较为简便，但缺点是与商品的价格质量无直接关系，关税的保护作用与商品价格呈负相关关系。

$$从量税应征税额＝货物计量单位总数×从量税税额$$

（2）从价税：一种最常用的关税计税标准，以货物的完税价格作为征税依据，以应征税额占货物完税价格的百分比率作为税率。货物进口时，以税率和海关审定的完税价格相乘计算应征税额。该种方法优点是税负较为合理，即相对进口商品价格的高或低，其税额也相应高或低。关税的保护作用与货物价格呈正相关关系。其缺点是海关据以计征的完税价格不易确定，如不同品种、规格、质量的同一货物价格有很大差异，海关估价有一定的难度，往往引起异议。为了抑制海关武断估价这种非关税壁垒措施的影响，关贸总协定的多边贸易谈判曾达成《海关估价准则》。第二次世界大战后世界性通胀使得各国普遍采用从价税计征方法。

目前，我国海关计征关税标准主要是从价税。

$$从价税应征税额＝货物的完税价格×从价税税率$$

（3）复合税：对某种进口货物混合使用从价税、从量税的一种关税计征标准。有的国家以从量税为主加征从价，有的国家则以从价税为主加征从量税。

$$复合税应征税额＝货物计量单位总数×从量税税额＋货物的完税价格×从价税税率$$

（4）选择税：对同一种进口货物可同时定有从价税、从量税两种税率，在征税时，由海关或纳税人选择一种税率计征标准，海关一般选择其中较高税额征收。为了鼓励某种商品进口，则选择从低征收的。

（5）滑准税：一种关税税率随进口货物的价格由高至低而由低至高设置计征关税的方法。通俗地说，就是进口货物的价格越高，其进口关税税率越低；进口货物的价格越低，其进口关税税率越高。滑准税的特点是可保持实行滑准税商品的国内市场价格的相对稳定，不受国际市场价格波动的影响。

（二）进口附加税

进口附加税是指一国海关在外国商品进口时，除了征收正常的进口税以外，根据某种特定的需要而额外加征的关税。征收进口附加税通常是一种特定的临时性措施，其目的主要有：应付国际收支危机，维持本国进出口贸易平衡，防止外国商品低价倾销，对某个国家实行歧视或报复等。人们为了把正常的进口关税与这种额外加征的关税相区别，通常称前者为正常关税或进口正税；而称后者为特别关税或进口附加税。进口附加税不同于进口税，在一国的海关税则里找不到，也不像进口税那样受到世界贸易组织的严格约束而只能降不能升，其税率的高低往往视征收的具体目的而定。它是限制商品进口的重要手段，在特定时期有较大的作用。

一般来说，对所有进口商品征收进口附加费的情况很少，大多数情况是针对个别国家和个别商品征收进口附加税，我国《进出口关税条例》第 4 条对征收进口附加税规定主要有反倾销税、反补贴税、报复性关税和保障措施关税及决定实施其他关税措施。

1. 反倾销税

反倾销税是指对实行倾销的进口货物所征收的一种临时性进口附加税。征收反倾销税的目的在于抵制商品倾销，保护本国产品的国内市场。因此，反倾销税税额一般按倾销差额征收，由此抵消倾销商品价格与该商品正常价格之间的差额。

$$反倾销税税额＝海关完税价格×反倾销税税率$$

《关贸总协定》第 6 条对倾销的定义、正常价值的稳定、损害的标准等事项做出了原则性的规定。确定正常价格有三种方法：

（1）采用国内价格，即相同产品在出口国用于国内消费时在正常情况下的可比价格。

（2）采用第三国价格，即相同产品在正常贸易情况下向第三国出口的最高可比价格。

（3）采用构成价格，即该产品在原产国的生产成本加合理的推销费用和利润。

这三种确定正常价格的方法是依次采用的，若能确定国内价格就不使用第三国价格或构成价格，依此类推。另外，这三种正常价格的确定方法仅适用于来自市场经济国家的产品。对于来自非市场经济国家的产品，由于其价格并非竞争状态下的供求关系所决定，因此，西方国家选用替代国价格，即以一个属于市场经济的第三国所产的相似产品的成本或出售的价格为基础。

作为倾销论处的进口商品，必须是对该国工业造成重大损害或重大威胁的主要原因，其他原因造成的损害或威胁，不能归于倾销。《反倾销守则》对于协调和统一各国反倾销做法起到了一定的积极作用。

我国根据世界贸易组织的《反倾销守则》和《中华人民共和国反倾销条例》实施反倾销措施。反倾销措施包括临时反倾销措施和最终反倾销措施。

（1）临时反倾销措施。

进口方主管机构经过调查，初步认定被指控方存在倾销，并对国内同类产业造成损害，据此可以依据世界贸易组织的规定的程序进行调查，在全部调查完毕之前，采取临时性的反倾销措施，以防止在调查期间国内产业继续受到损害。

采取临时性的反倾销措施有两种形式：一是征收临时反倾销税；二是要求提供现金保证金、保函或其他形式的担保。临时反倾销税实施的期限，自临时反倾销税实施决定公告规定实施之日起，不超过 4 个月；特殊情况下可以延长至 9 个月。

（2）最终反倾销措施。

对终裁决定确定倾销成立并由此对国内产业造成损害，可以在正常海关征税之外征反倾销税。

2. 反补贴税

反补贴税是进口国为了抵消某种进口商品在生产、制造、加工、买卖、输出过程中所受的直接或间接的任何奖金或补贴而征收的一种进口附加税。征收的目的在于增加进口商品的价格，抵消该商品所享受的补贴金额，削弱其竞争能力，使其不能在进口国的国内市场上进行低价竞争或倾销。

$$反补贴税税额＝海关完税价格×反补贴税税率$$

征收反补贴税也分临时反补贴措施与最终反补贴措施。

（1）临时反补贴措施。初裁认定确定补贴成立，并由此对国内同类产业造成损害的，可以采取临时反补贴措施。临时反补贴措施采取提供现金保证金、保函担保或征收临时反补贴措施税的形式；临时反补贴措施实施的期限一般不超过 4 个月。

（2）最终反补贴措施。在经过磋商努力没有取得效果的情况下，终裁确定补贴成立，并由此对国内同类产业造成损害的，征收反补贴税。

反补贴税税额一般按其接受的奖金或补贴数额征收，不得超过该产品接受补贴的净额，且征税期限不得超过 5 年。对于接受补贴的倾销商品，不能既征反倾销税，同时又征收反补贴税。

补贴与倾销有着密切的关系，但也有明显区别。补贴多是政府行为，而倾销主要是企业本身的行为。故而在进行反补贴调查时，进口国政府的调查机构一般与对方政府的代表进行会谈；而在进行反倾销调查时，调查机构一般只与实行倾销的企业的代表进行会谈。

3. 报复性关税

任何国家或地区违反与我国签订或者共同参加的贸易协定及相关协定，对我国在贸易方面采取禁止、限制、加征关税或者其他影响正常贸易的措施的，我国对原产于该国家或者地区的进口货物可以征收报复性关税，适用于报复性关税税率。当他国取消了不公正待遇时，报复性关税也即取消。

4. 保障措施

根据世界贸易组织的《保障措施协议》的有关规定，保障措施分为临时保障措施和最终保障措施。

（1）临时保障措施。临时保障措施是指在紧急情况下，如果延迟会造成难以弥补的损失，进口国成员可不经磋商而采取临时性保障措施。临时保障措施实施期限，自临时保障措施实施公告规定之日起，不超过 200 天，并且此限期计入保障措施总限期。

（2）最终保障措施。保障措施可以采取提高关税、纯粹的数量限制和关税配额形式。最终保障措施应仅在防止或救济严重损害的必要限度内实施。

保障措施的实施期限一般不超过 4 年，如仍需要保障措施防止或救济损害的产业，或有证明该产业正在进行调整的，则可以延长实施期限，但保障措施全部实施期限（包括临时保障措施实施期限）一般不超过 10 年。

（三）出口关税

出口关税是关税中最基本的税种，是出口国海关对本国出口货物、物品所征收的关税。

为鼓励出口，目前大多数国家对绝大部分出口商品都不征收出口税，仅对少数商品征收出口税；征收出口关税的目的主要是调控某些商品的出口，特别是防止本国一些重要的自然资源和原材料的出口。从 2005 年起，我国对鳗鱼苗、锌矿砂、铅矿砂等 37 个税目的出口商品按法定出口税率征收出口税，其中 23 个税目的出口商品实行暂定出口税率。根据《进出口关税条例》规定，适用出口税率的出口货物有暂定出口税率的，应适用暂定出口税率。对外商投资企业出口的应税商品，除法律、法规有明确规定可以免征出口关税外，一律照章征收出口关税。

目前，我国征收的出口关税都是从价税；如果出口货物是以我国口岸离岸价格成交的，应以该价格扣除出口关税后作为完税价格；如果该价格中包括了向国外支付的佣金等，对这部分费用应先予以扣除。

$$应征出口关税税额 = 出口货物完税价格 \times 出口关税税率$$
$$出口货物完税价格 = 离岸价格 / （1 + 出口关税税率）$$

（四）过境税

过境税是一国对于通过其国境运往另一国的外国货物所征收的关税。目前大多数国家都不征过境税，而只征收少量的准许费、印花税、登记费和统计费等。

第二节　其他海关制度

一、担保制度

为促进对外经济贸易和科技文化的交流，严格海关监管制度，保证国家税收，方便合法进出，我国《海关法》专门规定了海关事务担保的具体要求；所谓担保是指以向海关缴纳保证金或提交保证函的方式，保证在一定期限内履行其承诺的义务的法律行为。根据我国《海关法》，在下列情况下，经海关同意，可接受担保申请：

（1）暂时进出口货物。

（2）国家限制进出口货物，已领取了进出口许可证，因故不能及时提供的。

（3）进出口货物不能在报关时交验有关单证（如发票、合同、装箱清单等），而货物已运抵口岸，亟待提取或发运，要求海关先放行货物，后补交有关单证的。

（4）正在向海关申请办理减免手续，而货物已运抵口岸，亟待提取或发运，要求海关缓办进出口纳税手续的。

（5）经海关同意，将海关未放行的货物暂时存放在海关监管区以外的场所的。

（6）因特殊情况经海关总署批准的。

担保方式分为缴纳保证金和提交保证函两种。凡采用保证函方式申请担保的，应由中国公民作为担保人（报关企业法人），按照海关规定的格式填写保证函一式两份，并加盖印章，一份留海关备案，另一份交由报关人备存，凭以办理销案手续。对要求减免税的进口货物在未办完有关海关手续前，报关人申请担保要求先期放行货物的，应支付保证金。保证金的金额应相当于有关货物的进口税费之和。担保期限通常为两个月，海关收取保证金后应向报关人员出具保证金收据，报关人员凭以在销案时向海关办理退还保证金手续。

由于海关实行保税制度后，企业越来越多地利用保税制度，更加便利进出境货物的通关和简化纳税手续。

二、保税制度

为了适应对外经济贸易的发展，便利进出境货物的通关和简化纳税手续，海关对于特定进境货物或进入特定区域的、将复运出境的进境货物，经批准允许缓办纳税手续。这类经批准允许缓办纳税手续的进境货物被称为保税货物（Bonded Goods）。进境的保税货物在我国境内存储一定期限，甚至在我国境内进行加工装配后再复运出境，因此，保税货物将接受我国海关的监管。关于保税货物的种类及对保税货物的监管规定便构成了海关保税制度的主要内容，它是一种国际通行的海关制度。

保税仓库、出口监管仓库、保税区、出口加工区、保税物流园区、保税物流中心和保税港，这七个词语是解读中国保税物流发展和变革历程的关键。到目前为止，我国海关已经发展成了四个层次、七种模式的现代海关监管体系。即"以保税港和区港联动的保税物流园区为龙头，以保税区、保税物流中心和出口加工区为枢纽，以优化的保税仓库和出口监管仓库为网点"的结构化体系。

2013 年 9 月 29 日，中国（上海）自由贸易试验区正式挂牌成立。上海自贸区是第一个真正意义上的自由贸易区。和国内各类保税区不同的是，自由贸易区的最大特色是"境内关外"的特殊海关监管制度，境外的货物可以自由地、不受海关监管地自由进入自由贸易区，自由贸易区内的货物也可以自由地、不受海关监管地自由运出境外；货物从自由贸易区进入国内非自由贸易区，或货物从国内非自由贸易区进入自由贸易区时，海关必须依据本国海关法的规定，征收相应的税收。

第三节　进出口货物的通关监管制度

一、进出口货物通关程序

（一）货物通关

货物通关是指进出口货物通过设立海关的口岸或其他地点出入一国国境（关境）的整个过程。具体包括从进出境货物的货主向海关申报、海关接受报关、海关审单、海关查验、征税、结关放行到货物出入境的全过程。实际上货物通关是由进出口货物的收发货人或其代理人的报关行为和海关货运监管两方面内容组成的。

进口货物的收货人在收到"提货通知书"以后，或出口货物的发货人在备齐出口货物、确定运输工具和航班后，即应及时办理进出口报关手续。如果是委托货运代理公司办理报关手续的，也可以在委托货运业务的同时，向货运代理公司提交报关委托书和其他报关所需要的单证，委托货运代理公司代理报关。货运代理公司在接受进出口单位的报关委托后，应按委托书指明的委托事项和委托权限，作好进出口报关准备，备妥所有报关所需单证。在进口货物到港后，或出口货物托运完毕，确定船名及航班后，及时向海关申报，办理货物的通关手续。

（二）报关自动化系统

海关报关自动化系统是海关运用计算机处理各项业务工作，实现监管、征税、统计三大海关业务一体化管理的信息应用开发工程。其中与通关有关的子系统是报关单的预录入、舱单核销、审单、查验、征税、放行和统计七个子系统。一笔货物的进出口如果通过了这七个子系统，也就基本上完成了通关程序；实现"关企 E 线通"等报关自动化系统，极大地促进了贸易便利化。

（三）进出境运输工具舱单的管理

为了规范海关对进出境运输工具舱单的管理，促进国际贸易便利，保障国际贸易安全，2009 年 1 月 1 日起施行《中华人民共和国海关进出境运输工具舱单管理办法》（海关总署令第 172 号，以下简称《办法》）

该《办法》所称进出境运输工具舱单（以下简称"舱单"）是指反映进出境运输工具所载货物、物品及旅客信息的载体，包括原始舱单、预配舱单、装（乘）载舱单。

进出境运输工具载有货物、物品的，舱单内容应当包括总提（运）单及其项下的分提（运）单信息。

《办法》适用海关对进出境船舶、航空器、铁路列车及公路车辆舱单的管理。

进出境运输工具负责人、无船承运业务经营人、货运代理企业、船舶代理企业、邮政企业及快件经营人等舱单电子数据传输义务人应当按照海关备案的范围在规定时限向海关传输舱单电子数据。

海关监管场所经营人、理货部门、出口货物发货人等舱单相关电子数据传输义务人应当在规定时限向海关传输舱单相关电子数据。

对未按照《办法》规定传输舱单及相关电子数据的，海关可以暂不予办理运输工具进出境申报手续。

因计算机故障等特殊情况无法向海关传输舱单及相关电子数据的，经海关同意，可以采用纸质形式在规定时限向海关递交有关单证。

海关以接受原始舱单主要数据传输的时间为进口舱单电子数据传输时间；海关以接受预配舱单主要数据传输的时间为出口舱单电子数据传输的时间。

舱单传输人、监管场所经营人、理货部门、出口货物发货人应当向其经营业务所在地直属海关或者经授权的隶属海关备案。

二、进出口货物的通关监管制度

海关对进出口货物的监管是海关管理的重要组成部分，也是对外贸易管理的重要组成部分。根据《中华人民共和国海关法》（以下简称我国《海关法》），海关对进出口货物分别实施以下几种管理：

（1）对于少数统一经营和联合经营的进出口商品，海关根据进出口公司的经营权进行监督，即监督该公司是否是国家指定有权经营这类商品的外贸公司。

（2）对于放开经营但实行许可证管理的进出口商品，凭对外贸易管理部门签发的许可证进行管理。

（3）对须进行法定检验、动植物检疫、药物检验、文物鉴定或者其他国家管制的货物，凭主管机构签发的证明文件进行管理。

总而言之，任何进出口货物在进出关境时，都必须凭有关单据及证明文件办理报关手续。进口货物自进境起到办妥海关手续止，出口货物自向海关申报起到出境止，过境、转运和通运货物自进境起到出境止，都应当接受海关监管。

对进出口货物的监管控制是海关确保货物合法进出境的基础和前提条件，海关对单证审核的管理是确定货物合法进出境的依据，海关通过对单证的管理（"单"即包括报关单在内的各类报关单据，"证"即各类许可证）和货物的管理（"货"即实际进出口的货物），"单""证""货"互为相符，确认达到"单单相符""单证相符""单货相符""货证相符"要求的情况下，海关才可以放行。

海关对进出口货物的监管分为申报、查验、征税和放行四个环节。目前，我国对绝大多数商品不征收出口税，只对极少数原料、材料和半成品征收出口税。因此，目前出口货物通常只需经过申报、查验和放行三个环节。

三、海关的报关管理制度

海关的报关管理制度，包括规范货物通关过程中有关当事人的报关行为的规定，也包括对报关单位及报关员的管理规定。

中华人民共和国海关是报关单位注册登记管理的主管机关。

根据 2014 年 3 月 13 日实施的《中华人民共和国海关报关单位注册登记管理规定》（以下简称《报关单位管理规定》），报关单位注册登记分为报关企业注册登记和进出口货物收发货人注册登记。

报关单位，是指在海关注册登记的报关企业和进出口货物收发货人。报关单位对其所属报关人员的报关行为应当承担相应的法律责任。

（1）报关企业，是指经海关准予注册登记，接受进出口货物收发货人的委托，以委托人的名义或者以自己的名义，向海关办理代理报关业务，从事报关服务的中华人民共和国关境内的企业法人。报关企业应当经直属海关注册登记后，方可办理注册登记。

（2）进出口货物收发货人，是指依法直接进口或者出口货物的中华人民共和国关境内的法人、其他组织或者个人。进出口货物收发货人可以直接到所在地海关办理注册登记。

海关特殊监管区域内企业可以申请注册登记成为特殊监管区域双重身份企业，海关按照报关企业有关规定办理注册登记手续。特殊监管区域双重身份企业在海关特殊监管区域内拥有进出口货物收发货人和报关企业双重身份，在海关特殊监管区外仅具报关企业身份。除海关特殊监管区域双重身份企业外，报关单位不得同时在海关注册登记为进出口货物收发货人和报关企业。

报关人员，是指经报关单位向海关备案，专门负责办理所在单位报关业务的人员。

报关差错率，是指报关单位被记录报关差错的总次数，除以同期申报总次数的百分比。

（一）申请办理报关注册登记的单位

下列单位可向海关申请办理报关注册登记：

（1）专门从事报关服务的企业。

（2）经营对外贸易仓储运输、国际运输工具、国际运输工具服务等业务，兼营报关服务业务的企业。

（3）有进出口经营权的企业（只能申请注册自理报关单位）。

（二）报关企业注册登记需具备的条件

报关企业注册登记应当具备下列条件：

（1）具备境内企业法人资格条件。

（2）法定代表人无走私记录。

（3）无因走私违法行为被海关撤销注册登记许可记录。

（4）有符合从事报关服务所必需的固定经营场所和设施。

（5）海关监管所需要的其他条件。

（三）申请报关企业注册登记许可需提交的文件材料

申请报关企业注册登记许可，应当提交下列文件材料：

（1）《报关单位情况登记表》。

（2）企业法人营业执照副本复印件及组织机构代码证书副本复印件。

（3）报关服务营业场所所有权证明或者使用权证明。

（4）其他与申请注册登记许可相关的材料。

申请人按规定提交复印件的，应当同时向海关交验原件。

申请人应当到所在地海关提出申请并递交申请注册登记许可材料。直属海关对外公布其受理申请的场所；申请人可以委托代理人提出注册登记许可申请，并出具授权委托书。

（四）设立分支机构与备案

报关企业在取得注册登记许可的直属海关关区外从事报关服务的，应当依法设立分支机构，并且向分支机构所在地海关备案。

报关企业在取得注册登记许可的直属海关关区内从事报关服务的，可以设立分支机构，并且向分支机构所在地海关备案。

报关企业分支机构可以在备案海关关区内从事报关服务。备案海关为隶属海关的，其分支机构可以在备案海关所属直属海关关区内从事报关服务。报关企业对其分支机构的行为承担法律责任。

报关企业设立分支机构应当向其分支机构所在地海关提交下列备案材料：

①"报关单位情况登记表"。

②报关企业《中华人民共和国海关报关单位注册登记证书》复印件；

③分支机构营业执照副本复印件以及组织机构代码证书副本复印件；

④报关服务营业场所所有权证明复印件或者使用权证明复印件；

⑤海关要求提交的其他备案材料。

申请人按规定提交复印件的，应当同时向海关交验原件。经审查符合备案条件的，海关应当核发"中华人民共和国海关报关单位注册登记证书"。

（五）海关对企业信用状况的管理措施

为了推进社会信用体系建设，建立企业进出口信用管理制度，保障贸易安全与便利，根据《中华人民共和国海关法》及其他有关法律、行政法规的规定，自 2014 年 12 月 1 日起施行《中华人民共和国海关企业信用管理暂行办法》（以下简称《海关企业信用管理暂行办法》）。

海关注册登记企业信用信息的采集、公示，企业信用状况的认定、管理等适用该办法。海关根据企业信用状况将企业认定为认证企业、一般信用企业和失信企业，按照诚信守法便利、失信违法惩戒原则，分别适用相应的管理措施。

认证企业是中国海关经认证的经营者（AEO），中国海关依法开展与其他国家或者地区海关的 AEO 互认，并给予互认 AEO 企业相应通关便利措施。海关根据社会信用体系建设和国际合作需要，与国家有关部门及其他国家或者地区海关建立合作机制，推进信息互换、监管互认、执法互助。

"经认证的经营者（AEO）"，是指以任何一种方式参与货物国际流通，符合规定的条件及《海关认证企业标准》并通过海关认证的经营者。

1. 企业信用信息

海关根据采集能够反映企业进出口信用状况的下列信息，建立企业信用信息管理系统：

（1）企业在海关注册登记信息。

（2）企业进出口经营信息。

（3）AEO 互认信息。

（4）企业在其他行政管理部门的信息。

（5）其他与企业进出口相关的信息。

2. 企业信用状况的认定标准和程序

认证企业应当符合《海关认证企业标准》。《海关认证企业标准》分为一般认证企业标准和高级认证企业标准，由海关总署制定并对外公布。

（1）企业有下列情形之一的，海关认定为失信企业：

①有走私犯罪或者走私行为的。

②非报关企业 1 年内违反海关监管规定行为次数超过上年度报关单、进出境备案清单等相关单证总票数千分之一且被海关行政处罚金额超过 10 万元的违规行为 2 次以上的，或者被海关行政处罚金额累计超过 10 万元的。

报关企业 1 年内违反海关监管规定行为次数超过上年度报关单、进出境备案清单总票数万分之五的，或者被海关行政处罚金额累计超过 10 万元的。

③拖欠应缴税款、应缴罚没款项的。

④上一季度报关差错率高于同期全国平均报关差错率 1 倍以上的。

⑤经过实地查看，确认企业登记的信息失实且无法与企业取得联系的。

⑥被海关依法暂停从事报关业务的。

⑦涉嫌走私、违反海关监管规定拒不配合海关进行调查的。

⑧假借海关或者其他企业名义获取不当利益的。

⑨弄虚作假、伪造企业信用信息的。

⑩其他海关认定为失信企业的情形。

（2）企业有下列情形之一的，海关认定为一般信用企业：

①首次注册登记的企业。

②认证企业不再符合《海关企业信用管理暂行办法》第 9 条规定条件，且未发生第 10 条所列情形的。

③适用失信企业管理满 1 年，且未再发生违反规定情形的。

企业向海关申请成为认证企业的，海关按照《海关认证企业标准》对企业实施认证。海关或者申请企业可以委托具有法定资质的社会中介机构对企业进行认证；中介机构认证结果经海关认可的，可以作为认定企业信用状况的参考依据。

海关自收到企业书面认证申请之日起 90 日内做出认证结论。特殊情形下，海关认证时限可以延长 30 日。

（3）企业有下列情形之一的，海关终止认证：

①发生涉嫌走私或者违反海关监管规定的行为被海关立案侦查或者调查的。

②主动撤回认证申请的。

③其他应当终止认证的情形。

海关对企业信用状况的认定结果实施动态调整，海关对高级认证企业每 3 年重新认证一次，对一般认证企业不定期重新认证。认证企业未通过重新认证适用一般信用企业管理的，1 年内不得再次申请成为认证企业；高级认证企业未通过重新认证但符合一般认证企业标准的，适用一般认证企业管理。适用失信企业管理满 1 年，且未再发生违反规定情形的，海关应当将其调整为一般信用企业管理。失信企业被调整为一般信用企业满 1 年的，可以向海关申请成为认证企业。

3. 管理原则和措施

（1）一般认证企业适用下列管理原则和措施：

①较低进出口货物查验率。

②简化进出口货物单证审核。

③优先办理进出口货物通关手续。

④海关总署规定的其他管理原则和措施。

（2）高级认证企业除适用一般认证企业管理原则和措施外，还适用下列管理措施：

①在确定进出口货物的商品归类、海关估价、原产地或者办结其他海关手续前先行办理验放手续。

②海关为企业设立协调员。

③对从事加工贸易的企业，不实行银行保证金台账制度。

④AEO互认国家或者地区海关提供的通关便利措施。

（3）失信企业适用海关下列管理原则和措施：

①较高进出口货物查验率。

②进出口货物单证重点审核。

③加工贸易等环节实施重点监管。

④海关总署规定的其他管理原则和措施。

高级认证企业适用的管理措施优于一般认证企业。

因企业信用状况认定结果不一致导致适用的管理措施相抵触的，海关按照就低原则实施管理。

认证企业涉嫌走私被立案侦查或者调查的，海关暂停适用相应管理措施，按照一般信用企业进行管理。

企业名称或者海关注册编码发生变更的，海关对企业信用状况的认定结果和管理措施继续适用。

（4）企业有下列情形之一的，按照以下原则做出调整：

①企业发生存续分立，分立后的存续企业承继分立前企业的主要权利义务的，适用海关对分立前企业的信用状况认定结果和管理措施，其余的分立企业视为首次注册企业。

②企业发生解散分立，分立企业视为首次注册企业。

③企业发生吸收合并，合并企业适用海关对合并后存续企业的信用状况认定结果和管理措施。

④企业发生新设合并，合并企业视为首次注册企业。

作为企业信用状况认定依据的走私犯罪，以刑事判决书生效时间为准进行认定。

作为企业信用状况认定依据的走私行为、违反海关监管规定行为，以海关行政处罚决定书做出时间为准进行认定。

（六）报关单位注意事项

（1）报关单位向海关提交的纸质进出口货物报关单应当加盖本单位的报关专用章，报关专用章应当按照海关总署统一规定的要求刻制。

（2）报关企业及其分支机构的报关专用章仅限在其取得注册登记许可或者备案的直属海关关区内使用。

（3）进出口货物收发货人的报关专用章可以在全关境内使用。

（4）报关单位在办理注册登记业务时，应当对所提交的申请材料及所填报信息内容的真实性负责并且承担法律责任。

（5）海关依法对报关单位从事报关活动及其经营场所进行监督和实地检查，依法查阅或者要求报关单位报送有关材料。报关单位应当积极配合，如实提供有关情况和材料。

（6）海关对报关单位办理海关业务中出现的报关差错予以记录，并且公布记录情况的查询方报关单位有权向海关查询其办理的报关业务情况。

（7）报关单位应当妥善保管海关核发的注册登记证书等相关证明文件。发生遗失的，报关单位应当及时书面向海关报告并说明情况。海关应当自收到情况说明之日起 20 日内予以补发相关证明文件。遗失的注册登记证书等相关证明文件在补办期间仍然处于有效期间的，报关单位可以办理报关业务。

（8）报关单位对报关差错记录有异议的，可以自报关差错记录之日起 15 日内向记录海关以书面方式申请复核。海关应当自收到书面申请之日起 15 日内进行复核，对记录错误的予以更正。

报关单位应当在每年 6 月 30 日前向注册地海关提交《报关单位注册信息年度报告》。

（七）报关员的报关业务

（1）报关企业和报关从业人员应当切实对委托人提供的单证等报关资料的真实性、完整性进行合理审查，并据此按照《中华人民共和国海关进出口货物报关单填制规范》填制报关单，承揽相应的法律责任，不得承接单证不真实、资料不齐全的报关业务。

合理审查内容包括：

①证明进出口货物的实际情况的资料，包括进出口货物的品名、规格、用途、产地、贸易方式等。

②有关进出口货物的合同、发票、运输单据、装箱单等商业单据。

③进出口所需的许可证件及随附单证。

④海关要求的加工贸易手册（纸质或电子数据的）及其他进出口单证。

（2）报关员应当在所在报关单位授权范围内执业，按照报关单位的要求和委托人的委托依法办理下列业务：

①按照规定如实申报进出口货物的商品编码、商品名称、规格型号、实际成交价格、原产地及相应优惠贸易协定代码等报关单有关项目，并办理填制报关单、提交报关单证等与申报有关的事宜。

②申请办理缴纳税费和退税、补税事宜。

③申请办理加工贸易合同备案（变更）、深加工结转、外发加工、内销、放弃核准、余料结转、核销及保税监管等事宜。

④申请办理进出口货物减税、免税等事宜。

⑤协助海关办理进出口货物的查验、结关等事宜。

⑥应当由报关员办理的其他报关事宜。

（八）报关企业从事报关服务应履行的义务

报关企业从事报关服务，应当履行以下义务：

（1）遵守法律、行政法规、海关规章的各项规定，依法履行代理人职责，配合海关监管工作，不得违法滥用报关权。

（2）依法建立账簿和营业记录，真实、正确、完整地记录其受委托办理报关业务的所有活动，详细记录进出口时间、收发货单位、报关单号、货值、代理费等内容，完整保留委托单位提供的各种单证、票据、函电，接受海关稽查。

（3）报关企业应当与委托方签订书面的委托协议，委托协议应当载明受托报关企业的名称与地址、委托事项、双方责任、期限、委托人的名称与地址等内容，由双方签章确认。

（4）不得以任何形式出让名义，供他人办理报关业务。

（5）对于代理报关的货物涉及走私违规情事的，应当接受或者协助海关进行调查。

（九）法律责任

（1）报关单位、报关人员违反《报关单位管理规定》，构成走私行为、违反海关监管规定行为或者其他违反《海关法》行为的，由海关依照《海关法》和《中华人民共和国海关行政处罚实施条例》的有关规定予以处理；构成犯罪的，依法追究刑事责任。

（2）报关单位有下列情形之一的，海关予以警告，责令其改正，可以处1万元以下罚款：

①报关单位企业名称、企业性质、企业住所、法定代表人（负责人）等海关注册登记内容发生变更，未按照规定向海关办理变更手续的。

②向海关提交的注册信息中隐瞒真实情况、弄虚作假的。

（十）用语含义

《中华人民共和国海关企业信用管理暂行办法》中有关用语的含义是：

（1）"处罚金额"，指因发生违反海关监管规定的行为，被海关处以罚款、没收违法所得或者没收货物、物品价值的金额之和。

（2）"拖欠应纳税款"，指自缴纳税款期限届满之日起超过3个月仍未缴纳进出口货物、物品应当缴纳的进出口关税、进出口环节海关代征税之和，包括经海关认定违反海关监管规定，除给予处罚外，尚需缴纳的税款。

（3）"拖欠应缴罚没款项"，指自海关行政处罚决定规定的期限届满之日起超过3个月仍未缴纳海关罚款、没收的违法所得和追缴走私货物、物品等值价款。

（4）"1年"，指连续的12个月。

（5）"年度"，指1个公历年度。

（6）"以上""以下"，均包含本数。

第四节　进出口货物的通关

一、一般进出口货物的报关环节

海关对一般进出口货物的监管过程分为申报、查验、征税和放行四个环节。目前，我国对于绝大多数商品不征收出口税，只对极少数原料、材料和半成品征收出口税。因此，目前出口货物通常只需经过申报、查验和放行三个环节。

（一）申报

所谓申报，是指货物的所有权人或其代理人在货物进出境时，向海关呈交规定的单证并申请查验、放行的手续。其方式有按海关规定格式填写并提交报关单的书面申报和电子数据申报两种，目前使用书面申报和电子数据申报并行。

电子报关，是指进出口货物收发货人或其代理人通过电子计算机或终端，利用现代通信和网络技术，向海关传送规定格式的报关单电子数据，并根据海关计算机系统反馈的审核和处理结果，办理海关手续的申报。

申报的时间，根据海关法的规定为：

（1）进口货物在自承载货物的运输工具申报进境之日起 14 天内办理，过期申报的，海关将视过期时间的长短，按货物的价值征收一定比例的滞报金（0.5‰）。

（2）出口货物应当在货物运抵海关监管区之后，货物装上运输工具的 24 小时以前向海关申报（除海关特准外），否则有可能影响货物的按时装运。

海关在接到申报以后，应认真审核有关的单证，海关审单的目的是确定所申报进出口的货物从单据上看是否符合有关规定，单证是否齐全、正确、能否接受申报。

1. 申报单证

报关单填写必须真实、准确、完整。报关单是由报关员按照海关规定的格式填制的申报单证；其他随附单证有：出口货物的商业发票、装箱单、装货单，进口提货单、进出口货物许可证、国家外经贸主管部门的批准文件、加工贸易登记手册、减免税证明、外汇核销单、原产地证明、贸易合同、进出口企业的有关证明文件等。贸易合同、进出口企业的有关证明文件为海关在审单、征税时可能需要调阅或备案用。

2. 申报前看货取样

进口货物的收货人或其代理人可以在申报前向海关要求查看货物或者提取货样，发现问题，及时处理。避免因收发货人交付的单证与实际货物不相符，造成申报不实，当事人须承担申报不实的法律后果。同时也对违反海关法的案件查缉中认定当事人（或犯罪嫌疑人）起到一定的作用。

海关在接到进口货物的收货人或其代理人的书面看货取样申请后，根据其"看货取样申请"，同意收货人提取货样，并有现场海关关员与收货人在取样记录和取样清单上签字确认（如货物涉及检验检疫证明的，根据国家有关法律应取得批准部门同意后提取）。

3. 申报方式

进出口货物的收发货人或其代理人一般先以电子数据报关单形式（终端录入方式、委托 EDI 方式、自行 EDI 方式或网上申报的方式）向海关申报，然后再提交纸质报关单。海关接受申报的时间以接受电子数据报关单申报为准。

（1）电子终端申报方式。终端直接与海关主机连接，转送速度快，不受海关参数设置的限制，如在海关报关大厅、报关行的使用计算机终端。由于终端申报方式是海关早期开发利用的，受到海关主机容量的限制，不利于远程报关项目的推广。

（2）EDI 申报方式（电子数据交换）。EDI 申报方式是由各直属海关自行开发的，录入数据不受海关主机容量的影响，不受场地的限制，进出口货物的收发货人或其代理人可以在企业办公场所发送进出口货物的申报数据，有利于远程报关项目的推广。但容易受到海关参数调整的影响和网络稳定性的影响。

（3）网上申报的方式。网上申报是海关总署统一开发的，利用互联网的优势，形成全国统一的电子报关优势，是我国未来电子报关项目发展的方向。

4. 修改申报内容和撤销申报

在征得海关的同意下，以下原因可以办理修改撤销申报：

（1）由于计算机技术等方面的原因导致电子数据的错误。

（2）业务人员在操作或书写上无意识的失误造成的差错。

（3）由于装运、配载等原因原申报货物部分或全部退关。

海关将会对申报错误的报关员进行扣分处理直至暂停其报关资格，并要求其参加培训后方可重新上岗。

对违反海关法的、构成走私行为的进出口货物的收货人或其代理人进行行政处罚。

（二）查验

所谓查验，就是海关以经审核的申报单证为依据，在海关监管场所，对货物进行实际的检查，以确定单、货是否相符。海关查验时，进出口货物的收发货人或其代理人必须在场，并按照海关的要求负责搬移货物、拆和重封货物的包装等。海关认为必要时，可以在仓库保管员的陪同下开验、复验或者提取货样。海关查验进出口货物的过程中对货物造成损失时，进出口货物收发货人或其代理人有权要求海关赔偿。

1. 海关查验

海关查验是指海关根据《海关法》为确定进出口货物的性质、价格、数量、原产地、货物状况等是否与报关单上已申报的内容相符，对货物进行实际检查的行政执法行为。

2. 查验地点和时间

一般在海关监管区内进行，查验时间一般约定在海关正常上班的时间内。

3. 查验通知

海关发出查验通知后，进出口货物的收发货人或其代理人应当向海关的查验部门办理确定查验的时间和地点的相关手续。

4. 查验方式

海关查验时，进出口货物的收发货人或其代理人必须在场。查验方式分以下几种。

（1）外形查验：对货物的包装、唛头（商标）等进行核查、核验。

（2）抽查：对货物按一定的比例有选择地开箱、开包查验。

（3）全部查验：对货物逐件开箱、开包查验。

（4）径行开验：指因情况紧急，海关依法授权自行开拆货物进行查验的行政强制行为。海关在行使"径行开验"权利时，进出口货物的收发货人或其代理人无须在场，但应通知货物存放地点的管理人员或其他的见证人到场，并在海关的查验记录上签字。

5. 配合海关查验

海关查验时，进出口货物的收发货人或其代理人必须在场，并按照海关的要求负责搬移货物、开拆和重封货物的包装等；回答海关的询问，提供海关所需要的单证和相关资料。

6. 确认查验结果

查验完毕，海关实施查验的关员应当填写"海关进出境货物查验记录单"一式两份。配合海关查验在场的报关员应当认真阅读查验记录是否如实地反映了当时查验的情况，如开箱的情况；货物残存情况及造成货物残存的原因；货样提取的数量；查验结论。报关员在阅读查验记录准确清楚后，应签字确认，至此，海关查验结束。如果海关需要提取货样带回进一步检验化验或鉴定的，应当向进出口货物的收发货人或其代理人出具"取样清单"，并履行相应的手续。

7. 货物损坏赔偿

由于海关查验人员的责任在查验过程中对货物造成的损坏，进出口货物的收发货人或其代理人可以要求海关就货物实际损坏的情况进行赔偿，根据海关规定，海关只对货物直接的经济损失进行赔偿，间接的经济损失不在海关的赔偿范围之内。在海关查验后发现货物有损坏的，海关不负责赔偿。

（三）放行

所谓放行，是指海关在审查了相关单证后，对决定查验的货物进行了查验，没有发现不正常情况，报关单位手续齐全，并已按章纳税，便在报关单及运输单据上签印"海关放行章"放行，以示海关同意货物进境或装运出境。在试行"无纸通关"申报的海关，海关做出决定时，将通过计算机把"海关放行"报文发给进出口货物的收发货人或其代理人和海关监管货物的保管人，进出口货物的收发货人或其代理人从计算机上自行打印海关通知放行的凭证，凭以提取进口货物或将出口货物装运到运输工具上离境出口。

货物结关是指进出口货物的收发货人或其代理人向海关办完进出口货物通关的全部手续，履行了法律规定的与货物进出口有关的义务，货物一旦办结海关手续，海关不再对其进行监管。

对尚未结关的货物，对于保税货物、享受特定减免税待遇进口的货物、暂准进出境的货物，在放行以后，进出口的收发货人或其代理人并未全部办完所有的海关手续，海关仍要进行后续监管，此类货物只能用于特定地区、特定企业或者特定用途，未经海关核准并补缴税款，不得移作他用。此类货物海关的监管年限根据具体货物种类的不同而有所不同。其中，船舶、飞机及建筑材料为8年；机动车辆和家用电器为6年；机器设备和其他设备、材料等是5年。暂时进出口货物，应当在6个月内复运出境或复运进境，在这段时期内，货物受海关的监管，特殊情况下，复运进境或出境的期限，经海关同意，可以延长。海关特准进口的保税货物，在加工装配成品复运出境之前，接受海关监管。

二、保税货物的备案、核销报关环节

海关对货物（保税加工货物、特定减免税货物、暂准进出口货物）的监管过程除申报、查验、征税、放行四个环节外，比一般进出口货物的监管多了备案（前期报关）和核销（后期报关）两个环节，分为备案、申报、查验、征税、放行和核销六个环节。

（一）备案（前期报关）

经国家批准的特殊监管区域，包括保税区、保税物流园区和出口加工区从境外运入区内储存、加工、装配后复运出境的货物，已经整体批准保税的，备案阶段与报关阶段合并，省略了按照每一个合同或每一批货物备案申请保税的环节。经海关批准的保税物流中心、保税仓库，在货物进境入库之前，海关根据核定的保税货物范围和商品种类对报关入库货物的品种、数量、金额进行核查，并对入库货物进行核注登记。

加工贸易进口料件（包括来料加工、进料加工、外商投资企业履行产品出口合同、保税工厂、保税集团进口料件）之前，必须进入备案申请、批准保税阶段。备案的主要内容包括：

（1）保税加工合同审核、合同备案、保证金台账开设（如必要时），中华人民共和国海关加工贸易手册、电子账册及其分册的申领。

（2）企业的减、免税备案登记、《进口货物征免税证明》的申领、特定减免税货物的减免税申请。

（3）暂准进出口货物的报批、备案（如展览品）、担保申请。

（二）核销（后期报关）

进出口货物收发货人或其代理人根据海关对保税加工货物、特定减免税货物、暂准进出口货物等的监管要求，在保税货物进出境储存、加工、装配、使用后，按海关规定的期限和要求，向海关报告使用情况、最终用途和去向。核销阶段的环节包括：企业申请核销、海关受理、实施销案和结关解除海关监管。

所有经海关批准的保税货物，包括保税仓储货物、保税加工货物都必须按规定由保税仓储经营人向主管海关报核，海关受理报核后进行核销，视不同情况，分别给予结关销案：

（1）保税仓储货物因为没有具体的保税期限，最终结案应当以进区货物全部出境或出区办结海关手续为结案。如本期核销该批货物没有全部出境或出区办理海关手续的，则不能结案，结转到下期继续监管，直到全部结案。

（2）保税仓储货物有具体规定的保税期限，最终结案应当以进区货物全部出境或出区办结海关手续为结案。如本期核销该批货物没有全部出境或出区办理海关手续的，则不能结案，结转到下期继续监管，直到能够结案或到期变卖处理。

（3）保税加工货物应当以该加工贸易项下产品在规定期限内全部出口或者部分出口，不出口部分全部得到合法处理为结案。保税加工合同使用海关核发的加工贸易手册，应用加工贸易手册报核。

海关受理报核后，在规定的核销时间内实施核销，对不设立台账的予以结案；对设立台账的，应当到银行撤销台账，然后结案。

三、进出上海自由贸易试验区货物海关监管流程

上海自由贸易试验区是中国内地第一个真正意义上的自由贸易区。试验区的范围涵盖上海外高桥保税区、上海外高桥保税物流园区、洋山保税港区和上海浦东机场综合保税区等四个海关特殊监管区域，并根据先行先试推进情况及产业发展和辐射带动需要，逐步拓展实施范围和试点政策范围，形成与上海国际经济、金融、贸易、航运中心建设的联动机制。在上海外高桥保税区等四个海关特殊监管区域内，进一步深化改革，建设具有国际水准的投资贸易便利、监管高效便捷、法制环境规范的试验区，使之成为推进改革和提高开放型经济水平的"试验田"。

和国内各类保税区不同的是，自由贸易区的最大特色是"境内关外"的特殊海关监管制度，即"一线放开，二线管住"。所谓"一线"，是指自由贸易区与国境外的通道口，"一线放开"是指境外的货物可以自由地、不受海关监管地自由进入自由贸易区，自由贸易区内的货物也可以自由地、不受海关监管地自由运出境外；所谓"二线"，则是指自由贸易区与海关境内的通道口，"二线管住"，是指货物从自由贸易区进入国内非自由贸易区，或货物从国内非自由贸易区进入自由贸易区时，海关必须依据本国海关法的规定，征收相应的税收。上海自由贸易试验区核心目的在于通过试点，逐步推进贸易便利化，推动口岸贸易、离岸自由贸易、服务贸易转变（涉及离岸金融试点）等。

1. 货物进出自由贸易区走"快车道"

上海出入境检验检疫局将现代物联网技术应用于检验检疫查验工作，于2013年9月26日推出"即查即放"现场查验模式。当集装箱卡车靠近查验平台，检验检疫人员手持带有RFID读写装置的移动执法终端，实时记录、上传查验地点、时间和照片视频等取证材料，完成接单、查验、取证、登记、放行等一系列执法监管活动，实现规范化的"查验"。检验检疫人员当场为集装箱加装了RFID电子封识，无延缓地向各海、空港等电子闸口发送放行指令，实现便利化"即放"。

海关创新监管，允许进口集装箱货物利用舱单备案信息"船名、航次、集装箱号"条形码扫描从指定道路"先入区，再入关"。改革现行海关特殊监管区域一线进境货物"先申报，后进区"的监管模式，允许货主"先进区，后申报"，满足货主对货物放行的需求。货主可在货物进入上海自由贸易试验区的四个海关监管区域后再申报，原来3～4天缩短为1天，可减少60%的通关时间.

2. 跨境通商务平台

跨境通是自贸区针对电商企业推出的新服务，是海关、商检、外汇管理等多个部门制度创新的结果。由于减少了进口商品的通关环节，显著提高了企业的运营效率，与实体店相比，进口商品大约能便宜30%。如此显著的价格优势，使得跨境通成为国内外商家的"必争之地"。

跨境通商务平台充分利用保税仓库的保税政策，将进口货物通过国际采购、运输、储存至国内保税仓库，与海关电子通关系统对接，形成对货物"信息流""资金流""物流"比对、实时监控，查验、交纳关税。客户可直接在跨境通商务平台订购自己需要的货物，通过网上银行支付货款，跨境通商务平台直接将货物配送到客户手中。

四、加工贸易合同备案与报核作业流程

随着国际分工不断深化，加工贸易已成为经济全球化下国际贸易的主流之一，它是我国利用两个市场、两种资源，提高国际竞争力的重要形式；是我国产业结构调整升级和经济增长的重要力量；是我国接受跨国公司产业转移的重要方式。多年来，加工贸易占我国进出口总值的50%左右，对我国经济增长起着重要的拉动作用。作为保税仓库经营人或国际货运代理人，代理货主办理海关进出口手续，必须了解加工贸易合同备案与报核作业流程，才能为货主提供全方位的服务。

加工贸易是指保税进口全部或部分原辅材料、零部件、元器件、包装物料，经境内企业加工或装配后，将制成品复出口的经营活动。

国家规定加工贸易业务应当由经营企业到加工企业的所在地主管海关办理加工贸易合同备案。经营企业和加工企业有可能是同一个企业，也可能不是同一个企业。

经营企业是指负责对外签订加工贸易进出口合同的各类进出口企业和外商投资企业，以及经批准获得来料加工经营许可的对外加工装配服务公司。

加工企业是指接受经营企业委托，负责对进口料件进行加工或装配，具有法人资格的生产企业；以及由经营企业设立的虽不具有法人资格，但实行相对独立核算并办好工商营业证（执照）的工厂。

加工贸易从合同备案到报核作业流程由以下四个环节组成：

（1）向海关申请办理合同备案手续（领取加工贸易登记手册或建立电子账册）。

（2）向海关办理保税料件进口手续，提取料件进行加工或装配。

（3）用保税进口料件加工的成品出口，应向海关办理复出口原料核销手续。如成品内销，应向海关申请内销，办理原料的一般贸易进口手续。

（4）货主或其代理人用在海关领取的加工贸易登记手册或在海关建立的电子账册向海关报告、办理核销。

加工贸易进出口报关分为纸质手册管理和电子账册管理两种模式。

（一）采用纸质手册管理的加工贸易进出口货物报关程序的主要环节

1. 合同备案

合同备案是指加工贸易企业持合法的加工贸易合同到主管海关备案、申请保税并领取加工贸易登记手册或其他准予合同备案凭证的行为。

加工贸易合同备案包括以下环节：

①前期工作，包括向主管部门办理报批手续，领取合同备案批件、许可证件。

②合同内容预录入海关计算机系统。

③向主管海关申请办理合同备案手续。

④需要开设保证金银行台账的，开设台账。

⑤领取加工贸易登记手册或者其他备案凭证，不需要开设台账的，在申请办理合同备案手续后，直接到海关领取加工贸易登记手册。

在加工贸易合同备案中，经营企业与加工企业不在同一直属海关管辖区域范围的，应

按照海关对异地加工贸易的管理规定办理异地加工贸易合同备案手续。

异地加工贸易合同备案，经营单位开展异地加工贸易，应该由加工贸易经营企业向加工企业所在地主管海关办理合同备案手续。海关对开展异地加工贸易的经营单位和加工企业实行分类管理，如果两者的管理类别不相同，按其中较低类别采取监管措施。

备案的内容主要包括备案的单证、备案的商品、保税的额度、加工贸易银行保证金台账等几个方面。

（1）备案的单证。

企业申请备案，应备齐以下单证：

①商务主管部门签发的经营企业加工贸易业务批准证和生产企业的加工贸易企业经营状况和生产能力证明。

②加工贸易合同或合同副本。

③"加工贸易合同备案申请表"和"合同备案呈批表"。

④属于加工贸易国家管制商品的需交验主管部门的许可证件。

⑤为确定单耗和损耗率的有关资料。

⑥其他需要的单证。

（2）备案的商品。

加工贸易禁止类商品不得备案。自1999年起，我国对加工贸易实行商品分类管理，按商品类别将加工贸易分为禁止类、限制类和允许类。随着国家宏观政策的调整，《加工贸易禁止类商品目录》一直处于动态变化过程中，截至2014年年底，已进行了10余次调整。根据2014年海关商品目录编码，调整后的加工贸易禁止类目录共计1871项商品编码，并规定下列加工不在贸易禁止类商品目录中单列，但按照加工贸易禁止类进行管理：

①为种植、养殖等出口产品而进口种子、种苗、种畜、化肥、饲料、添加剂、抗生素等。

②生产出口仿真枪支。

③属于国家已经发布的禁止进口货物目录和禁止出口货物目录的商品。

④其他国家已公布的禁止进口目录的商品。

以下情况，不按加工贸易禁止类管理：

①用于深加工结转转入，或从海关特殊监管区域内经实质性加工后出区的商品。

②用于深加工结转转出，或进入海关特殊监管区域内再进行实质性加工的商品。

③列入加工贸易禁止进出口而没有列入国家禁止进出口的商品，企业仍可以按一般贸易方式开展进出口业务。

④备案时需要提供许可证的商品，包括：

A. 易制毒化学品。

B. 能够制造化学武器的化工品。

C. 消耗臭氧层的物质。

⑤备案时需要提供其他许可证件的商品，包括：

A. 进出口音像制品、印刷品，需提供新闻出版总署印刷复制司的批准文件。

B. 进出口地图产品及附有地图的产品，应提供国家测绘局的批准文件和样品或样图。

C. 进口工业再生废料，应提供环保总局的进口废物批准证书。

（3）保税的额度。

海关根据国家有关规定和《海关法》受理加工贸易合同备案，对进口料件进行全部保税、部分保税和不予保税。加工贸易项下海关准予备案的料件，全额保税。在加工贸易合同项下按照国家规定海关可以接受备案但不予保税的料件，进口时征进口税，其制成品或进口料件在规定期限内出口的，可以退还进口税；虽在加工贸易合同下进口，但试车材料、非列名消耗性物料等不予备案，进口时按一般进口办理。

（4）建立加工贸易银行保证金台账。

加工贸易银行保证金台账是加工贸易合同备案环节的一个核心内容。通过纸质手册办理报关手续的所有加工贸易合同都要按照加工贸易银行保证金台账的规定办理。

如不需要开设保证金台账，即"不转"；或开设证金台账，但不需要向开设台账的银行缴纳保证金，即"空转"；在开设保证金台账后，将一定额度的保证金交存于企业在银行设立的账户，即"实转"，分全额实转和半实转。

加工贸易银行保证金的核心内容是对企业和商品实行分类管理，对部分企业进口的开展加工贸易的部分料件，银行要按料件的进口税额收保证金。

海关根据企业管理标准对加工贸易企业设定 A、B、C、D 四类管理措施。

为了使企业不再往返于海关和银行之间传递单证，海关于 2010 年实施了银行保证金台账电子化。不改变银行保证金台账办理流程，由海关向银行开出"银行保证金台账开设/变更/核销联系单"，由银行办理有关手续后，再向海关开出"银行保证金台账登记/变更/核销电子通知单"，海关凭此继续办理加工贸易合同备案、变更和核销手续，从而实现了加工贸易银行保证金台账联网管理。

2. 加工贸易合同变更程序

已经备案的合同，当其中品名、规格、金额、数量、加工期限、单损耗、商品编码等任一内容发生变化时，加工贸易企业必须向主管海关办理备案的变更手续。

（1）一般需向原商务主管部门提出重新审批的申请（但是对于贸易方式不变、商品品种不变、合同变更金额小于1万美元，合同延长期限不超过 3 个月的则不需要提出重新审批的申请，可以直接办理备案变更手续）。

（2）需要开设银行保证金台账的，开设台账。

（3）需要领取加工贸易登记手册或其他备案凭证的，办理领取。

3. 加工贸易成品复出口

加工贸易企业在领取了加工贸易登记手册或其他备案凭证之后，需要进口料件并对其进行加工或者装配。由于加工贸易保税货物是以加工后复出口为目的的海关监管货物，因此加工或者装配后的成品按照规定要复出口。在成品复出口环节，企业要办理出口报关手续。

保税加工货物进出口报关与一般进出口货物报关有一个非常重要的区别，即加工贸易企业在主管海关备案的情况在计算机系统已经生成电子底账，有关电子数据已通过网络传输到相应的口岸海关，因此，企业在口岸海关报关时提供的有关单证内容必须和电子底账数据相一致，一种商品报关的商品编码、品名、规格、计量单位、数量、币值等必须与备案数据无论在字面上或计算机格式上都要完全一致，只要某一方面不一致，报关就不能通过。保税加工货物报关时是在备案底账的基础上报关的，必须做到报关数据输入十分准确。保税加工货物申报必须有《加工贸易手册》（电子的或纸质的）或其他准予合同备案的凭证，以及相关报关单证，包括报关单、发票、装箱单、提单或装货单。

4. 深加工结转

在部分加工贸易中，加工贸易企业经过批准将生产的成品、半成品直接结转给另一加工贸易企业，由后者进行深加工后再出口，这就是加工贸易的深加工结转，俗称转厂。

加工贸易保税货物跨关区深加工结转是指加工贸易企业将保税进口料件加工的产品转至另一直属海关关区内的加工贸易企业进一步加工后复出口的经营活动，加工贸易企业开展结转的，转入、转出企业应当向各自主管海关申报结转计划，经双方主管海关备案后，可以办理实际收发货及报关手续。

海关对深加工结转货物实施单项统计，深加工结转的报关程序包括计划备案、收发货登记、结转报关三个环节。

在加工贸易中，经营企业对于剩余料件、边角料、残次品、副产品和受灾保税货物要作妥善处理。处理的方式有内销、结转、退运、放弃、销毁等。

保税料件生产的成品内销，也包括剩余料件、边角料、残次品、副产品和受灾保税货物等的内销与剩余料件的结转。

（1）内销。

加工贸易货物是以加工后复出口为目的的保税货物，在实际的监管中往往也会出现加工贸易保税货物因故内销的情况。对于内销的保税货物必须要备齐单证，向主管海关按一般进口货物的报关程序办理海关手续，包括内销申请和办理征税手续。

①加工贸易企业在申请办理加工贸易货物内销时需要提交以下单证：

A. 商务主管部门签发的加工贸易保税进口料件内销批准证。

B. 经营企业申请内销加工贸易货物的书面材料。

C. 申请内销的货物涉及对外贸易管制的，交验规定的许可证件。

D. 与归类和审价有关的材料。

②办理加工贸易货物内销的作业流程由以下几个步骤组成：

第一步，向商务主管部门办理内销报批手续，领取批准内销文件。

第二步，涉及对外贸易管制的许可证的货物内销，向商务主管部门申领许可证。

第三步，备齐单证，向主管海关按一般货物的报关程序办理海关手续。

第四步，持内销报关单向主管海关办理已内销货物的核销。

（2）剩余料件结转。

剩余料件结转是加工贸易合同执行完毕之后对剩余料件的一种处理方式。加工贸易企业可以申请将加工贸易企业在从事加工复出口业务过程中剩余的、可继续用于加工制成品的剩余料件结转至另一个加工贸易合同项下生产出口，但仅限同一经营单位、同一加工企业、同样进口料件和同一加工贸易方式。

加工贸易企业在申请办理剩余料件结转时需要提交以下单证：

①经营企业申请剩余料件结转的书面材料。

②经营企业拟结转的剩余料件清单。

③海关需要收取的其他单证和材料。

加工贸易经营企业申请办理剩余料件结转，应当如实填写"加工贸易剩余料件结转联系单"，海关审核批准后，方可办理进出口报关手续。

（3）报核。

加工贸易企业在合同履行完毕或合同终止并对未出口部分货物进行妥善处理后，可以备齐材料在规定期限内向加工贸易主管海关申请核销，要求结案。

①加工贸易企业报核时应备齐的单证包括：

A. 经营企业申请核销加工贸易货物的书面材料。

B. 经营企业的加工贸易登记手册。

C. 加工贸易进出口报关单。

D. 核销核算表。

E. 海关按规定需要收取的其他材料。

②报核环节包括以下几个步骤。

第一步，整理单据。经营企业应及时将加工贸易登记手册和进出口报关单进行收集整理核对。

第二步，查清单耗。企业根据有关账册记录、仓库记录、生产工艺资料等查清此合同的实际单耗，并据以填写核销核算表；如产品的实际单耗与合同备案单耗不一致，企业必须在最后一批成品出口前进行单耗的变更。

第三步，经营企业将报核的内容预录入海关计算机系统，办理预录入手续。

第四步，备齐核销所需单证，向主管海关申请核销。

第五步，未开设台账的，经海关审核通过，领取加工贸易核销结案通知书。已设台账的，经海关审核通过后，需先核销台账，再领取加工贸易核销结案通知书。

在加工贸易合同备案环节和核销环节中，一个非常重要的内容就是单耗。单耗是单位耗料量的简称，它是指加工贸易企业在正常生产加工条件下加工单位成品所耗用的料件量。

单耗包括净耗和工艺损耗。净耗是指在加工后，料件通过物理变化或化学反应存在或者转化到单位成品中的量；而工艺损耗是指因加工工艺原因，料件在正常加工过程中除净耗外所必需耗用，但不能存在或者转化到成品中的量，包括有形损耗和无形损耗。

在加工贸易合同备案的时候，企业应当向海关进行单耗备案，并在成品出口、深加工结转或者内销前根据有关账册、仓库的记录、生产工艺等资料查清实际单耗，如实向海关申报，同时向海关呈交为确定单耗和损耗率所需的有关资料。如果企业有正当理由无法按期申报单耗的，应当留存成品样品及相关单证，并在成品出口、深加工结转或者内销前提出书面申请，经海关批准后，可以在报核前申报单耗。需要注意的是，如果实际单耗与备案单耗不一致，企业可以申请办理单耗变更或者撤销手续，但保税成品已经申报出口、已办理深加工结转或已申请内销，或海关已经对单耗进行核定或对企业立案调查的，不允许变更、撤销单耗。

（二）采用电子账册模式管理的加工贸易联网监管备案、报核作业程序

电子账册模式是海关以企业为管理单元为联网企业建立电子底账，联网企业只设立一个电子账册的海关监管模式。海关根据联网企业的生产情况和海关的监管需要确定核销周期，并按照该核销周期对实行电子账册管理的联网企业进行核销。

加工贸易电子账册模式不同于传统的采用纸质手册管理的加工贸易模式。进入企业电子账册的料件全额保税，实行最大周转额限制，效率高。

采用电子账册模式管理的加工贸易企业必须具备联网监管的条件。申请成为联网监管的企业必须具备三个条件：第一，具有加工贸易经营资格；第二，在海关注册；第三，属于生产型企业。对其中企业类别为 AA 类或 A 类，且海关以企业为单元对其进行管理的，采用电子账册模式实施联网监管。

具备条件的企业首先须向主管海关申请实行联网监管，经审核同意后，与主管海关签订"联网监管责任担保书"。其次，在商务主管部门申请审批同意后，获取"联网监管企业加工贸易业务批准证"。最后，申请海关为其建立电子账册，包括经营范围电子账册和便捷通关电子账册。因便捷通关电子账册首位为标记代码"E"，故便捷通关电子账册也叫作"E"账册。电子账册（"E"账册）模式下，加工贸易从备案到报核作业流程主要有向海关申请办理经营范围电子账册备案和便捷通关电子账册备案，向海关办理保税料件进口手续，提取料件进行加工或装配，用保税进口料件加工的成品复出口或申请内销，向海关申请办理报核等几个环节组成。需要指出的是，电子账册模式下加工贸易的报核分为预报核和正式报核两个步骤。

第五节　进出境货物征税

关税是由海关依据海关税则对进出境货物和物品所征收的一种税赋。我国在 1951 年 5 月颁布实施了《中华人民共和国暂行海关法》、《海关进出口税则》和《海关进出口税则暂行条例》。其后，根据国家经济发展状况，对税则做过 20 多次修改。现行的《中华人民共和国进出口关税条例》于 2004 年 1 月 1 日起实施。

目前我国与国际上大部分国家一样，对进口货物采取从价税，按到岸价格作为完税价格。出口货物的完税价格是经海关审查确定的离岸价格扣除出口关税后的价格。

一、进口货物关税的征收

（一）进口货物完税价格及税额的确定

进口货物以海关审定的正常到岸价格为完税价格（包括货价加上货物运抵我国境内输

入地点起卸前的包装费、运费、保险费和其他劳务费等费用）。对于按 FOB 合同或 CFR 合同进口的货物，其完税价格应分别使用以下公式进行计算。

（1）按 FOB 合同进口货物的完税价格的计算公式：

$$进口货物的完税价格＝（FOB 价格＋运费）／（1－保险费率）$$

（2）按 CFR 合同进口货物的完税价格的计算公式：

$$进口货物的完税价格＝CFR 价格／（1－保险费率）$$

进口货物的关税税额等于该货物的完税价格乘以该货物相应的关税税率。进口关税一律按人民币计算，如果合同金额按外币计算的，进口关税税额应由海关按签发税款缴纳证之日人民币外汇汇率的中间价，折合人民币计算完税价格。

进口货物的到岸价格和离岸价格不能确定时，进口完税价格由海关估定；进境物品的完税价格不能确定时，由海关确定。

运往境外修理的机械器具、运输工具或者其他货物，出境时已向海关报明，并在海关规定期限内复运进境的，应当以海关审定的修理费和料件费作为完税价格。运往境外加工的货物，出境时已向海关报明，并在海关规定的期限内复运进境的，应当以加工后的货物进境时的到岸价与原出境货物或者相同、类似货物在进境时的到岸价之间的差额，作为完税价格。

（二）进口货物关税的缴纳

海关对报关人所申报的货物，确定关税税额后，向报关人签发税款缴纳证，由报关人凭以缴纳关税。

税款缴纳证是国库管理收纳预算收入的唯一合法的原始凭证，也是各级财政部门、海关、税务机关、国库、银行及缴款单位分析检查预算收入的完成情况，进行记账统计的重要基础资料。报关人作为关税缴纳人应当在海关填发税款缴纳证之日起 15 日内向海关缴纳税款，如最后缴款日恰巧是法定节假日，则顺延至节后第一个工作日。关税缴纳人如不能按期缴纳税款，按有关规定，除依法追缴外，应缴纳滞纳金。征收进口货物滞纳金应当按日计征，以运输工具申报进境之日起第 15 日为起征日，以海关接受申报之日为截止日，除另有规定外，起征日和截止日均计入滞报期限期，按日征收金额为进口货物完税价格的 0.5‰ 的滞纳金。滞纳金的起征点是人民币 50 元，不足 50 元的免予征收。

$$关税滞纳金金额＝滞纳关税税额×0.5‰×滞纳天数$$
$$代征税滞纳金金额＝滞纳代征税税额×0.5‰×滞纳天数$$
$$进口货物滞纳金金额＝进口货物成交价格×0.5‰×滞纳天数$$

二、进口关税的减免

我国关税的减免政策由法定减免、特定减免和临时减免三部分组成。法定减免是指根据《海关法》和《进出口关税条例》列明予以减免的，如国际组织、外国政府无偿赠送的物资、中华人民共和国缔结和参加的国际条约规定减征、免征的货物、物品。特定减免是按照《海关法》和《进出口关税条例》的规定，给予经济特区等特定地区和外商投资企业等特定企业进出口的货物，以及其他依法给予关税减免优惠的进出口货物以减免关税优惠。临时减免是国家根据国内生产和国际市场行情变化，确定对某一类和几种商品在一定时限内临时降低或取消关税。

三、出口货物关税的征收和减免

根据《海关税则》的规定，海关对 47 类商品征收出口关税，其他出口货物可享受免费待遇，并对大部分出口货物实行退税制度，以鼓励出口。

（一）出口货物关税税额的确定

出口货物的完税价格是经海关审查确定的正常离岸价格（FOB）扣除出口关税后为完税价格（税前离岸价）。因此，出口货物无论是按何种价格成交，海关计算完税价格都按 FOB 价格扣除出口关税后计算，即：

$$出口货物完税价格＝FOB 价格／（1＋出口关税税率）$$
$$纳税人应交纳的关税税额＝完税价格×出口关税税率$$

（二）出口货物的关税减免

按照有关规定，以下出口货物可以享受关税的减免待遇：

（1）经济特区和经济开发区企业自行生产出口的应征出口税的货物，免征出口关税。但特区企业购自内地或由内地特区和开发区生产出口的应征出口税商品，仍应照章征收出口关税。

（2）来料加工、进料加工生产的复出口的成品，如属于应税商品的，经海关审查核实后，免征出口关税。

（3）设在开放城市和沿海经济开发区的外商投资企业，自行生产出口应税货物，免征出口关税。

（4）对沿海城市内的经济技术开发区出口的自行生产的应税货物，免征出口关税。

（5）其他企业因特殊原因，在货物出口前向海关提出书面申请，并经批准的，也可给予减免出口关税。

四、进出口货物关税的退返、补税及纳税争议

（一）进出口货物关税的退返

进出口货物在已纳完税款后，发现有下列情形之一的，海关应准予退税：

（1）因海关误征，多纳税款的。

（2）经海关核准免验进口的货物，在完税后，发现有短卸情况，经海关审查认可的。

（3）已征出口关税的货物，因故未装运出口，申报通关，经海关审查属实的。

（4）进口货物在完税以后放行以前，发现下列情况之一，经海关查明属实的，可酌情减免其进口关税：

①在境外运输途中或者在起卸时，遭受损坏或者损失的。

②起卸之后，海关放行之前，因不可抗力遭受损坏或者损失的。

③海关查验时已经破漏、损坏或者腐烂，经证明不是保管不慎造成的。

（5）按规定可以享受减免税的进出口货物，由于各种原因在进口时已予征税，事后发现，并经海关审查属实的。

（6）进出口货物按章征税的，由于种种原因经海关总署审查特案批准予以减免税的。

一般进出口货物的退税申请，应在缴纳税款之日起一年内提出；特定减免税货物补交减免税证明的退税申请，应以缴纳税款之日起三个月为限。

进出口货物的收、发货代理人，如欲申请退税，应在上述规定的退税范围和期限内，如实填写退税申请书（申请退关税的一式一份；申请退代征税的一式两份），并连同原纳税收据，向原征收税款海关的征税部门申请退税。

海关将在受理退税申请之日起 30 日内做出书面答复并通知退税申请人。

（二）进出口货物关税的补税

1. 补税的范围

（1）进出口货物、进出境物品放行后，海关因归类、估价或发现少征税款或者漏征税款的。

（2）特定减免税和保税等货物免税放行后，内销或者转让出售的。

（3）企业或个人违规、走私的进出口货物、进出境物品，经海关查获需予补征税款的。

2. 补税的期限

（1）海关发现少征或者漏征税款的，补税应自缴纳税款或者货物放行之日起一年为限。

（2）因收发货人或者其代理人违反规定而造成少征或漏征的税款，海关在三年内可以追征。

3. 补税所适用的税率和汇率

（1）以下几种情况应按原进口货物进口之日施行的税则所规定的税率补税：

①特定减免税和保税等货物，经海关批准，因故内销或者转让出售的。

②分期支付租金的租赁贸易进口货物。

③由于商品归类的变更，完税价格的审定或其他工作差错而需补征税款的。

④溢卸、误卸货物事后确定需补税的。

（2）暂时进口货物转为正式进口需予补税时，应按其转为正式进口之日施行的税则所规定的税率征税。

（3）保税货物和特定减免税货物等，未经海关批准擅自内销及查获的走私进口货物予补税时，应按查获之日施行的税则所规定的税率征税。

以上各项补税适用汇率一律按海关填发税款缴纳证之日中国人民银行公布的《人民币市场汇价表》的中间价结算。

（三）纳税争议的解决

纳税义务人同海关发生纳税争议时，应当先缴纳税款，然后自海关填发税款缴纳证之日起 30 日内向海关复议，海关应当自收到复议申请之日起 15 日内做出复议决定；纳税义务人对海关的复议决定不服，可以自收到复议决定书之日起 15 日内向海关总署申请复议；对海关总署做出的复议决定仍然不服，可以自收到复议决定书之日起 15 日内向人民法院起诉。

第六节　进出口货物报关单填制规范

一般进出口货物海关监管程序主要是进出境报关监管阶段：接受申报、海关查验、征收税费、验放货物。保税货物的海关监管程序除了和一般进出口货物海关监管程序一样有进出境报关监管阶段外，还有备案接受保税阶段申请和核销结案阶段。

进出口货物报关单是报关员代表报关单位向海关办理货物进出境手续的主要单证。按照《中华人民共和国海关进出口货物申报管理规定》和《中华人民共和国进出口货物报关单填制规范》的要求，完整、准确地填制进出口货物报关单是报关员执业必备的基本技能。

一、报关单的性质

进出口货物报关单是进出口货物的收发货人或其代理人，按照海关规定的格式对进出口货物的实际情况做出书面申明，并以此要求海关对其货物按适用的海关制度办理通关手续的法律文书。

二、报关单的分类

根据货物的流转状态、贸易和海关监管方式的不同，进出口货物报关单可做各种分类。

1. 按货物进出口的状态分类

按货物进出口的状态，报关单可分为进口报关单与出口报关单。

2. 按海关对报关单所报货物的监管方式分类

按海关对报关单所报货物的监管方式，报关单可分为通用报关单和专用报关单两类。通用报关单主要指进出口货物报关单，专用报关单又可分为保税区进出境货物备案清单、出口加工区进出境货物备案清单、过境货物报关单、进出境快件报关单和其他进出口货物报关单。

3. 按报关单的表现形式分类

按报关单的表现形式，报关单可以分为纸质报关单和电子数据报关单。

纸质进口报关单一式五联（海关作业联；海关留存联；企业留存联；海关核销联；进口付汇证明联）。

纸质出口报关单一式六联（海关作业联；海关留存联；企业留存联；海关核销联；出口收汇证明联；出口退税证明联）。

进/出口报关单分别为海关和企业用以办理相关手续之用。其中企业留存联、收付汇证明联及出口退税证明联分别是企业记账、办理收付汇核销、加工贸易核销及出口退税的重要凭证。

（1）进出口货物报关单海关作业联和海关核销联。

进出口货物报关单海关作业联和海关核销联是报关员配合海关查验、缴纳税费、提取和装运货物的重要单据，也是海关查验货物、征收税费、编制海关统计及处理其他海关事务的重要凭证。

（2）进出口货物报关单收付汇证明联。

进出口货物报关单付汇证明联和出口货物收汇证明联，是海关对已实际进出口货物所签发的证明文件，是银行和国家外汇管理局部门办理售汇、付汇和收汇及核销的重要依据之一。

进出口货物的收、发货人或其代理人对需要办理进口付汇和出口收汇核销的货物，应当在海关放行货物和结关以后，向海关申领进口货物报关单付汇证明联或出口货物报关单收汇证明联，到银行和国家外汇管理局部门办理已实际进出口货物的付汇和收汇。

（3）进出口货物报关单加工贸易核销联。

进出口货物报关单加工贸易核销联，是指口岸海关对已实际申报进口或出口的货物签发的证明文件，是海关办理加工贸易合同核销、结案手续的重要凭证。加工贸易进出口后，申报人应向海关领取进出口货物报关单海关核销联，凭其向主管海关办理加工贸易合同核销手续。

（4）出口货物报关单出口退税证明联。

出口货物报关单出口退税证明联，是海关对已实际申报出口并且已经装运离境货物签发的证明文件，是国家税务部门办理出口货物退税手续的重要凭证之一。出口货物的发货人或其代理人对可以办理出口退税的货物，应当在运载货物的运输工具实际离境、海关收到载货清单、办理结关手续后，向海关申领出口货物报关单出口退税证明联。对不属于退税范围的货物，海关不予签发该联。

4. 按使用性质分类

（1）进料加工进出口货物报关单（粉红色）。

（2）来料加工及补偿贸易进出口货物报关单（浅绿色）。

（3）一般贸易及其他贸易进出口货物报关单（浅蓝色）。

（4）需国内退税的出口货物报关单（浅黄色）。

（5）进出口收（付）汇证明联（浅灰色）。

5. 按用途分类

（1）报关单录入凭单，指申报单位按海关规定的格式填写的凭单，用作报关单预录入的依据。

（2）预录入报关单，指预录入公司录入、打印，并联网将录入数据传送到海关，由申报单位向海关办理申报手续的报关单。

（3）电子数据报关单，指申报单位通过电子计算机系统，按《中华人民共和国海关进出口货物报关单填制规范》的要求，同海关申报的电子报文形式的报关单及事后打印、补交备核的纸质报关单。

（4）报关单证明联，指海关在核实货物实际进出境后，按报关单格式提供的证明，供企业向税务、外汇管理部门办理有关手续的证明。

三、报关单的栏目与填制规范

进出口货物报关单各设有 48 个栏目，除"税费征收情况""海关审单批注及放行日期"等栏目外，其余均应由进出口货物收发货人或其代理人填写。这些栏目将分别反映货物的成交、包装、运输及海关实施监管、征税、统计需了解的情况。完整、正确地填写报关单，将有助于货物快速、便捷地通关，有助于国家通过海关达到税收和贸易管制等目的，同时更好地提供信息服务。

作为一名报关员理当了解报关单栏目设置目的，以便更好地填制报关单；在填制报关单时，必须按海关要求在纸质报关单和电子报关输入时填制海关规定相应的代码，有利于通关电子识别，加快通关速度，准确无纸化统计。

（一）报关单内容填制的依据

报关单各栏目的填制应如实反映进出口货物的客观状况，其依据主要来自三个方面：

1. 与货物包装和运输相关的单据

货物包装单据主要是装箱单，也有使用检数单、检尺单、磅码单等包装单据的情况。

货物运输单据主要是海运提单、空运与陆运的运单，也有使用联运提单、海运提单等其他单据的情况。

报关单内的进口口岸/出口口岸、运输方式、运输工具名称、提运单号、启运国（地区）/运抵国（地区）、装货港/指运港、件数、包装种类、毛重、净重、集装箱号、唛码及备注等栏目的填制信息主要来自上述包装和运输单据。

2. 与货物成交相关的单据

货物成交单据原本主要指进出口交易合同（或协议、确认书等），目前，除租赁、零售、易货等贸易方式以外，海关仅要求提供反映实际成交情况的"发票"。

报关单内的经营单位、结汇方式、成交方式、合同协议号、单价、总价、运费、保费、币制等栏目的填制信息主要来自发票。

3. 其他与海关管理相关的单据

其他与海关管理相关的单证主要有加工贸易登记手册、海关征免税证明、贸易管制的许可证件、原产地证、捐赠证明、礼品证明等。

报关单内的贸易性质、征免性质、备案号、许可证号、批准文号、随附单据、用途、征免等栏目除可从货物成交单据中获得部分信息外，主要填制信息来自上述单证。

（二）报关单的填制要求

报关员在填制报关单时，应按照海关的要求做到：

（1）填报必须真实，单证相符、单货相符。单证相符即所填报关单各栏目内容与提运单、装箱单、发票及贸易管制许可证件、加工贸易登记手册、征免税证明等随附单证相符；单货相符即所填报关单各栏目的内容必须与实际进出口货物情况相符。

（2）填报必须准确、齐全、规范。报关单各栏目内容按海关填制规范逐项填报（打印）。

（3）表头部分栏目内容重叠，必须分单填报，即分别填报。

（4）表体部分同栏目内容重叠，必须分项填报。

（5）表体部分一栏目同项内容重叠，必须分行申报。

（6）在正当理由下，可修改填报内容或撤销申报。已向海关申报的进出口货物，如填报内容与实际进出口货物不一致而又有正当理由的，应向海关提出更正申请，经海关核准后，对原填报内容进行更改或撤销申报。

（三）报关单栏目填写释疑

1. 预录入编号

报关单预录入编号规则由报关单位自行确定，预录入报关单及 EDI 报关单的预录入编号由接受申报的海关决定编号规则，计算机自动打印。

2. 海关编号

海关编号指海关接受申报时给予报关单的编号。共 9 位数码，其中前 2 位为分关（办事处）编号，第 3 位由各关自定义，后 6 位为顺序号。

3. 进口口岸/出口口岸

进口口岸/出口口岸指货物实际进出我国关境接口岸海关的名称。

注意：

①《关区代码表》用于填报进出口报关单的进出口口岸海关的名称。关区名称即各口岸海关中文名称。在使用关区代码时应注意。如《关区代码表》中只有直属海关关别和代码的，填报直属海关名称和代码；若有隶属海关关别和代码时，必须填报隶属海关关别和代码。

②进口转关运输货物应填报货物进境地海关名称和代码，出口转关应填报货物出境地海关名称和代码。

按转关运输方式监管的跨关区深加工结转货物，进口报关单报转入地海关名称和代码，出口报关单报转出地海关名称和代码。

③加工贸易合同项下货物必须在海关核发的《登记手册》（或分册）限定或指定的口岸海关办理报关手续，如《登记手册》（或分册）限定或指定的口岸与实际进出境口岸不符，应向合同备案主管海关办理《登记手册》变更手续后填报。

4. 备案号

本栏目填写加工贸易《登记手册》，即《进料加工登记手册》《来料加工及中小型补偿贸易登记手册》《外商投资企业履行产品出口合同进口料件及加工成品登记手册》《进出口货物征免证明》或其他有关备案审批文件的编号。

无备案审批文件的报关单不填。

一份报关单只允许填报一个备案号。

5. 进口日期/出口日期

进口日期指运载所需申报货物的运输工具申报进境的日期，本栏填报的日期必须与相应的运输工具进境日期一致。

出口日期指运载所需申报货物的运输工具办结出境手续的日期。本栏目供海关打印报关单证明联用，预录入报关单及 EDI 报关单均不需填。

无实际进出境的报关单填报办理申报手续的日期。

本栏目为 8 位数，顺序为年 4 位、月 2 位、日 2 位，如"20110801"。

6. 申报日期

申报日期指海关接受进出口货物的收/发货人或其代理人申请办理进出口手续的日期。

本栏目为 8 位数，顺序为年 4 位、月 2 位、日 2 位。

注意：一般情况下，进口申报日期不能早于进口日期，出口申报日期不能晚于出口日期。
预录入时不需输入，计算机对数据规范性审核通过后，系统正式接受的日期就作为申报日期。
进口日期与申报日期涉及滞报金、税率和汇率的正确应用。

7. 经营单位

本栏目填报经营单位的名称及经营单位编码（见表 6－3）。

经营单位应符合：一是对外签订并执行合同进出口贸易公司；二是中国境内法人；三
应有海关注册登记，获得海关给予的 10 位数企业代码。

表 6－3　经营单位编码（企业 10 位数海关登记注册代码）

第 1、第 2 位	省、自治区、直辖市代码		
第 3、第 4 位	省辖市（地区、直辖行政单位）代码		
第 5 位	地区性质代码	1	经济特区
		2	沿海开放城市
		3	经济技术开发区（高新技术）
		4	经济开放区（保税区）
		5	海南省
		6	西藏自治区
		7	广东省
		8	福建省
		9	其他
第 6 位	企业性质代码	1	国有
		2	合作
		3	合资
		4	独资
		5	集体
		6	私营
		7	个体工商户
		8	报关
		9	其他
第 7～10 位	顺序代码（临时报关代码为 0000 或 9999）		

对援助、赠送、捐赠的货物，应填报直接接收货物的单位。

合同签订、执行者不是同一企业，应按执行合同的企业填报。

对于外商投资企业委托外贸公司进口投资设备、物品的情况，按照本栏目一般的填报
要求，外贸公司对外签订并执行投资设备、物品的进口合同，似乎经营单位应填报外贸公
司，然而，若进口由外商投资企业委托，使用的是投资总额内资金，且进口的是设备、物

品时，"经营单位"栏应填报外商投资企业（委托进口人）的中文名称及代码，并在"备注栏"说明"委托××公司进口"。应特别注意采用这种填写方法须同时具备三个条件：

①由外商投资企业委托，而非其他企业（单位）委托。

②使用的是投资总额（包括追加投资）内资金，而非自有资金。

③进口的是设备、物品，而非加工生产成品所需原材料、零部件、包装物料等。

进出口企业之间相互代理进出口，或没有进出口经营权的企业委托有进出口经营权的企业代理进出口的，应填报代理方。

进口溢卸货物由对外贸易公司或外轮代理公司接受并办理报关纳税手续的，应为经营单位。如原收货人接受进口溢卸货物，则仍由原收货单位为经营单位。

8. 运输方式

根据实际运输方式按《运输方式代码表》（见表6-4）选择相应的运输方式填报。

表6-4　运输方式代码表

运输方式代码	运输方式名称	运输方式代码	运输方式名称
0	非保税区	8	保税仓库
1	监管仓库	9	其他运输
2	江海运输	A	全部运输方式
3	铁路运输	H	边境特殊海关作业区
4	汽车运输	W	物流中心
5	航空运输	X	物流园区
6	邮件运输	Y	保税港区
7	保税区	Z	出口加工区

运输方式包括实际运输方式和海关规定的特殊运输方式。

实际运输方式指货物实际进出境的运输方式，按进出境使用的运输工具分类（代码2、3、4、5、6、9。"9——其他运输"方式指利用人扛、驮畜、输油管道、输水管道和输电网等方式进出口货物的运输方式）。

特殊运输方式指境内进出和退回保税区或保税仓库等区域的运输方式（代码0、1、7、8、H、W、X、Y、Z）。

代码0：境内非保税区运入保税区和保税区退区（退运境内）货物。

代码1：境内存入出口监管仓和出口监管仓退仓货物。

代码7：保税区运往非保税区货物。

代码8：保税仓库转内销货物。

代码H：境内运入深港西部通道湾方口岸区的货物。

代码W：境内运入保税物流中心或从保税物流中心运往境内非保税物流中心的货物。

代码X：从境内运入保税物流园区或从园区运往境内的货物。

代码Y：从保税港区（不包括直通港区）运往区外和区外运入保税港区的货物。

代码Z：出口加工区运往境内加工区外和区外运入出口加工区的货物。

如进口转关运输货物，按载运货物抵达进境地的运输工具申报；出口转关运输货物，按载运货物驶离出境地的运输工具申报。

9. 运输工具名称

运输工具名称指载运货物进出境的运输工具的名称或运输工具编号。一份报关单只允许填报一个运输工具的名称。表6—5列出了运输方式及运输工具名称输入格式。表6—5列出了运输方式及运输工具名称输入格式。

表6—5　运输方式代码表

代码	运输方式	输入格式
0	非保税区	
1	监管仓库	
2	水路运输	船名＋"/"＋航次名
3	铁路运输	车次或车厢号＋"/"＋进出境日期
4	公路运输	国内行驶车牌号＋"/"＋进出境日期
5	航空运输	航班号＋进出境日期＋"/"＋总运单号
6	邮件运输	邮整包裹号＋"/"＋进出境日期
7	保税区	
8	保税仓库	
9	其他运输	如：管道、驮畜等
10	出口加工	

对于进出口转关运输，需填报"@"＋转关运输申报编号（见表6—6）。

表6—6　进出口中转运输电子输入格式表

代码	运输方式	输入格式	
		进口	出口
2	水路运输	进境船名＋"/"＋"@"＋进境航次	境内驳船名＋"/"＋驳船航次
3	铁路运输	车厢号＋"/"＋"@"＋进境日期	车名（关别代码＋"TRAIN"＋"/"＋启运日期
4	公路运输	国内行驶车牌号＋"/"＋进出境日期	车名（关别代码＋"TRUCK"＋"/"＋启运日期
5	航空运输	国际空运联程分运单号	

10. 提运单号

一份报关单只允许填报一个提运单号，如一票货物有几个提运单，应分单填报。其填报内容应与运输部门向海关提供的载货清单所列内容一致。表6—7列出了运输方式对应的提运单号输入格式。

表6—7　运输方式代码

代码	运输方式	输入格式
2	水路运输	进/出口提单号
3	铁路运输	运单号
4	公路运输	免
5	航空运输	总运单号
6	邮件运输	邮整包裹号
	无实际出境	空

11. 收货单位/发货单位

本栏目应填收货单位/发货单位的中文名称或其海关注册编码。

12. 贸易方式（监管方式）

进出口货物监管方式，即现行进出口货物报关单"监管方式"，是以国际贸易中进出口货物的贸易方式为基础，结合海关对进出口货物的征税、统计及监管条件综合设定海关对进出口货物的管理方式。

由于海关对不同监管方式下进出口货物的监管、征税、统计作业的要求不尽相同，因此为满足海关管理的要求，H2000通关管理系统的监管方式代码采用四位数字结构，其中前两位是按海关监管要求和计算机管理需要划分的分类代码，后两位为海关统计代码。

本栏目根据实际情况，并按海关规定的贸易方式（监管方式）代码表（见表6—8）选择相应的简称或代码。一份报关单只允许填报一种贸易方式。

表6—8 主要贸易方式（监管方式）代码表

监管方式代码	监管方式简称	监管方式全称
0110	一般贸易	一般贸易
0130	易货贸易	易货贸易
0214	来料加工	来料加工装配贸易进口料件及加工出口货物
0245	来料料件内销	来料加工料件转内销
0255	来料深加工	来料深加工结转货物
0258	来料余料结转	来料加工余料结转
0265	来料料件复出	来料加工复运出境的原进口料件
0300	来料料件退换	来料加工料件退换
0345	来料成品减免	来料加工成品凭征免税证明转减免税
0420	加工贸易设备	加工贸易项下外商提供的进口设备
0444	保区进料成品	按成品征税的保税区进料加工成品转内销货物
0445	保区来料成品	按成品征税的保税区来料加工成品转内销货物
0446	加工设备内销	加工贸易免税进口设备转内销
0456	加工设备结转	加工贸易免税进口设备结转
0466	加工设备退运	加工贸易免税进口设备退运出境
0513	补偿贸易	补偿贸易
0544	保区进料料件	按料件征税的保税区进料加工成品转内销货物
0545	保区来料料件	按料件征税的保税区来料加工成品转内销货物
0615	进料对口	进料加工（对口合国）
0642	进料以产顶进	进料加工成品以产顶进
0644	进料料件内销	进料加工料件转内销
0654	进料深加工	进料深加工结转货物
0657	进料余料结转	进料加工余料结转
0664	进料料件复出	进料加工复运出境的原进口料件
0700	进料料件退换	进料加工料件退换
0715	进料非对口	进料加工（非对口合同）
0744	进料成品减免	进料加工成品凭征免税证明转减免税
0815	低值辅料	低值辅料

（续 表）

监管方式代码	监管方式简称	监管方式全称
0844	进料边角料内销	进料加工项下边角料转内销
0845	来料边角料内销	来料加工项下边角料转内销
0864	进料边角料复出	进料加工项下边角料复出口
0865	来料边角料复出	来料加工项下边角料复出口
1110	对台贸易	对台直接贸易
1139	国轮油物料	中国籍运输工具境内添加的保税油料、物料
1215	保税工厂	保税工厂
1233	保税仓库货物	保税仓库进出境货物
1234	保税区仓储转口	保税区进出境仓储转口货物
1300	修理物品	进出境修理物品
1427	出料加工	出料加工
1500	租赁不满1年	租期不满1年的租赁贸易货物
1523	租赁贸易	租期在1年及以上的租赁贸易货物
1616	寄售代销	寄售、代销贸易
1741	免税品	免税品
1831	外汇商品	免税外汇商品
2025	合资合作设备	合资合作企业作为投资进口设备物品
2225	外资设备物品	外资企业作为投资进口设备物品
2439	常驻机构公用	外国常驻机构进口办公用品
2600	暂时进出货物	暂时进出口货物
2700	展览品	进出境展览品
2939	陈列样品	驻华商业机构不复运出口的进口陈列样品
3010	货样广告品A	有经营权单位进出口的货样广告品
3039	货样广告品B	无经营权单位进出口的货样广告品
3100	无代价抵偿	无代价抵偿进出口货物
3339	其他进出口免费	其他进出口免费提供货物
3410	承包工程进口	对外承包工程进口物资
3422	对外承包出口	对外承包工程出口物资
3511	援助物资	国家和国际组织无偿援助物资
3612	捐赠物资	进出口捐赠物资
4019	边境小额	边境小额贸易（边民互市贸易除外）
4039	对台小额	对台小额贸易
4200	驻外机构运回	我驻外机构运回旧公用物品
4239	驻外机构购进	我驻外机构境外购买运回国的公务用品
4400	来料成品退换	来料加工成品退换
4500	直接退运	直接退运
4539	进口溢误卸	进口溢卸、误卸货物
4561	退运货物	因质量不符、延误交货等原因退运进出境货物
4600	进料成品退换	进料成品退换
9639	海关处理货物	海关变卖处理的超期未报货物，走私违规货物
9700	后续补税	无原始报关单的后续补税
9739	其他贸易	其他贸易

（续　表）

监管方式代码	监管方式简称	监管方式全称
9800	租赁征税	租赁期1年及以上的租赁贸易货物的租金
9839	留赠转卖物品	外交机构转售境内或国际活动留赠放弃特批货物
9900	其他	其他

主要贸易方式的内涵及适用范围：

贸易方式栏目可选择填报的项目达90余种，其中对何种情况下适用"一般贸易"方式，往往会出现认识上的偏差。"一般贸易"并非"一般进出口"。例如，"一般贸易"方式是指单边进口或单边出口的贸易，但虽为单边进口或单边出口（单边逐笔售定），如果进出口货样、广告品、无经营权的单位经批准临时进出口货物、以一般贸易方式成交的外商投资企业在投资总额内进口设备物品、保税仓库以一般贸易方式购进的货物，以及以一般贸易方式购买进口拟用于加工出口产品的料件等，因另有"贸易方式"项，故一律不能按"一般贸易"来填报"贸易方式"栏目。

"合作合资设备"或"外资设备、物品"这两项贸易方式按填制规范的要求，仅适用于一种情况，即外商投资企业在投资总额内进口设备物品，而不论其是否享受减免税优惠。应注意的是，外商投资企业使用投资总额以外的自有资金进口设备、物品或虽使用投资总额内资金，但进口的是生产内、外销产品所需料件的均不能按本项贸易方式填报。

报关单填写某一"贸易方式"，在一定程度上表明了进出口货物收发货人或其代理人要求海关对其进出口货物按适用的某一海关制度办理通关手续。正确填写"贸易方式"栏目，有助于海关确定货物适用的海关制度、征免性质和需提交的进出口许可证和相关文件。

13. 征免性质

本栏目应按海关核发的《免征税证明》中批注的征免性质填报，或根据实际情况按海关规定的《征税性质代码表》（见表6—9）选择相应的征免性质或代码。

征免性质是指海关对进出口货物实施征、减、免税管理的性质类别。

征免性质为照章征税、法定减免税、特定减免税和临时减免税四部分。其中特定减免税又分为按地区实施的税收政策、按用途实施的税收政策、按贸易性质实施的税收政策、按企业性质和资金来源实施的税收政策等五类。一份报关单只允许填报一种征免性质，涉及多个征免性质的，应分单填写。

表6—9　征免性质代码表

代码	征免性质简称	征免性质全称
101	一般征税	一般征税进出口货物
201	无偿援助	无偿援助进出口物资
299	其他法定	其他法定减免税进出口货物
301	特定区域	特定区域进口自用物资及出口物资
307	保税区	保税区进口自用物资
399	其他地区	其他执行特殊政策地区出口货物
401	科教用品	大专院校及科研机构进口科教用品
403	技术改造	企业技术改造进口货物

（续　表）

代码	征免性质简称	征免性质全称
406	重大项目	国家重大项目进口货物
412	基础设施	通信、港口、铁路、公路、机场建设进口设备
413	残疾人	残疾人组织和企业进出口货物
417	远洋渔业	远洋渔业自捕水产品
418	国产化	国家定点生产小轿车和摄录机企业进口散件
501	加工设备	加工贸易外商提供的不作价进口设备
502	来料加工	来料加工装配和补偿贸易进口料件及出口成品
503	进料加工	进料加工贸易进口料件及出口成品
506	边境小额	边境小额贸易进口货物
601	中外合资	中外合资经营企业进出口货物
602	中外合作	中外合作经营企业进出口货物
603	外贸企业	外商独资企业进出口货物
606	海洋石油	勘探、开发海洋石油进口货物
608	陆上石油	勘探、开发陆上石油进口货物
609	贷款项目	利用贷款进口货物
789	鼓励项目	国家鼓励发展的内外资项目进口设备
799	自有资金	外商投资额外利用自有资金进口设备、备件、配件
801	救灾捐赠	救灾捐赠进口物资
898	国批减免	国务院特准减免税的进出口货物
998	内部暂定	享受内部暂定税率的进出口货物
999	例外减免	例外减免税进出口货物

注意：

①关于"征免性质"栏目常用征免性质的内涵和适用范围。

例如，"一般征税"，适用于依照《海关法》、《关税条例》及其他法规所规定的税率征收关税、进口环节增值税和其他税费的进出口货物。应注意的是，上述应税货物若在《进出口税则》中未列有税率的仍应在"征免性质"栏目填报"一般征税"。

②加工贸易报关单上，本栏目应按海关核发的《登记手册》中批注的征免性质来填报相应的征免性质简称或代码。

③保税工厂经营的加工贸易，根据《登记手册》填报"进料加工"或"来料加工"。

④三资企业按内外销比例为加工内销产品而进口料件，填报"一般征税"或其他相应征免性质。

⑤加工贸易转内销货物，按实际享受的征免性质填报（如一般征税、科教用品、其他法定等）。

⑥料件退运出口、成品退运进口货物填报其他。

⑦加工贸易结转本栏为空。

⑧关于"鼓励项目"。适用于国家鼓励发展的国内投资和外商投资项目在投资总额内按照有关减免税政策进口的，以及 1998 年后利用外国政府和国际金融组织贷款项目进口的设备、技术等。应注意的是，鼓励类外商投资项目在 1998 年以前以投资总额内进口设

备及物品的方式按照有关减免税规定在海关备案的，进口时在报关单"征免性质"栏目应按其外商投资方式分别填报"中外合资"、"中外合作"或"外资企业"。

14. 征税比例/结汇方式

征税比例仅用于"非对口合同进料加工"贸易方式下（代码"0715"）进口料件的进口报关单，填报海关规定的应征税税率。例如，5%填报"5"，15%填报"15"。若其他情况有征税比例的但不是5%或15%，必须拆单申报。

出口报关单应填报结汇方式，即出口货物的发货人或其代理人收结外汇的方式（见表6-10）。

表6-10 结汇方式代码表

结汇方式代码	结汇方式名称	结汇方式代码	结汇方式名称
1	信汇	6	信用证
2	电汇	7	先出后结
3	票汇	8	先结后出
4	付款交单	9	其他
5	承兑交单		

说明：①结汇方式是出口货物发货人或其代理人通过银行收结外汇的方式。

②汇付包括信汇、电汇、票汇（汇付时间分预付和后付）。

③托收包括付款交单、承兑交单、信用证、先出后结、先结后出和其他。

15. 许可证号

应申领进出口许可证的货物，本栏目必须填报商务部及其授权发证机关签发的进出口许可证的编号，不得为空。一份报关单只允许填报一个许可证号。一份报关单应对多个许可证号必须拆单填报。

许可证号的组成：第1、第2位代表年份，第3、第4位代表发证机关（AA——部级发证；AB/AC——特派员办事处发证；01、02——地方发证），后6位为顺序号。

（16）起运国（地区）/运抵国（地区）。

本栏目应按海关规定《国别（地区）代码表》选择填报相应的起运国（地区）/运抵国（地区）中文名称或代码（见表6-11）。无实际进出境的，本栏目填报"中国"（代码"142"）。

起运国（地区）指进口货物起始发出的国家（地区）。

运抵国（地区）指出口货物直接发出的国家（地区）。

关于运输中转货物的"启运国""运抵国"的确定问题：货物运输中转的原因很多，是否发生中转，可根据有否二程运输、有否使用联运提单，运输单据等有无"VIA"或"INTRANSIT TO"字样来确定。"有"或"是"则可确定发生中转。对于发生运输中转而未发生任何买卖关系的货物，其"起运国""运抵国"不变。但对于发生运输中转并发生了买卖关系的货物，其中转地所属国家（地区）应作为"起运国"或"运抵国"填报。至于货物是否与运输中转地贸易商发生买卖关系，可通过运输单据、发票等单证来判断。

起运国或运抵国的正确填写，可以反映各国间的经济贸易关系，反映一国与世界其他国家的贸易情况及一国在世界经济交往中所处的地位。

例如，中国购自加拿大的产品，如果直接运至中国，填报进口报关单时，起运国应填报为（加拿大）；如途径中国香港转运至中国内地，因在香港未发生买卖行为，填报进口报关单时，起运国应填报为（加拿大）；中国内地购自中国香港的加拿大的产品，因该产品在香港发生了买卖行为，填报进口报关单时，起运国（地区）应填报为（香港）。

表 6—11　常用的国别（地区）代码表

国别（地区）代码	中文国名（地区）	英文国名（地区）	优/普税率标记
110	中国香港	Hong Kong	L
112	印度尼西亚	Indonesia	L
116	日本	Japan	L
121	中国澳门	Macau	L
129	菲律宾	Philippines	L
132	新加坡	Singapore	L
133	韩国	Korea Rep.	L
142	中国	China	L
143	台澎金马关税区	Taiwan prov. of China	L
215	埃及	Egypt	L
244	南非	South. Africa	L
301	比利时	Belgium	L
303	英国	United Kingdom	L
304	德国	Germany	L
305	法国	France	L
307	意大利	Italy	L
309	荷兰	Netherlands	L
310	希腊	Greece	L
344	俄罗斯联邦	Russian Federation	L
402	阿根廷	Argentina	L
410	巴西	Brazil	L
434	秘鲁	Peru	L
501	加拿大	Canada	L
502	美国	United States	L
601	澳大利亚	Australia	L
609	新西兰	New Zealand	L
701	国（地）别不详	Countries（reg.）unknown	H
702	联合国及机构和国际组织	UN and other international org.	
999	中性包装原产国别	Countries of Neutral Package	H

17. 装货港/指运港

本栏目应根据实际情况按海关规定的《港口航线代码表》选择相应的港口中文名称或

代码填报。无实际进出境的，本栏目填报"中国"（代码"142"）。

装货港指进口货物在运抵我国关境前的最后一个境外装运港（一般情况下，装货港所属国家应与起运国一致；但在运输中转地换装运输工具，并未发生商业性交易的货物，装货港所属国家可与起运国一致）。

指运港指出口货物运往境外最终目的港，最终目的港不可预知的，可按尽可能预知的目的港填报。

例如，一批进口货物由美国长滩运往中国香港，中转后运往中国某港口，则该批货物的装货港应填报（香港）；如无在香港中转，则该批货物的装货港应填报（长滩）。

18. 境内目的地/境内货源地

本栏目应根据进口货物的收货单位、出口货物生产厂家或发货单位所属国内地区，按海关的《国内地区代码表》选择相应的国内地区名称或代码填报。

境内目的地指进口货物在国内的消费、使用地或最终运抵地。

境内货源地指出口货物在国内的产地或原始发货地。

19. 批准文号

进口报关单应填报"进口付汇核销单"编号；出口报关单应填报"出口收汇核销单"编号。

20. 成交方式

本栏目根据实际成交价格条款按海关规定的《成交方式代码表》（见表6—12）选择相应的成交方式代码填报。

无实际成交进出境的，进口填报 CIF 价格，出口填报 FOB 价格。

表6—12 成交方式代码表

成交方式代码	成交方式名称	成交方式代码	成交方式名称
1	CIF	4	C&I
2	C&F	5	市场价
3	FOB	6	垫仓

21. 运费

运费指进出口货物从始发地至目的地的运输所需要的各种费用。

本栏目填报时注意，进口成交价格中不包含运费（FOB）；出口成交价格中包含运费（CIF、CFR）。

运费可按单价、总价或运费率三种方式选其一填报，同时注明运费标记，按海关规定的《货币代码表》（见表6—13）选择相应的币种代码填报。

运保费合并计算的，运保费填报在本栏目。

运费标记包括："1"为运费率，"2"为每吨货物的运费单价，"3"为运费总价。

运费的三种格式分别为：

①总价运费：币种/总价/3，如"110/100000/3"；

②单价运费：币种/单价/2，如"110/20/2"；

③运费率：费率/1，如5%，填报为"5"。

表 6—13　货币代码表

货币代码	货币符号	货币名称	货币代码	货币符号	货币名称
110	HKD	港币	304	DEM	德国马克
116	JPY	日本元	305	FRF	法国法郎
121	MOP	澳门元	307	ITL	意大利里拉
129	PHP	菲律宾比索	312	ESP	西班牙比塞塔
132	SGD	新加坡元	315	ATS	奥地利先令
136	THB	泰国铢	318	FIM	芬兰马克
142	CNY	人民币	326	NOK	挪威克朗
300	EUR	欧元	330	SEK	瑞典克朗
301	BEF	比利时法郎	331	CHF	瑞士法郎
302	DKK	丹麦克朗	501	CAD	加拿大元
303	GBP	英镑	502	USD	美元
601	AUD	澳大利亚元	609	NZD	新西兰元

22. 保险费

保险费指被保险人用承保某种损失、风险而支付给保险人的对价或保酬。

本栏目用于：进口货物的成交价格中不包含保险费（CFR、FOB）；出口货物的成交价格中含有保险费（CIF）。

填写本栏目时可按保险费总价或保险费率两种方式之一填报，同时注明保险费标记，并按海关规定的《货币代码表》选择相应的币种代码填报。

运保费合并的，运保费填报在运费栏目中。

保险费标记包括："1"为保险费率；"3"为保险费总价。

保险费的两种格式分别为：

①总价保费：币种/总价/3，如 110/100000/3。

②保险费率：费率/1，费率按百分比填报，如 0.3％的保险费率填报为"0.3"。如果没有保险费，则按"货价＋运费"总额的 0.3％的填报。

23. 杂费

杂费指成交价格以外的应记入完税价格或应从完税价格中扣除的费用，如手续费、佣金、回扣等。

杂费应计入货物的价格或应从完税价格中扣除的费用如何确定？"杂费"栏应否填报？这取决于在成交价格以外，按海关"完税"价格审定办法，有无"调整因素"。经调整的实际成交价格方为海关征税所指成交价格，而这里的成交价格不完全等同于贸易中实际发生的发票价格，故调整的因素应计入或扣除，分别以正数或负数填报在"杂费"栏目。

本栏目可按杂费总价或杂费率两种方式之一填报，同时注明杂费标记，并按海关规定的《货币代码表》选择相应的币种代码填报。

杂费标记包括："1"为杂费率；"3"为杂费总价。

杂费的两种格式分别为：

①杂费率：费率/1，如应计入完税价格的1.5%的杂费率填报为"1.5/1"，应从完税价格中扣除的1%的回扣率填报为"－1/1"。

②杂费总价：币制/总价/3，如应计入完税价格的600美元的杂费总价填报为"502/600/3"，应从完税价格中扣除600美元杂费总价填报为"502/－600/3"。

24. 合同协议号

本栏目应填报进出口货物合同（或协议）的全部字头和号码。

25. 件数

本栏目应填报有外包装的进出口货物的实际件数，不得填报0；货物可以单独计算的一个包装称为一件，裸装货物填报为1。

当舱单件数为集装箱（TEU）的，填报集装箱个数；当舱单件数为托盘的，填报托盘数。

当舱单件数显示为1，而该批货物有两家单位申报，则两家单位分别制单，件数均填报为1。

26. 包装种类

本栏目应填报进出口货物的实际外包装的种类，如木箱、铁桶、散装等。

27. 毛重（千克）

毛重指货物和包装材料的重量总和。

本栏目应填报进出口货物的实际毛重，计量单位为千克，不足1千克的填报为1。

28. 净重（千克）

净重指货物本身的实际的重量。

本栏目应填报进（出）口货物的实际净重，计量单位为千克，不足1千克的填报为1。

29. 集装箱号

本栏目应填报集装箱编号和数量（非集装箱货物填报为0）。

在H2000通关系统中，集装箱号填报在集装箱表中，一个集装箱填一条记录，分别填报集装箱号、规格（20′，40′，45′，48′，53′）和自重。

在手工填制纸质报关单时，以"集装箱号"＋"规格"＋"自重"填制，如集装箱数多，栏内填写空间不足，可将第一个集装箱号填在栏内，其余的依次填报在"标记唛码及备注"栏中，或打印在随附清单上。

30. 随附单据

随附单据指随进（出）口货物报关单一并向海关递交的单证和文件。

本栏目应按海关规定的《监管证件名称代码表》（见表6—2）选择相应的证件的代码填报，并将相关证件的编号填报在备注栏的下半部分。

31. 用途/生产厂家

进口货物填报用途应根据进口货物实际用途按海关规定的《用途代码表》（见表6—14）选择相应的用途代码填报。出口货物填报生产厂家（境内生产企业）。

表6-14　用途代码表

用途代码	用途名称	用途代码	用途名称
01	外贸自营内销	07	收保证金
02	特区内销	08	免费提供
03	其他内销	09	作价提供
04	企业自用	10	货样，广告品
05	加工返销	11	其他
06	借用		

32. 标记唛码及备注

备注栏分前半段和后半段。

前半段填报的内容包括：

①标记唛码中除图形以外的文字、数字。

②一票货物多个集装箱的，在本栏填其余的集装箱号。

③如受外商投资企业委托代理进口投资设备、物品的，填外贸企业的名称。

④加工贸易结转货物，其对应的备案号应填报在备注栏中，如出口报关单应填"转出至×××号手册"。经批准转内销的边角料、废次料，应在本栏目注明"残次料"。

⑤申报采用协定税率的商品，填报原产地标记。

⑥其他需申报说明的事项。

后半段填报：随附单证中监管证件（不包括许可证）的编号，即"监管证件代码；监管证件号码"。

33. 项号

本栏目分两行填报：第一行填报报关单中的商品排列序号；第二行专用于填报加工贸易等以备案的货物在备案手册中的项号。

加工贸易合同项下进出口货物，在本栏第二行填报与《登记手册》一致的商品项号，所填报的项号用于核销对应项号下的料件或成品数量。特殊情况填报要求如下：

①料件结转货物：出口报关单按照转出《登记手册》中进料项号填报，进口报关单按照转进《登记手册》中进料项号填报。

②深加工结转货物：分别按照《登记手册》中的出口成品和进料项号填报。

③料件复出货物：出口报关单按照《登记手册》中进料的项号填报。

④料件转内销或按料件补办进口手续的成品转内销：在进口报关单本栏目内填报《登记手册》中相应进口料件的项号。

⑤成品转内销货物：进口报关单填报《登记手册》出口成品的项号。

⑥成品退运货物：退运进境报关单和复运出境报关单按照《登记手册》原出口成品的项号填报。

⑦凭《征免税证明》成品转为享受减免税货物：先办理进口报关手续，进口报关单填报《征免税证明》的项号；出口报关单填报《登记手册》原出口成品的项号；进、出口报关单货物数量应一致。

34. 商品编号

按海关规定的商品分类编码规则确定的进（出）口货物的商品编号填报。

加工贸易《登记手册》中商品编号与实际商品编号不符的，应按实际商品编号填报。

35. 商品名称、规格型号

本栏目分两行填报：第一行填报进出口商品货物规范的中文商品名称；第二行填报规格、型号，必要时可加注原文。

填报商品名称及规格型号应具实、详细，与提供的商业发票相符，以能满足海关归类、审价和监管的要求为准。对禁止、限制进出口的管制商品，其名称必须与交验的批准证件上的商品名称相符。

对加工贸易等已备案的货物，填报时录入的内容必须与备案登记中同项号下的货物名称、规格、型号一致。

一份报关单中填报加工贸易手册、免表等备案商品的，不能再填报其他商品。

36. 数量及单位

本栏目应按照海关规定的《计量单位代码表》选择相应的计量单位代码填报。

本栏目分三行填报：第一行填报法定第一计量单位及数量；第二行填报第二计量单位及数量，海关法定计量单位中列名无第二计量单位的，第二行为空；第三行填报成交计量单位（如果成交计量单位与海关法定计量单位不一致的话），如与海关法定计量单位一致时，第三行为空。

例如，出口 1000 台电风扇，输入功率为 50W。第一行填"1000"台，第二行填"50W"，第三行为空。

计量单位不能以"批"、"箩"、"担"或"配件一套"等模糊或非法定的计量单位填报。

应征商品申报数量不可超过许可证数量，应征大宗散货不可超过许可证数量的允许误差的范围。

加工贸易等已备案的货物，成交计量单位必须与备案登记中同项号下货物的计量单位一致。不相同时应修改备案或转换一致后填报。

37. 原产国（地区）/最终目的国（地区）

本栏目应按海关规定的《国别（地区）代码表》选择填报相应的国家（地区）名称和代码。

原产国（地区）指进口货物的生产、开采或加工制造的国家（地区）。

最终目的国（地区）指出口货物的最终实际消费、使用或进一步制造的国家（地区）。

注意：

①深加工结转货物，进出口报关单均填报"中国"（代码"142"）。

②料件结转货物，出口报关单填报"中国"（代码"142"）；进口报关单填报原料件生产国。

③料件复运出境货物，填报实际最终目的国；加工出口因故退运境内的，填报"中国"（代码"142"）；复运出境时，填报实际最终目的国。

正确填写进出口货物的原产地主要是为了有效地实施各项贸易措施，包括最惠国待遇、反倾销和反补贴、保障措施、原产地标记管理、国别数量限制、关税配额等非优惠贸易措施，以及进行政府采购、贸易统计活动等。

38. 单价/总价

本栏目应填报同一项号下进（出）口货物实际成交的商品价格。

无实际成交价格的，填报货值。

如是退运进口的出口货物，应按该货物的原出口价格填报；来料成品出口，填报工缴费和料件费（FOB）价，并在备注栏内注明工缴费（用于说明对外收汇的金额）。

作为报关单随附单据之一的发票，由于发票制作的多样性，常常会使发票显示出单价、总价间的不平衡，因此需要在填制报关单时作必要的分摊或调整。

"单价"栏应填报同一项号下进出口货物实际成交的商品单位价格的金额；而"总价"栏则应填报同一项号下进出口货物实际成交的商品总价。

实际成交价格是指在发票中列明由买方直接向卖方支付的价格，与海关审价时使用成交价格法所指成交价格是有区别的。因此发票以外的其他实付、应付价格均不能进入单价或总价。但是，若发票除列明商品单价外，另有单独列明的其他实付价格，并计入总价的，则这类其他实付价格应分摊进单价。"单价"栏理当按调整后的价格填报。同理，若发票列明在单价基础上乘以进口商品数量的总价以外，在发票里另有单独列明的其他实付价格，则该其他实付价格不仅应分摊进单价，且应计入总价。"单价""总价"栏理应按调整后的价格填报。

39. 币制

币制指进出口货物实际成交价格的币制。

本栏目应根据实际成交情况按海关规定的《货币代码表》选择相应的货币名称或代码。如《货币代码表》中无实际成交的币种，应转换后填报。

40. 征免（规定）

征免（规定）指海关对进出口货物进行征税、减税、免税或特案处理的实际操作方式。

本栏目应按照海关规定的《征减免税方式代码表》（见表6—15）或有关政策规定，对报关单所列的每项商品选择填报海关规定的《征减免税方式代码表》中相应的征减免税方式。

加工贸易报关单应根据《登记手册》中的征免规定填报。

表6—15　征减免税方式代码表

征减免税方式代码	征减免税方式名称	征减免税方式代码	征减免税方式名称
1	照章征税	5	随征免性质
2	折半征税	6	保证金
3	全免	7	保函
4	特案	8	折半补税

填报此表说明：

代码1：进出口货物依法定税率计征各类税、费。

代码2：依照海关签发的"进出口货物征免税证明"或海关总署的通知，对进出口货物依照法定税率折半征收税款。

代码3：依照海关签发的"进出口货物征免税证明"或其他有关规定，对进出口货物免征关税和增值税，消费税是否免征依批文规定办理。

代码4：依照海关签发的"进出口货物征免税证明"或其他有关规定所规定税率或完税计征关税、增值税和消费税。

代码5：用于特定监管方式进出口货物按特殊计税公式或税率计征关税、增值税和消费税。

代码6：经海关准予担保放行的货物收取的保证金。

代码7：经海关准予担保放行的货物凭保函办理。

代码8：对已征半税的特供区内销售的市场物资，经海关核准运往特区外时，征收另一半相应税款。

对出口法定零税率的"一般贸易"货物，本栏应填报"照章征税"，而不是"全免"。

"租赁不到一年"和"租赁征税"下的进口货物，本栏应填报"照章征税"，工贸公司进料非对口合同有5%和15%征收比例的，本栏应填报"征免"。

41. 申报单位

报关单位指对申报内容的真实性直接向海关负责的企业或单位。自理报关的，应填报进出口货物的经营单位名称及代码。委托代理报关的，应填报经海关批准的专业代理报关企业的名称及代码。

本栏目指报关单位左下方用于填报申报单位有关情况的总栏目，包括报关单位的地址、邮编、电话等，由申报单位的报关员填报。

（四）报关单栏目间的逻辑关系

报关员在填制报关单时，除应当以实际进出口货物成交、运输、包装及贸易管制等的状况作为依据，按照填制规范的要求填写报关单各栏目外，还可通过审核相关栏目间的逻辑关系来衡量、判断填制的准确性、合理性。

栏目间应注意的逻辑关系：

1. "贸易方式""征免性质""用途""征免"（征减免税方式）之间的逻辑关系

这四个栏目在填写时，均不能直接从成交、运输、包装等进出口商业单据中查找依据，而是需要报关员综合各种情况后，依填制规范，推断确定应填报的内容。例如：

（1）某外贸公司以一般贸易方式成交，在不能享受特定减免税的情况下，其贸易方式栏应填报"一般贸易"，征免税性质栏应填报"一般征税"，用途栏应填报"外贸自营内销"，征免栏应填报"照章征税"。

（2）某外商投资企业利用其投资总额以外的自有资金进口更新换代设备的，则其贸易方式栏应填报"一般贸易"，征免性质栏应填报"自有资金"，用途栏应填报企业自用，征免栏应填报"全免"。某外商投资企业为履行出口合同而进口加工出口产品所需的料件，进口时其报关单贸易方式栏应填报"进料加工"，征免性质栏填报"进料加工"，用途栏填报"加工返销"，征免栏填报"全免"。

表6—16对主要的几组关系做了简要概括。

表 6-16　"贸易方式""征免性质""用途""征免"之间的逻辑关系

贸易方式	征免性质	用　途	征免
一般贸易	一般征税	外贸自营内销	照章征税
		其他内销	
	科教用品	企业自用	全免
	鼓励项目（内）		
	自有资金		
来料加工	来料加工	加工返销	全免
进料加工	进料加工		
合资合作设备	中外合资	企业自用	全免
	中外合作		
	鼓励项目		
	一般征税		全免
外资设备物品	外资企业	企业自用	全免
	鼓励项目		
	一般征税		照章征税
不作价设备	加工设备		全免

2. "成交方式""运费""保费"之间的逻辑关系

报关单填制规范明确要求应根据实际成交价格条款，按海关规定的《成交方式代码表》选择填报相应的成交方式代码，并视成交方式的具体情况，确定应否填写"运费"和"保费"栏。例如：

（1）进口成交价格为 CIF 的，其成交方式栏应填报 CIF，由于运费、保税已包含在内，故运费、保费两栏应不填。

（2）出口成交价格为 CIF 的，其成交方式栏应填报 CIF，因海关征税、统计均需在确定货物成本价格，即 FOB 价格的基础上进行，故"运费""保费"两栏目均应填报。

3. "经营单位"与"收发货单位"之间的逻辑关系

由于进出口交易状况的多样性，且报关单填制规范又有特别的填报规定，因此这两个栏目的填报随之也变得较为复杂。例如：

（1）某外贸公司受国内进口单位的委托，对外签订进口合同，进口报关时不论是自理报关，还是委托报关企业报关，报关单上"经营单位"栏，应填报该外贸公司的名称及代码，"收货单位"栏应填写委托进口单位的代码，没有代码的填写名称。但委托单位是外商投资企业，且进口货物为该外商投资企业在投资总额内进口的设备时，则不适用该项填报规范。

（2）某外商投资企业为生产内销产品而对外签订进口料件合同，进口报关时，报关单上"经营单位"栏应填该外商投资企业的名称及代码，"收货单位"栏应填该外商投资企业的代码。

4. "装货港"与"起运国"之间的逻辑关系

进口货物报关单的"装货港"与"起运国"如何填写与货物的交易和装运情况密切相关。表 6-17 将两栏目涉及的实际情况进行了归纳。

表 6—17　"装货港"与"起运国"之间的逻辑关系

货物装运状况	货物交易状况	确定装货港	确定起运国
货物直接从起运港运抵进口港	与起运国的贸易商交易	货物起运港为装货港	货物起运港的所在国（地区）为起运港
	与非起运国的贸易商交易		
货物起运后经过某港口再运抵进口港	与途经港口的国家的贸易商交易	货物起运港为装货港	货物起运港的所在国（地区）为起运港
	与途经港口以外的国家的贸易商交易		
货物起运后在途经港口换装运输工具后再运抵进口港	和货物在途经港口换装运输工具的所在国贸易商交易	货物换装运输工具的途经港口为装货港	货物交易在途经港口换装运输工具的所在国（地区）为起运国
	与途经港口以外的国家的贸易商交易		货物起运港的所在国（地区）为起运国

【本章小结】

通过本章的学习，使学员和进出口货物的收发货人及其代理人熟悉和遵守海关法，熟悉进出口货物的通关监管制度、进出口货物的通关程序，应征进出境货物关税、正确地填制进出口货物报关单，达到顺利办理进出口货物的目的。

【本章关键词】

1. 关税
2. 海关税则
3. 进口关税
4. 进口附加税
5. 反倾销税
6. 反补贴税
7. 报复性关税
8. 出口关税
9. 过境税
10. 保税货物
11. 保税仓库
12. 出口监管仓库
13. 保税工厂
14. 报关单位
15. 报关企业

16. 进出口货物收发货人
17. 报关员
18. 查验
19. 加工贸易
20. 载货清单
21. 原始载货清单
22. 预配载货清单
23. 装载载货清单

【本章习题】

1. 我国出口货物通关有几个环节？
2. 报关员合理审查进出口单证的内容包括哪几个？
3. 海关如何对保税货物、特定减免税货物、暂准进出口货物监管？
4. 按 FOB 合同进口货物的完税价格的计算公式是什么？
5. 按 CFR 合同进口货物的完税价格的计算公式是什么？
6. 关税缴纳人如不能按期缴纳税款，按有关规定，除依法追缴外，应缴纳滞纳金。征收进口货物滞纳金应当按日计征，以运输工具申报进境之日起多少工作日为起征日？
7. 滞纳金的起征点是人民币多少元？
8. 关税滞纳金金额如何计算？
9. 代征税滞纳金金额如何计算？
10. 进口货物滞纳金金额如何计算？

第七章　国际货运代理及代理业务实务

【本章导读】

本章主要介绍国际货运代理行业及管理，国际货运代理权利、义务与责任，国际货运代理责任保险制度；简述了对外贸易制度的构成和管理，并具体说明了对进出境货物管制要求。贸易管制是政府的一种强制性行政管理行为，它所涉及的法律、行政法规，均属于强制性法律范畴，不得随意改变。进出口货物收、付汇核销管理是国家为加强进出口收付汇管理的制度。国际贸易合同、发票、装箱单、包装标志等是国际贸易中重要的单据，对外贸易经营者、进出口货物所有者或其代理人应学习掌握在实际工作中的代理操作实务。

对外贸易经营者、进出口货物所有者或其代理人在通关过程中必须严格遵守各项相关法律、行政法规，并按照相应的管理要求办理货物进出口手续，维护国家利益不受损害，同时保护自己的合法权益。

【学习目标】

通过本章的学习，使学员了解国际货运代理的行为规范、国际货运代理权利、义务与责任、国际货运代理责任保险制度，有利于在开展国际货运代理的业务过程中防止与减少国际货运代理责任风险。了解对外贸易制度构成和管理的基本知识和内涵，依照这些法律制度和我国履行有关国际公约的规定，了解对外贸易管制是通过海关执行对进出口货物的监督管理来实现的；同时掌握跨境运输国际货运代理操作实务。

第一节　国际货运代理行业及管理

一、国际货运代理业

国际货运代理业（Industry of International Freight Forwarding）是指接受进出口货物收货人、发货人的委托，以委托人的名义或者以自己的名义，为委托人办理国际货物运输及相关业务并收取服务报酬的行业。

国际货运代理行业的主体是国际货运代理企业，我国商务部（原对外贸易经济合作部）作为国际货运代理行业的主管部门，除对"国际货运代理业"下了定义外，还对"国际货运代理企业"从事的业务活动进行了界定："国际货运代理企业可以作为进出口货物收货人、发货人的代理人，也可以作为独立经营人，从事国际货运代理业务。国际货运代理企业作为代理人从事国际货运代理业务，是指国际货运代理企业接受进出口货物收货人、发货人或其代理人的委托，以委托人的名义办理有关业务，收取代理费或佣金的行为。国际货运代理企业作为独立经营人从事国际货运代理业务，是指国际货运代理业接受进出口货物收货人、发货人或其代理人的委托，签发运输单证、履行运输合同并收取运费以及服务费的行为。"

2004年10月，国际货运代理协会联合会（FIATA）总部推出了"国际货运代理及物流服务"的定义："所谓的国际货运代理及物流服务，指的是所有和货物的运输（采用单一的模式或多式联运模式所完成的运输）相关的服务，以及货物的拼箱、储存、处理、包装或配送等相关的服务和与上述服务相关的辅助性及咨询服务，其中包括，但不局限于海关和财政事务、货物的官方申报、安排货物的保险、代收或支付货物相关的款项及单证等服务。国际货运代理服务还包括物流服务，即将现代信息和通信技术应用于货物的运输、处理和储存及实质上的整体供应链管理之中。所有这些服务，都可以根据客户的要求及具体的服务内容而量身定做，灵活运用。"

货运代理起初作为"佣金代理"，只代表货主安排货物的装卸、储存及货物在境内的运输，同时从事为客户报关、收取费用等日常业务。随着国际贸易和国际运输的发展，货运代理服务范围不断扩大，为客户提供的服务也从传统的基础性业务，如订舱和报关等，扩展至全方位的系统性服务，包括货物的全程运输和配送服务。由于传统的国际货运代理人不断拓展业务范围，从代理业务发展到无船承运业务、多式联运业务、物流业务等。

依法设立并获得从事国际货运服务经营资格的企业，包括以代理人和当事人两种身份从事国际货运服务的企业。国际货运服务经营者包括国际货运服务代理人和国际货运服务当事人。

国际货运代理人是"国际货运中间人"，既代表货方，保护货方的利益，又协调承运人进行承运工作。国际货运代理人扮演着"代理"角色，也可以扮演"当事人"角色。当然，国际货运代理人在扮演不同角色时，其权利、义务是不同的。

国际货运代理行业属于社会产业结构中的第三产业。

二、国际货物运输代理企业登记和管理

商务部于2005年2月1日联合国家工商总局下发了《关于国际货物运输代理企业登记和管理有关问题的通知》（商贸发〔2005〕32号，简称《通知》），2005年3月7日，商务部颁布《国际货运代理企业备案（暂行）办法》（商务部令2005年第9号，简称《备案办法》），明确了货代企业注册登记备案的条件和程序。按照《通知》和《备案办法》，新设立的内资货代企业，只要符合《中华人民共和国公司法》规定的设立公司的条件，达到

《中华人民共和国国际货物运输代理业管理规定》（简称《货代管理规定》）中有关经营不同货运代理业务所需要的最低注册资本的要求，在当地工商局就可以直接登记注册成立公司，经营货运代理业务，取消了《货代管理规定》中对投资人资格、股权比例及经营地域等一切限制。

工商行政管理机关颁发的《企业法人营业执照》通常则将国际货运代理企业的经营范围规定为"承办海运、陆运、空运进出口货物的国际运输代理业务（未取得专项许可的项目除外）"。

根据《备案办法》的规定：货运代理企业应当按照属地原则到当地商务部门进行备案，以加强对该行业的后续管理。

三、国际货运代理企业管理

（一）中国国际货代行业市场准入制度

货运代理经营实施登记备案制，2005 年 3 月 7 日，商务部颁布的《国际货运代理企业备案（暂行）办法》（商务部令 2005 年第 9 号，简称《备案办法》），明确了货代企业注册登记备案的条件和程序。同时根据《备案办法》的规定，无论是原来审批的货运代理企业，还是新成立的货运代理企业，都应当按照属地原则到当地商务部门重新进行备案，以加强对该行业的后续管理。

（二）国际货运代理企业的备案范围

1. 需要备案的货运代理企业范围

目前我国仅对全部由国内投资主体投资设立的货运代理企业及其分支机构实行登记注册后的备案制度。对于外商投资国际货物运输代理企业的设立仍然实行审批制度。

国内投资主体投资设立的货运代理企业及其分支机构，不论是在取消审批以前经商务部批准成立的，还是在取消审批以后直接向工商行政管理机关注册成立的，都应当向商务部门办理备案手续。

2. 货运代理企业的备案项目范围

2005 年 3 月 23 日商务部办公厅专门发出《关于委托中国国际货运代理协会组织实施货代企业业务备案有关事宜的通知》，委托中国国际货运代理协会（CIFA）具体组织实施货运代理企业业务备案工作。根据《备案办法》的有关规定，货运代理企业设立、变更以后，应当填写《国际货运代理企业备案表》（一），对该表所列项目信息进行备案。货运代理企业分支机构设立、变更以后，应当填写《国际货运代理企业备案表》（二），对该表所列项目信息进行备案。货运代理企业或其分支机构应在每年 3 月底前填写《国际货运代理企业业务备案表》（三），对其上年业务经营情况进行备案。

（三）国际货运代理行为规范

国际货运代理企业应当按照工商行政管理机关办理的营业执照列明的经营范围和经营地域从事经营活动。按照有关法律、法规规定，需要经过有关主管机关批准、登记、注册的，还应当向有关主管机关办理批准、登记、注册手续。

国际货运代理企业应当依照国家有关规定确定收费标准，并在营业地点公布收费标准。

国际货运代理企业应当遵循安全、迅速、准确、节省、方便的经营方针，为进出口货物的收货人、发货人提供服务。

国际货运代理企业从事国际货运代理业务，必须使用税务机关核准的发票。

国际货运代理企业可以使用中国国际货运代理协会参照国际惯例制定的国际货运代理标准交易条款，也可以自行制定交易条款。国际货运代理人之间还可以相互委托办理全部或部分国际货运代理业务。

国际货运代理企业不得将规定范围内的注册资本挪作他用；不得转让国际货运代理经营权；不得以发布虚假广告、分享佣金、退返回扣或其他不正当竞争手段从事经营活动。

（四）国际货运代理业务范围

货运代理的业务服务范围很广泛，通常为接受客户的委托，完成货物运输的某一个环节或与此有关的各个环节的任务。除非客户（发货人或收货人）想亲自参与各种运输过程和办理单证手续，否则，货运代理可以直接或通过其分支机构及其雇佣的某个机构为客户提供各种服务，也可以利用其在海外的代理提供服务。

1. 货运代理的服务对象

（1）货方：发货人（出口商）、收货人（进口商）等。

（2）国家管理部门：海关、检验检疫机构等。

（3）实际承运人：汽车公司、铁路公司、班轮公司（海运）、航空公司等。

（4）其他相关联单位：仓库、港口、机场等储存、装卸单位，在物流服务中还包括工商企业等。

2. 货运代理的服务内容

货运代理的服务内容包括：选择运输线路、运输方式和适当的承运人；订舱；接收货物；包装；储存；称重、量尺码；签发单证；报关；办理单证手续；运输；安排货物转运；安排保险；支付运费及其他费用；进行外汇交易；交货及分拨货物；协助收货人索赔；提供与工程、建筑有关的大型、重型机械、设备、挂运服务和海外展品等特种货物的服务。

此外货运代理还根据客户的需要，提供与运输有关的其他服务、特殊服务，如混装、拼箱、拆箱、多式联运、无船承运及现代物流服务等。

我国的国际货运代理企业可以作为代理人或者当事人从事下列全部或部分经营活动：

（1）揽货、订舱（含租船、包机、包舱、包车、火车托运）、托运、仓储、包装。

（2）货物的监装、监卸、集装箱拆箱、分拨、中转及相关的短途运输服务。

（3）报关、报检、保险。

（4）缮制签发有关单证、交付运费、结算及交付杂费。

（5）国际展品、私人物品及过境货物运输代理。

（6）国际多式联运、集运（含集装箱拼箱）。

（7）国际快递（不含私人信函）。

（8）咨询及其他国际货运代理业务。

除以上各项业务外，现在的国际货运代理企业还可以从事第三方国际物流服务、无船承运业务、多式联运业务、供应链物流业务等。

（五）国际货运代理的作用

从事国际货代业务的人员需要通晓国际贸易环节，精通各种运输业务，熟悉有关法律、法规，业务关系广泛，其信息来源准确、及时，与各种运输方式的承运人、仓储经营人、保险人、港口、机场、车站、堆场、银行等相关企业，海关、检验检疫、进出口管制等有关政府部门存在着密切的业务关系，不论对于进出口货物的收货人、发货人，还是对于承运人和港口、机场、车站、仓车经营人都有重要的桥梁和纽带作用。国际货代不仅可以促进国际贸易和国际运输事业发展，而且可以为国家创造外汇来源，对于本国国民经济发展和经济全球化都有重要的推动作用。

在国际货物运输服务方面，对委托人或者货主而言，国际货运代理可以发挥以下作用：一是组织协调作用；二是专业服务作用；三是沟通控制作用；四是咨询顾问作用；五是降低成本作用；六是资金融通作用。

第二节　国际货运代理的权利、义务与责任

目前，在我国尚未制定专门的货运代理法律的情况下，涉及货运代理的纠纷通常适用《中华人民共和国民法通则》（简称《民法通则》）有关代理的规定，涉及货运代理为承运人或多式联运经营人或仓储保管人对，则适用《中华人民共和国合同法》《中华人民共和国海商法》《中华人民共和国海事诉讼特别程序法》（简称《合同法》《海商法》《海事诉讼程序法》）等有关法律的规定。

我国《合同法》于 1999 年 3 月 15 日中国第九届全国人民代表大会第二次会议通过，1999 年 10 月 1 日起正式实施。我国《合同法》实施后，订立和履行合同应特别注意：合同的形式从书面扩大到口头及其他形式；订立合同的书面形式也扩大到信件、电传、电报、传真、电子数据交换和电子邮件，订立合同的方式更为快捷、简便。

我国《合同法》第二部分——分则共列入 15 种合同，其中与货运代理关系较为密切的有运输合同、仓储合同及委托合同。我国《合同法》的相关条款适用于所有合同，包括多式联运合同。然而，根据该法第 8 章第 123 条："其他法律对合同另有规定的，依照其规定。"表明涉及海上区段的货物多式联运合同由 1993 年我国《海商法》的规定来调整。没有海上运输区段的多式联运将受我国《合同法》第 17 章第 4 节的管辖。

一、国际货运代理的权利与义务

（一）货运代理作为代理人的权利与义务

1. 权利

（1）以委托人名义处理委托事务。

（2）在授权范围内自主处理委托事务。

（3）要求委托人提交待运输货物和相关运输单证、文件资料。

（4）要求委托人预付、偿还处理委托事务费用，如运输费、仓储费、港杂费、报关报检费等。

（5）要求委托人支付服务报酬。

（6）要求委托人承担代理行为后果。货运代理在委托权限内为了委托人的利益从事的行为，不论是否使用了委托人的名义，代理行为产生的后果由委托人承担。

（7）要求委托人赔偿损失。我国《合同法》第 407 条、第 408 条规定：受托人处理委托事务时，因不可归责于自己的事由受到损失，或委托人经受托人同意另行委托第三人处理委托事务而给受托人造成损失，受托人有权要求赔偿）。

（8）解除委托代理合同。可随时解除，但应赔偿损失。

2. 义务

（1）按照指示处理委托事务。

（2）亲自处理委托事务。

（3）向委托人报告委托事务处理情况。

（4）披露委托人、第三人。

（5）向委托人转交财产。

（6）协助、保密。

3. 货运代理作为代理人的民事法律责任

（1）因过错而给委托人造成损失的赔偿责任。

（2）与第三人串通损害委托人利益的，与第三人承担连带赔偿责任。

（3）明知委托事项违法的，与委托人承担连带责任。

（4）擅自将委托事项转委托他人，应对转委托的行为向委托人承担责任。

（5）无权代理，对委托人不发生效力，自行承担责任。

（二）货运代理作为承运人的权利与义务

1. 权利

（1）检查货物、文件权。

（2）拒绝运输权。

（3）收取运费、杂费权。

（4）取得赔偿权。运输合同成立后，尚未履行或全面履行前，托运人可单方中止合同或变更合同内容，在此情况下承运人有权要求托运人赔偿。

（5）货物留置权。托运人或收货人不支付运费、保管费及其他运输费用，承运人有权留置相应货物。

（6）货物提存权。承运人无法得知收货人或收货人无正当理由拒不提货，承运人有权向公证机关提出提存申请，将货物交给公证机关指定的保管人保管。对不易保管的依法拍卖变卖，扣除运杂费后提存余款。

2. 义务

（1）及时安全运送货物义务。

（2）选择合理运输路线义务。

（3）发送到货通知义务。

（4）妥善保管货物义务。

3. **违反合同承担的责任**

（1）迟延运输的赔偿责任（如属海上运输，按照我国《海商法》第57条的规定赔偿限额为"迟延交付的货物的运费数额"）。

（2）货物毁损、灭失的赔偿责任（如属海上运输，按照我国《海商法》第56条的规定赔偿限额为每件货运单位666.67计算单位或每公斤为2计算单位）。

（3）承运人之间的连带责任。

二、国际货运代理的责任分类

参照国际惯例，并根据我国有关法律法规及具体业务实践，货运代理责任通常是按其不同身份和合同约定进行划分的。

（一）以纯粹代理人身份出现时的责任

货运代理作为被代理人的代理时，在授权范围内，以被代理人的名义从事代理行为，所产生的法律后果由被代理人承担。在内部关系上，被代理人和货运代理之间是代理合同关系，货运代理享有代理人的权利，承担代理人的义务。在外部关系上，货运代理不是与他人所签合同的主体，不享有该合同的权利，也不承担该合同的义务。对外所签合同的当事人为其所安排的合同中的被代理人与实际承运人或其他第三人。当货物发生灭失或残损，货运代理不承担责任，除非其本人有过失。被代理人可直接向负有责任的承运人或其他第三人索赔。当货运代理在货物文件或数据上出现过错，造成损失，则要承担相应的法律责任，受害人有权通过法院向货运代理请求赔偿。所以，一旦发现文件或数据有错误，货运代理应立即通知有关方，并尽可能挽救由此造成的损失。

货运代理在一定条件下受到免责条款的保护。免责又称除外责任，指根据国家法律、国际公约、与客户签订的合同等有关规定，责任人免予承担责任的事由。货运代理作为代理人的免责事由归纳起来可包括七个方面。

（1）客户的疏忽或过失所致。

（2）客户或其代理人在搬运、装卸、仓储和其他处理中所致。

（3）货物的自然特性或潜在缺陷所致，如破损、泄漏、自燃、腐烂、生锈、发酵、蒸发或由于对冷、热、潮湿的特别敏感性。

（4）货物的包装不牢固、缺乏或不当包装所致。

（5）货物的标志或地址的错误或不清楚、不完整所致。

（6）货物的内容申报不清楚或不完整所致。

（7）不可抗力所致。

尽管有上述免责条款的规定，货运代理仍须对因其自己的过失或疏忽而造成的货物灭失、短少或损坏负责。如果另有特殊约定，货运代理还应对货币、证券或贵重物品负有责任。另外，一旦当局下达关于某种货物（危险品）的唛头、包装、申报等的特别指示时，客户有义务履行其在各方面应尽的职责。

因此，客户不得让其货运代理对由于下列事实产生的后果负责：有关货物的不正确、不清楚或不全面；货物包装、刷唛和申报不当等；货物在卡车、车厢、平板车或集装箱的装载不当；货运代理不能合理预见到的货物内在的危险。如果货运代理受客户委托作为货物托运人或租船人须向海运承运人支付与客户货物有关的共同海损分摊或由于上述情况涉及第三人责任，客户应使货运代理免除此类索赔和责任。由于上述原因引致的共同海损分摊、救助费用，以及对第三人造成的损害赔偿均由委托人负责。

委托人对货运代理征询有关业务或处理意见时，必须予以答复，对要求货运代理所做的工作亦应及时给予各种明确的指示。如因指示不及时或不当而造成的损失，货运代理不承担任何责任。凡因此项委托引起的一切费用，除另有约定，均应按合同的规定及时支付。

（二）以公路运输承运人身份出现时的责任

1. 国内道路运输

根据《汽车货物运输规则》，货运代办人以承运人身份签署运单时，应承担承运人责任。

承运人未按约定的期限将货物运达，应负违约责任；因承运人责任将货物错送或错交，应将货物无偿运到指定的地点，交给指定的收货人。承运人未遵守承托双方商定的运输条件或特约事项，由此造成托运人的损失，应负赔偿责任。

货运事故和违约行为发生后，承托双方及有关方应编制货运事故记录。

货物运输途中，发生交通肇事造成货物损坏或灭失，承运人应先行向托运人赔偿，再由其向肇事的责任方追偿。

货运事故赔偿数额按以下规定办理：

（1）货运事故赔偿分限额赔偿和实际损失赔偿两种。法律、行政法规对赔偿责任限额有规定的，依照其规定；尚未规定赔偿责任限额的，按货物的实际损失赔偿。

（2）在保价运输中，货物全部灭失，按货物保价声明价格赔偿；货物部分毁损或灭失，按实际损失赔偿；货物实际损失高于声明价格的，按声明价格赔偿；货物能修复的，按修理费加维修取送费赔偿。保险运输按投保人与保险公司商定的协议办理。

（3）未办理保价或保险运输的，且在货物运输合同中未约定赔偿责任的，按第1项的规定赔偿。

（4）货物损失赔偿费包括货物价格、运费和其他杂费。货物价格中未包括运杂费、包装费及已付的税费时，应按承运货物的全部或短少部分的比例加算各项费用。

（5）货物毁损或灭失的赔偿额，当事人有约定的，按照其约定，没有约定或约定不明确的，可以补充协议，不能达成补充协议的，按照交付或应当交付时货物到达地的市场价格计算。

（6）由于承运人责任造成货物灭失或损失，以实物赔偿的，运费和杂费照收；按价赔偿的，退还已收的运费和杂费；被损货物尚能使用的，运费照收。

（7）丢失货物赔偿后，又被查回，应送还原主，收回赔偿金或实物；原主不愿接受失物或无法找到原主的，由承运人自行处理。

（8）承托双方对货物逾期到达、车辆延滞、装货落空都负有责任时，按各自责任所造成的损失相互赔偿。

货物赔偿时效从收货人、托运人得知货运事故信息或签注货运事故记录的次日起计算。在约定运达时间的 30 日后未收到货物，视为灭失，自 31 日起计算货物赔偿时效。货物赔偿费一律以人民币支付。

2. 跨境道路运输

（1）跨境道路运输如签订双边协议或多边协议，以公路运输承运人身份出现时的责任按协议中规定为准。

（2）以营运车辆的公路货物运输的每一合同，不管缔约方住地和国籍，凡合同中规定的接管和交付货物的地点位于两个不同国家，其中至少有一个是 CMR 缔约国者，CMR 公约均适用之。

当载货车辆上的货物没有从车辆上卸下，而其部分路程由海上、铁路、内河或航空接运，公路承运人的责任应由 CMR 公约确定适用于全程。

运输合同应以签发运单来确认。运单应是运输合同成立、合同条件和承运人收到货物的初步证据。无运单、运单不正规或丢失不影响运输合同的成立或有效性，仍受 CMR 公约规定所制约。

承运人对运单所规定的和跟随运单的或交存承运人的这些单证，由于灭失或不正确的使用所引起的后果承担一个代理所负的责任，但承运人所支付的赔偿以不超过如货物灭失所支付的赔偿为条件。

除非承运人接管货物时其包装不良是明显的，或承运人知道其缺陷却未对此作出保留，否则由于货物包装不良对人员、设备或其他因素不予负责（承运人可在运单中批注特殊保留条件），他仅应对承运中造成货物灭失、损坏或延迟在他应负责范围内的那些因素负责。

在议定期限届满后 30 天内或如无议定期限，从承运人接管货物时起 60 天之内货物未交付的事实应视为货物灭失的最终证明，所以有权提出索赔的人可视货物已经灭失。

根据 CMR 公约第 23 条规定，

①承运人负责赔偿货物的全部和部分灭失时，这种赔偿应参照接运地点和时间货物的价值进行计算。

②货物的价值应根据商品交易所价格，或无此种价格则根据现行市价，或如无商品交易所价格或现行市价，则参照同类、同品质货物的通常货价决定。

③但该短缺的赔偿额毛重每千克不超过 25 法郎。"法郎"意指重 10/31 克，其黄金纯度为 900‰的金法郎。

④此外，如果货物全部灭失，运输费用、关税和有关货物运输发生的其他费用应全部偿还；如货物部分灭失，则按遭受灭失部分的比例偿还，但不付另外的损坏费用。

⑤在延迟情况下，如索赔人证明损坏是由此引起的，承运人应支付该损坏不超过运输费用的赔偿。

⑥发货人凭支付双方议定的附加费，可在运单上申报超过第 3 款所规定的限额的货物价值。在此情况下，申报的金额应代替该限额。

CMR 公约第 25 条规定，

①如果货物损坏，承运人应对货物降低价值的该部分金额负责，其计算则参照第 23 条第 1、2 和 4 款确定的货物价值。

②但赔偿不可超过：

（a）如整票货物损坏，在全部灭失情况下所支付的金额；

（b）如仅部分货物损坏，在部分灭失情况下所支付的金额。

CMR 公约第 26 条指出，如果货物灭失或损坏或超过议定时效期限，则发货人凭支付议定的附加费，可以将金额列入运单的方式来确定交货时的优惠利息的金额。

并指出索赔人如交货优惠利息一经申报，已证明的额外灭失或损坏的赔偿直至申报利息的全部金额可予索赔。

第 27 条规定，索赔人应有权索赔应付赔偿金的利息。按年利率百分之五计算的利息应从向承运人书面提出索赔之日起，或未提出索赔则从法律诉讼之日起计算。计算赔偿额如不是按提赔国家的货币来表示时，则应按照赔偿支付地当天所采用的兑换率来换算。

（三）以仓储经营者身份出现时的责任

在仓储活动中，仓储经营者与货物的存货人之间是通过订立仓储合同确立双方之间的权利义务关系的，我国《合同法》对仓储合同作了专门的规定。在货运代理经营仓储业务的情况下，使用自己的仓库，签发仓单，收取仓储费用。此时，货运代理就是仓储保管人，是当事人，承担当事人的责任。《合同法》规定保管人验收货物后，如发生货物的品种、数量、质量不符合约定的情况，保管人应承担损害赔偿责任。

（四）以无船承运人身份出现时的责任

当货运代理从事无船承运业务，并签发自己的无船承运人提单时，便成了无船承运经营人，被看作法律上的承运人。他一身兼有承运人和托运人两者的性质。根据我国《海商法》第 42 条的规定，无船承运人应属承运人，即契约承运人，虽然他自己不拥有船舶，也不经营船舶，但是他对于实际承托运人来说是承运人，并要承担承运人的责任，当然同时也享受承运人的权利和义务。不过，他与海运实际承运人享受的权利与义务还是有些区别的。例如，海运实际承运人可享受海事赔偿责任限制，而无船承运人却不能享受海事赔偿责任限制。

（五）以多式联运经营人身份出现时的责任

当货运代理负责多式联运，并签发提单时，便成了多式联运经营人，被看作法律上的承运人。根据 1980 年联合国《多式联运公约》的规定，多式联运经营人对货物的责任期间，包括自接管货物之时起到交付货物时止由其掌管货物的全部期间，多式联运经营人也应对他的受雇人及他为履行多式联运合同而使用其服务的任何其他人的作为或不作为负赔偿责任。他负有对发货人、收货人之货损货差的责任（延期交货的责任视提单条款而定），除非能证明他为避免货损货差或延期交货已采取了所有适当的措施。多式联运过程中发生的货物灭失或损坏，如能知道是在哪一阶段发生的，作为多式联运经营人的货运代理的责任将适用于这一阶段的国际公约或国家法律的有关规定；如无法得知，则根据货物灭失或损坏的价值，承担赔偿责任。货物灭失或损坏的赔偿限额最多不超过每件或每运输单位

920 计算单位，或每千克不得超过 2.75 计算单位，以较高者为准。但是国际多式联运如果根据合同不包括海上或内河运输，则多式联运经营人的赔偿责任按灭失或损坏货物毛重每千克不得超过 8.33 计算单位。

我国有关多式联运的法律规定，原则上 1999 年的《合同法》的相关条款适用于所有合同，包括多式联运合同。然而，根据该法第 8 章第 123 条："其他法律对合同另有规定的，依照其规定。"表明涉及海上区段的货物多式联运合同由 1993 年《海商法》的规定调整。根据我国的《海商法》，将多式联运合同定义为"多式联运经营人以两种以上的不同运输方式，其中一种是海上运输方式，负责将货物从接收地运至目的地交付收货人，并收取全程运费的合同"。

有关多式联运经营人的责任基础采纳的是网状责任制，即"货物的灭失或者损坏发生于多式联运的某一运输区段的，多式联运经营人的赔偿责任限额，适用调整该区段运输方式的有关法律规定"；灭失或损坏的运输区段不能确定，多式联运经营人的责任将由调整海上货物运输的承运人责任的规定来决定。

我国《海商法》规定多式联运经营人对货物的灭失或者损坏的责任限制为：每件或者每个其他运输单位 666.67 计算单位，或按照灭失或损坏的货物毛重，每千克 2 计算单位以两者中较高的为准；除非托运人已经申报货物的性质和价值，并在提单中载明，或者托运人和承运人已经另行约定更高的责任限额。

对于迟延交付，我国的《海商法》规定货物交付期限为 60 天，多式联运经营人对迟延交付的赔偿限额为迟延交付货物的运费数额，但承运人的故意或者不作为而造成的迟延交付则不享受此限制。

(六) 以第三方物流经营人身份出现时的责任

在货运代理作为第三方物流经营人的情况下，需要订立物流合同。

国际物流合同是指国际物流服务的提供者与使用者之间订立的合同。因此，国际物流合同是由第三方物流经营者与工商企业之间订立的第三方物流合同。

工商企业与第三方物流公司建立长期的合作关系的动因一般包括资产利用率、资金问题、长期业务增长、市场全球化及其他与物流提供者分享的有关利益。有时，当公司外协其物流业务时，会要求第三方物流公司购买资产、雇用长期劳动力、承担设备租赁等。因此，在货运代理作为第三方物流服务提供者的情况下，其责任由双方签订的物流服务合同条款予以确定，通常是作为合同的当事人，承担当事人的责任。

另外，有些货运代理，从事的业务范围较为广泛，法律关系也相对复杂，加之我国在货运代理方面的法律尚不健全，故使货运代理在从事不同的业务、以不同的身份出现时，所享有的权利和承担的义务也不相同。也就是说，因其处于不同的法律地位，所承担的法律责任不同。对于货运代理法律地位的确认，不能简单化，而应视具体情况具体分析。除了作为货运代理代委托人报关、报检、安排运输外，还用自己的雇员，以自己拥有的车辆、船舶、飞机、仓库及装卸工具来提供服务，或陆运阶段为承运人，海运阶段为代理人。在这些情况下，货运代理是以"混合"身份出现，有时须承担代理人责任，有时视同当事人须承担当事人的责任。

第三节　国际货运代理责任保险制度

国际货运代理企业投保责任险是一种规范性的行为，如同从事国际贸易的进出口商对货物进行投保一样。国际货运代理责任保险不仅具有国际货运代理业所投险种的特色，也是国际货运代理业健康发展的保障，它有利于提高整个行业的服务水平和信任度形象。

一、国际货运代理责任风险

货运代理无论以代理人身份从事业务活动，还是以承运人、仓储保管人、其他独立经营人身份从事业务活动，或者以混合经营人身份（如综合物流服务商）从事业务活动，都不可避免地发生违反与客户、分包人签订的相关合同，侵犯第三人财产和人身权利的行为，要依照有关法律、法规和有关合同条款的规定，对上述行为的后果承担相应的法律责任，这些责任属于货运代理面临的法律责任风险。

（一）货运代理作为代理人的主要风险

（1）因安排运输疏忽，错发、错运、错交、迟延运输货物，遗漏、错误缮制、签发运输单证、文件而给委托人造成的费用损失。

（2）因受托包装、加固货物不当，而给委托人造成的货物损失。

（3）因临时保管不善，造成委托人的货物损失。

（4）因选择承运人、仓储保管人不慎，造成委托人货物损失。

（5）因交付、接收货物疏忽，没有取得当时货物状况的证据，导致委托人不能向责任人索赔的损失。

（6）因装箱、拆箱、拼箱操作失误，造成委托人货物损失。

（7）因自身过错造成他人集装箱箱体及附属设备损坏。

（8）因报关、报检失误，违反进出口管制规定或海关、商检、动植物检验、检疫机关要求而被有关当局征收额外的税费，处以相应的罚款。

（9）因代办保险失误，漏保、错保、申报错误，造成委托人不能或难以获得保险公司的赔偿。

（10）因侵权行为，造成第三人的人身伤亡或财产损失。

（二）货运代理作为当事人的主要风险

（1）因运输工具本身发生火灾、爆炸、碰撞、倾覆，造成运载货物的损失。

（2）在运输、看管、仓储、搬运、装卸、包装、保管的过程中货物被盗窃、污染、雨淋水淹、冲走，造成整件或部分损毁、灭失、污染、变质。

（3）运输过程中因挤压、碰撞、震动造成货物的破碎、弯曲、折断、散落。

（4）因包装不善，配载、积载不当造成的货物损失。

（5）错发、错运、错交致使货物迟延交付造成的运费损失。

（6）因其他原因迟延交付货物而被货主追究违约责任。

（7）因违规装运危险货物、特种货物，而对运输工具或其他货物造成损坏。

（8）因操纵运输、装卸、搬运工具，使用集装箱不当，损坏其他运输工具、集装箱、托盘、拖车等承载工具及附属设备。

（9）因使用不符合规定的燃油、润滑油、电源，而对出租人出租的运输、装卸、搬运工具、承载工具造成的损坏。

（10）因自有或租赁承载工具及所载货物重量申报不实而造成的运输、装卸、搬运工具、设备损坏和他人的人身伤害。

（11）因驾驶运输、装卸、搬运工具不当或其他原因，而造成第三人的人身伤亡和财产损失。

（12）因发生其他意外事故，造成第三人的人身伤亡和财产损失。

（13）因信息系统损毁、故障、软件错误、漏洞而给客户造成的财产和费用损失。

（14）因违规丢弃包装、捆绑、衬垫物料，清理、排放残留货物、废水、废渣、废油、废物造成的环境污染损害。

二、国际货运代理责任险的产生及内容

风险对商业来说，经常是不可预见的，其经济损失也是无法估量的，保险则可使保险人参与或履行对责任人的索赔，使过失方最大限度地做出赔偿，同时，分散了社会损失，保护了商业。

货运代理的责任保险，通常是为了弥补国际货物运输方面所带来的风险，而这种风险不仅来源于运输本身，而且来源于完成运输的许多环节当中，如运输合同、仓储合同、保险合同的签订、操作、报关、管货、向承运人索赔和保留索赔权的合理程序、签发单证、付款手续等。上述这些经营项目一般都是由货运代理来履行的。一个错误的指示、一个错误的地址，往往都会给货运代理带来非常严重的后果和巨大的经济损失，因此，货运代理有必要投保自己的责任险。另外，当货运代理以承运人身份出现时，不仅有权要求合理的责任限制，而且其经营风险还可通过投保责任险而获得赔偿。

（一）货运代理责任险的产生

货运代理所承担的责任风险主要产生于以下三种情况：

（1）货运代理本身的过失。货运代理未能履行代理义务，或在使用自有运输工具进行运输出现事故的情况下，无权向任何人追索。

（2）分包人的过失。在"背对背"签约的情况下，责任的产生往往是由于分包人的行为或遗漏，而货运代理没有任何过错。此时，从理论上讲货运代理有充分的追索权，但复杂的实际情况却使其无法全部甚至部分地从责任人处得到补偿，如海运（或陆运）承运人破产。

（3）保险责任不合理。在"不同情况的保险"责任下，单证不是"背对背"的，而是规定了不同的责任限制，从而使分包人或责任小于货运代理或免责。

上述三种情况所涉及的风险，货运代理都可以通过投保责任险，从不同的渠道得到保险的赔偿。

（二）货运代理责任险的内容

货运代理投保责任险的内容，取决于因其过失或疏忽所导致的风险损失。例如：

（1）错误与遗漏。例如，虽有指示但未能投保或投保类别有误；迟延报关或报关单内容缮制有误；发运到错误的目的地；选择运输工具有误；选择承运人有误；再次出口未办理退还关税和其他税务的必要手续；保留向船方、港方、国内储运部门、承运单位及有关部门追偿权的遗漏；不顾保单有关说明而产生的遗漏；所交货物违反保单说明。

（2）仓库保管中的疏忽。在港口或外地中转库（包括货运代理自己拥有的仓库或租用、委托暂存其他单位的仓库、场地）监卸、监装和储存保管工作中代运的疏忽过失。

（3）货损货差责任不清。在与港口储运部门或内地收货单位各方接交货物时，数量短少、残损责任不清，最后由货运代理承担的责任。

（4）迟延或未授权发货。例如，部分货物未发运；港口提货不及时；未及时通知收货人提货；违反指示交货或未经授权发货；交货但未收取货款（以交货付款条件成交时）。

三、国际货运代理责任保险的方式及渠道

（一）货运代理责任保险的主要方式

货运代理投保责任险时，主要有以下几种方式供选择，即有限责任保险、完全法律责任保险、最高责任保险、集体保险制度。货运代理根据自己的情况，选择适合自己的方式进行投保。

1. 货运代理的有限责任保险

货运代理仅按其本身规定的责任范围对其有限责任投保，货运代理的有限责任保险主要分三种类型：

（1）根据标准交易条件确定的货运代理责任范围，货运代理可选择只对其有限责任投保。

（2）国际货运代理也可接受保险公司的负赔偿，这将意味着，负赔部分的损失须由国际货运代理承担。保单中订立免赔额条款的目的是：一方面，使投保人在增强责任心、减少事故发生的同时，从中享受到缴纳较低保险费的好处；另一方面，保险人可避免处理大量的小额赔款案件，节省双方的保险理赔费用，这对双方均有益。免赔部分越大，保险费越低，但对投保人来说却存在下述风险，即对低于免赔额的索赔，均由货运代理支付，这样当他面对多起小额索赔时，就会承担总额非常大的损失，而且有可能根本无法从保险人处得到赔偿。

（3）货运代理还可通过缩小保险范围来降低其保险费，只要过去的理赔处理经验证明是合理的。但意料之外的超出范围的大额索赔可能会使其蒙受巨大损失。

2. 货运代理的完全法律责任保险

货运代理按其所从事的业务范围、应承担的法律责任进行投保。根据标准交易条件确定的货运代理责任范围，货运代理可以选择有限责任投保，也可以选择完全责任投保。但有的国家的法院对标准交易条件中有关责任的规定不予认定，所以，货运代理进行完全法律责任保险是十分必要的。

（二）货运代理责任保险的主要渠道

货运代理主要通过四种渠道投保其责任险：

（1）所有西方国家和某些东方国家的商业保险公司，可以办理货运代理责任险。

（2）伦敦的劳埃德保险公司，通过辛迪加体制，每个公司均承担一个分保险，虽然该公司具有相当专业性，但市场仍分为海事与非海事，并且只能通过其保险经纪人获得保险。

（3）互保协会也可以投保责任险。这是一个具有共同利益的运输经纪人，为满足其特殊需要而组成的集体性机构。

（4）通过保险经纪人（其自身并不能提供保险），可为货运代理选择可承保责任险的保险公司，并能代表货运代理与保险人进行谈判，还可提供损失预防、风险管理、索赔程度等方面的咨询，并根据标准交易条件来解决货运代理的经济、货运、保险及法律等问题。

四、国际货运代理责任保险的除外责任

虽然货运代理的责任可以通过投保责任险将风险事先转移，但作为货运代理必须清楚地懂得，投保了责任险并不意味着保险公司将承保所有的风险，因此误认为在任何情况下，发生任何事故，即使自己有责任，也不必承担任何风险与责任，统统由保险公司承担，这种想法是错误的。事实上，保单中往往都有除外条款，即保险公司不予承保，所以要特别注意阅读保单中的除外条款，并加以认真的研究和考虑。另外，保单中同时订有要求投保人履行的义务条款，如投保人未尽其义务，也会导致保险公司不予赔偿的后果。

适用于各种保险，包括责任保险的保单中，除外条款和限制通常有：

（1）在承保期间以外发生的危险或事故不予承保。

（2）索赔时间超过承保条例或法律规定的时效。

（3）保险合同或保险公司条例中所规定的除外条款及不在承保范围内的货运代理的损失。

（4）违法行为造成的后果，例如：运输毒品、枪支、弹药、走私物品或一些国家禁止的物品。

（5）蓄意或故意行为，例如：到签提单、预借提单和无单放货引起的损失。

（6）战争、入侵、外敌、敌对行为（不论是否宣战）、内战、反叛、革命、起义、军事或武装侵占、罢工、停业、暴动、骚乱、戒严和没收、充公、征购等产生的任何后果，以及为执行任何政府、公众或地方权威的指令而造成的任何损失或损害。

（7）任何由核燃料或核燃料爆炸所致核废料产生之离子辐射或放射性污染所导致、引起或可归咎于此的任何财产灭失、灌毁、毁坏或损失及费用，不论直接或间接，还是作为其后果损失。

（8）超出保险合同关于赔偿限额规定的部分；

（9）事先未征求保险公司的意见，擅自赔付对方，也可能从保险公司得不到赔偿或得不到全部赔偿。例如，当货物发生残损后，货运代理自认为是自己的责任，未征求保险公司的意见，自作主张赔付给对方。如事后证明不属或不完全属货运代理的责任，保险公司

将不承担或仅承担其应负责的部分损失。

当然，不同险别对除外责任之规定是不一样的。

五、防止与减少国际货运代理责任风险

投保责任险，将风险事先进行转移，是防止或减少货运代理的责任风险的最好办法之一。除此之外，货运代理尚须采取其他的必要措施，以尽量避免损失的发生、降低其责任风险。

（一）预防性措施

（1）加强对货运代理人员的培训，使他们熟悉有关标准交易条件、提单条款及相关行业术语等，并能处理索赔和进行迅速有效的追偿。

（2）使用的单证应规范、正确、字迹清楚，并且适合所需之目的。

（3）保证在国际货运代理协会标准交易条件下，其经营能够被客户及其分包人所理解和接受。

（4）雇用的分包人、船舶所有人、仓库保管人、公路运输经营人等应为胜任职务和可靠的，货运代理应通知他们投保足够的和全部的责任保险。

（5）经营仓储业、汽车运输业的货运代理应做好防止偷窃、失火等安全工作。

（二）挽救性措施

（1）拒绝直接赔偿，并通知客户向货物保险人索赔。

（2）在协定期限内通知分包人或对他们采取行动。

（3）在征得保险人同意后，只要可能，与货主谈判，友好地进行和解。

（4）及时向保险人通知对货运代理的索赔或可能产生索赔的任何事故。

如有可能造成损失时，应及时将每一事故/事件以书面形式通知保险公司，即使当时尚未发生索赔。如货运代理发现做了不该做之事，或该做而未做之事时，必须告诉保险公司或向其提供下述资料：事故/事件发生的时间与地点；有关被保险人的姓名；发生或未发生的事情，今后可能提出何种索赔；事故/事件可能造成的损失金额；日后可能会成为索赔人的姓名与地址；有关交易的文件副本，包括事故/事件发生前所收到的指示内容，服务条款与条件，及/或此笔交易中所使用的提单。

（5）及时、适当地通知有关的空运、海运、驳运、陆运承运人，包括其他的货运代理、货物拼装人、报关人及与事故/事件有关的保险公司，并及时提供法律上所要求的事故通知书。

（6）立即将双方有关要求与答复的书面材料的副本抄送保险公司，尚须将索赔人提出的口头要求的记录，或双方口头联系（包括口头要求与答复，或与此有关的交谈内容）的记录，提供给保险公司，并将在下述情况下发生的全部内部通信记录（或内部口头联系记录）提供给保险公司：从事导致发生此项索赔的交易时；收到索赔进行处理时，或知道该事故/事件已发生进行处理时。

（7）必须与保险公司和保险公司的法律代表，在索赔或诉讼的协商、调查，或诉讼中进行合作与协助；遇到货物灭失或损坏时，与保险公司（责任保险人和货物保险人）联系

检验事宜；向保险人提供单证和资料；收集支持案件的证据。保险公司的费用将限于应适用的保险单内所约定的免赔额外的费用，还包括，但不限于：提供证据、取得证据、出庭聆听、出庭听审、设法使证人出庭的费用。

在指定关于索赔的律师以前要与保险公司协商。获得授权的代表，包括律师也应有义务与保险公司和保险公司的法律代表进行合作与协助。所以，须通知这些人或这些人的单位，有关进行此项合作的职责。对于被他人认为的疏忽行为必须严守秘密，除非法律要求披露。当然对律师可以披露此疏忽行为与错误。

（8）没有保险公司的允许，既不承认责任也不处理索赔。被保险人不得在没有获得保险公司书面授权的情况下，承担任何经济义务，承诺支付任何款项，或任何金额。不得对某项索赔做出任何负有责任的陈述或行为。如果做出此种陈述或行为，将导致保险公司的拒赔，即使此项赔偿或许是在保险单承保范围之内。

（9）不得在没有得到保险公司特别的书面同意的情况下，予以诉讼时效的延期。

（10）采取上述挽救措施时，尚须注意在以下情况无权对保险公司采取法律行为：未遵照保险单所规定的全部条款与条件行事；或损失金额尚未通过法院的判决或仲裁员的裁决而获得解决，或损失金额尚未得到被保险人、保险人和索赔人的同意；该事故/事件发生超过诉讼或仲裁时效后采取的法律行为。在请求法院裁定被保险人在这一事故/事件中对损失是否负有责任的案件中，被保险人与索赔人均不得将保险公司列为被告或共同被告。

（11）被保险人与保险人之间发生有关承保争议时（包括保险公司是否有责任为被保险人抗辩其索赔案），还应注意适用下述规定：首先应尽快向保险公司提供下述情况：任何有关的文件、通信、抗辩书、向对方提供的文书副本、合同等；和按时间顺序排列的、导致发生有关索赔的有关事实与有关情况，以及最了解该项索赔的人员的姓名、住址及电话号码；一份详细说明，解释该项索赔应属于承保范围的所有理由。如果将上述资料提交给保险公司仍不能解决与其之间的争议时，可采取法律手段解决。

（三）补偿性措施

一种是先征得保险公司的同意，赔付给索赔人，然后再从保险公司获得补偿，这种索赔属于补偿性保险。另一种是行使追偿权，即为保险公司向责任人进行追偿，如果这种追偿取得成功，则可从保险公司获得一定比例的赔款。

第四节 货物、技术进出口实行许可证制度

我国对外贸易制度是一种综合制度，主要由对外贸易经营者的资格管理制度、进出口许可证制度、出入境检验检疫制度、进出口收付汇管理制度、海关监管制度、关税制度及贸易救济制度等构成。经过几十年的努力，我国基本建立和健全了以《中华人民共和国对外贸易法》为核心的一系列对外贸易法律法规，并依照这些法律制度和我国履行有关国际公约规定，自主实行对外贸易管制。

对外贸易的国家管制，是指一国政府从国家宏观经济利益、国内外政策需要及为履行所缔结或加入国际公约义务出发，为对本国对外贸易经济活动实现有效管理而颁发实行的各种制度和所设立的相应机构及其活动的总称，简称贸易管制。

国家贸易管制是通过海关执行对进出口货物的监督管理来实现的。作为对外贸易经营者或其代理人应在办理货物和技术进出口手续时向海关提交相关许可证件。

进出口许可是我国对货物、技术进出口实施的一种行政管理制度，包括准许进出口有关证件的审批和管理制度本身的程序、以国家各类许可为条件的管理手段，总称为进出口许可证管理制度。进出口许可作为一种非关税措施是世界各国管理进出口的常用手段，在国际贸易中长期存在并广泛使用。货物、技术进出口许可管理范围包括禁止进出口货物和技术、限制进出口货物和技术、自由进出口的技术以及自由进出口中部分实行自动许可管理的货物。

一、禁止进出口管理

为维护国家安全、社会公共利益和保护人民生命安全健康，履行我国所缔结或参加的国际公约和协定，国务院对外贸易主管部门会同国务院有关部门，依法制定、调整并公布禁止进出口货物和技术目录。由海关依法对禁止进出口货物和技术目录上列明的商品实施监管。

（一）禁止进口货物和进口技术管理

列入国家公布禁止进出口目录和其他法律、法规明令进口的货物、技术，任何人不得经营进口。目前，我国公布的《禁止进口货物目录》共 6 批，涉及环境保护、生态资源、旧电机产品、对环境造成污染的、固体废物等。

目前，《中国禁止进口限制进口技术目录》所列明的禁止进口的技术涉及化工、钢铁冶金、有色冶金、石油化工、石油炼制、电工、轻工、消防、印刷、医药、建筑材料生产技术 11 个领域 26 项技术。

（二）禁止出口货物和出口技术管理

我国政府明令禁止出口已列入《禁止出口货物目录》的有 4 批，涉及保护世界自然生态环境的、匮乏的森林资源、少数矿产品。

列入《中国禁止出口限制出口技术目录》的部分技术涉及核技术、测绘技术、地质技术、药品生产技术、农业技术等 25 个领域 31 项技术。

二、限制进出口管理

为维护国家安全、社会公共利益和保护人民的生命安全健康，履行我国所缔结或参加的国际公约和协定，国务院对外贸易主管部门会同国务院有关部门，依法制定、调整并公布各类限制进出口货物和技术目录。由海关依法对限制进出口货物和技术目录上列明的商品实施监管。

（一）限制进口货物和进口技术管理

（1）限制进口货物管理，按照其限制方式分为许可证件管理和关税配额管理（配额管理：限制商品数量。非配额管理：限制商品种类）。许可证件管理是国务院对外贸易主管部门或国务院有关部门在各自的职责范围内，根据国家有关规定签发各项管理所涉及的许可证件。许可证件管理主要包括进口许可证、濒危物种进口、可利用废物进口、进口药品、进口音像制品、黄金及其制品进口管理。

关税配额管理是指在一定时期内，国家对部分商品的进口制定的关税配额税率，并规定该商品的进口数量总额。经国家批准后，在限额内的进口商品允许按照关税配额税率征税进口，对超出限额的部分按照配额外税率征税。一般情况下，关税配额税率优惠较大。

（2）《中国禁止出口限制进口技术目录》的技术包括生物、化工、石油炼制、石油化工、生物化工和造币技术等6个技术领域16项技术。

经营限制进口技术的经营者在向海关申报进口手续时，必须主动递交技术进口许可证，否则，经营者将承担所造成的一切法律责任。

（二）限制出口货物和出口技术管理

1. 限制出口货物管理

对于限制出口货物管理，《货物进出口管理条例》规定：国家规定有数量限制的出口货物，实行配额管理；其他限制出口货物，实行许可证件管理；实行配额管理的出口货物，由对外贸易主管部门或国务院有关经济管理部门按照国务院规定的职责划分进行管理。

实行配额管理的分为出口配额管理（限制商品数量）和出口非配额管理（限制商品种类）。

（1）出口配额限制。

出口配额限制指在一定的时期内，为增强我国商品在国际市场的竞争力，保障最大限度的收汇，保护我国产品的国际市场利益，建立公平竞争的机制，国家对部分商品的出口数量直接加以限制而采取的措施。

出口配额限制有两种管理形式，即出口配额许可证管理和出口配额招标管理。

①出口配额许可证管理。

这是指在一定的时期内，国家对部分商品的出口规定数量总额，经国家批准获得配额的允许出口，否则不准出口的配额管理措施。国家通过行政管理手段对一些重要商品以规定绝对数量的方式来实现限制出口的目的。国家各配额主管单位对经申请有资格获得配额的申请者发放各类配额证明，申请者凭配额证明到国务院对外贸易主管部门及其授权发证机关申领出口许可证。

实行出口配额许可证管理的商品有：大米、小麦、玉米、大米粉、小麦粉、玉米粉、棉花、锯材、蚕丝类、煤炭、焦炭、原油、成品油、稀土、锑及锑制品、钨及钨制品、锡及锡制品、铟及铟制品、锌矿砂、白银、钼，以及对港澳的活牛、活猪、活鸡。

②出口配额招标管理。

这是指在一定的时期内，国家对部分商品的出口规定数量总额，采取招标分配的原则，经招标获得配额的允许出口，否则不准出口的配额管理措施。国家通过行政管理手段对一些重要商品以规定绝对数量的方式来实现限制出口的目的。国家各配额主管单位对中标者发放各类配额证明，中标者凭配额证明到国务院对外贸易主管部门及其授权发证机关申领出口许可证。

实行出口配额招标管理的商品有：碳化硅、氟石块（粉）、滑石块（粉）、轻（重）烧镁、矾土、甘草及甘草制品、蔺草及蔺草制品。

（2）出口非配额限制。

出口非配额限制是指在一定的时期内根据国内政治、军事、技术、文化、卫生、环境保护、资源保护等领域需要，以及为履行我国所加入或缔结的有关国际条约的规定，以经国家各主管部门签发许可证的方式来实现的各类限制出口的措施。出口非配额限制管理包括出口许可证、濒危物种、敏感物项出口及军品出口等许可管理。

2. 限制出口技术管理

目前，我国限制出口技术实行目录管理，主要依据《核出口管制清单》《生物两用品及相关设备和技术出口管制清单》《导弹及相关物项和技术出口管制清单》等制定的《敏感物项和技术出口许可证管理目录》及《中国禁止出口限制出口技术目录》。经营限制出口技术的经营者，出口前应向国务院对外贸易主管部门提出技术出口申请，经审核批准，取得技术出口许可证件，凭以向海关办理出口通关手续，在向海关申报出口手续时，必须主动递交技术出口许可证件，否则经营者将承担一切法律责任。

三、自由进出口管理

除国家禁止、限制进出口货物、技术外的其他货物、技术，均属于自由进出口范围，进出口不受限制。货物自动进口管理是在任何情况下对进口申请一律批准的进口许可证制度，实际上是一种在进口前的自动登记性质的许可证制度，主要用于国家对这类货物的统计和监督目的。

进口属于自动进口许可货物的经营者，应当在办理报关手续前向国务院对外贸易主管部门或国务院有关经济管理部门提交自动进口许可申请，凭有关部门发放的自动进口许可证明，向海关办理报关手续。

进出口属于自由进出口技术的经营者，应当在办理海关报关手续前向国务院对外贸易主管部门或其委托机构申请办理合同备案登记，国务院对外贸易主管部门自收到合同备案文件后，对技术进出口合同进行登记，颁发技术进出口合同登记证，申请人凭合同登记证，办理外汇、银行、税务、海关等相关手续。

第五节　进出口货物收、付汇核销管理

办理通关外汇核销单验放是国际货运代理为收发货人提供的全方位货运代理服务的项目之一，国际货运代理人必须了解我国的外汇管理制度和外汇核销程序。

我国的外汇管理机构是国家外汇管理局和中国人民银行。国家外汇管理局为国务院直属单位，由中国人民银行归口管理。

国家外汇管理局的主要职责包括：会同国家有关部门拟订国家外汇管理的方针、政策、法规，报经国务院或中国人民银行批准后组织实施；监督国家外汇收支计划、利用外资计划、国际收支计划的执行情况；负责登记、统计和监测全国外债；管理、监督和审查境内外发行外币有价证券和借用国际商业贷款的期限、利率、币种等金融条件及外汇担保；负责审批金融机构经营外汇业务的申请，核发经营外汇业务许可证，并对其外汇业务实施监管；负责指定经营结售汇业务的银行；负责监管外汇调剂市场和银行间外汇市场；负责境内居民的外汇管理、境外投资的外汇管理、三资企业的外汇管理及经济特区的外汇管理。

中国人民银行在外汇管理方面的职责是：管理国家外汇管理局；持有、管理、经营国家外汇储备、黄金储备；制定汇率政策，报经国务院批准后执行；根据银行间外汇市场形成的价格，公布人民币对主要外币的汇率；根据货币政策的要求和外汇市场的变化，对外汇市场进行调控。

外汇核销是指国家为加强进出口收付汇管理，指定外汇管理部门对进出口企业贸易的外汇收入和支出情况进行监督检查的一种制度，目的是监控每一笔贸易的每一笔外汇的进和出，这套制度叫出口收汇核销制度和进口付汇核销制度，统称为外汇核销制度。

一、出口收汇核销

所谓出口收汇核销，是指国家外汇管理部门根据国家外汇管理的要求，通过海关对出口货物的监管，对出口单位的收汇是否符合国家规定进行监督的一种管理制度，企业必须按照该规定办理。

1. 出口收汇核销的对象

经批准有经营出口业务的公司、有对外贸易经营权的企业和外商投资企业，简称出口单位。

2. 出口收汇的原则

（1）属地管理。企业向其注册所在地的外管部门申领核销单之前，需上网向外汇局申请所需领用核销单份数，申请后本企业操作员凭 IC 卡到外汇局领取纸质核销单。外汇局根据企业网上申请的份数及出口收汇考核等级发放纸质核销单，同时将所发的核销单底账数据联网存放在公共数据中心。

企业在领取核销单时，应当办理签领手续。在使用核销单时，应加盖企业单位名称和组织机构代码条形章，在骑缝处加盖公章。空白新版核销单无须填写有效期，视同长期有效。海关对核销单进行电子底账数据联网核查。一般而言，在何地申领的核销单就在何地办理核销。这些核销单产生的外汇方面的责任就由这家企业承担。核销单只准本企业使用，不得借用、冒用、转让和买卖。

（2）谁单谁用。谁申领的核销单由谁使用，不得相互借用，核销单的交回核销或作废、遗失、注销手续也由原领用该核销单的出口单位向其所在地的外管部门办理。

（3）领用衔接。多用多发，不用不发。续发核销单的份数与已用核销单及其已核销情况和预计出口用单的增减量相"呼应"。

（4）单单相应。原则上一份核销单对应一份报关单。报关单、核销单、发票、汇票副本上的有关栏目的内容应一致，如有变动应附有关的更改单或凭证。

企业到海关报关出口前，必须上网向海关进行新版核销单使用的口岸备案，一张核销单只能应用于一张出口报关单。不备案则不能使用。已在口岸备案的核销单，在未被用于出口报关的情况下，可上网申请变更并重新设置出口口岸。

（5）出口后的交单。企业在货物出口后不需要再到外汇局进行交单，可以上网将已用于出口报关的核销单向外汇局交单。企业如需在报关后60天之内办理出口收汇手续的，应当在货物实际报关离境后先向外汇局进行网上交单，再到外汇局办理相关手续。

（6）收汇后的核销。即期出口项下，企业应当不迟于预期收汇日期起30天内在出口收汇后凭核销单、报关单、出口收汇专用联到外汇局办理出口核销手续；对预期收汇日期超过报关日期180天（含180天）的，企业应当在报关后60天内到外汇局办理远期收汇备案。企业可按月集中到外汇局办理核销。

3. 出口核销的范围

除经批准外，一切出口贸易项下的均应办理出口核销手续。它可分为收汇贸易、不收汇贸易和其他贸易三大类。

收汇贸易包括一般贸易、进料加工、来料加工、来件装配、有价样品；不收汇贸易包括易货贸易、补偿贸易（实物补偿）、实物投资、记账贸易；其他贸易包括寄售、出境展销（览）、承包工程等，收款和不收款或自用、损耗、赠送、出售、退还兼有的贸易。

【示例7-1】出口收汇核销单

出口收汇核销单	出口收汇核销单	出口收汇核销单
存根	31A351294	出口退税专用
（宁）编号：31A351294	（宁）编号：31A351294	（宁）编号：31A351294

二、进口付汇核销

进口付汇核销制度就是外汇管理局在海关的配合和外汇指定银行的协助下，以跟"单"（核销单）的方式对进口单位的进口付汇直至报关到货的全过程进行监督、核查的一种管理制度。

进口企业在银行办理贸易进口付汇后，应当在有关货物进口报关后 1 个月内持贸易进口付汇核销单或者进口付汇项下国际收支申报凭证、贸易进口付汇到货核销表等有效单证（一式两份加盖公司公章），到外汇管理部经常项目管理处进口付汇核销科柜台办理核销报审手续。

1. 进口付汇核销的对象

进口付汇核销的对象为：经商务部或其授权单位批准的经营进口业务的企业、事业单位和外商投资企业，简称进口单位。

2. 进口付汇核销的原则

（1）属地管理原则。外汇指定银行向所在地的外汇管理局申领进口付汇核销单，它应当向该外汇管理局报送核销单及有关报表。对外付汇的进口单位向外汇指定银行领取进口付汇核销单，无论"本地付汇"（进口单位和外汇指定银行属同一个外汇管理局管辖）还是"异地付汇"（进口单位和外汇指定银行不属同一个外汇管理局管辖），进口单位均受企业注册地外汇管理局进口付汇核销的监管。

（2）付汇与核销衔接。进口单位进口付汇时，在外汇指定银行领取进口付汇核销单，它必须在该银行付汇，并办理货到付款项下的同步核销；在其他结算方式项下的进口付汇，由进口单位直接向所在地外汇管理局办理进口付汇核销报审手续。

（3）核销与两次核对挂钩。在进口付汇核销中，应对进口单位提供的进口货物报关单的真伪作相应的核查，对有疑问的或一次进口付汇达 50 万美元及以上的报关单，应与报关单签发地海关进行两次核对。外汇指定银行办理的货到付款项下的核销，由该外汇指定银行按照规定办理两次核对；外汇管理局办理核销的，由该外汇管理局办理两次核对。

（4）核销状况决定付汇。进口单位进口付汇核销状况的好坏决定了进口单位能否直接到外汇指定银行办理付汇。换句话说，核销状况好的进口单位，就可以直接到外汇指定银行办理付汇，反之就有可能被列入"由外汇局审核真实性的进口单位名单"，在该"名单"内的进口企业，就不能直接到外汇指定银行办理付汇，重者还要按照规定给予处罚。

（5）单单相应。进口单位填写进口付汇核销单时，应与进口合同、开证申请书和付汇通知书、发票、提单、进口报关单等的内容基本一致，如有不同之处，就必须有相应的证明或说明。

3. 进口付汇核销的范围

境内的进口单位以通过外汇指定银行购汇，或从现汇账户支付的方式，向境外（包括保税区）支付有关进口商品的货款、预付款、尾款等均需办理核销手续。

（1）进口商品货款，主要包括进口货物及用于转口贸易而对外支付的外汇款项。

（2）预付款，是指不超过合同总值15％或绝对金额不超过10万美元的预付外汇货款。

（3）尾款及其他，是指因多次付汇造成的余款，是原进口付汇总额的一部分。

下列情况不在核销范围内：非贸易项下的付汇；无须付汇而到货的；保税区内进口单位的付汇。

【示例7－2】贸易进口付汇核销单（代申报单）

进口付汇核销单

制表机关：国家外汇管理局

单位名称：　　　　　　单位编码：　　　　　　核销单编号：

付汇银行名称		所在地分局		
进口合同号		进口发票号		
商品类别		进口批件号		
购汇付出币种金额：			现汇付出币种金额：	交易编码□□□□
付汇性质：正常付汇　□　远期付汇　□　异地付汇　□　真实性审查付汇　□备案表号：				
结算方式：信用证　□　托收　□货到付款（报关单编号：　　　币种金额：　　　）其他□				
付汇日期：　　/　　/外汇账号：　　　人民币账号：				
应到货日期：　　/　　/收款人国别：　　　折美元金额：				
外汇指定银行审核无误后填写此栏				
银行业务编码：　　申报号码□□□□□□　□□□□　□□□□□□　□□□□				
营业员签章：　　　业务公章：　　　审核日期：　　/　　/				

进口单位（签章）　　年　月　日

注：1. 核销单编号为8位顺序号，由各印制本核销单的外汇管理局自行印制；
　　2. 核销单一式三联：第一联送所在地外汇局；第二联退进口单位；第三联外汇指定银行存档；
　　3. 本核销单尺寸为16开纸；
　　4. 进口单位编码为国家监督局编制的企业代码；
　　5. 申报号码和交易号码按国际收支申报统计规定的原则填写。

第六节　国际贸易运输主要单证

国际货运代理作为货主的代理人办理进出口货物的订舱、报检、报关、手续，必须对国际贸易单证内容了解，在接受货主委托时，能够正确审核单证，顺利办理货物进出口手续。

国际贸易合同、发票、装箱单是国际货运代理人受委托办理进出口货物订舱、报关和征税放行手续的主要依据；国际货运代理人在办理订舱和填写报关单时，要对合同、发票、装箱单中的商品名称、规格及包装、数量、单价、总值、装运期限、装运口岸、目的口岸认真核对，确认无误后方能办理。

进出口货物商检凭证、原产地证、进出口货物许可证、知识产权证明书等海关需要提供的其他文件，是海关对进出口货物实行监管的重要证件。

一、国际贸易合同

国际贸易合同一般都采用书面形式订立，书面合同的内容主要分为三大部分，即包括约首和约尾的内容；权利和义务部分，包括与货物有关的基本条款；争议解决部分，包括索赔、仲裁、不可抗力等通用条款。

【示例7-3】销售确认书

销售确认书（条款样式）

编号：(Contract No：　　　　)

买方：　　　　　　　　　　　　　　　　签订日期：

卖方：　　　　　　　　　　　　　　　　签订地点：

双方同意按下列条款由卖方售出下列商品：

1. 商品名称、规格及包装
2. 数量
3. 单价
4. 总值
5. 装运期限：
6. 装运口岸：
7. 目的口岸：
8. 保险：由_____方负责，按本合同总值110％投保_____险。
9. 付款：凭保兑的、不可撤销的、可转让的、可分割的即期有电报套汇条款/见票/出票_____天期付款信用证。
10. 商品检验：以中国——所签发的品质/数量/重量/包装/卫生检验检疫证书作为卖方的交货依据。
11. 装运唛头
12. 其他（包括：品质异议、卖方有权多装/少装货物的％、信用证的修改、除经约定保险归买方投保者外需增加的保险约定、人力不可抗拒的事故处理、仲裁、附加条款）

买方签字：　　　　　　　　　　　　　　卖方签字：

二、发票

商业发票，又称发货单，是出口商开给进口商的收货清单，发票一般由货主自行缮制。在国际贸易中，发票没有统一格式，但是一般包括以下内容：编号、出票日期、合同号码、发货人名称、收货人名称、装运工具、起讫地点、包装和包装标志、品名、数量、规格、付款条件、单价和总值等。

发票是出口商结汇所需的单据之一，是进口商凭以收货、付款及报关纳税的依据，缮制其他单证一般也以发票为依据。卖方提交商业发票凭以说明实际交付货物的情况，买方据此审核与合同相核对，以确认货物是否符合要求。

商业发票是买、卖双方办理进出口报关、申请货物出入境必不可少的一张单据。商业发票中载明的货物价值和有关货物的说明，也是海关确定税金、征收关税的重要依据。商业发票中内容应和销售合同、信用证内容相符。

【示例 7—4】发票

WUXI ZHENDA SPECIAL STEEL TUBE MANUFACTURING CO.，LTD
MEIJING VILLAGE SHITANGWAN TOWN WUXI CITY JIANGSU PROVINCE CHINA

COMMERCIAL INVOICE

TO：Messer

FINETEC CORPORATION

345BOCHE-RIMIYANG-MYUN,

ANSUNG-SHI KYUNGKI-DO，KOREA

INVOICE NO：ZD-WQ2-110803

DATE：2011—08—11

CONTRACT NO：FT—10411201

L/C NO：M42H31106NU00114

COMMODITY DESCRIPTION

SEAMLESS STEEL PIPLES FOR GAS CYLINDED

37MN267MM×6.3MM×5020/6695/8370

193.35MT AT USD 218485.50

ORIGIN CHINA

FOR SHANGHAI PORT

ITEM NO	SIZE SPEC：37MM	QUANTITY MT	PCS	UNIT PRICE USD/MT	AMOUNT USD
1	267×6.3×5020MM	193.35	847	1130	218485.50
TOTAL		194.35	847		218485.50

PORT OF LOADING ：SHANGHAI PORT CHINA

DESTINATION PORT：BUSAN PORT，KOREA

COUNTRY OF ORIGIN：CHINA

EXPORTER（BENEFICIARY）—Name & Address

WUXI ZHENDA SPECIAL STEEL TUBE MANUFACTURING CO.，LTD

MEIJING VILLAGE SHITANGWAN TOWN WUXI CITY JIANGSU PROVINCE CHINA

SHIPPING MARKS：N/M

无锡市振达特种钢管制造有限公司（中英文章）

WUXI ZHENDA SPECIAL STEEL TUBE MANUFACTURING CO.，LTD

三、装箱单

包装单据是专门记载或描述货物包装情况的单据。由于各国间货物买卖数量较大，花色品种繁多，有时无法在发票上一一列明，必须使用专用单据加以说明，因此，包装单据成为发票的附属单据，是商业单据中的一种重要单据。进口地海关验货、商检机构检验、进口商核对货物，都是以包装单据为依据，了解包装件号内货物的具体装箱情况。

实际业务中使用的包装单据名称不尽相同，根据货物的包装，主要有：

（1）装箱单（Packing List）。

（2）包装说明（Packing Specification）。

（3）详细包装单（Detailed Packing List）。

（4）规格单（Specification List）。

（5）尺码/颜色搭配单（Size/Color Assortment List）。

（6）重量单或磅码单（Weight List/Memo）。

（7）尺码单（Measurement List）。

装箱单又称花色码单，列明每批货物的包装形式和实际装箱情况。除散装货物外，一般要求提供装箱单。装箱单无统一格式，所包含内容也因货物不同而各异，在填制过程中，应与实际货物的装箱情况相符，并与商业发票上所列货物的名称、数量等内容一致。

重量单是详细记载货物重量情况的包装单据。除装箱单上的内容外，重量单上必须尽量清楚地列明每件货物的毛重、净重，以及总的毛重和净重，总的毛重和净重必须与商业发票、运输单据、原产地证书、商检证书单据上描述一致等。

【示例7—5】装箱单

WUXI ZHENDA SPECIAL STEEL TUBE MANUFACTURING CO.，LTD
MEIJING VILLAGE SHITANGWAN TOWN WUXI CITY JIANGSU PROVINCE CHINA

PACKING LIST

TO：Messer
FINETEC CORPORATION
345BOCHE-RIMIYANG-MYUN，
ANSUNG-SHI KYUNGKI-DO，KOREA

INVOICE NO：ZD-WQ2-110803
DATE：2011—08—11
CONTRACT NO：FT-10411201
L/C NO：M42H31106NU00114

COMMODITY DESCRIPTION
SEAMLESS STEEL PIPLES FOR GAS CYLINDED
37MN267MM×6.3MM×5020/6695/8373
193.35MT AT USD 218485.50
ORIGIN CHINA
FOR SHANGHAI PORT

ITEM NO	SIZE SPEC：37MM	QUANTITY MT	PCS	UNIT PRICE USD/MT	AMOUNT USD
1	267×6.3×5020MM	193.35	847	1130	218485.50
TOTAL		194.35	847		218485.50

PORT OF LOADING：SHANGHAI PORT CHINA
DESTINATION PORT：BUSAN PORT，KOREA
COUNTRY OF ORIGIN：CHINA
EXPORTER（BENEFICIARY）—Name & Address
WUXI ZHENDA SPECIAL STEEL TUBE MANUFACTURING CO.，LTD
MEIJING VILLAGE SHITANGWAN TOWN WUXI CITY JIANGSU PROVINCE CHINA
SHIPPING MARKS：N/M

无锡市振达特种钢管制造有限公司（中英文章）
WUXI ZHENDA SPECIAL STEEL TUBE MANUFACTURING CO.，LTD

四、包装标志

包装标志是刷制在包装上的一种记号。在国际贸易中，为了方便货物的运输、储存、商检和验关工作的进行，保障人员和物资的安全，通常在货物的包装上书写、压印或刷制简单的图形、文字和数字，以资识别。国际货运代理人在办理进出口货物装、卸时，应按货主委托运输单证认真核对包装标志，避免发运错误，或造成货损货差和人员伤亡。

包装标志按其用途可分为运输标志（唛头）、指示性标志、警告性标志、原产地标志、体积标志、重量标志、条形码标志等多种。

1. 运输标志

简化后的标准运输标志（Shipping Mark），由 4 个要素按指定程序排列构成，如图 7—1 所示。

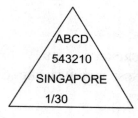

人名缩写：收货人或买方的名称字首或简要名称。

参考号：一般以单据号码表示，如合同号、订单号、发票号。

目的地：标明货物最终到达目的地。

件号：本批货物每件的顺序号和总件数。

图 7—1　运输标志

2. 指示性标志

指示性标志（Indicative Mark）（见图 7—2）是关于操作方面的标志。它是根据货物的特性，对一些容易破碎、残损、变质的货物以简单醒目的文字、图形或图案在运输包装上做出标志，用以提醒操作人员在货物运输、储存和搬运过程中应引起注意，以免损坏货物。在货物外包装上刷指示性标志，目的是保护货物。指示性标志一般不在合同、信用证及有关结汇单据上显示出来，而由卖方视货物的情况自行决定制作，刷制在运输包装上即可。

3. 警告性标志

警告性标志（Warning Mark）是关于货物质量性质方面的标志（见图 7—3）。按照我国和国际上的有关规定，对一些易燃品、有毒物品、腐蚀物品和放射性等危险货物，在运送时必须在其外包装上清楚鲜明地标明各类危险品的标记，以此提醒和告示有关人员在现场运输、储存和搬运过程中倍加小心，并根据货物的特性采取相应的防范措施。

图 7—2　指示性标志

图 7—3　危险品标志

4. 磅码、产地标志

货物运输外包装上有时根据需要还要刷上包件的毛重、净重、尺码，并表明产地。

（1）原产地标志：用以标明该批货物生产、制造、加工的国家名称。我国出口商品一般标明中国制造（Made in China），或者中华人民共和国制造（Made in People′s Republic of China），现在不少国家的海关要求进口货物必须标明原产国，否则，不允许进口。

（2）体积标志：应以标明每一计件单位的长、宽、高。

（3）重量标志：应以标明每一计件单位的重量，如毛重（G）、净重（N）、皮重（T）。

5．条形码标志

条形码标志又称线码或条形系统，它是印刷或粘贴在货物销售包装上的一种识别标志，用于表示该产品的生产国别、制造厂商、质量规格和售价等一系列信息。随着条形码标志在世界范围的普及和应用，条形码技术的领域已扩大到工业生产、商业结算、运输仓储、银行等各个能够采用计算机管理的行业和系统，条形码已成为包装现代化的一项重要内容。

国际物品编码协会分配给我国的条形码国别代号为690、691、692，凡标有这三个代号条码的产品，即为中国生产的产品。

第七节　国际货运代理人办理进出口货物报关流程

一、进出口货物载货清单的申报时限

货物进出境舱单的具体时限规定见表7—1。

表7—1　货物进出境舱单的具体时限规定

	海　运		空　运	陆　运	
	集装箱船	非集装箱船		铁路	公路
进口	装船的24小时以前	抵境内第一目的港的24小时以前	航程4小时以下的，起飞前；超过4小时的，抵境内第一目的港的4小时以前	抵境内第一目的站的2小时以前	抵境内第一目的站的1小时以前
	舱单传输人应当在进境货物、物品运抵目的港以前向海关传输原始舱单其他数据。海关接受原始舱单主要数据传输后，收货人、受委托报关企业方可向海关办理货物、物品的申报手续				
出口	装船的24小时之前	开始装货的2小时之前	开始装货的4小时之前	开始装货的1小时之前	开始装货的1小时之前

二、代理报关委托书

（一）代理报关委托书

"代理报关委托书"是进出口货物收/发货人与国际货运代理人之间签订的委托代理报关的书面合同。收/发货人委托其代理人办理海运出口订舱、报关手续，应与其代理人签订"代理报关委托书"，提供出口货物的发票、装箱单、出口货物通关单或出口货物通关凭证（如需要商检的货物）、出口收汇核销单和海关需要的相关单证；其代理人在向船公司办理出口订舱手续后，取得装货单；其代理人制作出口货物报关单后，向海关提交相关单证，办理申报出口货物报关手续。

海关审核放行完毕，从计算机打印出出口报关单《收汇核销专用》联，供货主到外管局办理收汇核销用。

【示例7-6】代理报关委托书

代理报关委托书

编号：00011399819

我单位现 ＿＿＿（A. 逐票，B. 长期）委托贵公司代理 ＿＿＿ 等通关事宜。（填单申报，辅助查验，垫缴税款，办理海关证明联，审批手册，核销手册，申办减免税手续，其他）详见《委托报关协议》。

我单位保证遵守《海关法》和国家有关法规，保证所提供的情况真实、完整、单货相符。否则，承担相关法律责任。

年　　月　　日

委托方：xxxxx公司（盖章）

法定代表人或其授权签署《委托报关协议》的人：　　（签字）

年　　月　　日

委托报关协议

为明确委托报关具体事项和各自责任，双方经平等协商签订协议如下：

委托方		被委托方				
主要货物名称		*报关单编码				
HS编码		收到单证日期				
货物总价	USD. 218485.50	收到单证情况	合同	☑	发票	☑
进出口日期	年　月　日		装箱清单	☑	提（运）单	☑
提单号			加工贸易手册	☑	许可证件	☑
贸易方式		其他				
原产地/货源地		报关收费	人民币：			
其他要求：		承诺说明：				
背面所列通用条款是本协议不可分割的一部分，对本协议的签署构成了对背面所列条款的同意。		背面所列通用条款是本协议不可分割的一部分，对本协议的签署构成了对背面所列条款的同意。				
委托方业务签章： 经办人签章： 联系电话： 年　月　日		被委托方业务签章： 经办报关员签章： 联系电话： 年　月　日				

CCBA（白联：海关留存，黄联：被委托方留存，红联：委托方留存）中国报关协会监制

（二）报关所需单证

根据进出口货物报关需要，应向货主要求提交的相关的单证如下：

进口货物报关单；出口货物报关单；进料加工进出口货物报关单；来料加工及补偿贸易进出口货物报关单；保税区进出境货物备案清单；出口加工区进出境货物备案清单；过境货物报关单；纸质报关单；电子数据报关单；发票；装箱单；检数单；检尺单；磅码

单；国际道路货物运单；进出口交易合同；加工贸易登记手册；海关征免税证明；贸易管制的许可证件；原产地证；捐赠证明；礼品证明；海关需要提供的其他文件、证明。

跨境道路口岸货运代理人根据发货人提供的进出口单证制作《进/出口货物明细单》（见图7—4），和需要提供的文件一起提交海关审核，输进出口货物报关。

图7—4 出口货物明细单样式

（三）自由贸易协定项下进口货物原产资格申明

如进口货物原产自东盟成员国，且货物符合《中华人民共和国与东南亚国家联盟自由贸易协定》原产地规则的要求。因进口报关时无法及时提供进口国货物原产地证书，进口货物收货人或进口货物收货人代理人可以向海关提交自由贸易协定项下进口货物原产资格申明，并申请缴纳保证金后放行货物。承诺自货物进口之日起1年内补交《中华人民共和国与东南亚国家联盟自由贸易协定》原产地证书。

【示例7—7】进口货物原产资格申明

《中华人民共和国与东南亚国家联盟自由贸易协定》项下进口货物原产资格申明

本人_____（姓名及职务）为进口货物收货人/进口货物收货人代理人（不适用的部分请划去），兹申明编号为_____的报关单所列第_____项货物原产自东盟成员国，且货物符合《中华人民共和国与东南亚国家联盟自由贸易协定》原产地规则的要求。

本人申请对上述货物适用《中华人民共和国与东南亚国家联盟自由贸易协定》协定税率，并申请缴纳保证金后放行货物。本人承诺自货物进口之日起1年内补交《中华人民共和国与东南亚国家联盟自由贸易协定》原产地证书。

签名：_____

日期：_____

三、跨境道路进出口运输工具及货物报关操作流程

陆路运输尤其是公路运输作为国际多式联运的一个重要组成部分，成为门到门运输中集疏运系统的重要环节，在现代物流过程中发挥着越来越重要的作用。

陆运报关是货物进出口报关的又一种重要方式，其报关流程为：申报准备；电子数据申报；现场交单；缴纳税费；配合海关查验；核放出关/入关等六个环节。

跨境道路进出口货物报关流程和海运报关流程有很多相似之处，不同之处重点如下：

通过海运、空运和铁路的国际运输，其运载工具由船舶代理人、航空公司和铁路总公司的职能部门办理进出口运载工具及载货舱单的报关，办理进出口人员的检验检疫手续；国际货运代理人仅负责进出口货物的报关、报检手续。

而跨境运输的国际货运代理人还要帮助办理运输车辆、人员的出入境手续，既要做进出口货物的报关代理人，又要提前做进出口运载工具和人员的代理人的报关、报检工作，并填写海关需要的国际货物运单和运载清单。具体工作如下：

从事国际道路运输经营的申请人凭《道路运输经营许可证》及许可文件在货物出运前到外事、海关、检验检疫、边防检查等部门办理有关运输车辆、人员的出入境手续。

（一）公路车辆进境（港）和出境（港）进行申报

（1）首先对公路车辆进境（港）和出境（港）进行申报，海关根据申报内容进行检查，并经现场办关员和见证人签字，对申报进境（港）或出境（港）的运输工具/航次航班车次经海关审核，符合申报内容，准予承运进境（港）或出境（港）舱单所列货物（人员）进出境（港），给予结关。运输工具结关后，非经海关同意，不得装卸货物、上下旅客。

如：运输工具需起卸/添加物料或运输工具需物料调拨，应填写《中华人民共和国海关运输工具起卸/添加物料申报单》和《运输工具物料调拨清单》，提交海关备案、核准。

【示例7—8】中华人民共和国海关公路车辆进境（港）申报单

中华人民共和国海关公路车辆进境（港）申报单

国内车牌号码		车辆备案编号	
驾驶员姓名		驾驶员备案编号	
外国车牌号码		车辆国籍	
车辆自重		进境地	
进境日期及时间		目的地	
预计停留境内时间			
行驶路线摘要		企业/车主名称及联系方式	
货物/旅客摘要说明			
司乘人数		旅客人数	
所附单证（标明份数）			
载货清单		车用备件申报单	备注
司乘人员名单		旅客名单	
自用物品申报单			

运输工具负责人签名_____   日期___年___月___日

海关签注：_____   日期___年___月___日

【示例7-11】中华人民共和国海关结关通知书

中华人民共和国海关结关通知书

_____（申报单位）

你单位申报出境的_____（运输工具/航次航班车次）经海关审核，准予承运<u>出境舱单所列货物（人员）出境（港），现予结关。</u>

运输工具结关后，非经海关同意，不得装卸货物、上下旅客。

附件：出境舱单

_____海关（签章）

年　月　日

【示例7-12】中华人民共和国海关运输工具起卸/添加物料申报单

中华人民共和国海关运输工具起卸/添加物料申报单

录入编号　　　　　　　　　　　　　　　　　　　　　　　　　□起卸　　　□添加

运输工具编号			航次/航班/车次		
国籍			代理企业		
停靠位置（泊位/机位）			起卸/添加时间		
序号	起卸/添加物料名称	申报数量	金额	实际数量	金额
海关批注栏 经办人员 　日期　年　月　日		添加/起卸料单位签章 经办人员 　日期　年　月　日		运输工具方确认栏 运输工具负责人 　日期　年　月　日	

运输工具负责人（签章）

日期　　　　年　月　日

【示例7-13】运输工具物料调拨清单

运输工具物料调拨清单

调出运输工具名称		（中文）	（英文）
调入运输工具名称		（中文）	（英文）
序号	调拨物料名称	数量	金额
海关批注栏	调出运输工具方签章栏	调入运输工具方签章栏	

日期　　　年　月　日

（2）驾驶人员、押运员、装卸工到所在地公安部门办理出国护照。

（3）驾驶人员、押运员、装卸工和车辆到口岸出入境人员检验检疫机关办理出入境人员和运载工具的检验检疫手续。

（4）到口岸海关办理车辆的监管手续，办理进出口货物的申报、查验、放行手续。

（5）到口岸边防检查部门办理人员、车辆出境放行手续。

（二）跨境道路进出口货物报关流程

（1）陆运报关中，通常由报关员和汽车司机作为货主的现场代理，配合海关关员进行货物查验，故查验和核放出关/入关环节与海运有很大不同。另外，在陆运过程中，海关直接对进出口集装箱及其载运工具进行现场放行，所以海运报关过程中的装运/提取货物环节在陆运中变成货物核放出关/入关环节。

（2）核放出关/入关是陆运报关的最后一个环节。在陆运报关过程中，海关对进出口货物、集装箱及其载运工具进行自动核放，而不同于海运进出口过程中，收发货人最终通过码头进行装运/提取货物。核放出关/入关环节主要由以下几个过程组成：

①陆运进出口汽车司机凭进/出口报关单、进/出口载货清单、出入境汽车登记簿运送货物至海关现场道口。陆运流程中海关基于进出口货物报关单、出口货物载货清单和出入境汽车登记簿对货物进行监控，这和海运流程中海关基于船舶舱单信息对货物进行监控是不同的。

②道口地磅对货车进行自动测重检验。

③现场道口的自动读取系统扫描汽车的电子信息卡。

④海关计算机系统对现场货物及车辆进行数据对碰。数据对碰是指计算机将前期报关员交单申报时的数据和现场读取到的货物及车辆信息进行核对。

⑤电子审核通过后道口电子闸自动核放货物，进出口货物方可进出关，否则暂不放行待处理。

（三）对外承包工程、劳务合作项目货物进出境报关

近年来，我国与周边国家对外承包工程、劳务合作项目货物进出境和边民贸易越来越多，已成为跨境道路运输的主要业务之一。

1. 申报

凡经批准对外承包工程、劳务合作等业务的公司出运因承包工程所需国产设备、材料、施工机具以及劳务人员公用生活物资，需持下列单证向海关申报：

（1）《出口货物报关单》；

（2）出口货物清单；

（3）对外签订的经省以上主管部门的《承包合同》和批准证书；

（4）如运出的物资中，有列入国家限制出口和实行许可证管理的商品，须提交《出口货物许可证》；

（5）如属于列入国家商检机构实施检验出口商品种类表的，提交商检机构出具的检验证明。

2. 查验、放行

海关查验单证和实货后予以放行。

3. 报关单证的填写和注意事项

（1）对外承包工程结束后，从国内出运的设备需要运回国内，在填写出口报关单时，贸易方式为：对外承包出口，代码：3422。承包工程出口物资，报关单的征免性质栏，应填报"一般征税"（101）或"其他法定"（299）

出口物资退税，发货人要求退税的将发票、报关单、核销单一并收集后去相关部门申请退税核销。

（2）出口要求回运物资。发货人将发票、报关单、核销单一并收齐，发票验票成功后保留财务部。承包工程结束后，原从国内运出的专用施工机械设备或物资复运回国入境时，承包工程公司须填写《进口货物报关单》一式二份，并提交原出口时经出境地海关签发的《出口货物报关单》、原始报关发票、箱单及核销单、增值税专用发票提供给海关，向入境地海关申报，办理相关清关事宜。

为了简化对外承包工程结束后回运物资办理进出口报关的手续，发货人在办理出口报关时应向海关确定陆路运输路线、出境口岸、出境时间和指定报关公司；

对外承包项目施工设备出境后超过时限返回，海关将在入境口岸启动调查程序，根据调查结果对对外承包项目的公司进行处理。

承包工程期间在国外获取的设备、物资，以及劳务合作项目对方以实物产品抵偿我劳务人员工资的货物，在进口报关单的监管方式栏应填报代码为：3410（承包工程进口）

我方劳务人员带出的自用生活物资；边境地区经外经贸部门批准有对外经济合作经营权的企业与毗邻国家边境地区开展承包工程和劳务合作出口的工程设备、物资（包括在外购买及换回的）运回境内时，监管方式：边境小额贸易，代码：4019；承包工程结束后复运进境原从国内运出的承包工程项下的设备、物资，监管方式：退运货物，代码：4561。

对外承包工程公司如用在国外收入的外汇购买进口在国内使用的设备、物资，以及承包工程项下进口国家限制进口的货物，须按规定办理进口设备、物资的归口审批手续并申领进口许可证，并报国家商检部门检验出证，海关凭证征税放行。

（四）境外租赁国内设备的临时出口 / 再进口，报关注意事项

出口时报关应提交租赁合同，装箱单，商业发票等相关文件。租赁期在一年级以上的，监管方式"租赁贸易"。租赁期不满一年的进出口货物，监管方式"租赁不满一年"。"租赁贸易"期满复运进口的货物，监管方式为"退运货物"。"租赁不满一年"期满复运进口的货物，监管方式为"租赁不满一年"。租赁进口货物属于有条件对外付汇范围，可以签发进口付汇报关单证明联。租赁出口货物需要填报出口收汇核销单编号。列入《出入境检验检疫机构实施检验检疫的进出境商品目录》范围内的进出口货物，凭货物报关地出入境检验检疫局签发的《入境货物通关单》、《出境货物通关单》验放。

四、进出境汽车载货清单制作与申报

(一) 载货清单的概念与内容

载货清单，又称舱单，是指反映进出境载货汽车所载货物、物品及旅客信息的载体。

按进出境方式划分，载货清单可分为原始载货清单、预配载货清单、装载载货清单。

(1) 原始载货清单，是指载货清单传输人向海关传输的反映进境运输工具装载货物、物品或者乘载旅客信息的载货清单。

(2) 预配载货清单，是指反映出境运输工具预计装载货物、物品或者乘载旅客信息的舱单。

(3) 装载载货清单，是指反映出境运输工具实际配载货物、物品或者载有旅客信息的舱单。

为了便于申报与管理，各国海关均对进出境汽车载货清单的格式与内容做出了明确的规定。一般而言，进出境汽车载货清单主要包括以下内容：

①货物品名。

②唛头、箱 (件) 号、件数和包装种类或项目。

③每批货物的毛重。

④载货汽车的识别标志。

⑤载货清单的负责人姓名和住址。

⑥所附单证的名称。

⑦清单登记编号。

⑧供装货地海关填写关名、海关封志号码及加封日期的栏目。

(二) 载货清单的管理

长期以来，海关仅对海运和空运舱单的电子数据交换进行管理。但根据 2009 年 1 月 1 日实施的《中华人民共和国海关进出境运输工具舱单管理办法》(海关总署令第 172 号，以下简称《办法》) 的规定，对铁路列车及公路车辆也实施舱单管理，只不过对陆路运输的适用给予了宽限期。《办法》明确规定"本办法施行之日 (2009 年 1 月 1 日) 起 1 年内，经海关总署批准，海关对进出境铁路列车及公路车辆舱单的管理，可以暂不适用本办法。

通常情况下，进出境载货汽车每通关一次需要分别向双方的海关填报和递交不同的载货清单。为了实现双方海关申报信息资源的共享，形成双方对进出口货物的监管合力，有助于加强双方的行政执法互助，目前，我国在内地/香港和中哈边境实施统一载货清单制度，实行"一单两报"。

1. 内地与香港之间

自 2004 年 1 月 1 日起，内地海关和香港海关同时启用了《内地海关及香港海关陆路进/出境载货清单》(以下简称新版《载货清单》)。该《载货清单》(俗称司机纸) 为一式六联。第一、二联交内地海关，第三至五联交香港海关，第六联为司机留用副本，对来往港澳汽车实施"登记簿"管理。自 2008 年起，由承运人或其代理人，在车辆进境前或出

口货物报关单申报前，向海关申报载货清单电子数据，海关应用卫星定位管理设备和电子封志等监控手段实施途中监控，实现了对车辆及其所载货物在公路口岸自动快速核放。

2. 中哈之间

为进一步推进中华人民共和国海关与哈萨克斯坦共和国海关之间的有效合作，方便两国贸易往来，促进双边经济发展，两国海关决定协调并简化有关监管模式。为此，两国海关共同制定了统一的《载货清单》（试行），作为相关承运人向两国海关申报的单证，并决定自 2007 年 12 月 15 日起在中国的都拉塔、哈萨克斯坦的卡勒加特口岸试点启用。

（三）载货清单的制作

以中哈边境实施的统一载货清单为例，说明其制作要点。

中哈边境实施的统一载货清单是进、出境货物承运人向海关申报的必需单证，货物进出境通过上述口岸时，承运人应当采用中俄双语填写，并向中国海关申报。中哈之间的《载货清单》一式三联。第一联交出境地海关，第二联交入境地海关，第三联由承运人留存。

（1）载货清单编号。该编号为 12 位英文字母与数字组合。第一位为国别代码（自中方出境，代码为"C"），第二、三位为年份，第四至七位为关区代码，第八至十二位为流水号。例如，C07940600001，表示伊宁海关（9406）2007 年出口哈方的第一份载货清单。

（2）中国车牌号、哈国车牌号。分别填写货运车辆的中国和哈萨克斯坦车牌号码。

（3）拖车号。填写拖挂在头车后的拖车号码。

（4）集装箱编号。填写车辆承载的集装箱的编号。一车载运多个集装箱时，集装箱号以";"间隔。如为厢式货车，可不填写。

（5）装货地点。填写本车次装载货物的地点，如生产工厂、货物包装地、海关监管场站等。

（6）卸货地点。填写本车次卸载货物的地点，如工厂、海关监管场站等。

（7）出境日期。第一联的"出境"与第二联的"进境"相对应。本栏目填写的进出境日期以午夜 0 时为界。如在午夜 0 时之前向哈方海关递单，午夜 0 时之后向中方海关递单，必须在向中方海关递交的单证上注明不同的日期。

（8）编号。一辆货运车载运两种以上的货物时，货物名称必须分别填写。本栏目填写阿拉伯数字，即"1、2……"按顺序填写。如多票货物拼装同一运输工具，栏目空间不足，按商品的类别和实际成交价格（或货值）从高至低依次填写前 6 项，并随附货运清单（装箱明细表或装箱清单），且需在备注栏目注明。

（9）货物名称及规格。填写规范的中俄双语商品名称，同时必须填写货物的规格或型号。商品名称及规格型号应据实填写，并与商业发票相符。

（10）唛头及编号。填写货物包装上的唛头或标记及编号，包括除图形以外的文字、数字。

（11）包装方式及件数。按实际外包装方式填写，数量按包装的数量填写，使用阿拉伯数字。散装货物填写"1"。

（12）净重（千克）。"净重（千克"）指货物的毛重减去外包装材料后的重量，即商品本身的实际重量，使用阿拉伯数字，计量单位为千克，不足 1 千克的填写时保留 2 位小数。

（13）价格（币种）。按商品项目逐一填写货物实际成交的商品总价，使用阿拉伯数字。无实际成交价格的，本栏目填报货值，同时写明币种。此内容由承运人或其代理人自愿填写。

（14）发货人。填写向运输公司交付货物的企业的名称及地址。本栏目内容一行填写空间不足的，可逐行填写。

（15）收货人。填写最终收取货物的企业名称及地址。本栏目内容一行填写空间不足的，可逐行填写。

（16）合计。填写有外包装的货物的实际件数，使用中文大写，并用阿拉伯数字附注。特殊情况，如为托盘装入集装箱的，可填写托盘数；散装货物填写为"1"。填写所载货物的净重之和，单位为千克，使用中文大写，并用阿拉伯数字附注。填写所载货物的总价值，使用中文大写，并用阿拉伯数字附注，写明币种。

（17）承运人声明。填写承运人正式全称，表明向海关承担相关责任。

（18）承运车辆进出境许可证号码。填写本车辆此次运输使用的有效的国际道路运输许可证号码。

（19）驾驶员姓名、签名、日期。"姓名"栏目以正楷中文和俄文印刷字体填写驾驶员全名，"签名"栏目由驾驶员本人填写其惯用签名，"日期"为签名日期。

（20）合同号。填写进出口货物合同（协议）的全部字头和号码。加工贸易货物填写合同手册号。

（21）海关监管方式。根据实际情况，选择"过境"或"其他"，并在方格中标记"√"。

（22）备注。填写必要的相关信息，如因商品项目较多、随附货运清表的，在此填写"随附……页货运清表"。

（四）载货清单的申报

在未实行统一载货清单的情况下，进出边境的运输工具及货物的承运人，须按两国各自通关规定分别向双方的海关进行申报，两国海关也只办理各自通关手续，不与对方海关联系。

在实行统一载货清单的情况下，承运人在一次填写后即可分别完成向双方海关的申报。

【示例 7—14】出入境汽车载货清单（中、哈）

载货清单 Манифест

编号№＿＿＿＿＿＿＿＿＿＿＿＿

中国车牌号 Номер транспортного средства КНР：
哈国车牌号 Номер транспортного средства РК：
拖车号 Номер прицепа：
集装箱编号 Номер контейнера：
装货地点 Место погрузки：
卸货地点 Место разгрузки：
出境日期 Дата выезда：
此载货清单共 3 联 Данный Манифест составлен в 3-х экземплярах.

编号 No.	货物名称及规格 Наименование и описаниетовара	唛头及编号 Марки ровка иномер	包装方式及件数 Формаупаковки, количество мест	净重（千克）Вес нетто（в кг.）	价格（币种）Стоимость с указанием валюты	发货人 Отправитель	收货人 Получатель
合计 Итого							

（承运人名称 Название перевозчика）　　　　　　　　声明：上列货物由本承运人承运，并负

责向海关承担责任。Ответственность за достоверность заявленных сведений в настоящем Манифесте возлагается наперевозчика.

_____承运车辆进出境许可证号码（номер разрешительного документа перевозчика）

驾驶员姓名 Ф. И. О. водителя：_____　　　签名 подпись водителя：_____

日期 дата：

合同号№ Контракта	海关关锁号 Таможенная пломба №	
海关监管方式 Таможенный режим □过境 транзит　　□其他 прочее	起运国海关批注、签章 Штамп и печать таможни страны отправления	指运国海关批注、签章 Штамп и печать страны получения
备注 Примечание：	关员签名 Подпись таможенника 日期 Дата：	关员签名 Подпись таможенника 日期 Дата：

（五）装车清单

由于在跨境道路运输报关时，国际货运代理人提交全套进/出口资货物报关资料，所以，有的道路口岸海关同意货主或代理人在报关时提供《装车清单》（见图7—5）代替《出入境汽车载货清单》报关

装车清单

NO	车号	货物名称	件数	重量		集装箱号	
1	859EAA05	长侧板	1	20700	千克	FSCU8407178　40尺	3600KG
2	B667HA0	振动梁装配体、铝板支架	2	16342	千克	TTNU4058800　40尺	3660KG
3	B406KD0	随动块、尾部	2	21610	千克		
4	A907WPN	铝板支架、小推车	2	21690	千克		
5	793H0A05	滴水盘、铝板支架	2	16024	千克		
6	B823DS0	润滑油泵、侧板支架、滴水盘支架、震动梁护罩、不锈钢管	1	17249	千克	CLHU3613707　20尺	2220kg
7	173HWA05	头部、流水槽	3	47377.5	千克		
8	B289YVN	振动梁装配体、喂料管、滤板连接块、分离罐	1	12874	千克	TTNU5439329　40尺	3745KG
9	B827EE0	铝板支架、挤水罐	4	17547	千克		
10	B887CVN	焊接管路、拖链装配组合体、滤板支架、设备垫板	1	16488	千克	INBU5035360　40尺	3870KG
11	297MXA05	滴水盘支架、斜槽、管路&阀门&传感器&压力表	3	9406	千克		
		合计	22	217308	千克		

图7—5　装车清单样式

五、推进通关作业无纸化改革工作

每年货物的进出口报关应提交的纸质报关单随附单证需要大量的纸张，浪费了大量的森林资源和加工人力、物力，破坏了人类生存的环境。

互联网改变了人们的地域观念，加速了办公便利化，提高了工作效率，同时也为无纸化办公、增强环境保护提供了条件。

海关总署为进一步做好 2014 年通关作业无纸化改革工作，决定在 2013 年改革试点的基础上，在全国海关的全部通关业务现场深入推进通关作业无纸化改革工作。并全面推进转关货物和"属地申报、属地放行"货物通关作业无纸化改革，加快区域通关改革无纸化作业的深化应用。同时启动快件、邮运货物通关作业无纸化改革试点。"通关作业无纸化"作业可以通过海关报关网络终端或与海关联网的企业电子终端直接输入办理。具体试点简化报关单随附单证做法如下：

（一）进口货物

（1）加工贸易及保税类报关单：合同、装箱清单、载货清单（舱单）等随附单证，企业在申报时可不向海关提交，海关审核时如需要再提交。

（2）非加工贸易及保税类报关单：装箱清单、载货清单（舱单）等随附单证，企业在申报时可不向海关提交，海关审核时如需要再提交。

（3）京津冀海关实施区域通关一体化改革的报关单：合同、装箱清单、载货清单（舱单）等随附单证，企业在申报时可不向海关提交，海关审核时如需要再提交。

（二）出口货物

出口货物各类报关单，企业向海关申报时，合同、发票、装箱清单、载货清单（舱单）等随附单证可不提交，海关审核时如需要再提交。

（三）办理"通关作业无纸化"程序

试点企业经报关所在地直属海关同意，在与报关所在地直属海关、第三方认证机构（中国电子口岸数据中心）签订电子数据应用协议后，可在该海关范围内适用"通关作业无纸化"通关方式。

经海关同意准予适用"通关作业无纸化"通关方式的进出口企业需要委托报关企业代理报关的，应当委托经海关准予适用"通关作业无纸化"通关方式的报关企业。

经海关批准的试点企业可以自行选择有纸或无纸作业方式。选择无纸作业方式的企业在货物申报时，应在电子口岸录入端选择"通关无纸化"方式。

对于经海关批准且选择"通关作业无纸化"方式申报的经营单位管理类别为 AA 类企业或 A 类生产型企业的，申报时可不向海关发送随附单证电子数据，通关过程中根据海关要求及时提供，海关放行之日起 10 日内由企业向海关提交，经海关批准符合企业存单（单证暂存）条件的可由企业保管。

对于经海关批准且选择"通关作业无纸化"方式申报的其他管理类别的经营单位，应在货物申报时向海关同时发送报关单和随附单证电子数据。

有关单位如需要查阅、复制海关存档的报关单及随附单证电子数据档案时，应按照规定办理手续，海关根据电子档案出具纸质件并加盖单证管理部门印章。

涉及许可证件但未实现许可证件电子数据联网核查的进出口货物暂不适用"通关作业无纸化"作业方式。

海关总署公告自 2014 年 4 月 1 日起施行，2013 年海关总署公告第 19 号同时废止。

六、各类报关流程图表对比

图 7—6 至图 7—9，以及表 7—2 和表 7—3 列示了各类报关流程的对比。

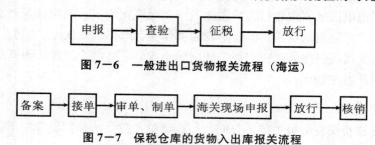

图7—6　一般进出口货物报关流程（海运）

备案 → 接单 → 审单、制单 → 海关现场申报 → 放行 → 核销

图7—7　保税仓库的货物入出库报关流程

表7—2　进出保税园区之间货物报关方式和报关单证关系

报关类型	进/出境	报关方式	报关单证
分送集报	国内进区	双向报关	进境备案清单，出口报关单
	国内出区	双向报关	出境备案清单，进口报关单
	区内调拨	双向报关	进出境备案清单
	区间调拨	各自	A区→B区，A区企业出境报关单
			B区→A区，A区企业进境报关单
直接报关	进口	进口/进境	进口/进境
	出口	出口/出境	出口/出境

注：分送集报是指报关资料可以分批送达海关，最后集中一次性办理。

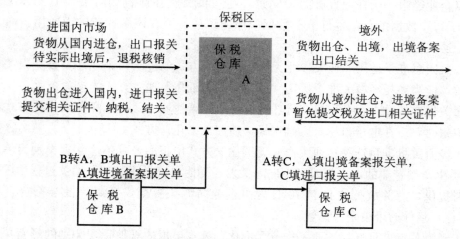

图7—8　货物进出境保税园区（仓库）与进出口报关类型对比

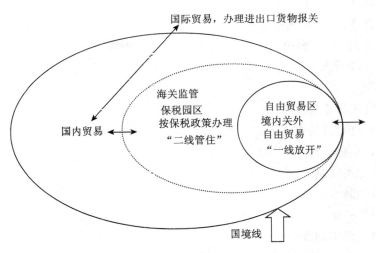

图7—9　一般进出口贸易、保税园区和自由贸易区关系

表7—3　跨境道路货物运输通关流程

1.	申报准备——凭运输企业的《道路运输经营许可证》及许可文件，在货物进/出运前到外事、海关、检验检疫、边防检查等部门办理有关运输车辆、人员的出入境手续。对公路车辆、人员进境和出境进行申报
2.	进出口货物电子数据申报；
3.	现场交单；
4.	缴纳税费；
5.	配合海关查验。海关根据申报内容进行现场检查，检查完毕并经现场办关员和见证人在查验单上签字确认。
6.	核放出关/入关。对申报出境的运输工具/航次航班车次，经海关审核，符合申报内容，准予承运进/出境舱单所列货物和人员进/出境，现场给予结关。运输工具结关后，非经海关同意，不得装卸货物、上下旅客

【本章小结】

通过本章学习，对外贸易经营者、进出口货物所有者或其代理人、保税仓库经营人在通关过程中必须严格遵守对外贸易制度和海关管理的相关法律、行政法规，并按照相应的管理要求办理货物进出口手续，维护国家利益不受损害，同时保护自己的合法权益。

【本章关键词】

1. 国际货运代理人

2. 纯粹代理人

3. 仓储经营者

4. 无船承运人

5. 多式联运经营人

6. 贸易管制

7. 进出口许可证管理制度

8. 出口配额许可证管理

9. 出口配额招标管理

10. 出口非配额限制

11. 外汇核销制度

12. 出口收汇核销

13. 进口付汇核销制度

14. 发票

15. 装箱单

16. 包装标志

17. 指示性标志

18. 警告性标志

19. 原产地标志

20. 条形码标志

【本章习题】

1. 国际货运代理行业的定义是什么？

2. "国际货运代理企业"从事的业务活动范围是什么？

3. 货运代理的服务对象包括哪几方面？

4. 国际货运代理可以发挥什么作用？

5. 货运代理作为代理人的权利与义务是什么？

6. 货运代理作为承运人的权利与义务是什么？

7. 国家贸易管制是通过国家哪个部门监督管理来实现的？

8. 对外贸易经营者在国家哪个部门办理备案登记，方可开展国际贸易业务？

9. 禁止进出口管理包括哪几个方面？

10. 限制进出口管理包括哪几个方面？

11. 实行出口配额许可证管理的商品有哪些？

12. 国家对限制出口技术如何管理？

13. 货物自由进出口管理的范围是什么？

14. 出口收汇核销的对象是什么？

15. 出口收汇的原则是什么?
16. 出口核销的范围是什么?
17. 进口付汇核销的对象是什么?
18. 进口付汇核销的原则是什么?
19. 国际贸易合同内容主要分为几部分?
20. 跨境道路运输报关包括哪些环节?

附录

国际公路货物运输合同公约

(1956 年 5 月 19 日订于日内瓦)

序言

鉴于缔约国认识到需要制约国际公路货物运输合同,特别是有关此种运输所使用的单证和承运人责任的统一条件,特协议如下:

第一章　适用范围

第一条　1. 以营运车辆的公路货物运输的每一合同,不管缔约方住地和国籍,凡合同中规定的接管和交付货物的地点位于两个不同国家,其中至少有一个是缔约国者,本公约均适用之。

2. 在本公约中,"车辆"是指在 1949 年 9 月 19 日公路交通公约第四条中所规定的机动车、拖挂车、拖车和半拖车。

3. 本公约也适用于属本公约范围内而由国家或政府机构组织所从事的运输。

4. 本公约不适用于:

(a) 按照任何国际邮运公约条款而履行的运输;

(b) 丧葬运送;

(c) 家俱搬迁。

5. 除使本公约规定不适用于缔约国的边境运输或授权在运输活动中公约的使用完全限于代表物权之运单的缔约国区域外,缔约国同意不以双边或多边的特殊协议来修改本公约的任何规定。

第二条　1. 除适用第十四条规定外,当载货车辆上的货物没有从车辆上卸下,而其部分路程由海上、铁路、内河或航空接运,则本公约应依然适用于全程。如果经证明,在其他运输方式承运期间货物所发生的任何灭失、损坏或延迟交付不是由于公路承运人的行为或不行为所造成,而仅由于在其他运输方式承运期间和由于其他运输方式承运的原因而发生的某事件所造成,如果货物运输合同本身是根据该运输方式货物运输法规定的条件由发货人和该其他运输方式的承运人所签订的,则公路承运人的责任不应由本公约确定,而应按照其他运输承运人责任的方式来确定。但如无所述条件,公路承运人的责任应由本公约确定。

2. 如果公路承运人同时也是其他运输方式的承运人,则他的责任也应按本条第 1 款规定来确定,但就其以公路承运人和其他运输方式承运人的身份应作为两个不同当事人看待。

第二章　承运人负责的对象

第三条　在本公约中,当承运人的代理人、受雇人或其他人在其受雇范围内行事,承运人应对这些代理人、受雇人和为履行运输而使用其服务的任何其他人的行为和不行为一如他本人的行为或不行为一样负责。

第三章　运输合同的签订和履行

第四条　运输合同应以签发运单来确认。无运单、运单不正规或丢失不影响运输合同的成立或有效性,仍受本公约规定所制约。

第五条　1. 运单应签发有发货人和承运人签字的三份正本,这些签字可以是印刷的或如运单签发国的法律允许,可由发货人和承运人以盖章代替。第一份应交付发货人,第二份应交付跟随货物,第三份应由承运人留存。

2. 当待装货物在不同车内或装有不同种类货物或数票货物,发货人或承运人有权要求对使用的每辆车、每种货或每票货分别签发运单。

【示例 7-9】中华人民共和国海关检查记录

中华人民共和国海关检查记录

＿＿＿＿关第＿＿＿号

根据《中华人民共和国海关法》，海关于＿＿＿＿＿＿年＿＿＿月＿＿＿日＿＿＿时＿＿＿分至＿＿＿＿＿＿年＿＿＿月＿＿＿日＿＿＿时＿＿＿分，在＿＿＿＿＿＿＿＿＿＿＿＿＿＿＿＿＿＿＿＿＿＿进行了检查。

检查经过及情况：

＿＿

＿＿

＿＿

被检查运输工具负责人意见及签字：

＿＿

＿＿

年　　月　　日

经办关员签字：

见证人签字：

见证人联系地址（电话）：

【示例 7-10】中华人民共和国海关公路车辆出境（港）申报单

中华人民共和国海关公路车辆出境（港）申报单

国内车牌号码		车辆备案编号	
驾驶员姓名		驾驶员备案编号	
外国车牌号码		车辆国籍	
车辆自重		启运地	
出境地		出境日期及时间	
企业/车主名称和联系方式			
行驶路线摘要			
货物/旅客摘要说明			
司乘人数		旅客人数	
	所附单证（标明份数）		备注
载货清单		车用备件申报单	
司乘人员名单		旅客名单	
自用物品申报单			

运输工具负责人签名＿＿＿＿＿＿＿＿　　　　日期＿＿＿年＿＿＿月＿＿＿日

海关签注：＿＿＿＿＿＿＿＿＿＿＿　　　　　日期＿＿＿年＿＿＿月＿＿＿日

第六条　1. 运单应包括下列事项：

(a) 运单签发日期和地点；

(b) 发货人名称和地址；

(c) 承运人名称和地址；

(d) 货物接管的地点及日期和指定的交付地点；

(e) 收货人名称和地址；

(f) 一般常用的货物品名和包装方法，如属危险货物，说明通常认可的性能；

(g) 件数和其特殊标志和号码；

(h) 货物毛重或以其他方式表示的数量；

(i) 与运输有关的费用（运输费用、附加费用、关税和从签订合同到交货期间发生的其他费用）；

(j) 办理海关和其他手续所必须的通知；

(k) 不管有任何相反条款，该运输必须遵照本公约各项规定的说明。

2. 如可适用，运单也应包括下列事项：

(a) 不允许转运的说明；

(b) 发货人负责支付的费用；

(c) "现款交货"费用的金额；

(d) 货物价值和交货优惠利息金额的声明；

(e) 发货人关于货物保险所给予承运人的指示；

(f) 议定的履行运输的时效期限；

(g) 交付承运人的单据清单。

3. 缔约国可在运单上列上他们认为有用的其他事项。

第七条　1. 发货人应对由于下列事项不确切或不当致使承运人所遭受的所有费用、灭失和损坏负责：

(a) 在第六条第 1 款（b）（d）（e）（f）（g）（h）和（j）项所列事项；

(b) 第六条第 2 款所列事项；

(c) 发货人为使运单签发或目的在于将其列入运单而给予的任何其他事项或指示。

2. 如果应发货人要求，承运人将本条第 1 款所述事项列入运单，除非有相反证明，则承运人应被视为他已代表发货人如此办理。

3. 如果运单未包含第六条第 1 款（k）项所列的说明，承运人应对由于有权处置货物者的不行为所遭受的所有费用、灭失和损坏负责。

第八条　1. 当接管货物时，承运人应核对：

(a) 在运单中对件数及其标志和号码申报的准确性；

(b) 货物的外表状况及其包装。

2. 当承运人对本条第一款（a）项所述的准确性无合理的核对方法，他应将他的保留条件连同其理由记入运单。同样，他应对货物外表状况及其包装所作出的任何保留说明理由。除非发货人在运单上明确同意受此种保留所制约，否则此种保留对发货人不应有约束力。

3. 发货人应有权要求承运人核对货物的毛重或以其他方式表示的数量。他也可要求对货物的内容进行核对。承运人应有权对此种核对产生的费用提出索赔。核对结果应记入运单中。

第九条　1. 运单应是运输合同成立、合同条件和承运人收到货物的初步证据。

2. 如运单中未包含承运人的特殊保留条件，除非有相反证明，则应认为当承运人接管货物时，货物和包装外表状况良好，件数、标志和号码与在运单中的说明相符。

第十条　除非承运人接管货物时其包装不良是明显的或承运人知道其缺陷却未对此做出保留，否则由于货物包装不良对人员、设备或其他因素不予负责，他仅应对本条中造成灭失、损坏或延迟他应负责范围内的那些因素负责。

第十一条　1. 为在交付货物前办妥海关或其他手续，发货人应在运单后随附必需单证或将其交承运人支配和提供承运人所需全部情况。

2. 承运人无责任调查这些单证和情况是否准确或适当。除非是由于承运人的错误行为或过失，对由于这些单证和情况的短缺或不正规所引起的损坏，发货人应向承运人负责。

3. 承运人对运单所规定的和跟随运单的或交存承运人的这些单证，由于灭失或不正确的使用所引起的后果承担一个代理所负的责任，但承运人所支付的赔偿以不超过如货物灭失所支付的赔偿为条件。

第十二条　1. 发货人有权处置货物，特别是以要求承运人停止在途货物运输的方式来改变货物交付地点或将货物交付给非运单所指定的收货人。

2. 当第二份运单交给收货人时或当收货人按第十三条第 1 款行使其权利时，则该权利即告终止。此自以后，承运人应听从收货人的指令。

3. 收货人有权自运单签发之时起处置货物，如果发货人在运单中注明有如此说明。

4. 如收货人在行使其处置货物的权利时，已指示将货物交给另一方，那末其他人无权再指定其他收货人。

5. 行使处置权应遵照下列条件：

（a）发货人或如在本条第 3 款所述情况下拟行使权利的收货人出示上面已列明对承运人的新指示的第一份运单和向承运人赔偿由于执行该指示所涉及的所有费用、灭失或损坏。

（b）当指示到达执行人手中时执行该指示是可能的，同时既不干扰承运人的正常工作的进行，也不妨碍其他货物的发货人或收货人；

（c）该指示并不造成货物的分票。

6. 由于本条第 5 款（b）项的规定，当承运人不能执行收到的指示时，他应立即通知给他该指示的人。

7. 未执行本条规定的条件中所给予的指示，或已执行指示而未要求出示第一份运单的承运人，应对由此而引起的任何灭失或损坏向有权提赔人负责。

第十三条　1. 当货物到达指定的交货地点后，收货人有权凭收据要求承运人将第二份运单和货物交给他。如果货物灭失已成立或在第十九条规定的期限届满后货物并未到达，收货人对承运人有权以其自己名义享受运输合同产生的任何权利。

2. 援引本条第 1 款所授权利的收货人应支付运单中所应支付的费用，但就此事如有争执，除非收货人已担保，否则不应要求承运人交付货物。

第十四条　1. 如果由于某种原因或者根据运单规定的条件，在货物到达指定交货地点前执行合同已经或成为不可能，承运人应按第十二条规定从有权处置货物者处取得指示。

2. 但是，如果情况允许按不同于运单规定的条件进行运输和如果承运人不能根据第十二条规定在合理时间内从有权处置货物者处取得指示，他应采取他认为对有权处置货物者最有利的措施。

第十五条　1. 如果货物到达指定交付地点后的情况妨碍货物交付，承运人应要求发货人给予指示。如果收货人拒绝接货，发货人应有权处置货物而无需出示第一份运单。

2. 即使收货人已拒绝接货，但只要承运人未从发货人处收到相反的指示，收货人仍可要求交货。

3. 当收货人行使第十二条第 3 款的权利而指示将货物交付另一人后发生交货受阻的情况，本条第 1、

2 款应适用，一如该收货人是发货人，另一人是收货人。

第十六条　1. 除非要求得到指示和执行该项指示而发生的费用是由于承运人的错误行为或疏忽所引起，否则承运人应有权享受偿还该费用的权利。

2. 在第十四条第 1 款和第十五条所述的情况下，承运人可为有权处置货物者立即卸货，自此以后运输应视作终结。然后，承运人应代表有权处置货物者掌管货物。但承运人也可将货物委托给第三方掌管，在那种情况下，他除履行合理谨慎选择第三方的责任外，不负任何其他责任。在运单中应付的费用和所有其他费用应以货物担保。

3. 如果货物易腐或货物的状况证明如此、或当栈租费将超过货物的价值，承运人可出售货物而无需等待有权处置货物者的指示。在其他情况下，如果在合同期限届满后，承运人未从有权处置货物者处收到要求他合理执行的相反的指示，他也可将货物进行出售。

4. 如货物已按照本条被出售，在出售的货款中扣除由货方承担之费用后的余额应归有权处置货物者所支配。如果这些费用超过货款，承运人应有享受其差额的权利。

5. 出售货物的手续应由货物所在地的法律或习惯来确定。

第四章　承运人的责任

第十七条　1. 承运人应对自货物接管之时起到交付时止发生的全部或部分灭失和损坏以及货物交付中的任何延迟负责。

2. 但如果货物灭失、损坏或延迟是由于索赔人的错误行为或过失，是由于索赔人的指示而不是由于承运人的错误行为或过失、由于货物的固有缺陷或承运人不能避免的情况和承运人不能防止的结果所造成，承运人应免除责任。

3. 对由于为履行运输而使用之车辆的不良状况或由于承运人已租用其车辆的人或他的代理人或他的受雇人的错误行为或过失，承运人不应免除责任。

4. 遵照第十八条第 2 至第 5 款，当货物的灭失或损坏是在下述一种或一种以上情况中产生的特殊风险所引起的，承运人应予免责：

（a）当已在运单中明确议定和规定使用无盖敞车。

（b）如货物根据其性质，在无包装或未予妥善包装时易于损耗或损坏的情况下，无包装或包装不良；

（c）由发货人、收货人或代表发货人或收货人所从事的货物搬运、装载、积载和卸载；

（d）特别是由于断裂、生锈、腐烂、干燥、渗漏、正常损耗或虫蛀特易造成全部灭失或部分灭失或损坏的某些货物的性质；

（e）包装上标志或号码不足或不当；

（f）承运活动物。

5. 根据本条，承运人对造成货物灭失、损坏或延迟的某些因其他货物的损坏以及由此所引的任何费用，发货人应对承运人负责。

第十八条　1. 对第十七条第 2 款所规定的原因之一所引起的灭失、损坏或延迟，承运人应负举证责任。

2. 当承运人确定案情中的灭失或损坏能归因于第十七条第 4 款所述的一种或一种以上的特殊风险，则应推定就是这样引起的。但索赔人有权证明灭失或损坏事实上不是全部或部分归因于这些风险之一。

3. 如有大量短少或整件的灭失，此种推定不应适用于第十七条第 4 款（a）项中所述情况。

4. 如货物由装有特殊设备以便保护货物不受热、冷、温度变化或空气湿度影响的汽车承运，除非承运人证明他对这种设备的选择、维修和使用的情况均已采取了理应采取的所有措施和已按照给予他的特别指示行事，否则承运人无权享受索赔第十七条第 4 款（d）项规定的利益。

5. 除非承运人证明，根据情况他已采取了一般理应采取的所有措施和已按给予他的特别指示行事，否则承运人无权享受第十七条第 4 款（f）项的利益。

第十九条 当货物未能在议定的时效期限内交货，或虽无此种议定时效期限，在考虑到实际情况后，运输的实际期限，特别是分票运输，在通常情况下组成整票货物所需要的时间超过了允许一个勤勉承运人的合理的时间，则视为延迟交付发生。

第二十条 1. 在议定期限届满后三十天内或如无议定期限，从承运人接管货物时起六十天之内货物未交付的事实应视为货物灭失的最终证明，所以有权提出索赔的人可视货物已经灭失。

2. 有权提赔人在收到对灭失货物的赔偿时，可提出书面要求，在赔偿支付后一年期间如货物被找到，应立即给他通知。对他的此种要求应给予书面确认。

3. 在接到通知书后三十天之内，在交付运单上应付费用和退还他收到的赔偿金（减除其中包括的费用）后，上述有权提赔人可要求将货物交付给他，但不损害第二十三条中交货延迟赔偿的任何索赔和如可适用的第二十六条。

4. 如无第 2 款提及的要求或在第 3 款所述三十天期间无任何指示或在赔款支付超过一年后货物仍未找到，承运人有权根据货物所在地的法律处理该货物。

第二十一条 如果货物已被交付收货人而未按运输合同条款收取承运人应收取的"现款交货"费用，承运人应向发货人负责赔偿不超过该费用的金额，此种赔偿不妨碍他对收货人的诉讼权利。

第二十二条 1. 当发货人把有危险性质的货物交付承运人，他应将危险的确切性质通知承运人和如有必要时指出应采取的预防措施。如此种情况并未列入运单，发货人或收货人可通过一些其它方式负责举证证明承运人了解由该货物运输所造成危险的确切性质。

2. 在本条第 1 款所述情况下，承运人不知道货物的危险性质，则危险货物可能随时随地由承运人卸载、销毁或使之无害而无需给予赔偿；再者，发货人应对接管或运输引起的所有费用、灭失或损坏负责。

第二十三条 1. 如果根据本公约规定，承运人负责赔偿货物的全部和部分灭失时，这种赔偿应参照接运地点和时间货物的价值进行计算。

2. 货物的价值应根据商品交易所价格，或无此种价格则根据现行市价，或如无商品交易所价格或现行市份，则参照同类、同品质货物的通常货价决定。

3. 但该短缺的赔偿额毛重每公斤不超过 25 法郎。"法郎"意指重 10/31 克，其黄金纯度为千分之900 的金法郎。

4. 此外，如果货物全部灭失，运输费用、关税和有关货物运输发生的其它费用应全部偿还；如货物部分灭失，则按遭受灭失部分的比例偿还，但不付另外的损坏费用。

5. 在延迟情况下，如索赔人证明损坏是由此引起的，承运人应支付该损坏不超过运输费用的赔偿。

6. 只有在货物的价值或交货的优惠利息已根据第二十四条和第二十六条作申报时，才可索赔较高赔偿额。

第二十四条 发货人凭支付双方议定的附加费，可在运单上申报超过第二十三条第 3 款所规定的限额的货物价值。在此情况下，申报的金额应代替该限额。

第二十五条 1. 如果货物损坏，承运人应对货物降低价值的该部分金额负责，其计算则参照第二十三条第 1、2 和 4 款确定的货物价值。

2. 但赔偿不可超过：

（a）如整票货物损坏，在全部灭失情况下所支付的金额；

（b）如仅部分货物损坏，在部分灭失情况下所支付的金额。

第二十六条 1. 如果货物灭失或损坏或超过议定时效期限，则发货人凭支付议定的附加费，可以将金额列入运单的方式来确定交货时的优惠利息的金额。

2. 不论在第二十三、二十四和二十五条中关于赔偿如何规定，如交货优惠利息一经申报，已证明的额外灭失或损坏的赔偿直至申报利息的全部金额可予索赔。

第二十七条　1. 索赔人应有权索赔应付赔偿金的利息。按年利率百分之五计算的利息应从向承运人书面提出索赔之日起，或未提出索赔则从法律诉讼之日起计算。

2. 计算赔偿额如不是按提赔国家的货币来表示时，则应按照赔偿支付地当天所采用的兑换率来换算。

第二十八条　1. 根据适用的法律，本公约内运输所引起的灭失、损坏或延迟导致的合同以外约索赔，承运人可援引免除其责任或确定或限制赔偿金的本公约的规定。

2. 按第三条规定，如承运人对应予负责的某一方的货物的灭失、损坏或延迟的合同以外的责任有争议，该承运人也可援引免除承运人责任或确定或限制赔偿金的本公约的规定。

第二十九条　1. 如损坏不是由承运人的故意不当行为或根据受理该案的法院或法庭的法律认为相当于故意不当行为的承运人的过失所引起，则承运人无权援引免除或限制他的责任或推卸举证责任的本章的规定。

2. 如果故意不当行为或过失是由承运人的代理人或受雇人或为履行运输他所利用其服务的其他人所作，当这些代理人、受雇人或其他人是在其受雇范围内行事时，则同样规定应予适用。再者，在这种情况下，该代理人、受雇人或其他人无权就其个人责任援引第1款本章的规定。

第五章　索赔和诉讼

第三十条　1. 如果收货人接管货物时未与承运人及时检验货物状况或如有明显的灭失或损坏，在不迟于交货的时候，如灭失或损坏不明显，在交货后七日内（星期日和例假日除外）未向承运人提出保留说明灭失或损坏的一般性质，则接收货物的事实应作为他收到运单上所载明的货物的初步证据。如货物灭失或损坏不明显，则所述保留应用书面做出。

2. 当货物的状况已经收货人和承运人及时检，只有在灭失或损坏不明显而且收货人在检验之日起七日内（星期日和例假日除外）已向承运人及时提出书面保留的情况下，才允许提出与本检验结果相反的证据。

3. 除非自货物置于收货人处置时起二十一天内已向承运人提出书面保留，否则交货延迟不予赔偿。

4. 在计算本条规定的时效期限时，根据实际情况，交货日或检验日或将货物置于收货人处理之日，不应包括在时效期限内。

5. 承运人和收货人应相互为进行必需的调查和检验提供各种合理的方便。

第三十一条　1. 本公约中运输所引起的诉讼，原告可在双方协议约定的缔约国的任何法院和法庭提起，也可以在下列地点所属的国家的法院或法庭提起：

（a）被告的通常住所或主要营业所、或者经手订立合同的分支机构或代理机构的所在地；或

（b）承运人接管货物的地点或指定的交货地点。而不得在其他法院或法庭起诉。

2. 关于本条第1款所述索赔，如已向根据该款有管辖权的法院或法庭提起诉讼或此类法院或法庭已就此项索赔做出判决，除非受理第一次诉讼的法院或法庭的判决在提起新诉讼的国家不能执行，否则相同当事人之间不得基于相同理由提起新的诉讼。

3. 如果就本条第1款所述的任何诉讼，由一个缔约国的法院或法庭做出的判决在该国已经生效而可以执行，一旦在任何其他缔约国办妥所需手续，该判决也可以在该缔约国执行。所需手续不应涉及审理案件的实质问题。

4. 本条第3款规定适用于审理后的判决、缺席判决和法院裁定所确认的和解，但不适用于临时判决

或使全部或部分败诉的原告赔偿诉讼费用以外的损失的决定。

5. 对本公约运输所引起的诉讼，不应向在缔约国之一有住所或营业所的任何缔约国国民要求费用担保。

第三十二条　1. 按照本公约运输所引起的诉讼，其时效期限是一年，但如是故意的不当行为，或根据受理案件的法院或法庭地的法律认为过失与故意的不当行为相等同时，时效期限为三年。时效期限开始起算的时间是：

（a）如货物系部分灭失、损坏或交货延迟，自交货之日起算；

（b）如系全部灭失，以议定的交货期限届满后第三十天，或如无议定的交货期限，则从承运人接管货物之日起第六十天开始起算；

（c）在所有其他情况下，在运输合同订立后满期三个月时起算。时效期限开始之日不应计算在期限内。

2. 时效期限因提出书面索赔而中止，直至承运人以书面通知拒绝索赔并将所附单据退回之日为止。如索赔的一部分已承认，则时效期限仅应对有争议部分的索赔恢复计算。收到索赔或答复和退回单据的举证应由援引这些事实的当事人负责。时效期限的计算不应被具有同一标的进一步主张所中止。

3. 除上述的第 2 款的规定外，时效期限的延长应由受理案件的法院或法庭地的法律决定。该法律也应制约新的诉讼权利的产生。

4. 时效已过的诉讼权利不可以通过反索赔或抵消的方式行使。

第三十三条　运输合同可以包含给予仲裁庭管辖权的条款，如果该条款规定仲裁庭应适用本公约。

第六章　连续承运人履行运输合同的规定

第三十四条　如受单一合同所制约的运输是由连续公路承运人履行，则其每一承运人为全部营运负责。鉴于其接受货物和运单，第二承运人和每个连续承运人即成为在运单条款中运输合同的当事人一方。

第三十五条　1. 从前一承运人处接受货物的承运人应给前一承运人载有日期和签字的收据，他应在第二份运单上登记他的名字和地址。如适用，他应在第二份运单和收据上列入第八条第 2 款的规定的那种保留。

2. 第九条的规定应适用于连续承运人之间的关系。

第三十六条　除基于同一运输合同索赔的诉讼中提出的反索赔或抵消以外，有关灭失、损失或延迟的责任的法律诉讼只可向第一承运人、最后承运人或在发生灭失、损坏或延迟的这一段运输中履行那段运输的承运人提起，一个诉讼可以同时向这些承运人的几个提起。

第三十七条　已根据本公约规定支付赔偿的承运人应有权从参加运输的其他承运人处享受取得该赔偿及其利息和由于索赔发生的所有费用，并遵守下列规定：

（a）对灭失或损坏负责的承运人应单独负责赔偿，不管此赔偿是否由他或另一承运人支付；

（b）当灭失或损坏是由二个或二个以上承运人的行为所造成时，每个承运人应按其所负责部分按比例进行分摊。

（c）如不能确定属于那个承运人的责任，灭失或损坏则应在上款（b）项规定的所有承运人之间按比例分担赔偿。

第三十八条　如某一承运人无力偿还，应按支付给其他承运人的运费按比例在其它承运人中分摊他应支付和支未付的赔偿部分。

第三十九条　1. 如赔偿金是在诉讼通知书已递交给被告承运人并已给予法庭之后司法当局所决定的，则根据第三十七及三十八条，被告承运人无权对提赔的承运人所提出的支付有效性提出争议。

2. 要提起诉讼而行使其追索权的承运人可向有关承运人之一常驻国家的或合同是通过有关承运人在

该地的主要营业所或分支机构或代理订立的国家的有管辖权的法院或法庭提出索赔。所有有关承运人均可作为一诉讼中的被告。

3. 第三十一条第 3、4 款的规定应适用于第三十七和三十八条所述的判决。

4. 第三十二条规定应适用于承运人之间的索赔，但时效期限应从按本公约规定确定支付赔偿金的最终司法判决之日开始计算或如无此种司法判决，则从实际支付之日开始计算。

第四十条　承运人应有权在他们中间同意第三十七和三十八条以外的其他规定。

第七章　违反公约的规定无效

第四十一条　1. 遵照第四十条规定，直接或间接违背本公约的任何规定，概属无效。该规定的无效不涉及合同其他规定的无效。

2. 特别是给予承运人的保险利益或任何其他类似条款或任何转嫁举证责任的条款，均属无效。

第八章　最终条款

第四十二条　1. 本公约向欧洲经济委员会成员国和按委员会职权范围第 8 款以咨询身份接纳入委员会的国家开放，以供签字或加入。

2. 根据欧洲经济委员会职权范围第 11 款可能参加委员会某些活动的国家，在本公约生效后通过加入公约可成为本公约的缔约国。

3. 本公约于 1956 年 8 月 31 日以前开放以便签字。自此以后，则本公约开放，以便加入。

4. 本公约须经批准。

5. 批准或加入书应由联合国秘书长保管。

第四十三条　1. 本公约在第四十二条第 1 款所述五个国家交存批准或加入书后第九十日生效。

2. 对在五个国家交存其批准和加入书后批准或加入的任何国家，本公约应在该国交存批准或加入书后第九十日起生效。

第四十四条　1. 任何缔约国将其退出要求通知联合国秘书长即可退出本公约。

2. 在秘书长接到退出通知之日起十二个月后，退出应予生效。

第四十五条　如果在本公约生效后，由于退出因而缔约国数目减少到不足五个，本公约应自最后一个退出生效之日起中止生效。

第四十六条　1. 任何国家可在交存其批准或加入书时或在此后任何时间，以向联合国秘书长通知的方式宣布本公约应扩展到所有或任何国际关系由其负责的地区。本公约应从秘书长收到通知后第九十日或如当天在本公约还未生效，则自生效之日起，将其适用范围扩展到通知书指定的地区。

2. 已按前款做出声明将本公约适用范围扩展到国际关系由它负责的任何地区的任何国家，可根据第四十四条规定声明该地区分别退出本公约。

第四十七条　在二个或二上以上缔约国有关本公约的解释或适用的任何争议，在当事各方不能通过谈判或其他方式解决的情况下，可应有关缔约国任何一方的要求，递交国际法庭解决。

第四十八条　1. 在签字、批准或加入本公约时，每个缔约国可声明其不受本公约第四十七条所约束，其他缔约国不受有关做出这样保留的缔约国的第四十七条所约束。

2. 任何已做出如第 1 款所规定之保留的缔约国，可在任何时间以通知联合国秘书长的方式撤销此种保留。

3. 对本公约不能允许有其他保留。

第四十九条　1. 在本公约生效三年后，任何缔约国以通知联合国秘书长的方式，要求召集以重新审议公约为目的的会议。秘书长应将此要求通知所有缔约国。如果在秘书长通知后四个月之内，不少于四分之一的缔约国通知秘书长赞同此要求，则应由秘书长召集重新审议的会议。

2. 如果根据上款召开会议，秘书长应通知所有缔约国和要求他们在为期三个月之内提出他们希望会议考虑的这种提案。秘书长应至少在该会议召开之日前三个月将会议的临时议程连同这些提案的文本分发给所有缔约国。

3. 秘书长应邀请第四十二条第 1 款所涉及的所有国家和按第四十二条第 2 款已成为缔约国的国家参加按照本条召开的任何会议。

第五十条 除第四十九条规定的通知外，联合国秘书长应将下述事项通知第四十二条第 1 款所述国家和第四十二条第 2 款所述已成为缔约国的国家：

(a) 第四十二条中的批准和加入；

(b) 根据第四十三条本公约的生效日期；

(c) 第四十四条中的退出；

(d) 根据第四十五条本公约的中止；

(e) 根据第四十六条收到的通知书；

(f) 根据第四十八条第 1、2 款收到的声明和通知书。

第五十一条 1958 年 8 月 31 日后，本公约正本将交存联合国秘书长。他应将已被证明的真实文本分发给第四十二条第 1、第 2 款提到的每一国家。

为此，下列经正式授权的各签署人，在本公约上签字，以资证明。

1956 年 5 月 19 日订于日内瓦。正本一份，用英文、法文写成。所有文本具有同等效力。

参 考 文 献

1.《中华人民共和国道路交通安全法》
2.《交通概况》（交通运输部综合规划司 2013 年 4 月 25 日）
3.《中华人民共和国道路运输条例》
4.《汽车危险货物品名表》
5.《道路货物运输及场站管理规定》
6.《道路危险货物运输管理规定》
7.《道路货物运输业户开业技术经济条件（试行）》
8.《道路大型物件运输业户类别划分条件》
9.《道路运输业"十二五"发展规划纲要》
10.《外商投资道路运输业管理规定》
11.《汽车运价规则》
12.《道路运输价格管理规定》
13.《国际集装箱汽车运输费收规则》
14.《国际道路运输管理规定》
15.《国际公路货物运输合同公约》
16.《直通港澳运输车辆管理办法》
17. 交通部、各省市、自治区及相关网站
18.《中华人民共和国政府与俄罗斯联邦政府汽车运输协定》
19.《中华人民共和国政府和蒙古人民共和国政府汽车运输协定》
20.《柬埔寨王国政府、中华人民共和国政府、老挝人民民主共和国政府、缅甸联邦政府、泰王国政府及越南社会主义共和国政府间客货跨境运输便利办法》
21.《海关总署关于修改〈中华人民共和国海关关于境内公路承运海关监管货物的运输企业及其车辆、驾驶员的管理办法〉的决定》
22.《中华人民共和国海关对报关单位注册登记管理规定》
23.《中华人民共和国海关企业信用管理暂行办法》
24.《关于深入推进通关作业无纸化改革工作有关事项的公告》
25.《国际货运及代理基础》（中国海关出版社，夏荣辉，孟于群主编）
26.《保税物流仓储实务》（中国商务出版社，夏荣辉主编）